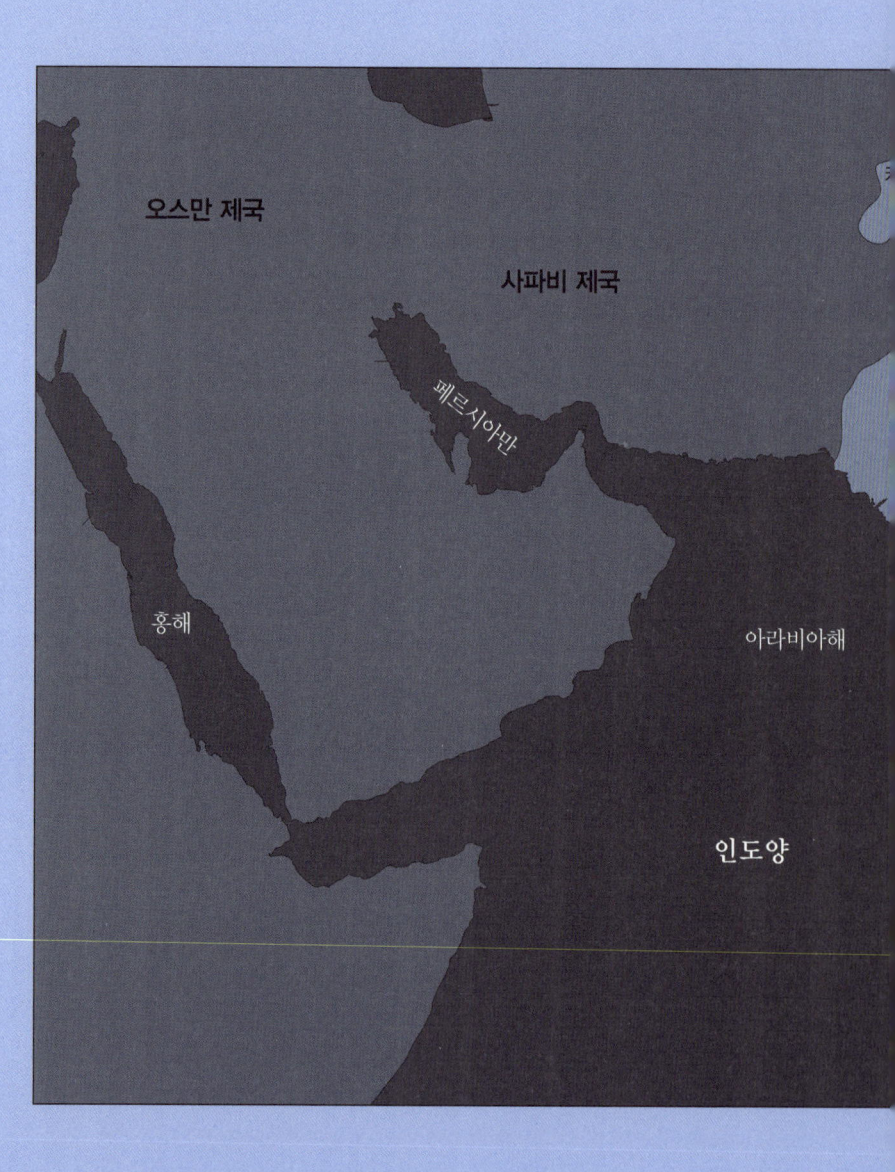

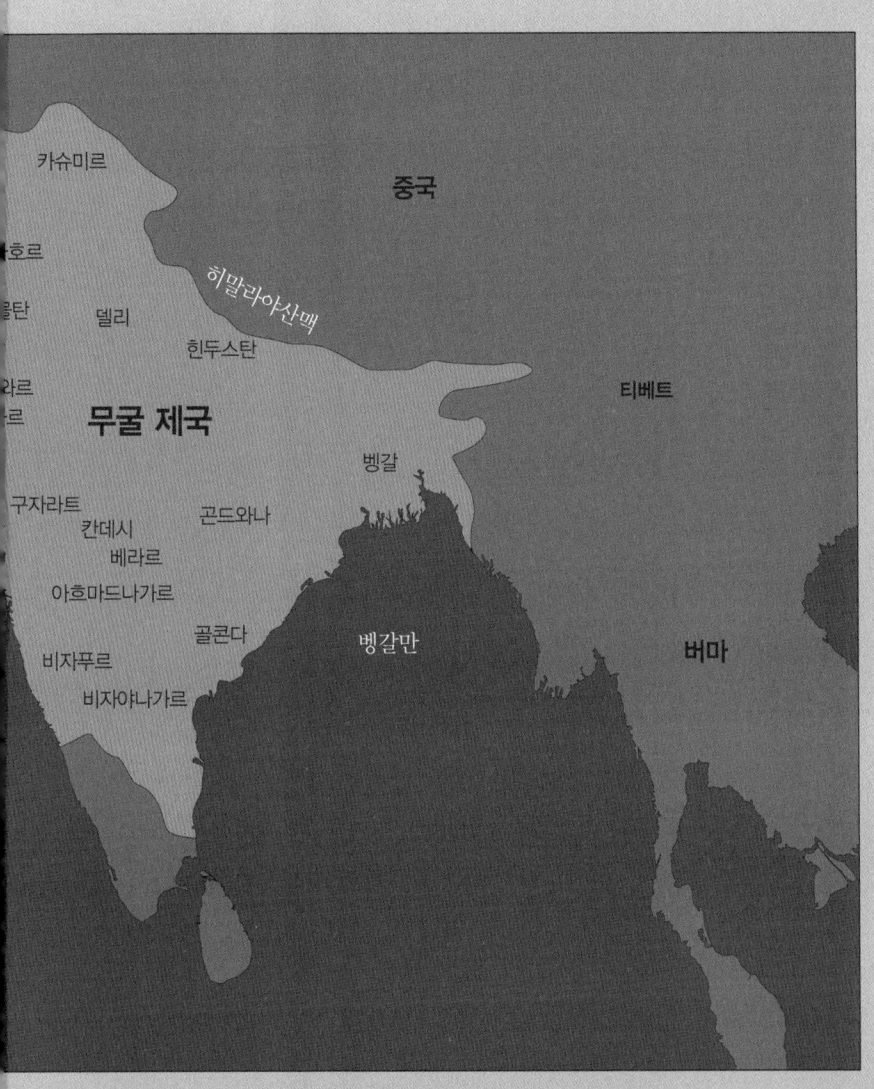

무굴 제국의 역사

A SHORT HISTORY OF THE MUGHAL EMPIRE, First Edition by Michael H. Fisher
Copyright © Michael H. Fisher, 2016
All rights reserved.

This Korean edition of *A Short History of the Mughal Empire*, first edition was published by
The Forest Book Publishing Co. in 2025 by arrangement with Bloomsbury Publishing Plc through
KCC (Korea Copyright Center Inc.), Seoul.

이 책은 (주)한국저작권센터(KCC)를 통한 저작권자와의 독점계약으로 도서출판 더숲에서 출간되었습니다.
저작권법에 의해 한국 내에서 보호를 받는 저작물이므로 무단전재와 무단복제를 금합니다.

익숙한 이름
새로운 시각
더숲히스토리

무굴 제국의 역사

마이클 피셔 지음 | 최하늘 옮김 | 이옥순 감수

더숲

한국 독자를 위한 저자 서문

 무굴 제국은 인도 문화권의 대부분 지역을 정복하여 지배했다. 이 시기 인도 문화권은 세계에서 손꼽히는 부유한 지역 가운데 하나였다. 무굴 왕가는 자신들이 몽골 황제 칭기스 칸과 튀르크 황제 티무르, 양쪽의 피를 이어받았다는 사실을 자랑스레 여겼다.

 일단 인도에 정착한 무굴 왕가는 출신 지역과 종교, 계급, 소속 집단(카스트)을 가리지 않고 인도의 다양한 주민에게서 지지와 충성을 끌어냈다. 무굴 제국의 관료제와 군대는 당시 가장 효율적이면서도 강력한 조직이었다. 또한 무굴 제국은 세계 교역의 시대에 지리적 중심에 위치했었다. 아시아와 유럽을 잇는 육상으로든, 동아시아와 중앙아시아 · 서아시아 · 아프리카 · 유럽 그리고 종국에는 아메리카까지 이어져 점차 비중이 높아져 가는 해상으로든 말이다.

 무굴 황제들 한 사람 한 사람은 강렬한 개성을 가졌고, 자신만의 독특한 정치적 · 문화적 정책을 추진해 나갔다. 그들이 지은 기념물 다수는 현재도 세계적인 경이로 여겨진다. 타지마할과 델리의 붉은 요새는 무굴 제국이 남긴 경이의 일부에 지나지 않는다. 영광

자체라 할 수 있는 공작 옥좌나 그 유명한 코흐누르(일명 코이누르) 다이아몬드 같은 무굴 제국의 보물은 침략자들을 매혹시키기에 충분했다.

무굴 제국은 18세기 아프가니스탄과 페르시아의 침공과 인도 지방 지배자들의 봉기로 분열을 거듭한 끝에 결국 확장하던 영국 제국에 의해 완전히 붕괴되고 말았다. 한때 무굴 제국이 지배한 땅은 오늘날 인도와 방글라데시, 파키스탄, 아프가니스탄에 달한다.

점점 커지고 있는 무굴 제국의 역사를 향한 관심은 가히 세계적이라 할 수 있다. 2020년 이 책은 튀르키예 튀르크어로 번역되어 이스탄불에서 출판되었다. 튀르키예 독자들은 무굴 제국의 역사를 유럽의 발칸반도부터 중국 서부까지를 포괄하는 튀르크 민족의 역사 일부로 파악한다.

이제 최하늘 씨의 탁월한 번역을 통해 무굴 제국의 역사를 담은 이 책이 한국 독자들과 만나게 되었다. 한국의 독자 여러분은 무굴 제국의 역사를 동시대 조선의 역사와 비교하고 또 대조해 볼 수 있을 것이다. 두 국가 모두 안팎의 도전을 이겨 내기 위해 고군분투했다. 그러나 모든 왕조는 각자만의 문제를 해결해 나가며 독특한 정치 복합체를 이루기 마련이었다. 이후로도 더 많은 사람이 무굴 제국의 역사를 중요하게 여기리라는 이야기다.

지은이 **마이클 피셔**

감수의 글

역사의 흐름을 거슬러 올라가다 보면 색다른 재미를 발견할 수 있다. 이 책의 주인공 무굴 제국의 이름이 그렇다. 무굴 제국은 1526년 중앙아시아 출신의 바부르가 인도를 정복하고 세운 이슬람 왕조로, 약 3세기 동안 세계 최고의 부를 일구어 번영을 누리다 1857년 막을 내렸다. 이 나라는 인도 역사에서 가장 중요한 시기로 평가되지만, 사실 공식적으로 '무굴'이라는 국명을 사용한 적은 없다. '무굴'이라는 이름은 왕조를 세운 바부르와 그 후손이 속한 부족을 가리키는 말로, 몽골을 뜻하는 페르시아식 표현이다. 그러나 정작 무굴 황제들은 이 이름이 중세의 야만적 몽골을 떠올리게 한다며 탐탁지 않아 했다. 하지만 이름이란 본디 타인이 불러 주는 것인 법. 당시 인도를 찾은 유럽 출신 여행가와 모험가 들은 수도의 이름을 따서 '아그라의 왕'·'델리의 왕'이라 부르다가 점차 '무굴 왕'이라는 표현을 쓰기 시작했고, 그렇게 '무굴 제국'이라는 이름이 정착되었다.

훗날 무굴 제국에 이어 인도 전역을 지배한 영국은 17세기 초부터 무굴 지배자를 '대무굴 Great Mughal'로 부르며 동경했다. 이때는 무

감수의 글

굴 제국의 부와 번영이 유럽에 널리 알려진 시기로, 포르투갈의 바스쿠 다가마가 캘리컷에서 후추를 싣고 귀국하면서 세계사가 전환점을 맞은 뒤였다. 영국 여왕 엘리자베스 1세는 제3대 무굴 황제 악바르에게 자유무역을 요청하는 편지를 보냈으나, 그 결실은 다음 대인 자항기르 시대에 각고의 노력 끝에 맺어졌다.

"인도가 발견되었다. 그곳에서 매일 수많은 보물이 운송되어 온다. 이제부터 우리도 노력하자."

영국은 이렇게 선언하며 동인도 회사를 설립했다. 17세기에는 영국뿐만 아니라 프랑스, 스페인, 덴마크 등 유럽의 10여 개 국가가 인도에 기반을 둔 동인도 회사를 운영하며 무역에 뛰어들었다.

돈과 재물이 있는 곳에는 으레 사람이 모이기 마련이다. 무굴 제국이 부유하지 않았다면, 후추에서 면직물까지 모든 것이 나는 땅이 아니었다면, 그 많은 유럽 국가가 아프리카 남단을 돌고 돌아 머나먼 인도를 찾지 않았을 것이다. 17세기를 마감한 1700년의 인도는 세계 국내총생산Gross Domestic Product, GDP의 24.4퍼센트를 차지하며 번영을 구가했다. 세계 최고의 부국이었다.

이는 제3대 악바르 황제에서 자항기르 · 샤 자한 · 아우랑제브로 이어지는 능력자들이 17세기를 제국의 전성기로 인도한 결과인데, 이 시기의 무굴 제국은 경제적으로나 문화적으로나 전성기일 뿐만 아니라 영토로도 사상 최대 판도를 기록했다. 이 책의 〈들어가며〉에 지은이가 인용한 것처럼 《옥스퍼드 영어 사전》이 영향력 있는 인물이나 지배자, 기업계와 언론계의 거물을 '모굴Mogul'이라고 표기하게 된 것은 무굴 황제의 묵직한 존재감과 그들이 다스린 제국의 위상을 반영한 것이다.

한 시대를 풍미하고 넓은 영토를 호령한 역사적 중요성에도 우리나라에는 무굴 제국을 제대로 다룬 책이나 연구서가 많지 않다. 인도에서조차 무굴 제국의 통사가 30여 년 전인 1990년대 초반에 나왔으니 당연하게 여겨지면서도, 서구 중심으로 생산되고 유통되는 세계사에 아쉬움이 드는 건 어쩔 수 없다. 그런 점에서 늦게나마 도서출판 더숲에서 권위 있는 인도 연구가 마이클 피셔의 저서 《무굴 제국의 역사 A Short Hstory of the Mughal Empire》를 번역·출간한다는 사실은 고무적이다. 더욱이 무굴 제국의 역사 전반을 다룬 국내 최초의 책이라서 그렇다.

원저의 제목에는 '간략한 역사Short History'라는 표현이 있으나, 최하늘 님이 애쓰고 공들여 번역한 이 책은 일반적인 개설서를 넘어선다. 친숙하지 않은 인명과 용어 등은 어쩔 수 없이 독자 친화적이지는 못하지만 《무굴 제국의 역사》는 큰 틀에서, 때로는 상세하게 한때 세계 최고의 부국임을 자랑한 무굴 제국의 천로역정을 보여 준다.

이 책은 1차 사료를 바탕으로 지도와 그림 등 풍부한 시각 자료를 활용하여 역사적 사건과 정치적 변화를 사회적·문화적 배경과 함께 생생하게 조명하며, 〈들어가며〉와 4부 11개 장으로 구성되어 있다. 지은이는 무굴 제국을 다룬 대개의 역사서처럼 황제의 이름 앞에 '대great'라는 수식어가 붙는 창업자 바부르에서 제6대 황제 알람기르까지 6명의 황제를 중심으로 서술하고, 알람기르 황제가 죽은 1707년 뒤부터 1857년에 이르는 제국의 황혼기는 1개 장, 즉 제4부의 제10장에서 간단히 설명한다. 주목할 것은 반세기에 걸친 치세에 무굴 제국의 기틀을 다져 모든 점에서 인도 역사상 최고의 지배자로 꼽히는 악바르 황제에게 제2부 3개 장 모두를 할애한 점이다. 개인적으로는 인도 역사에서 가장 흥미로운 인물인 악바르 시대를 다시금 흥미롭게 읽었다. 이어서 제국의 전성기를 이루고 누렸으나 피로 얼룩진 왕위 계승 전쟁의 주인공 자항기르, 샤 자한, 알람기르 세 황제가 제3부에서 각 1개 장을 차지한다. 지은이가 이 책에서 가장 공들인 것으로 보이는 지점은 마지막 제11장이다.

지은이는 여기에서 17세기 이후 무굴 역사 서술에 대한 다양한 접근과 평가, 상반된 의미를 다룬다. 단언컨대 역사를 공부하는 학생과 역사를 좋아하는 일반 애호가들은 여기에서 관련 분야에 대한 인식의 지평을 넓힐 수 있을 것이다.

이 책의 곳곳에서 드러나듯이 무굴 제국은 여러 면에서 대제국이었다. 동시대 유럽에서 인기를 누린 무굴 제국 여행기에는 농촌 여성들이 금목걸이를 하고 들일을 한다고 적혀 있다. 또 제국의 고관대작들이 은그릇과 금그릇에 100가지 음식을 담아 먹는다는 기술로 제국의 부를 그려 냈다. 넓고 넓은 무굴 제국은 농업과 상공업이 발달하고 해외 무역으로 막대한 부가 축적되면서 시장과 도시가 성장했다. 17세기에는 제국의 수도 델리와 서해안의 항구 도시 수라트 등 인구 20만 명이 넘는 도시가 아홉 곳이나 있었다. 같은 시기 유럽에서 20만 이상의 인구를 가진 도시는 런던과 파리를 포함한 세 곳뿐이었으니, 당대 무굴 제국이 여러 분야에서 도달한 수준을 충분히 짐작할 수 있다. 단순 비교는 어렵지만 무굴 제국 농민이 당대 유럽의 농민보다 나은 생활 수준을 누렸다는 연구서도 있다.

무굴 제국이 세계사에서 지닌 의미는 경제적 영역에 국한되지 않는다. 무굴 제국만큼 강대한 이슬람 제국으로는 사파비 제국·오스만 제국이 있었지만, 무굴 제국이 이들과 다른 점은 압도적 다수의 피지배자가 이슬람을 따르지 않았다는 사실이다. 그래서 무굴 제국은 적대감을 가진 피지배자를 포용하고 통합하는 방향으로 나아갔고, 힌두 문화 등 기존 문화와 페르시아와 그 너머 세상에서 유입된 다양한 문화가 융합하고 동화하는 상호 작용의 과정이 전개되었다. 이전 시대 술탄 왕국들이 씨를 뿌린 인도 이슬람 문화는 무굴 문화라는 풍성한 열매를 맺었다. 이를테면 페르시아풍 세밀화에 힌두의 전통이 합쳐진 무굴 세밀화, 이슬람 양식의 건축에 각 지방 힌두 조형미를 더한 웅대하면서도 화려한 무굴 건축이 그 결과다. 각종 힌두교 경전과 기층에 뿌리를 내린 대서사시가 페르시아어로 번역되고, 음악을 통해 이슬람과 기존 문화를 통합하려는 시도가 있었다. 물론 이러한 문화가 기층 깊숙이 뿌리를 내리진 못했으나 넓은 영토를 느슨하게 하나로 연결하는 무굴 제국의 유산은 영국 통치

시대와 독립된 인도에서도 이어졌다.

　무굴 제국의 역사는 우리에게 한 나라의 과거에 대한 지식 이상의 통찰력을 준다. 여기에는 1947년 이후 인도와 헤어진 파키스탄과 방글라데시의 후손은 물론, 더 나은 삶과 기회를 찾아 무굴 제국으로 이주한 다양한 층위의 중앙아시아인과 서아시아인의 문화와 역사가 날실 씨줄로 얽혀 있기 때문이다.

　재미있는 한 가지 사례를 보자. 영국이 오늘날 런던탑에 전시 중인 코흐누르 다이아몬드는 1850년대 인도에서 강제로 헌납받은 것인데, 독립한 인도로부터 줄기차게 반환을 요청받고 있다. 문제는 인도뿐 아니라 파키스탄, 이 책에서 언급되는 것처럼 무굴 황제에게서 다이아몬드를 빼앗아 간 나디르 샤의 조국 이란, 코흐누르가 잠시 머문 아프가니스탄이 코흐누르의 소유권을 주장한다는 점이다. 근대 이전의 역사가 칼로 금을 긋듯 구획될 수 없음을 알려 주는 이 일화는 무굴 제국에 대한 이해야말로 오늘날 촘촘히 연결되어 있는 남아시아 너머 나라들의 과거와 문화를 파악하는 디딤돌이라는 점을 시사한다.

　현재 인도에서 무굴 제국의 역사는 정치적 논쟁의 한가운데 놓여 있다. 힌두가 득세하는 지역의 일부 사람은 나라 밖에서 온 사람들이 정권을 잡은 이슬람 제국을 아예 인도 역사에서 삭제하자고 극단적으로 주장한다. 무굴 세력과 대치하다가 협력했던 힌두 라지푸트의 후예들은 무굴 황제에게 패한 조상의 시각으로 당대의 역사를 재서술하는 작업에 나서며 변화의 바람을 타고 있다. 심지어 샤 자한 황제가 만든 아름다운 건축물 타지마할마저 힌두교·이슬람 간 종교적 논쟁의 대상이 된다. 이러한 인도가 풍성한 인구와 자원을 바탕으로 17세기의 무굴 제국처럼 세계 경제의 선두권에 부상하고 있다.

  이 책의 독자들이 파란만장한 무굴 제국의 역사를 통해 변화무쌍한 세계 질서와 그 역동적인 흐름의 주인공으로 다시 등장한 현재의 인도를 제대로 가늠하길 기대한다. 그러면서 역사와 인도에 관해 흥미를 더한다면 더없이 좋겠다.

감수자 이옥순

연대표

1494년	바부르, 페르가나를 물려받음
1504~1526년	바부르, 카불 지배
1526~1530년	바부르, 파니파트 전투에서 승리하며 인도 북부 침공을 마무리하고 무굴 황제로서 재위
1530~1540년	후마윤, 시르 샤 수르에게 패배하여 인도에서 추방되며 첫 번째 재위가 끝남
1540~1545년	시르 샤 수르가 지배
1555~1556년	후마윤, 인도를 재정복하고 지배
1556~1605년	악바르 재위
1562년	악바르, 섭정에서 벗어나 라지푸트와의 통혼 정책을 시작
1566년	새로운 토지 조세 체제를 창안
1571~1585년	파테푸르시크리가 새로운 수도가 됨
1574년	자기르·만사브 제도 창안
1579년	악바르의 종교적 권위를 인정하는 문서 마흐다르 배포
1605~1627년	자항기르 재위
1611~1627년	누르 자한, 자항기르를 대신하여 황제 권한 행사
1628~1658년	샤 자한(1세) 재위
1636년	샤 자한(1세), 골콘다와 비자푸르 술탄국의 복속 조약 승인

1638년	타지마할 완공
1639년~	샤자하나바드로 수도 이전
1658~1666년	샤 자한(1세) 투옥
1658~1707년	알람기르(1세) 재위
1664년, 1670년	마라타인 시바지 본슬레, 수라트 점령
1686~1687년	알람기르(1세), 골콘다와 비자푸르 술탄국 격파
1707~1712년	바하두르 샤(1세) 재위
1712~1713년	자한다르 샤 재위
1713~1719년	파루흐시야르 재위
1719년	라피 알다라자트 재위
1719년	샤 자한 2세 재위
1719~1748년	무함마드 샤 재위
1739년	페르시아의 나디르 샤, 델리 침략
1747~1767/1769년	아프간의 지배자 아흐마드 샤 두라니의 잇달은 침략은 파니파트 전투(1760년)의 승리로 절정에 달함
1748~1754년	아흐마드 샤 두라니 재위
1754~1759년,	알람기르 2세 재위
1759~1806년	샤 알람 2세 재위
1803년	영국, 델리 지역을 정복하고 정치적 대리인의 거점을 설치
1806~1837년	악바르 2세 재위
1837~1857년	바하두르 샤 2세 재위
1857년	세포이 항쟁, 즉 제1차 인도 독립 전쟁
1862년	무굴 제국의 마지막 황제 바하두르 샤 2세, 버마(지금의 미얀마)에서 유배 중 사망

일러두기

- 지은이 주는 숫자로 표기하고 책 뒤에 두었으며, 옮긴이 주는 *로 표기하고 본문 아래에 두었다.
- 이 책에서 주로 사용된 언어는 차가타이 튀르크어, 고전 페르시아어, 아랍어, 힌디어이다. 튀르크어의 표기에서 모음은 현대 튀르크예어 한국어 표기 시안을, 자음은 아랍어 한국어 표기 시안을 따랐다. 고전 페르시아어와 아랍어 표기는 아랍어 한국어 표기 시안을 따랐다. 또한 힌디어 표기는 한국외국어대학교 인도연구소의 힌디어 표기안을 참고했다. 그 밖의 언어는 관행에 따랐다.
- 국립국어원에서 정하는 외래어표기법에 따르기 어려운 인명, 지명, 특정 용어 등과의 통일성을 위해 《표준국어대사전》에 등재되어 있는 칭기즈칸, 차가타이, 자한기르, 아크바르, 샤자한, 수니파 따위를 칭기스 칸, 차가다이, 자항기르, 악바르, 샤자한, 순니파 등으로 표기했다.
- 일반적으로 표기하는 힌두교도, 시크교도, 자이나교도는 의미가 중복되는 표현이므로 힌두, 시크, 자이나로 바로잡아 표기했다.
- 읽는 이의 이해를 돕기 위해 빈번하게 나오는 중요한 제도와 개념 및 종교 용어 등에는 우리말 뜻을 반복적으로 병기했다.
- 빈번하게 나오는 무굴 황제 가문의 인물, 중요한 제도와 개념 및 종교 용어는 도서출판 더숲 편집부에서 〈무굴 제국의 황제들과 그 가계〉와 〈무굴 제국을 이해하는 핵심 개념들〉로 정리하였고, 원서의 구성을 해치지 않고자 책 뒤에 두었다. 책을 읽기 전에 일별하거나 읽는 도중에 찾아보면 도움이 될 것이다.
- 이 책의 그림 자료(지도와 계보도 제외)는 도서출판 더숲 편집부에서 마련했다.

차례

한국 독자를 위한 저자 서문 · 4 | 감수의 글 · 6 | 연대표 · 13 | 일러두기 · 15

들어가며 시간과 공간에 따라 변화한 무굴 제국 · 21
무굴 제국의 왕조 및 그 지배하의 사람과 땅 · 21 | 이 책의 구성 · 28

제1부
무굴 제국의 기원과 창건
1526~1540, 1555~1556년

제1장 인도 북부 정복 이전의 바부르 · 39

무굴 제국의 기원이 된 칭기스 왕조와 티무르 왕조 · 41 | 경쟁자 사이에서 보낸 바부르의 청년기 · 48 | 바부르의 카불 시절 · 54 | 1526년, 바부르의 첫 번째 정복 · 65

제2장 바부르 황제의 무굴 제국 만들기 · 73

낯선 남아시아의 환경 · 75 | 남아시아 문화와 공동체의 상호 작용 · 78 | 농경 · 목축 · 삼림에 기반한 남아시아 경제 · 87 | 남아시아의 정치 세계 · 91 | 무굴 제국 창건 · 98

제3장 후마윤 황제와 인도인 · 111

후마윤의 황제 계승 · 112 | 후마윤이 거둔 초기의 군사적 성공 · 117 | 후마윤의 무굴 제국 상실 · 123 | 무굴 제국 재건을 위한 후마윤의 원정 · 129

제2부

악바르 황제 재위와
무굴 제국의 확립
1556~1605년

제4장 무굴 제국의 중심이 된 악바르 황제 · 137

악바르의 급작스러운 즉위와 경쟁자들 · 141 | 섭정의 그늘에서 벗어난 악바르 · 146 | 결혼 동맹으로 지지자를 확대한 악바르 · 155

제5장 악바르 황제와 무굴 제국의 제도 · 171

자민다르가 지배한 농촌 경제 · 172 | 지방 엘리트에 의존한 무굴 제국의 지방 행정 · 174 | 무굴 제국의 만사브 제도 · 183

제6장 수도에 따른 악바르 황제 재위기의 변화 · 197

아그라 시기, 1556~1571년 · 199 | 파테푸르시크리 시기, 1571~1585년 · 212 | 라호르 시기, 1586~1598년 · 236 | 데칸의 전장과 아그라에서 보낸 말년 · 248

제3부
무굴 제국의 전성기
1605~1707년

제7장 자항기르 황제와 무굴 궁정의 개화 • 255

경쟁자와 반란을 물리치고 황제가 된 자항기르 • 256 | 화려한 예술과 혁신의 궁정 • 265 | 누르 자한과 샤 자한의 계승 분쟁 • 282

제8장 샤 자한 황제와 무굴 제국의 발돋움 • 295

되풀이되는 반란과 데칸에서의 전쟁 • 296 | 중앙아시아를 향한 원대한 야망 • 309 | 샤 자한의 투옥으로 끝난 계승 분쟁 • 319

제9장 무굴 제국의 정점이자 쇠퇴의 시작, 알람기르 황제 • 327

알람기르의 즉위와 통치 면모 • 328 | 데칸 원정과 어두운 미래 • 346 | 확대되는 전쟁과 무굴 제국의 퇴보 • 353

제4부

무굴 제국의 해체와 기억
1707년부터 현재까지

제10장 무굴 제국의 소멸 · 365
바하두르 샤와 어지러운 계승 · 366 | 섭정의 지배를 받는 살라틴과 황제들 · 370 | 최후의 무굴 황제들 · 381

제11장 무굴 제국의 의미에 대한 논쟁들 · 393
17세기의 무굴 제국에 관한 다양한 시선 · 394 | 18세기 이후의 무굴 제국 역사 서술과 중요성 · 402 | 영국 식민 통치 시대, 1857~1947년 · 406 | 독립 이후 무굴 제국 역사의 의미 모색 · 411

그림 · 지도 · 계보도 목록 · 419 | 주 · 421 | 참고문헌 · 449 | 찾아보기 · 467
무굴 제국의 황제들과 그 가계 : 1526년에서 1857년까지 · 480
무굴 제국을 이해하는 핵심 개념들 · 489

무굴 제국의 역사

A SHORT HISTORY OF THE MUGHAL EMPIRE

들어가며

시간과 공간에 따라 변화한 무굴 제국

"모굴Mogul: 중요한, 영향력 있는, 혹은 지배적인 사람; 전제 군주; 오늘날에는 대체로…… 기업계 거물 내지 (특히 최근) 언론계 거물."
— 《옥스퍼드 영어 사전Oxford English Dictionary》

✣
무굴 제국의 왕조 및 그 지배하의 사람과 땅

무굴 제국은 그 지배하에 있는 인도의 다양한 지역에 살며 광범위한 문화를 가진 사람들과 무굴 왕조가 때로는 경쟁하고, 때로는 협력하며, 때로는 창조적인 영향을 주고받음으로써 존재했다. 무굴 제국은 3세기가량 유지되었다. 전성기 무굴 제국은 인도아대륙 거의 전역에 이르는 약 320만 제곱킬로미터의 영토를 지배했고, 인구는 1억 5천만 명에 달했다. 이는 유럽 면적의 3분의 1, 유럽 인구의 두 배에 해당했다. 동시대 중국을 제외하면 인류 역사상 가장 강력하고 부유한 국가로 떠오른 무굴 제국은 막강한 군사력을 지녔을

뿐 아니라 전 세계 국내총생산Gross Domestic Product, GDP의 거의 4분의 1을 차지했다.[1]

그러나 무굴 제국의 후반 150년 동안 행정은 불안정해지고 핵심 지지층은 흩어졌으며, 인도와 유럽의 도전자들은 제국의 기반을 뒤흔들었다. 무굴 제국이 빠르게 영토 대부분을 상실해 갔음에도 인도의 후계국가와 유럽의 강대국 들은 1857년까지 무굴 제국의 주권을 명목상으로는 인정했다.

무굴 제국의 중요성은 오늘날에도 남아시아뿐만 아니라 국제적으로 다각적인 의미를 지닌다. 당시의 사료는 제국에 대한 기록자의 시각을 반영하며, 이는 종종 오늘날 우리의 시각과는 대조적이다. 따라서 무굴 제국을 다룬 간략한 역사책만으로도 제국의 전개 과정이 지닌 본질, 특히 남아시아와 그곳의 수많은 민족·문화가 맞은 중대한 전환기, 아시아와 세계 곳곳으로 확장해 간 크리스트교 유럽 식민지 세력의 관계에 대한 통찰을 얻을 수 있다.

모든 제국은 공통점이 있는가 하면 제각각 특수성을 지닌다. 제국이 하나 이상의 종족을 통합하고 지배한 국가를 의미한다면, 무굴 제국이야말로 거기에 들어맞는 존재이다. 또한 이 제국은 독특하고 매우 의미 있는 면모를 지녔다.

무굴 제국은 희한한 기원을 가졌다. 중앙아시아의 무슬림, 다시 말해 이슬람교도 전사 일족은 1526년과 1555년 두 차례 인도 북부를 침공하여 그곳에 살던 힌두, 무슬림을 비롯한 그 밖의 인도인과 다양하고 복잡한 방식으로 상호 작용을 하여 무굴 제국을 탄생시켰다. 이 왕조의 남성 창건자들은 땅 한 뙈기 지배하지 못하는 처지에도 자신이 황제*라고 주장했다. 그들은 오랫동안 기억해 온 중앙아시아의 고향으로 몇 번이고 돌아가려 했지만, 결국 낯선 땅과 종족을 침략하고 지배했다.

무굴 제국의 지배자들은 자신들을 거대한 이슬람 세계의 주요 인물로 규정했고, 방식과 정도에 차이는 있으나 무슬림으로서의 정체성을 강조하며 중앙아시아·페르시아·아프가니스탄·오스만 제국·아라비아에서 건너온 순니파와 시아파 무슬림 이주자를 따뜻하게 맞았다.

시간의 흐름에 따라 무굴의 종족적 의미는 변화했다. 본래 무굴은 페르시아어로 교양 없고 사나운 몽골인을 가리키는 말이었으나, 인도아대륙에 자히르 알딘 바부르가 세운 왕조를 지칭하는 데 주로 사용되었다.** 이 왕조는 중앙아시아 순니파 부계 혈통이 특징이지

---

* 엄밀하게 말해 무굴 제국의 군주들은 대체로 파디샤pādishāh라 불렸는데, 이는 '황제'·'제왕'으로 번역할 수 있다. 일반적으로 무굴 제국의 군주들은 황제로 불리고 지은이 역시 그런 표현을 사용했으므로 이 책에서는 '황제'로 표기한다.

** 서구 학계에서는 무굴 제국을 무굴 왕조Mughal dynasty로 부르기도 한다. 하지만 바부르와 그 후예들은 티무르의 후손으로, 몽골 제국과 티무르 왕조의 정체성을 동시에 가지고 있었음을 감안하면 적확한 표현이라고 할 수는 없다. 그 때문에 스티븐 데일Stephen F. Dale은 바부르와 그 후예들이 가진 몽골 제국 정체성과 티무르 왕조 정체성을 모두 반영한 '티무르 왕조 무굴 제국Timurid Mughal Empire'이라는 용어의 사용을 주장했다. 한편 '티무르Timūr'라는 표기는 페르시아·아랍문 TYMWR을 문어체 아랍어식 읽은 것으로, 페르시아어식으로는 테무르Tēmūr로 읽힌다. 최근 서구 학계에서는 티무르가 가진 몽골 제국 정체성을 존중하여 종래에 주로 사용되어 온 티무르가 아니라 몽골어 내지 튀르크어식으로 테무르Temür, 테뮈르Temür를 사용하는 경우가 점차 늘어나고 있다. 다만 한국어판에서는 독자의 편의를 위해 《표준국어대사전》에 등재된 '티무르'로 표기한다.

만, 시아파나 힌두 조상을 둔 여인도 결혼으로 왕조에 합류했다. 게다가 왕실 일족은 제국의 엘리트 중에서 극히 일부일 뿐, 제국의 대부분은 다양한 종족과 문화로 구성되었다. 약 두 세기에 걸쳐 왕조와 제국의 엘리트층을 이룬 이주자 그리고 인도인은 대단히 세련된 궁정 문화와 거대한 군사·국가 조직을 만들어 냈다. 많은 남아시아인은 이 두 요인에 매료되어 직간접적으로 무굴 제국을 위해 일했으며, 나머지 남아시아인들 또한 같은 이유로 무굴 제국을 인정하고 세금을 납부했다.

 무굴 제국은 일정한 엘리트층과 거의 단일 종족으로 구성된 군대를 거느린 토착 제국이 결코 아니었다. 오히려 무굴 왕조는 다양한 문화권과 집단 중에서 취사선택했으며, 왕조 역사 내내 군주권이 어디에 있느냐에 긴장이 계속되었다. 제국 대부분에서 그러하듯이 재위 중인 황제는 가까운 친척과 군주권을 공유하고, 가까운 친척은 잠재적으로 황제가 될 가능성을 지녔다. 이는 중앙아시아 세계를 정복한 조상들의 몽골·튀르크식 모델을 명확하게 보여 준다. 거의 모든 무굴 황제는 아들들 내지는 형제들에게 권위를 나누어 주었고, 자신이 죽은 뒤에 살아 있는 아들들이 제국을 분할하기를 바랐다.

 그러나 이러한 중앙아시아의 전통은 이슬람과 인도의 관념에 팽팽히 맞섰으며, 한번 즉위한 황제는 재위하는 동안 반신半神 또는 신과 같은 군주권을 독점했다. 첫 다섯 황제는 각자의 방식으로 이슬람 천년왕국의 군주를 자처했다.² 그 후로도 황제들은 자신이 신에 의해 전 세계, 또는 적어도 무슬림 땅과 남아시아 지역을 지배하도록 예정된 존재라고 주장했다. 게다가 황제들은 자신이 수피 종단(이슬람 신비주의 교단)의 성자나 힌두교의 신과 같은 숭배의 대상이 되기를 바랐다. 유럽인이 당도하자 무굴 왕조는 예술을 이용해 크리스트교의 신성한 권위의 상징을 빌려 왔다. 무굴 제국은 통제할 수 없는 힘과 사건에 노출되었다.

안타깝게도 이 책에 실린 지도를 포함한 지도 대부분은 제국을 내부의 통일된 법률 체계와 고정된 국경 안에 존재하는 2차원적이고 정적인 존재로 묘사한다. 하지만 우리는 무굴 제국을 시기에 따라 행정적·군사적·문화적 층層의 깊이와 넓이가 확장되기도 축소되기도 한 역동적 과정으로 생각해야 한다.³

제국의 행정은 토착 사회 개개인의 수준까지 깊숙이 침투하고, 군사력은 실제로 강제력을 지녔으며, 황제의 권위는 좀처럼 심각한 도전에 직면하지 않는 등 특정 시기와 장소에서는 이 층의 밀도가 상당히 높았다. 16세기 중반에서 17세기 말에 걸친 시기 무굴 제국의 중요 지역에서 이런 상황이 광범위하게 이어진 것이 대표적인 예라고 할 수 있다.

제국의 이 같은 과정이 항상 평탄한 것은 아니었다. 무굴 제국은 핵심 엘리트층과 변경 안팎에서 끊임없이 반란이 일어나는 등 언제나 저항에 마주했다. 때로는 제국군이 원주민들의 저항을 집요하게 진압했지만, 제국의 행정이 지닌 통제력은 별 볼일 없고 무굴 문화는 그다지 매력적이지 않았다. 무굴 제국의 핵심 지역이나 새롭게 정복한 지역, 특히 삼림이 우거진 지역에서는 더더욱 그러했다. 무굴 제국과 신민 개개인의 관계 역시 한결같지 않았는데, 무굴 제국의 심장부에서 어떤 사람들은 국가와 행정적·이념적 유대감이 단단한 반면, 어떤 사람들은 유대감이 무척 약하거나 아예 없었다.

무굴 제국은 분열을 반복했다. 황제들은 제국을 온전히 하나로 유지하려 애쓰는 한편, 제국을 내부적으로 분할하여 아들들이 서로 해치지 않도록 보호하려 애썼다. 실제로 제위 계승 분쟁마다 일부 주장자는 한 사람이 승리를 거두기 전에 제국을 분할하려 들었다. 무굴 제국 말기에도 이런 과정은 광범위하게 진행되었으나 파급력은 미미했다. 왜냐하면 무굴 제국의 중심부가 행정적·군사적 통제력을 행사할 수 없어 명목상으로나마 무굴 군주권을 인정받는 영토가 매우 작았기 때문이다. 그만큼 무굴 제국은 안정적이고 정적인 체제가 아니라 대단히 복잡하고 역동적인 과정에 가까웠다.

무굴 제국은 남아시아사의 관점에서 볼 때 전환기에 등장하여 내외부의 사람과 문화를 복합적으로 결합했다는 점에서 독특한 존재이다. 남아시아는 대체로 지역에 근거를 둔 국가들로 분열되어 있었는데, 무굴 제국은 그런 남아시아 역사상 가장 거대하고 강력한 국가였다. 그러나 제국의 핵심 관리 대부분은 언제나 종족적으로 다양한 이민자 내지 최근에 이주한 사람의 후손(중앙아시아·페르시아·아프가니스탄 출신이 주를 이루었다)으로 구성되었고, 외부 출신이라는 사실에 가치를 부여하고 정체성의 중요 부분으로 삼았다.

그럼에도 무굴 제국은 토착 지배자들을 제국의 군사·행정 체제에 포섭했다. 따라서 제국 고위 관리 중 소수는 자신을 특정 지역에서 온 힌두 또는 오래전 인도에 정착한 무슬림으로 간주하고, 그렇게 인식했다. 예컨대 약 한 세기 동안 인도 북부에 기반을 둔 힌두 왕족은 무굴 제국의 핵심 집단에 합류하여 황제들에게 아내를 주고 봉사했으나, 언제나 그 속에서 별개의 정체성과 역할을 지녔다. 그러나 그 이전에도 이후에도 이 가문들은 제국과 거리를 두었다. 특히 17세기를 거치면서 꽤 많은 인도 중부 출신이 제국의 관리가 되었지만, 대부분 제국에서 소외감을 느꼈다. 이와 같이 제국의 영역은 변동을 거듭했다.

무굴 제국은 육지에 기반을 두었지만 시간이 흐르면서 점점 확대되어 가는 유럽 중심의 교역과 식민주의 세계 체제에 통합되었으며, 그로 인해 긍정적 결과와 부정적 결과 모두를 초래했다. 16세기 이후 유럽인이 호의를 얻기 위해 제국의 궁정을 방문하여 크리스트교 신앙과 유럽 문화의 우월성을 황제에게 설득하고자 했다. 무굴 정권은 유럽 문화를 선택적으로 채용하고 일부 유럽인을 고용했다. 유럽에서 들어온 귀금속과 군사 기술, 새로운 작물과 질병(특히 아메리카산)은 제국의 경제에 영향을 미쳤다. 무굴 황제들은 바다에서 유럽의 보호를 받고자 애썼는데, 특히 마지막 세기에는 유럽인이 섭정 역할을 수행해 주기를 바랐다.

대영 제국은 인도에서 자신들과 여러모로 대조적인 무굴 제국을 모델로 삼았다. 이후 인도공화국과 파키스탄, 방글라데시는 무굴 제국으로부터 국가의 상징을 선택했다. 그리하여 무굴 제국의 기원부터 오늘날까지 남아시아인과 유럽인은 각자의 방식으로 무굴 제국을 표현해 왔다.

이 책은 중요한 사건과 주제를 연대기식으로 배치하고 여러 학자의 학설을 제시하고자 했다. 지은이로서 이 책이 독자들에게 무굴 제국에 관한 흥미를 불러일으키기를 바란다. 더욱이 마지막 장과 주, 참고문헌을 통해 각자의 관심사에 더욱 집중하고 탐구하기를 바란다. 또한 이 책에서는 오늘날 이 분야 전문가들을 사로잡는 핵심 문제들과 여전히 답을 찾지 못한 질문들을 곳곳에서 제기한다. 무굴 제국에 대한 학술적 연구에 익숙한 독자라면 그러한 논의와 질문에 기여하고자 한 시도를 알아챌 것이다.

이 책의 구성

무굴 제국은 그 자체로 방대한 주제이다. 지리적으로는 인도아대륙 거의 전역을 아우르고, 시간적으로는 3세기 이상 유지되었으며, 내부적으로는 다양한 종족이 얽히고설키며 서로 영향을 주고받았다. 이 모든 요소를 담아내기 위해 이 책은 선택된 주제들을 다루었다. 제국의 공식 사서나 동시대 엘리트층과 신민은 무굴 제국을 각 황제의 재위에 따라 구분했는데, 이 책 역시 그 구분을 따랐다. 그리고 이 책 전체에서 기나긴 시간에 걸친 문화적·사회적·정치적 발전, 논의의 여지가 있는 혁신과 변혁이라는 주제를 서술하고자 했다.

제1부의 첫 장에서는 중앙아시아 왕조 그리고 인도의 사람과 땅이 결합된 무굴 제국의 다면적 기원을 살펴본다. 나라를 세운 황제 바부르는 몽골과 튀르크멘* '세계 정복자들'의 후손이자 계승자로 행세했다. 하지만 평생을 중앙아시아에 있는 조상의 땅을 되찾으려 노력하고 좌절했다. 바부르는 인도를 낯설고 거의 알지 못하는 땅으로 묘사하면서도 카이베르고개 너머 델리까지를 조상의 유산이라고 주장했다.

제2장에서는 남아시아의 복잡한 땅과 문화, 사람을 다룬다. 일부 환경적·문화적 요소는 인도아대륙 전체에 걸쳐 있었다. 하지만 역사상 단 한 차례도 인도아대륙 전체가 생태적으로, 문화적으로, 또 사회적으로 단일한 지배자 아래에 있었던 적은 없다. 각 지역은 고유한 생태적 특성과 주요 언어, 오랜 정치적 독립의 전통을 지니고

---

* 페르시아화한 튀르크인을 가리킨다. 당시 티무르 왕조 구성원은 자신들을 튀르크 종족 가운데 몽골 지파의 한 갈래로 인식했다. 이들은 튀르크멘을 튀르크와 별개의 집단으로 간주했다. 따라서 칭기스 칸과 티무르를 '몽골과 튀르크멘'으로 지칭한 저자의 표현은 '몽골과 튀르크'로 고쳐 새겨져야 한다.

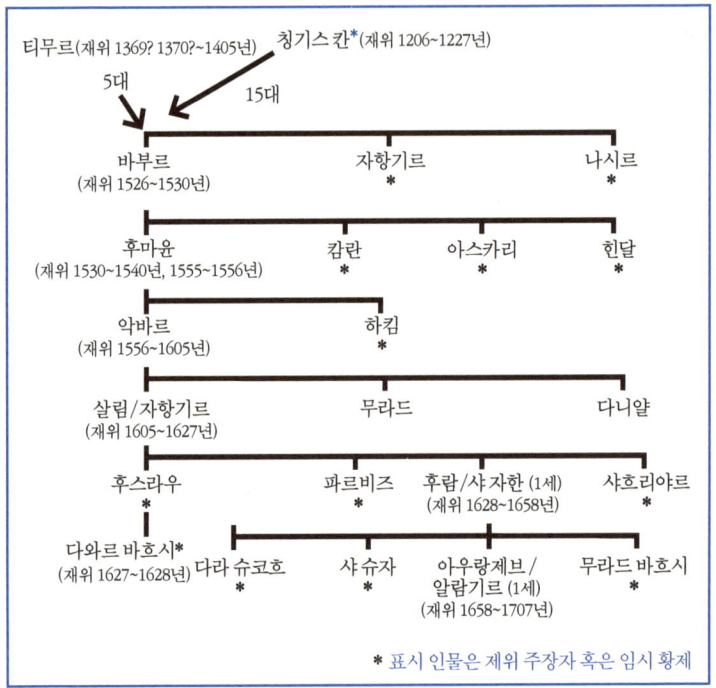

계보도 1 무굴 황제들과 왕자들(1526~1707년)

있었다. 대부분의 사람들은 외부인이 힌두교라고 부르는 다양한 전통을 따랐다. 이주민, 그들의 후손, 개종한 원주민으로 구성된 무슬림의 수는 점차 늘었다. 18세기 말에는 인도아대륙 인구 3분의 1가량이 무슬림이었다. 인도 북부 거의 전역을 통치한 아프간인을 포

---

* 《표준국어대사전》은 몽골 제국 창건자를 칭기즈칸Chingiz Khan으로 표기하지만, 중세 몽골어에서는 칭기스 칸Cinggis Qan으로 표기하는 게 일반적이었다. 따라서 한국 학계에서는 통상 '칭기스' 또는 '칭기스 칸'이라고 표기하므로 이 책에서는 그에 따라 '칭기스 칸'으로 표기한다.

함한 대다수 인도인 무슬림 가운데 일부는 내부 분쟁에서 실익을 얻기 위해 바부르를 지지하는 한편 이방인으로 여겼다.

바부르는 고도로 복잡하고 경쟁이 판치는 세계에 진입한 셈이었고, 그곳에서 그는 권력의 장악을 꿈꾸는 여러 도전자 가운데 하나에 불과했다. 바부르는 1526년 침공에 성공한 뒤 4년 동안 인도 북부 거의 전부를 정복했다. 하지만 바부르와 그의 지휘관들이 지닌 중앙아시아의 종족적 정체성은 그 땅에 사는 사람과 달랐다. 그래서 그는 핵심 조언가로 소수의 인도인만 받아들이고, 인도인 무슬림은 거의 등용하지 않았다. 그의 초기 정권은 군대가 정복한 땅의 지주나 민중과 깊고 지속적인 유대를 형성하지 못했다. 그렇지만 많은 인도인이 그의 군대와 정부, 가문*을 섬겼다. 인도 북부의 많은 사람은 그의 패권에 저항하기보다는 일시적인 것으로 받아들였다.

제3장에서는 두 번째 황제 나시르 알딘 후마윤의 굴곡진 생애를 확인한다. 그는 중앙아시아의 장군들에게 의존하며 갠지스강을 따라 벵골까지 무굴 제국을 확장하고자 했으나, 벵골 지방은 그의 가까운 지지자들에게 그다지 호의적이지 않았다. 후마윤 또한 원주민들을 궁정이나 고위 관리로 편입하지 않았다. 후마윤의 동생들은 제국을 분할하거나 아예 차지하고자 계속해서 그의 권위에 도전했

---

* 이 책에서 쓰인 가문household은 혈연적 유대 이외에 피후원자 등을 포함하는 개념이다.

으며, 인도아프간인이 들고일어난 일이 결정타가 되어 그는 몰려났다. 15년 뒤 죽기 직전에야 후마윤은 인도 북부 대부분을 재정복할 수 있었다. 후마윤의 최종 목표는 무굴 제국이 갠지스강 유역 전체와 카불 그리고 오래전에 잃어버린 중앙아시아를 차지하는 것이었으나 결국 성공하지 못했다. 요컨대 제1부에서 다루는 무굴 제국은 왕조와 인도 사이에 통합을 이루지 못한 채 불확실하고 취약한 과정에 머문다.

제2부 3개 장에서는 세 번째 황제 악바르의 반세기에 걸친 긴 재위기 동안 무굴 왕조와 인도 북부 사람들 사이에서 유대감이 깊어지는 과정을 다룬다. 악바르는 가족 내 도전자들과 섭정들의 잇따른 지배를 물리치고 강력한 통치자로 우뚝 섰다. 악바르 정권은 인도에서 무굴 제국이 뿌리내리고 퍼뜨려 나갈 독특한 사회적·문화적·정치적 제도들을 만들어 냈다. 특히 그는 인도 북부의 전략적 요충지를 장악한 원주민 힌두·무슬림 지배자 들과 새로운 관계를 맺었다. 여기에는 정략혼이 포함되는데, 악바르는 이를 통해 새로운 관리와 장령將領을 확보하여 물려받은 기존의 인물들을 보완할 수 있었다.

악바르와 그의 근신近臣들은 페르시아풍* 문화·행정·정치 제도

---

* 페르시아풍Persianate이란 '페르시아권 사회·문화와 관련되는' 내지 '페르시아 스타일의'라는 의미를 갖는 용어로, 이슬람 역사 전문가 마셜 호지슨Marshall G. S. Hodgson이 처음 제시한 용어이다. 마셜 호지슨은 15~18세기 사이에 발칸반도에서 벵골만에 이르는 이슬람풍 세계 동부가 페르시아어를 행정과 문학의 언어로 공유하는 하나의 세계를 이루었다고 보았다.

를 채용하여 제국의 군사·민정 기구와 지방 행정을 재구성했다. 또한 그는 이슬람과 인도의 전통에서 유래한 정치·종교 이데올로기를 만들어 내 핵심 관리들뿐만 아니라 확장하는 영토의 신민을 결속시켰다. 시간이 흐르며 조공을 바치는 지방 지배자와 지주는 제국의 관리가 되어 체계적으로 세금을 바치고 할당된 수입을 받아 갔다. 무굴 군주의 주권을 인정하는 사람들은 점차 늘어 갔다. 이 모든 요소가 주로 농업에 기반을 둔 인도 경제에서 자원을 끌어내고 제국을 다스리는 힘을 강화해 주었다.

악바르 통치 아래에 무굴 제국은 인도아대륙 전역으로 팽창했는데, 악바르의 연대기 기록관은 "삼면이 바다로 둘러싸인 인도의 사방"[4]이라고 표현했다. 악바르는 완전히 새롭게 건설하도록 명령한 수도를 포함하여 몇몇 정치적 수도에서 이웃 국가들을 정복하기 위해 모든 방면으로 군대를 보냈다. 그러나 악바르는 강력한 데칸 술탄국들이 있는 남쪽에서는 군사적 성과를 거두지 못했다. 그리하여 악바르가 사망할 무렵 무굴 제국은 인도에 굳건하게 자리를 잡고 확대되고 있었으나, 여전히 그 구조와 환경에는 불안정성이 내재해 있었다.

이어지는 제3부 3개 장에서는 자항기르, 샤 자한 그리고 왕자 시절 이름인 아우랑제브로 더 유명한 알람기르, 이 세 황제의 재위 동안 제국이 확장하고 발전하는 과정을 다룬다. 세 사람은 왕자 시절부터 부황의 자리를 잇기를 오매불망 고대하다가 형제, 남성 친족과의 핏빛 계승 전쟁에서 살아남아 황제 자리를 쟁취했다. 새로 즉위한 황제들과 지지자들은 악바르의 오랜 통치 기간에 확장하고 뿌리 내린 제국 위에 나름대로 제도와 관행을 세워 나갔다. 황제 한 사람 한 사람은 자신만의 독특한 궁정 문화와 이념을 발전시켰다. 특히 자항기르와 샤 자한 두 황제는 무굴 제국 역사상 가장 정교하고 세련된 예술 및 건축 활동의 후원자였다.

세 황제의 정권은 마치 한계를 모르는 것처럼 제국의 영토 위 변경을 종횡무진 오가며 정복을 시작했다. 카불은 제국에서 문화적으로 중요한 요소였다. 그 너머 칸다하르와 바다흐샨 그리고 조상들이 살았던 중앙아시아는 무굴 왕조의 정체성에서 소중한 부분이었지만, 무굴 제국의 권위를 간헐적으로만 받아들였다. 카슈미르는 지리적으로는 고립되어 있어도 한번 정복되자 무굴 제국에 행정적으로 통합되었고, 라다크 너머 중국의 경계까지 수차례 군사 원정이 단행되었다. 무굴 제국의 침공은 동쪽으로 벵골을 지나 아삼에 이르렀으나, 맹렬한 저항에 부딪혀 그 이상 나아가지 못했다. 무굴 제국이 가장 공들인 방향은 남쪽으로, 데칸 지방 깊숙이 침투하여 인도반도의 끝자락을 향했다.

무굴 제국은 인도 북부의 심장부에서 멀리 떨어진 지방으로 확장해 갈수록, 제국의 이념과 군사 · 행정 기구를 적대적이고 다양한 인도 문화에 적용하고 덧씌우고자 분투해야만 했다. 제국의 관리와 장군으로 형성된 핵심층은 확대되었으나, 제국의 궁정은 과거의 적장과 지배자가 불완전하게 융합되었다. 인도아대륙 전역에 대한 행정과 통제는 결국 무굴 제국이 감당할 수 없는 과업임이 드러났다.

게다가 17세기 말 이래 무굴 제국의 지배하에 있는 다양한 집단이 표면상으로는 무굴 황제의 군주권을 인정하면서도 더 이상 무굴 제국의 이익을 위해 종사하지 않았다. 25년에 걸쳐 데칸에서 무익한 싸움을 벌인 알람기르가 1707년 사망하면서 과거에 무굴 제국의 강점이던 것들은 빛을 잃었다.

무굴 제국은 육상에서와 달리 해상에서는 야심이 크지 않았다. 무굴 황제 가운데 누구도 원양 해군을 건설하려는 유의미한 노력을 기울이지 않았는데, 오스만 제국과 여러 유럽 국가의 무장 선박이 무굴 제국의 해안에 이르렀을 때조차 그러했다. 그럼에도 무굴 제국과 세계 여러 나라 사이의 경제적·기술적·문화적 교류는 급증했고 누구도 예상하지 못한 다양한 결과들을 낳았다.

제4부의 시작인 제10장에서는 '위대한 무굴인'이라고 불리는 선대 황제들과 대비를 이루는 유약한 황제들이 잇달아 즉위하며 제국이 해체되는 150여 년을 다룬다. 하지만 무굴 왕조의 문화적 힘은 막강하여 여러 군벌과 집단, 아시아와 유럽의 침략자들에게 합법적 군주의 상징으로 인정받고 변함없이 왕좌를 차지했다. 이 책은 인도와 파키스탄, 방글라데시, 서구의 역사학자, 논평자, 정치인이 무굴 제국의 기원부터 현재까지를 어떻게 받아들이는지를 분석한 제

11장으로 끝이 난다.

   이 책을 통해 독자들은 각자 흥미를 가진 부분을 찾아 탐구할 방법을 발견할 것이고, 매력적인 무굴 제국을 더욱 깊이 이해할 것이다.

제1부

무굴 제국의 기원과 창건

1526~1540년,
1555~1556년

무굴 제국의 역사

A SHORT
HISTORY OF
THE MUGHAL
EMPIRE

제1장

인도 북부 정복 이전의 바부르

"인더스강을 건너면 흙과 물, 나무와 돌, 사람과 백성,
습관과 풍습 할 것 없이 모두 힌두스탄풍이 된다."

―바부르[1]

중앙아시아의 무장한 모험가로 카불을 지배하던 바부르(1483~1530년, 재위 1526~1530년)는 1519년 인도를 약탈하고 델리의 젊은 술탄 이브라힘 로디에게 고압적으로 복속을 요구했다. 이브라힘이 속한 아프간계 로디 왕조는 인도 북부(당시 힌두스탄Hindūstān)에 정착한 지 몇 세대가 지났으며 내전 중이었다. 바부르는 자신의 기대를 담아 막 태어난 아들의 이름을 힌달Hindāl(인도 정복)이라고 지었다. 바부르는 1세기도 더 전에 튀르크인 조상 티무르가 잠시 델리를 정복했던 사실을 근거로 허세에 찬 주장을 했다. 그러나 바부르를 아는 인도인은 소수에 불과했으며, 많은 사람이 티무르의 파괴적인 약탈 원정과 바부르가 델리에서 벌인 대학살을 기억하며 그의 존재

지도1   바부르의 세계(1526년 이전)

를 공포스러워했다.

바부르의 최후통첩도, 매 선물도, 작은 규모의 약탈자 전사 무리도 이브라힘 로디로 하여금 인도 북부를 포기하게 만들지 못했다. 게다가 이브라힘의 라호르 총독은 바부르의 사절을 업신여기며 억류하고는, 이를 이브라힘에게 알리기커녕 답조차 보내지 않았다. 바부르는 이때의 좌절을 "이 힌두스탄인, 특히 아프간인은 놀라울 정도로 이지理智·이성과 거리가 멀고 올바른 판단이나 의견과는 동떨어진 사람들이었다. 그들은 적이 되어 진군하여 저항하지도 못했으며, 우리 편에 서서 그에 걸맞게 처신할 줄도 몰랐다"[2]라고 했다.

그럼에도 7년 뒤인 1526년 바부르는 재차 힌두스탄을 공격하여 규모는 훨씬 크지만 분열된 이브라힘 로디의 군대를 궤멸하고 델리와 아그라에 있는 막대한 재물을 손에 넣었다. 그리하여 바부르 가문은 힌두스탄에 사는 사람들과 급작스럽게 관계를 맺으며 무굴 제국을 탄생시켰다.

무굴 제국의 기원이 된 칭기스 왕조와 티무르 왕조

자히르 알딘 무함마드 바부르는 생애 대부분을 경쟁자인 티무르 왕조 구성원과 반역자들에게 부당하게 빼앗겼다고 믿은 땅을 되찾고자 분투하고 황제가 되려 애쓰며 보냈다. 1494년 열한 살의 바부르는 마와라알나흐르(아무다리야강과 시르다리야강 사이의 땅. 유럽인은 '트란스옥시아나'라고 불렀다)에서 농경이 번성한 페르가나분지(약 13만 제곱킬로미터)의 불안한 통치권을 물려받았다.[3] 그러나 그는 곧 이 가산국가家産國家*를 잃어버렸고 마와라알나흐르 지방의 도시들을 되찾았다가 빼앗기면서 젊은 시절을 보냈다. 바부르가 상속받은 불변의 유산은 광대한 제국을 세워 존경받는 몽골인 '세계 정복자' 칭기스 칸(1162~1227년)과 튀르크인 '세계 정복자' 티무르(1336~1405년)라는 조상이었다.**

칭기스 칸은 그때까지 서로 다투어 온 몽골고원의 집단들을 하나로 통합했다. 이후 그는 격파한 튀르크인을 비롯한 여러 종족을 자

---

* 국가가 군주의 사적인 세습 재산Patrimonium으로 간주되는 국가를 말한다.

** 몽골인 칭기스 칸과 튀르크인 티무르를 구별한 저자의 서술은 튀르크계 민족과 몽골계 민족을 구분하는 현대의 인식을 반영한다. 그러나 몽골 제국 이후 중앙아시아에서 '튀르크(인)'이라는 표현은 '내륙 아시아 유목민' 정도의 의미로, '몽골(인)'을 포함했다. 당시 티무르 왕조의 지배층이 튀르크 종족에 포함된 몽골인 가운데 차가다이 지파에 속한다는 정체성을 지닐 수 있었던 이유는 이것이다.

신의 군대에 편입하며 중국에서 동유럽에 이르는 영토를 정복했다. 칭기스 칸은 네 아들에게 유산으로 추종자들을 나누어 주었다. 적자 가운데 둘째인 차가다이*는 마와라알나흐르의 튀르크인을 상속받았고, 그들의 언어는 차가타이·튀르크어로 알려지게 되었다. 바부르는 어머니로부터는 차가다이의 혈통을, 아버지로부터는 차가다이에게 주어진 튀르크인의 피를 물려받았다.

바부르 시대에 몽골인(모굴인)** 대부분은 중앙아시아 초원 주변에 거주하는 목축 유목민으로 주로 전통적 샤머니즘과 불교 관행을 고수했다. 반면에 마와라알나흐르의 도시 교역과 농경 경제권에 정착한 몽골인(모굴인)은 이슬람을 신봉하는 경향이 있었다. 모든 몽골인이 바부르와 마찬가지로 칭기스 칸의 야사(몽골 제국의 법)와 퇴레(도덕 격언과 원칙, 관습의 총체)를 따랐다. 그러나 바부르는 동시대 몽골인(모굴인)을 적과 아군을 가리지 않고 약탈하기를 즐기는 야만적이고 흉포하며 믿을 수 없는 전사로 여겼다.

바부르는 평생 동안 몽골인(모굴인) 추종자를 모아 기동성이 매우

---

* 차가다이 울루스는 위구르 지방부터 사마르칸드와 부하라에 이르는 지역을 포괄했다. 14세기 중반 차가다이 울루스는 동부와 서부로 양분되었다. 이 가운데 서부의 유목 집단을 차가타이 울루스, 그 구성원을 차가타이인, 그들의 언어를 차가타이어 내지 차가타이·튀르크어라 부른다. 차가타이는 차가다이의 튀르크어식 표기이다.

** 몽골 제국 이후 중앙아시아에서 몽골은 크게 두 가지 의미로 사용되었다. 첫째는 칭기스 칸이 세운 몽골 제국의 계승자들을 모두 포괄하는 것으로, 여기에는 칭기스의 후손은 물론 티무르 왕조가 포함된다. 둘째는 차가다이에게 할당된 차가다이 울루스 가운데 동부, 즉 톈산산맥 북방에 위치한 초원 지대인 모굴리스탄의 유목민만을 가리키는 좁은 의미이다. 본문에서는 두 가지 의미를 구분하지 않고 있는데, 한국어판에서는 독자의 이해를 돕기 위해 후자의 의미로 사용된 경우 '몽골인(모굴인)'으로 표기했다.

뛰어나고 무자비한 경기병대로 이용했는데, 그들은 전투에서 본대의 양 날개로 배치될 때 최고의 활약을 보여 주었다. 전방위에서 공격을 퍼붓는 톨가마 전술에서 이 날개는 적군을 에워싸고 후미를 포위망으로 밀어 넣는 동시에 적의 진영을 휘저으며 약탈했다. 이 전술은 1526년 바부르가 인도 북부를 손에 넣은 전투에서 결정적 역할을 했다. 하지만 바부르는 회고록에서 단호하게 이 몽골인(모굴인) 추종자들이 규율을 거부하고, 믿음을 배신하고, 전황이 불리해져 패배할 것 같으면 보급품을 노략질하고, 죽거나 부상 입은 자들의 소지품을 빼앗기를 되풀이했다고 기록했다. 또한 바부르는 "항상 모굴 백성들에 의해 악행과 파괴가 야기되었다. 그들은 지금껏 다섯 번이나 반란을 일으켰으며, 내게만 특별히 온당치 못한 짓을 한 게 아니라 자신들의 칸에게도 심심찮게 그런 행동을 했다"4라고 적었다.

  바부르는 자신의 아버지 쪽 직계 조상이 튀르크인 티무르임을 깊이 의식했다. 사실 바부르는 티무르의 사고와 행동을 따라 하려고 애썼다. 바부르의 왕조는 수세기 동안 자신들을 티무르 왕조로 생각했다. 탁월한 야전 사령관 티무르는 비교적 비천한 출신이었음에도 중앙아시아 대부분과 카불 및 그 인근, 페르시아 동부, 일시적이었으나 델리를 포함한 인도 북부(바부르는 젊은 시절 마을의 노파에게 티무르가 델리에서 막대한 재물을 약탈한 이야기를 들었다)의 지배자가 되었다. 티무르와 그를 따르는 튀르크인 전사들은 저항하는 지역의 도시를 파괴하고 남녀노소를 가리지 않고 노예로 만들었으며, 전사하거나 포로가 되어 처형당한 사람들의 해골로 탑을 쌓아 적들을 공포에 떨게 했다. 티무르는 정권을 안정시키고자 페르시아의 제국들이 시행한 세련된 행정 기구를 운영할 페르시아인 관료를 중용했다. 나아가 티무르는 칭기스 왕조의 공주들과 결혼하여 '칭기스 칸의 쿠레겐küregen(부마駙馬)'이라는 명예로운 칭호를 얻었다.

몽골 사회와 튀르크 사회에서 고귀한 혈통을 지닌 여성은 남계 조상의 권위를 남편과 아들들에게 전해 주었다. 엘리트 가문에서 여성은 독자적 공간을 형성했고, 남성들의 영역과 겹치는 부분도 있었다. 여성들 사회에는 서로 다른 계급 출신 부인과 미혼의 아들딸, 가난한 친척과 종복이 있고 그들 사이에는 위계가 있었다. 고위층의 아내는 관습 때문에 남편처럼 공적 공간에서 공개적으로 활동할 수는 없지만, 종종 출신 가문과 남편의 가족을 연결하는 정치적 결혼 동맹을 위한 협상을 주도했다. 이슬람과 중앙아시아의 관습에서 미망인은 낙인이 아니었을뿐더러 일반적으로 이혼과 재혼이 용인되었다. 그 덕분에 여성에게는 평생 정치 활동을 할 잠재성이 있었으며, 남편과 아들들을 대신해 활동하는 일도 드물지 않았다.

통찰력 있는 남성은 현명한 여성 연장자들의 조언을 따랐다. 바부르 역시 "의견과 판단에 있어서 나의 (외)할머니인 이샌 다울라트 베김* 같은 여성은 없다. 할머니는 대단히 총명하고 사려 깊었다.

---

* 베김Begim은 '수령'을 뜻하는 튀르크어 베그, 베이beg(고대 튀르크어로는 배그bäg)의 여성형이다. 시대와 지역에 따라 베굼begum・베감begam 등으로 쓰이는데, 한국어판에서는 모두 '베김'으로 통일했다.

그분의 조언을 듣고 많은 공무를 행했다"[5]라고 했다. 그러나 바부르는 회고록에서 여러 아내와 그녀들의 행동 및 조언, 자신과의 관계에 관해서는 조금 언급했을 뿐이다. 바부르의 딸들 가운데 굴바단(장미 같은 몸) 베김은 가문의 역사를 적으면서 엘리트 여성들에게 비록 사회적 제약이 있기는 하나 상당한 영향력 그리고 문화적 역량과 기회가 있었음을 보여 주었다.[6] 이 여성들은 가정의 관행과 믿음을 자신들이 양육하는 남자아이, 여자아이에게 전달했다. 그렇지만 정치, 종교와 같은 공식적인 바깥세상은 남편과 아들이 지배하는 영역이었던 것 같다.

티무르를 비롯한 튀르크인 대부분은 이슬람으로 개종한 지 얼마 안 되었다. 그들은 이슬람 이전의 중앙아시아 전통을 유지하는 한편, 페르시아와 아라비아에서 온 무슬림의 가치관과 관습을 상당 부분 수용했다. 그들이 삶을, 올바른 행동과 말·생각은 보상을 받고 부도덕한 행동은 처벌을 받는 도덕적 투쟁으로 여겼음을 바부르의 회고록 곳곳에서 볼 수 있다. 신은 무슬림이 죄를 범해도 다시 복종한다면 용서하는 자비로운 존재였다. 설사 이전의 용서를 위해 바친 다짐을 깨뜨렸다 한들 말이다. 바부르와 그 후손을 포함한 유능한 군벌과 지배자는 겸손하게도 이 점에서는 신을 따랐다.

많은 튀르크 엘리트는 울라마,* 즉 이슬람 학자들을 후원했다. 마

---

* 학자를 의미하는 아랍어 알림ʿālim의 복수형. 일반적으로는 종교학 학자나 권위자로 임명된 사람들, 즉 중요한 사원의 이맘imām(예배 인도자)·카디qāḍī(법관) 또는 대학의 종교학 교수 및 종교 문제를 결정할 능력이 있는 학식 있는 사람 등을 아우르는 하나의 계층을 가리키는 용어로 사용된다.

와라알나흐르에서 무슬림 대다수는 순니파였고, 샤리아(이슬람 율법)의 해석은 다른 순니파 법학파에 비해 상대적으로 덜 엄격한 하나피 법학파를 따랐다. 티무르와 바부르는 울라마의 개인적 절제와 신앙을 존중했지만, 전사였기에 항상 그들의 행동을 모범으로 삼지는 않았다. 그러나 두 지배자 모두 무슬림 즉 이슬람교도가 아닌 사람이나 엄격한 울라마라면 정통 이슬람에서 벗어난 것으로 간주하는 전통들을 실천하는 사람과도 거리낌 없이 교류했다.

다른 튀르크인과 중앙아시아인 무슬림이 그렇듯이 티무르와 바부르는 신과의 직접적인 종교적 체험을 추구하는 한편, 종종 현세의 일에 적극적으로 개입하는 수피(이슬람 신비주의자) 성자들을 존경했다. 특히 낙슈반드 수피 종단은 마와라알나흐르 지방에서 상당한 영적·경제적·정치적 권력을 지니고 있었다. 카리스마 있는 낙슈반드 수피 종단의 피르(성자聖者)*들은 꿈과 환시에 나타나 신비한 예언을 전달하는 등의 방식으로 추종자들을 이끌었다. 티무르와 바부르 또한 성자들의 추종자였다. 바부르는 인생의 중요한 시점마다 이미 세상을 떠난 낙슈반드 수피 종단의 피르 호자** 우바이달라 아흐라르(1490년 사망)가 나타나 전투에서의 승리를 약속하거나 죽

---

* 피르pir는 본디 '노인'·'경험이 많은 사람'을 의미하는 페르시아어로, 수피즘에서 '자신의 깨달음을 갖추어 입문자를 옳은 길로 인도하는 지도자', '신의 축복과 신성을 관찰할 수 있으며 사람들을 영적으로 인도하는 자'라는 의미로 사용되었다.
** 호자khwāja는 페르시아어에서 기원한 칭호로, 이슬람 세계 각지에서 존칭으로 사용되었다. 수피 종단에서는 종단의 역사상 특히 중요하게 여겨지는 스승들을 위한 칭호로 호자를 사용했다.

음의 위험에서 구해 주는 경험을 했다. 바부르와 신도들은 이런 수피 종단에 땅과 가축을 기부했고, 피르들은 이를 추종자들에게 보상으로 주거나 정치적으로 관여하는 데 이용했다. 그 대가로 피르들은 지배자에게는 조언가가, 그 아들들에게는 스승이 되어 주었다. 이 영적 귀족층 남녀는 튀르크 엘리트들과 통혼했으며, 바부르도 여기에서 예외는 아니다.

바부르를 비롯한 많은 중앙아시아인은 전통적 이슬람 관행 외에 전조와 점성학, 수비학數祕學,* 문자학,** 수수께끼 같은 꿈의 안내에 따라 종교적 신비와 미래의 사건을 알아내고자 애썼다. 그들은 인간의 삶에서 피할 수 없는 주제인 신의 의지를 나타내는 징후를 노련하게 해석하는 점술가에게 상의했다. 티무르와 바부르 모두 불확실성과 죽음이 도처에 숨어 있는 전투 속에서 위태로운 삶을 이어 갔으므로, 자신들을 보호해 주고 미래에 대한 통찰력을 제공하는 초인간적 개입에 목말랐다.

티무르는 무력으로 정복하고 통치하는 와중에도 미적 취향을 발휘하여 자신만의 궁정 문화를 발달시켰다. 그리고 수도 사마르칸트를 장엄한 모스크 건축물과 푸른 정원으로 장식했으며, 늘 이동하는 정복자는 정원에 천막을 쳤다. 또한 궁정에 예술가와 예인藝人,

---

* 수를 이용해서 사물의 본성, 특히 인물의 성격·운명이나 미래의 일을 해명하고 예견하는 점술. 어떤 단어나 이름, 문구 등을 구성하는 문자들의 숫자 값에 대한 연구이기도 하다.

** 이슬람권에서 문자학은 문자에 신성성이나 신비주의적 관념을 부여하여 세계를 문자로 표현할 수 있는 텍스트로 보는 신비주의 과학 관념이다.

역사가, 페르시아어와 모어인 튀르크어 시인을 때로는 강압적으로 초빙했다. 조신들은 가끔 치명적이기까지 한 티무르의 분노를 피하려 노력하는 한편 그의 군사적 승리와 유쾌한 예술, 교양을 찬미하며 아낌없는 후원을 두고 경쟁했다. 그리하여 티무르는 바부르를 포함한 후대의 튀르크 지배자들이 스스로를 평가하고 비교하는 기준이 되었다. 격동에 찬 생애를 살았던 바부르는 티무르의 사마르칸트를 세 번 정복하고 잃어버렸으며, 죽기 직전에도 인도를 떠나 사마르칸트를 탈환하여 업적의 정점을 찍고자 했다.

※
경쟁자 사이에서 보낸 바부르의 청년기

바부르는 티무르의 제국을 유산으로 주장한 유일한 사람이 아니었다. 중앙아시아는 아들 가운데 맏이가 모든 것을 상속받는 장자상속제가 아니라, 지배자가 인정한 모든 남성 후손이 군주권을 공유하는 것이 일반적이었다. 중앙아시아의 지배자 대부분은 아내와 첩실을 여러 명 두었고, 이 여성들의 지위는 출신 사회 계급과 남편의 총애로 결정되었다. 아들들의 서열은 어머니의 지위와 자신들의 나이, 성과, 부모와의 관계에 따라 달라졌다.

튀르크인 지배자들은 생전에 관습적으로 영토를 주요 아들들에게 분봉分封했다. 아들들은 영지를 다스리며 세금을 거두어 자신의 궁정과 군대를 꾸리고 아버지에게 봉사했다. 일반적으로 아들들은 저마다 아버지가 살아 있을 때 군사적 능력을 보여 주고 강력한 추종 집단을 형성함으로써 다음 군주 자리에 어울리는 사람임을 증명하고자 했다. 아버지 사후 혹은 생전에 계승자들은 이복형제뿐 아니라 동복형제와 삼촌, 남성 사촌을 격파하여 물려받은 영토를 확장하려 들었다. 티무르 왕조의 야심 찬 왕자들과 마찬가지로 바부르는 평생 티무르의 땅을 전부 재정복하고자 하는 야망을 품었으나 끝내 이루지 못했다.

1494년에 죽은 바부르의 아버지 우마르 셰이흐 미르자*는 페르가나의 위태로운 권좌를 물려받았다. 작은 가산국가를 지배한 그는 짧고 고난에 찬 생애 대부분을 인근에서 가장 권위 있고 부유한 사마르칸트를 두고 호전적인 형제와 남성 사촌들과 싸우면서 보냈다. 우마르 셰이흐 미르자는 형과, 칭기스 왕조 혈통의 적처이자 바부르의 어머니인 쿠틀루그 니가르 하늠(1505년 사망)의 몽골인(모굴인) 친척으로부터 공격을 받는 와중에 수도 아흐시Aḥsi에서 시르다리야강에 면하여 설치된 비둘기장이 무너지는 바람에 급사했다.

침략을 일삼는 친척들 사이에 불행한 일이 일어난 덕분에 젊은 바부르는 아버지의 추종자들을 결집하고 어린 두 이복형제의 지지를 받아 잠시 페르가나의 가산국가를 유지할 수 있었다. 바부르는

---

* 미르자mīrzā는 '아미르의 아들'(즉 후손)을 뜻하는 페르시아어 아미르자다amīr-zāda의 약칭. 우리말로는 공자公子로 새길 수 있다. 티무르는 주로 아미르(튀르크어로는 벡)이라는 칭호를 사용했기 때문에 그 후손은 공적으로 '아미르(티무르)의 후손'이라는 뜻에서 '미르자'라 불렸다. 무굴 제국에서도 이 점은 마찬가지였다.

페르가나를 "작은 지방"이었지만 "곡식과 과일이 풍부"[7]한 곳으로 회고했다. 그는 페르가나에서 태어났으나 정확하게 계산하지 않고 어림잡아 세금을 바치는 원주민 농민과 장인, 상인과는 특별한 연결 고리가 없었다. "사람들이 공정하게 쓴다면 페르가나의 세입으로는 3천~4천 병사를 운용할 수 있다"[8]라고 한 말에서 볼 수 있듯이, 바부르에게 페르가나는 확장을 향한 야심을 실현할 자금원으로서 소중했다. 그리고 병사들은 페르가나 출신이 아니라 페르가나의 세수로 바부르가 고용한 사람들이었다.

바부르는 단 한 번도 국가 내지 영토에 기반을 둔 군대를 거느리지 못했다. 오히려 그는 그의 지도력에 복속한 과거의 적과 경쟁자 등 다양한 종족 출신 추종자들을 융합시켰으며, 이 양상은 무굴 제국 역사 내내 이어진다. 군사적 성공과 탐욕스러운 약탈이라는 약속은 모험을 즐기는 전사와 독립적 군벌을 그의 깃발 아래로 끌어들였다. 그러나 자칫 좌절되거나 보상 능력이 없다는 인상을 주면 이 세력들은 사라지거나 바부르에게 맞설 것이었다. 실패로 얼룩진 젊은 시절의 바부르는 때로 소수의 추종자만 곁에 남거나 외로운 망명객 처지가 되어야 했다. 그럼에도 바부르는 "왕권에 대한 야망과 정복에 대한 욕구를 가지고 있었기에 일이 한두 번 잘 풀리지 않는다고 멈추어서 보고만 있지 않"[9]으며 긍지를 잃지 않았다. 그는 전사이자 왕족, 문화적 학식을 지닌 교양 있는 왕자를 자처했다.

바부르 시대에 많은 튀르크인이 소박한 유목 목축민이었으나, 바부르 같은 사람들은 도시화하여 건축과 문학·미식美食·음악·서예 등 여러 예술 방면에서 전문가 못지않은 소양을 갖추고자 노력했다. 바부르는 모스크를 거의 건설하지 않았지만, 정복한 지역마다 수로로 나뉜 '네 개의 공간'에 꽃과 나무를 심는 세련된 페르시아풍 차르바그 양식의 멋들어진 정원을 만들었다. 그는 모어인 튀르크어와 권위 있는 궁정 언어인 페르시아어로 시 600편을 지었다. 만년의 작품 일부는 빈번하게 열리는 연회에서 포도주를 마시고 마준(마약으로 만든 간식)을 먹으며 지은 외설적인 즉흥시였으나, 다른 시들은 순수문학을 지향했다. 그는 말년에 자신의 시 가운데 최고작을 선정해 시집으로 만들어 그 사본을 아들과 조신, 이웃한 지배자들에게 나누어 주어 깊은 인상을 심고자 했다.[10]

바부르 최대의 문학적 업적은 오늘날 《바부르나마Baburnama》로 알려진 튀르크어로 적은 그의 혁신적 회고록이다. 저자인 바부르의 희망과 성취 그리고 실망을 이처럼 인본주의적이면서 자기성찰적으로 솔직하게 드러낸 연대기는 튀르크 문화는 물론 이슬람 세계에서 전례 없는 일이다. 바부르는 후손들에게 자신의 경험, 성공과 실수, 극적인 생애의 사건들 속에서 느낀 바를 전하고 가르쳐 주고자 이 책을 집필했다. 그는 또한 격조 높은 서예와 미식, 노래와 춤 등 순수예술에서 느낀 기쁨을 기록했다.

우즈베크인 지도자들은 마와라알나흐르에서 경쟁을 되풀이하는 티무르 왕조 왕자들과 싸우고 북서쪽에서 이동해 와 땅을 탈취했다. 우즈베크인은 칭기스 칸이 맏아들 조치에게 나누어 준 튀르크계 초원 목축민이었다. 우즈베크인 일부는 여전히 소박한 생활을 유지했고, 일부는 도시화하여 무슬림이 되었다. 바부르의 젊은 시절, 우즈베크인은 무함마드 시바니 칸(1451?~1510년)의 재위기에 몽골계 세력들을 물리쳐 자신들의 세력에 편입시키며 우즈베크 제국을 확장해 나갔다.

우즈베크인 수령들은 자주 몽골(모굴)의 왕족 및 티무르 왕족과 통혼했다. 시바니 칸도 바부르의 몽골인(모굴인) 이모와 결혼했다. 그러나 정치적 상황이 변하자 시바니는 그녀와 이혼하고 바부르의 누나 칸자다 베김(1545년 사망)과 강제로 결혼했다. 1501년 사마르칸트에서 포위당하고 열세에 처한 바부르는 유일한 동복누이 칸자다를 시바니 칸에게 넘기고 자신과 어머니의 안전을 보장받았다. 칸자다 베김과의 사이에서 아들을 얻은 시바니 칸은 그녀와 이혼한 뒤 그녀를 조신과 결혼시켰다. 1510년 메르브 전투에서 시바니 칸과 조신 둘 다 전사했고, 승리한 사파비 왕조는 칸자다 베김을 바부르에게 돌려보냈다. 그 후 그녀는 또 다른 조신과 결혼하여 바부르의 가문에서 명망 높은 구성원으로 남았다. 바부르가 서른 줄에 들어설 무렵 시바니 칸은 티무르 왕조를 마와라알나흐르에서 쫓아냈다.

페르시아의 사파비 왕조는 마와라알나흐르에서 몽골(모굴)과 튀르크, 우즈베크 다음으로 큰 세력이었다. 사파비 왕조의 창건자 이스마일 1세(재위 1501~1524년)는 열두 살에 아제르바이잔의 작은 왕국과 시아파 사피 수피 종단*의 피르라는 신성한 지도권을 물려받았다. 일부 사파비 왕조 지배자들은 스스로 열두 번째 이맘**의 천년왕국 대리인이라고 선언했다. 크즐바슈(12이맘 시아파의 12이맘 개개인을 상징하는 12장의 천을 덧댄 붉은 모자를 써서 '붉은 머리'를 의미한다)라 불린 사피 수피 종단의 무장한 신봉자들은 궁정 조신과 기병으로 사파비 국가의 핵심부를 형성했다. 바부르는 군사적 지원을 얻기 위해 중대한 순간에 한때 사피 수피 종단에 가담했다. 그는 페르시아풍 문화의 위상을 인정했다.

바부르는 젊은 시절을 약탈 습격과 짧은 정복, 목숨만 겨우 건진 도주, 경계 혹은 경멸의 눈길을 보내는 친척의 궁정을 오가며 보냈다. 꾸준한 성공만이 잠재적 추종자들을 매혹하고 그들에게 보상하여 집단을 유지하는 데 필요한 부를 공급해 줄 수 있었으나, 운명은 교묘하게 피해만 갔다. 그는 항상 질병이나 전투로 죽을 위기를 겪어야 했다. 열아홉 살의 바부르는 가감 없이 이렇게 적었다.

나는 고난과 비참함을 견뎌 냈다. 영지도 없고, 영지를 가질 희망도 없었

---

* 1300년경 셰이흐 사피 알딘 아르다빌리Shaykh Safi al-Dīn Ardabīlī(1252~1334년)를 중심으로 이란 아르다빌에서 성립한 수피 종단이다. 본래 순니파 색채가 강했으나 훌레구 울루스의 종말, 티무르 왕조의 대두와 몰락 등 정치적 격변기에 튀르크멘 사이에서 추종자를 모으는 과정에서 차츰 시아파적 성향을 띠게 되었다.

** 이맘imām이란 예배 인도자를 뜻한다. 이슬람 시대 초기부터 예언자 무함마드를 비롯한 지도자들은 이슬람 공동체 전체의 예배 인도자라는 뜻에서 이맘으로 불리기도 했는데, 본문에서 언급된 이맘 또한 '예언자 무함마드의 후계자인 이슬람 공동체 전체의 종교 지도자'로 새길 수 있다.

다. ……마침내 이런 궁핍과 이렇게 집도 저택도 없는 상황에 절망했다. 나는 이렇게 생각했다. '이런 어려움과 함께 사느니 떠나는 게 낫다. 내가 이렇게 곤궁하게 통곡하며 사는 것을 남들이 아느니 발이 닿는 데까지 나아가는 것이 낫다'라고. 나는 히타이Khiṭāy(북중국)로 가기로 마음먹었다. 나는 어려서부터 히타이에 가고 싶었지만, 왕국과 다른 방해물들 때문에 그렇게 할 수 없었다. 그러나 이제 통치할 것은 아무것도 없다. ……내 여행의 방해물도 과거의 야망도 사라졌다.[11]

2년이라는 절망적인 세월을 보낸 바부르는 어머니와 동생들을 포함한 가솔을 이끌고 한겨울에 힌두쿠시산맥을 넘어 한 번도 가본 적 없고 그럴 생각조차 하지 않았던 카불로 향했다. 그 후 평생을 그리워할 중앙아시아 세계의 남쪽 끝으로.

✻
바부르의 카불 시절

바부르의 삼촌은 1501년 죽을 때까지 카불을 지배했다. 그 뒤에는 또 다른 티무르 왕조의 왕자*가 도시를 장악하고 고인이 된 지배자의 딸과 결혼했다. 1504년 바부르는 튀르크인과 몽골인(모굴인) 200명에게 자신을 따르도록 설득하여 사촌매부로부터 카불과 인근

---

* 사실 이 왕자는 티무르 왕조가 아니라 일칸Īlkhān 아르군Arġun(재위 1284~1291년)의 후손을 자칭한 아르군 왕조의 미르자 무함마드 무킴 아르군Mīrzā Muḥammad Muqīm Arghūn이라는 인물이다.

지역은 물론 가즈니라는 작은 도시를 빼앗았다. 그는 자신의 새로운 영토를 "보잘것없는 작은 지방"으로, 가즈니를 "참으로 빈약한 토지"[12]로 무시하듯 평가했다. 그러나 말년의 바부르는 "카불에 있을 때 정복과 승리를 거두었다. 그래서 나는 카불을 행운의 땅으로 여긴다"[13]라며 카불을 그리워하고 그곳에 묻히기를 희망했다.

바부르는 20년 동안 카불을 약탈과 영토 확장의 기반으로 이용했지만, 본거지로 삼기에는 불안정한 데다 끝 간 데 없는 그의 야망을 채우기에는 자원이 충분하지 못했다. 그가 가끔 거둔 승리 사이에는 매우 치명적인 패배들이 있었다. 한번은 어리석게 겨울에 산맥의 지름길을 택했다가 거의 동사할 지경에 몰리기도 했다. 카불 자체는 부유한 인도와 페르시아 간 교역로 및 중앙아시아와 중국을 잇는 비단길 위에 위치하여 이따금 번영을 누렸다. 하지만 바부르는 수십 년간 카불을 통제하는 데 악전고투해야 했다.

게다가 이 지방의 파슈툰과 아프간 종족 집단들은 카불의 권위와 세금 요구에 언제나 저항했다. 따라서 바부르는 해마다 처벌과 약탈을 위해 주변 산악 지대와 계곡으로 원정을 나가 반항하는 마을에서 가축과 곡물을 빼앗았다. 그는 이 노획물을 튀르크와 몽골(모굴)의 친척, 조신, 용병 등 추종자들의 보상에 사용했다. 이 전사들은 무력 말고는 자산이라 할 만한 것이 없었으므로 바부르같이 승리를 가져다주는 지도자에게 생계를 의지했다. 바부르는 이들의 충성심을 유지하기에 충분한 자금과 선물, 명예가 필요했으므로 늘 영토 확장에 힘을 기울였다. 그는 영토를 확장하고 있는 우즈베크 세력과의 변경 지역인 바다흐샨을 불안하게나마 정복했고, 우즈베크인과 자주 다툼을 벌이던 발흐를 차지했다. 하지만 우즈베크인은 마와라알나흐르로 돌아오려는 바부르의 시도를 번번이 좌절시켰다. 1522년 바부르는 서쪽의 사파비 왕조 역시 노리는 교역 도시이자 전략적 요충지 칸다하르를 점령했다.

4년 동안 카불을 지배한 바부르는 티무르 왕조의 지배자 가운데 최연장자로서 가문의 수장임을 공식적으로 천명하며 황제를 뜻하는 파디샤 칭호를 사용하기 시작했다. 파디샤 칭호는 바부르가 본질부터 우월한 지위를 타고났음(사파비 왕조식으로는 반신성성半神聖性을 지녔음)을 암시했다. 바부르는 회고록에 자신이 페르가나에서 처음 즉위할 때부터 이 칭호를 사용한 양 기록했지만, 실제로는 왕국 없는 망명자 신세로 지낸 젊은 시절 대부분을 티무르 왕조의 공자公子를 뜻하며 파디샤보다 지위가 낮은 미르자라고 불렸을 것이다. 여하튼 바부르는 마와라알나흐르를 회복하겠다는 꿈을 결코 버리지 않았다.

1513년 사마르칸트를 탈환하기 위해 페르시아로부터 군사 지원을 받은 대가로 바부르는 사파비 왕조 이스마일 1세의 제자이자 시아파 사피 수피 종단의 수련자임을 나타내는 크즐바슈 터번을 썼다. 티무르의 수도를 세 번째이자 마지막으로 장악한 바부르는 사마르칸트 모스크에서 열리는 쿠트바(군주에 대한 축복의 기도가 포함된 금요 예배 전 설교)에서 이스마일 1세의 이름을 낭송하게 하고 그의 이름으로 주화를 발행하는 등* 사파비 왕조의 종주권을 인정했다. 바부르의 기회주의적 시아파 수용은 평상시 시아파와 그들의 신학을 폄훼하던 행동과 상반되는 것이었으며, 바부르의 후손들은 그가 공개적으로 사파비 왕조의 종주권을 인정한 행위를 수치스러워했다. 게다가 신실한 순니파인 사마르칸트 주민들이 사파비 왕조와 시아파의 권위를 거부하고 순니파인 우즈베크 군주를 받아들이는 바람에 바부르는 다시 카불로 도망칠 수밖에 없었다.

중앙아시아 전통을 따르는 가산국가의 군주 바부르는 가까운 남성 친족을 대리인으로 이용했다. 바부르는 두 이복형제 자항기르 미르자와 나시르 미르자에게 각각 분봉지를 내렸다. 자신만의 야심을 지닌 두 사람은 여러 차례 독립과 카불 지배자라는 바부르의 지위를 노리고 반란을 일으켰다. 바부르가 카불을 비울 때마다 이복형제 가운데 한 사람이 그 자리를 차지했기 때문에 도시를 되찾아야 했다. 바부르는 배신자의 지지조차 절실한 형편이었다. 따라서 바부르는 패배하고 충성을 서약한 이복동생들과 적대자들이 용서를 빌 때면 신을 흉내 낸 황제의 관대함으로 용서했는데, 이전의 맹세를 깬 경우라고 예외는 아니었다.

---

* 이슬람 세계에서는 쿠트바에서 이름을 낭송하게 하고 주화에 이름을 새겨 넣는 행위를 독립 군주의 상징으로 여겼다. 따라서 쿠트바에서 이스마일 1세를 축복하는 기도가 이루어지고, 주화에 이스마일 1세의 이름을 새긴 바부르의 행위는 자신이 독립 군주가 아니라 이스마일 1세에게 복속한 군주임을 밝히는 일이었다.

1507년 자항기르가 알코올 중독으로 죽고 8년 뒤에 나시르가 그 뒤를 따라가면서 바부르는 비로소 남자 형제들의 위협에서 벗어났다. 이는 곧 그가 총독으로 활용할 인물을 모두 잃었다는 의미이기도 하다. 게다가 티무르 왕조에서는 동시대 오스만 술탄과 델리 술탄과 달리 노예 출신 총독을 두지 않았다. 그러므로 왕조의 지배와 안정을 위해 바부르는 적실에게서 적자를 얻어야 했다.

카불에 머무는 동안 바부르는 적실들이 낳은 네 아들을 포함해 스무 명에 가까운 자식을 보았다. 바부르의 공식 혼인은 생애의 첫 세 단계와 가문이 속한 다양한 문화권을 반영한다. 그가 회고록에서 이름 정도만 언급한 젊은 시절의 아내들은 튀르크어를 모어로 쓰는 가까운 친족이었다. 이는 바부르가 초기 경력을 중앙아시아 티무르 왕조의 공자로서 보냈음을 보여 준다. 첫 두 번의 결혼은 사촌(삼촌들과 이모들이 결혼하여 낳은 딸들)과의 정치적 결합이었다.

바부르의 초기 경력처럼 티무르 왕조 내부에서 이루어진 두 결혼은 실패로 끝났다. 바부르와 아이샤 술탄 베김은 가문 내부의 단합을 위해 다섯 살에 약혼하여 12년 뒤 결혼했는데, 아무리 정치적 결혼일망정 성격은 중요했다. 바부르는 두 사람이 잘 지내지 못했고, 갓 태어난 딸이 죽은 뒤 "언니가 부추겨서"[14] 그녀가 떠났다고 솔직하게 적었다. 바부르는 두 번째 정략혼의 아내 자이나브 술탄 베김과도 이혼할 정도는 아니나 "별로 원만하지 않았다"라고 기록했다. 자이나브는 카불에서 몇 년을 지내다 천연두로 사망했다.

티무르 왕조 내 가까운 친척과 이루어진 바부르의 다음 혼인은 가문의 여성 연장자들의 허락을 받아 그들의 주도 아래 진행되었다. 바부르는 이 결혼이 자신과 마수마 술탄 베김(이혼한 첫 번째 부인 아이샤의 막내 이복동생) 사이에서 개인적인 호감이 생기면서 시작되었다고 기록했다. 바부르는 그가 헤라트에 있는 사촌들을 방문했을 때 여성 친척의 집에서 두 사람이 만났다고 적었다. 그에 따르면 그녀가 먼저 반응을 보이며 "처음 나를 보자마자 내게 큰 호감을 느꼈다"라고 한다.* 바부르는 답례로 "그녀를 보고 마음에 들어 청혼했다." 그녀의 어머니와 바부르의 이모가 이 일을 상의하여 그녀를 카불로 데려가기로 "결정"했고, 두 사람은 그곳에서 결혼했다.[15]

하지만 이 결혼에서도 아들을 얻지 못했다. 마수마는 첫 출산에서 죽었고, 그녀의 이름을 이어받은 딸은 살아남았다. 바부르의 다음 부인인 티무르 왕조 출신 살하 술탄 베김은 그에게 딸 살리마 술탄 베김만 안겨 주었다.** 바부르에게는 여전히 자신의 왕조를 이어갈 남성 후계자가 필요했다.

인생의 다음 단계인 카불 지배자로서 바부르는 마와라알나흐르

---

* 마노 에이지間野英二는 이 문장을 "그녀를 보자마자 나는 좋아서 견딜 수가 없었다"라고 번역했다[間野英二 訳, 《バーブル・ナーマ: ムガル帝国創設者の回想録 2》(東京: 平凡社, 2014), 196頁].
** 살하 술탄은 살리하 술탄이라고도 한다. 저자의 서술과 달리 사료에는 바부르와의 사이에서 태어난 딸의 이름이 굴바르그Gul-barg · 굴리자르Gul-iẓar · 굴랑Gul-rang · 굴루흐Gul-rukh 등으로 나타나며, 살리마 술탄은 굴루흐의 딸 즉 바부르의 손녀 이름이다. 이 문제에 대해서는 Annette S. Beveridge, "Appendix A. Biographical Notices of the Women Mentioned by Bābar, Gul-badan, and Haidar," in Gul-badan Begam, *The History of Humāyūn (Humāyūn-nāma)* (London: The Royal Asiatic Society, 1902), p. 231, pp. 276-7.

를 되찾겠다는 목표를 포기하지 않았으나, 티무르 왕조는 더 이상 그 지방에서 정치권력을 지니지 못했다. 바부르는 그다음 세 차례의 혼인을 위해 다른 곳으로 눈을 돌렸다(물론 여전히 양가의 여성 연장자가 결혼 협상을 수행했을 것이다). 바부르가 회고록에서 세 부인과의 사이에서 아들들이 출생했다는 사실은 기록하면서, 그녀들 중 누구도 언급하지 않았다는 사실은 의미심장하다. 그 부인들은 분명 티무르 왕조의 공주가 아니었다. 그녀들의 이름이 페르시아어식인 점으로 보아 페르시아어 혹은 아프가니스탄 사투리인 다리어를 사용하는 카불 지방의 명문가 출신으로 짐작할 수 있다.

그 세 사람 가운데 바부르의 적처는 마함 베김(1533년 사망)이고 그녀는 시아파였을 것이다. 그녀는 4세기 전의 수피 피르 셰이흐* 아흐마드 잠(몸집이 커서 '거대한 코끼리'라는 뜻의 '잔다 필'이라 불렸다)의 후손이라고 주장했다. 헤라트에서 바부르와 결혼한 마함은 1508년 성년까지 살아남은 바부르의 맏아들 후마윤 미르자를 낳음으로써 바부르 가문에서 으뜸가는 지위를 차지했다. 후마윤은 열두 살 즈음 바부르의 대리인으로 전략상 요지 바다흐샨으로 보내졌다. 그는 그곳에서 10여 년을 보내며 우즈베크인의 침입을 격퇴하는 등 통치자로서의 소양을 길렀다. 마함은 자신의 다른 네 자식은 죽었지만 바부르의 첩실이 낳은 아이들을 길렀다.

---

* 셰이흐shaykh는 아랍어로 '장로長老', '원로元老'를 뜻한다. 마을의 우두머리나 부족장, 정신적 혹은 정치적으로 권위 있는 학자나 현자, 덕망 있는 사람들을 지칭하는 데 사용되었다. 특히 수피 종단에서는 정신적 스승, 지도자, 종정宗正을 일컫는 존칭으로 셰이흐 칭호를 사용했다.

바부르의 다음 결혼 상대는 바부르와의 사이에서 4남 1녀를 낳은 굴루흐(장미 같은 얼굴) 베김이었다. 비록 캄란 미르자(1509~1557년)와 아스카리 미르자(1516~1558년)만 성년을 맞았지만, 두 아들 모두 바부르 가문에서 중요한 지위를 차지하여 봉토를 받았다. 바부르의 다음 부인은 딜다르(마음을 가진 사람) 베김으로 2남 3녀를 두었고, 그중 힌달 미르자(1519~1551년)는 바부르 휘하에서 지휘관이자 관리로 활약했다. 딸 굴바단 베김은 후마윤과 그 후계자 악바르의 궁정에서 주요 인물로 남았다.

카불의 지배자 바부르는 인근 부락과 마을을 복종시키는 데 힘을 쏟았다. 바부르는 항상 폭력과 협박을 이용했다. 동시에 원주민 수령들과 동맹을 맺어 그들이 자신의 권위를 고분고분 받아들이고 조공을 바치게끔 했다. 바부르의 마지막 정치적 결혼은 1519년 가문의 다른 여인들에게 '아프간 베김'이라고 불린 비비 무바라카와의 혼인이었다.[16] 바부르에게 그녀는 복속한 동맹 가운데 하나의 충성 서약과 같았다. 그녀의 아버지 말리크 샤 만수르는 독립 정신이 투철한 유수프자이 파슈툰인의 수령이었다. 그녀는 파슈툰어와 다리어를 사용했을 것이므로 새로운 가족에게 튀르크어를 배웠다. 훨씬 나이가 많은 남편 바부르와의 사이에서 살아남은 자식은 없었다.

이 부인들은 바부르에게 어떤 감정을 느끼느냐, 어머니가 다른 바부르의 아들들 가운데 누구를 지지하느냐에 관계없이 여성들의 견고한 공동체를 형성했다. 굴바단은 수를 헤아리지 않는 하인과

노예를 제외한, 바부르 가문에 속한 중요한 여성을 96명이나 나열했다.[17]

　바부르는 때로는 애정을 위해 여자들의 세계에 들어갔지만, 의례와 예식 때문에도 들어갔다. 인도 북부에 정착하고 몇 년 후 바부르는 가문의 여성들에게 카불을 떠나 자신에게 합류하라고 명령했고, 인도에 도착한 여성들을 각자의 지위와 자신이 지닌 호감에 따라 정중하게 맞이했다. 인도에서 보낸 인생의 마지막 단계 4년간 바부르는 더 이상 결혼하지 않았다. 그 대신 바부르는 균형을 지키며 서로 경쟁하는 아들들에게 의지하고 그들에게 물려줄 정치적·문화적 유산을 확고히 하기 위해 노력했다.

　카불에 처음 발을 들인 스물한 살부터 그곳을 영영 떠난 마흔세 살까지 바부르는 유희와 예술을 즐겼다. 그는 유쾌한 잔치를 자주 즐기기 시작했다. 잔치는 대개 옥외 정원이나 강에 띄운 뗏목 위에서 열렸고, 20대 후반에는 처음으로 포도주를 마셨다. 술이나 마약으로 달궈지고 음악과 시로 가득한 연회에는 매우 드문 예외적인 경우를 제외하고 남성만 참여했다. 실제로 바부르는 서른여섯 살 때 여성이 함께 술을 마시자 그 놀라움을 처음이자 마지막으로 기록했는데, 만취해 수다를 떠는 그녀 때문에 불쾌해진 바부르는 "취한 척하여 돌려보냈다."[18] 특별한 경우, 바부르의 여성들과 어린아이들은 그가 카불 주변에 지은 놀이 정원에서 열리는 좀 더 품위 있는 소풍에 참여했다.

카불에서 보낸 20년 동안 바부르는 노련하고 교양 있는 군주의 모습을 갖추었다. 그는 신적 권력과 세속 권력, 이 둘의 본질을 분석했다. 그는 자신의 국가가 단지 주변의 공동체들을 약탈하는 것을 넘어서 그들을 정의롭게 통치해야 한다는 책임감을 보여 주었다. 그리고 법적 결정의 기본이 되는 이슬람 율법을 공부했다. 1521년 경 튀르크어 운문으로 저술한 서적 《무바이얀Mubayyan》의 3개 절은 신학 문제를 다룬다. 그러나 바부르는 어디에서도 종교적 권위를 주장하지 않았는데, 이는 몇몇 후손과 대조를 이루는 점이다. 네 번째 절은 토지와 상인에 대한 세제 원칙과 형태를 다루는데, 이는 그가 행정의 실용적 측면에 관심을 가졌음을 보여 준다.

또한 바부르는 사냥과 약탈을 지휘하며 갈고닦은 자신의 솜씨를 뽐냈다. 더 나아가 군대를 최신 군사 과학으로 강화했다. 서쪽의 오스만 제국은 예니체리 보병 군단이 사용할 화승총과 화포를 발전시켰고,[19] 1514년 찰디란 전투에서 사파비 왕조를 물리쳤다. 사파비 왕조는 재빨리 신기술을 채용하여 활과 화살, 창, 칼로 무장한 크즐바슈 경기병대를 보완했다.

바부르 역시 오스만인 장인(우스타드ustād)들을 고용하여 화승총을 만들고 대포를 주조하며, 룸 방식*으로 수레를 묶어 보병과 포병의

---

* 룸Rūm은 곧 로마로, 이슬람 세계에서 로마·비잔티움 제국을 지칭한 이름이다. 오스만 왕조의 영토가 비잔티움 제국의 옛 땅이었기 때문에 15세기 이후 이슬람 세계에서 오스만 제국은 '룸(로마)', 오스만인은 '룸인Rūmī(로마인)'이라 불렸다. 《바부르나마》를 영어로 번역한 휠러 색스턴Wheeler M. Thackston은 이를 '아나톨리아 방식Anatolian fashion'으로 번역했고 이를 인용한 저자 역시 그대로 따랐으나, 한국어 번역에서는 바부르의 표현을 그대로 사용했다.

전면을 보호하는 전술을 구사했다.[20] 1519년 바부르는 화승총으로 무장한 저격수들이 어떻게 먼 거리에 있는 적을 살상했는지, 또 화기에 익숙치 않은 중앙아시아와 인도의 적병들이 이를 얼마나 두려워했는지 기록했다. 크고 무거워서 다루기 힘든 대포는 아프가니스탄의 산악 지대에서 사용하는 데에는 제약이 있었지만, 인도의 평원에서는 바부르에게 도움이 되었다.

카불을 지배하는 동안 바부르는 가장 돈이 되는 약탈지가 산맥 너머 인더스강 건너에 있는 펀자브의 비옥한 땅과 부유한 도시들이라는 사실을 알게 되었다. 바부르가 인도 북서부를 처음 약탈한 1505년 그 놀라움을 이렇게 기록했다.

> 나는 그때까지 더운 기후나 힌두스탄 일대를 본 적이 없다. ……눈앞에 새로운 세계가 펼쳐졌다. 풀도 나무도 짐승도 새도 종족도 사람도 예의범절도 풍습도 달랐다. 믿기 힘들 만큼 놀라웠다.[21]

그리하여 바부르는 때때로 펀자브와 신드의 여러 도시에게 자신의 권위에 굴복하여 조공을 바치든지, 노략질당하고 자신의 승리를 기념하는 티무르식 해골탑을 쌓는 일을 도우라고 강요했다. 생애 마지막 20여 년 동안 바부르는 인도아대륙 깊숙이 진출했다.

앞에서 확인했듯 1519년 바부르는 술탄 이브라힘 로디에게 1398년 티무르가 잠시 정복했던 델리를 포함한 영토를 넘기라고 요구했다.

제1장 인도 북부 정복 이전의 바부르

1523~1524년 바부르는 이브라힘의 군대 일부를 쳐부수고 라호르의 아프간 총독을 복속시켰으나, 바부르가 여전히 델리보다 중시한 발흐를 우즈베크인이 위협했으므로 델리 진군을 포기했다. 1526년 다섯 번째 인도 침입에 앞서 바부르는 아들 캄란 미르자를 카불과 칸다하르 그리고 가문의 명목상 통치자로 앉혔다. 경험 많은 아들 후마윤 미르자와 그의 군대는 바다흐샨에서 불러들였다. 바부르는 동맹 관계에 있는 아프가니스탄 지방의 파슈툰인과 펀자브 지방에 정착한 지 오래된 파슈툰인을 소집했다. 그리하여 가신, 상인, 종자 그리고 군대에 있는 모든 사람을 합친 1만 2천 명과 함께 남아시아의 독특하고 새로운 세계를 침략하는 데 성공했다.[22]

✲
1526년, 바부르의 첫 번째 정복

생애 마지막 힌두스탄 침공에서 마침내 성공한 1526년 바부르는 만만치 않은 적과 마주했으나 끄떡하지 않았다. "우리는…… 불굴의 등자에 발을 얹고, 신에 대한 믿음의 군림을 그러쥐고 술탄 이브라힘에게 맞섰다. ……그의 군대는 10만 명이라고 하며 그와 베이*들은 1천 마리에 가까운 전투 코끼리를 거느렸다."[23] 이 병력에는 인

---

* 베이beg는 '군주'・'수령'을 의미하는 튀르크어로, 여기에서는 '공公' 정도의 의미로 사용되었다. 시대와 장소에 따라 배그bäg, 베그beg, 베이bey 등으로 형태를 달리한다. 바부르 시대에는 발음이 현대 튀르키예어와 마찬가지로 '베이'에 가까웠다고 하므로 한국어판에서는 '베이'로 통일했다.

도아프간인뿐 아니라 힌두 동맹들이 포함되었는데, 그중 가장 눈에 띄는 존재는 괄리오르의 라자* 비크라마디티야**였다.

바부르는, 막대한 재물을 물려받은 이브라힘 로디가 누구도 능가할 수 없는 수의 인도 군인을 고용해야 마땅하나 어리석게도 인색해서 그러지 않았다고 판단했다.

술탄 이브라힘이 그럴 마음만 먹었다면 군사를 10만~20만 명은 더 거느릴 수 있었을 것이다. 그러나 지고의 신께서는 정의를 가져왔다. 이브라힘은 자신의 전사들을 만족시키지도, 또 그의 보물 창고를 나누어 주지도 못했다. ……그는 돈을 수중에 넣기를 끝없이 갈망하는 경륜이 부족한 젊은이였다. ……행군도 전투도 강력하지 않았다.[24]

술탄 이브라힘 로디의 군세는 대규모였지만, 군대와 정권은 취약한 것으로 드러났다. 반대로 바부르는 훨씬 적은 자원을 효과적으로 활용했다. 바부르는 같은 아프간 사람인 이브라힘에게 등을 돌리고 인도에 정착한 아프간인들의 신중한 지원을 받았다. 바부르의 추종자 다수는 그가 뺏고 뺏기는 싸움을 반복한 중앙아시아 각지에서 온 무장한 모험가들로, 튀르크인과 몽골인(모굴인)에 아랍과 발루치 용병들이 더해진 무리였다. 그들은 약탈을 기대하며 바부르에

---

* '왕', '지배자'를 뜻하며 산스크리트어 라잔 rājan에서 왔다.
** 비크라마디티야 Vikramāditya는 많은 인도 전통 이야기에 등장하는 전설적인 왕이다.

게 가담했다. 바부르는 탁월한 장군들의 이름을 알고 있었으며, 군인 개개인이나 집단은 자유의지로 합류했다가 떠나갔으며 급여를 따로 받지 않았다. 따라서 그들의 정확한 숫자를 알 수 없는 바부르는 처음에는 1만 2천 명이라고 생각했지만, 막상 전투에 앞서 이들을 배치하자 "병사의 수는 추정한 것보다 적었다."[25]*

바부르가 군대에서 믿을 수 있는 핵심은 그 개인의 추종자들이었다. 가장 중요한 인물은 이미 5년 동안 바다흐샨을 지배하려고 싸운 경험이 있는 맏아들 후마윤이었다. 바부르는 안절부절못하면서 후마윤을 소환하여 분견대를 맡겨 시험하고 나서 그의 지휘를 허락했다. "후마윤의 첫 전투이자 실전 체험이 이것이었다. 참으로 좋은 징조였다."[26]

또한 바부르는 화약 무기 전문가를 직접 고용하여 군사 기술을 혁신했다. 이런 전문가들의 봉급과 장비는 무척 비싸 재정에 큰 손실을 안겼으며, 그들은 봉급을 받지 않는 바부르의 기병과 보병처럼 인근 시골에서 식량을 징발하거나 강탈하며 지낼 수 없었다. 바부르는 마지막으로 인도 북부에 진출했을 때 아직 그 지역에 널리

---

* 바부르는 정확한 병사의 수를 적지 않았다. 하지만 파니파트 전투에 참가하지 않았으나 1530년대 후마윤에게 의탁한 바부르의 사촌 하이다르 미르자는 《라시드사Tarīkh-i Rashīdī》에서 바부르가 "1만 명으로 그(이브라힘)를 크게 깨뜨렸다"라고 전한다(Mirza Muhammad Haidar, Dughlat, Tarikh-i Rashidi : A History of the Moghuls of Central Asia, E. Denison Ross, tr. (London : Sampson Low, Marston and Company, 1895), pp. 357-8). 바부르의 딸 굴바단은 바부르의 "군은 상인과 귀천을 합쳐도 1만 2천 명에 불과하고, 숙련된 병사는 6천~7천 명에 지나지 않았다"라고 적었다(Gul-badan Begam, The History of Humāyūn (Humāyūn-nāma), London : The Royal Asiatic Society, 1902, pp. 93-4).

퍼지지 않은 새로운 군사 과학을 실험했다. 보통 칼이나 화살로 처형하던 것과 달리 시험 삼아 포로 100명을 화승총으로 처형한 것이다. 미처 익숙해지지 않은 무기를 받쳐 들 시간이 충분하고, 화약을 적시거나 화승 불을 꺼뜨릴 비도 내리지 않고, 집중력을 흐트러뜨릴 시간의 압박이나 적의 위협이 없을 뿐 아니라 재장전하기 전에 화승총이 식기를 조바심 내며 기다릴 필요도 없었다. 게다가 움직이지 못하게 묶여 있는 목표물이 정해진 거리 내에 있다는 점에서 화승총을 쏘는 군사에게는 이상적인 환경이었다.

1526년 4월에 벌어진 파니파트 전투에서 바부르는 화승총과 대포를 중군中軍에 배치하고, 쇠가죽으로 만든 밧줄로 연결한 수레 700개를 성벽 삼아 화승총을 쏘는 군사와 포병을 보호했다. 화승총과 사석포射石砲의 느린 발사 속도와 낮은 명중률에 바부르는 좌절했지만, 어쨌든 적을 두렵게 한 데다가 소수는 죽였다. 이 전술은 인도에서 바부르가 치른 또 다른 중대한 싸움 하누아 전투에서 도움이 되었으나, 전투의 향방을 결정지을 정도는 아니었다.

파니파트에서 어리석은 이브라힘 로디의 군대를 깨뜨리는 데 가장 큰 활약을 한 것은 대부분 몽골인으로 구성된 경기병이다. 그들이 참호에 틀어박혀 꼼짝하지 않는 술탄의 병사들을 휘몰아치자, 이브라힘 로디는 뒤늦게 바부르의 잘 정렬된 전열로 진군하라고 명했다. 그러자 경기병들은 톨가마 전술을 구사하여 적의 측면을 오가면서 무능한 적군을 꼼짝 못하게 만들었다. 혼전 속에서 이브라힘 로디의 전투 코끼리들은 흩어지고 이브라힘은 전사했으며, 군대는 사상자 수천을 남기고 도망쳤다. 이브라힘의 남은 무장 병력은 사기가 크게 떨어져 지방 곳곳으로 흩어졌다. 분명 수많은 인도 가문이 파니파트 전투에서 남성 친족을 잃거나 승자와 패자 모두에게 약탈당하고 파괴되었을 것이다. 인도 북부 인구 전체가 이런 폭력적인 정권 교체에 동반되는 혼란과 무법 상태를 두려워했다. 이전 티무르 왕조의 침략이 야기한 바를 생각하면 당연한 일이다.

바부르는 조직적인 저항이 일어나지 않자 즉시 후마윤을 보내 멀리 떨어진 아그라를 점령하도록 하고, 그 자신은 전장에서 100킬로미터 떨어진 델리에 주둔했다. 새로운 영토에 처음 발을 들여놓은 바부르는 자신이 중요하다고 생각한 곳들을 방문했다. 그는 먼저 인도에 기반을 둔 치슈트 수피 종단의 니잠 알딘 아울리야(1325년 사망)와 쿠트브 알딘 바흐티야르 카키(1235년 사망)의 영묘를 찾아 예를 표했다. 그리고 나서는 초기 델리 술탄들의 성채와 왕릉, 모스크, 정원을 찾았다. 이브라힘 로디의 재물은 나중에 분배하기 위해 봉인해 두었다.

그는 델리의 모스크에서 자신이 군주임을 선포하고 쿠트바(군주에 대한 축복의 기도가 포함된 금요 예배 전 설교)를 진행하게 했으며, 자비롭게 도시의 "빈자와 죄수 같은 불운한 사람들에게 약간의 현금을 나누어 주"도록 했다.[27] 그런 다음 바부르는 후마윤이 도시를 장악하고 내성을 포위하는 중인 아그라로 200킬로미터를 달려갔다.

후마윤은, 7년 전까지는 괄리오르를 전통적으로 지배해 왔으나 술탄 이브라힘 로디에게 굴복을 강요당하고 아그라에 인질로 잡혀 있던 힌두 왕실이 안전하게 떠날 수 있도록 허락했다. 그들의 수령 라자 비크라마디티야는 이브라힘 로디의 군대에 참여하여 파니파트에서 죽었다. 그들은 아그라를 무사히 빠져나간 데 대한 보답으로 후마윤에게 "막대한 보석과 보물을" 주었는데, "그중에는…… 한 보석상이 전 세계가 이틀 하고도 반나절을 쓸 값어치에 해당한다고 말한 것"[28](코흐누르(코이누르). 많은 고난을 거쳐 지금은 영국 국왕의 소유가 되었다)이 있었다. 바부르는 후마윤이 이 보물들을 모두 가지도록 허락했다. 바부르는 이브라힘 로디의 어머니에게 관대하게 연금을 지불했고 후에 거의 성공할 뻔했던 독살 시도도 용서했다.

약탈 원정에 나선 중앙아시아의 군벌처럼 바부르는 이브라힘 로디가 비축한 재화를 세어 보지도 않고 후하게 나누어 주었다. 가장 많이 받은 사람은 후마윤이었고, 그다음은 주요 지휘관들이었다. 바부르는 "군대의 아프간인, 하자라인, 아랍인, 발루치인과 모든 부족에게 지위에 따라 보물 창고에서 현금을 지급했다. 상인과 학자뿐만 아니라 이 군대에 동행한 모든 사람이 큰 몫을 가져갔다"[29]라고 자랑했다. 바부르는 카불에 남은 여성 친족을 위해 많은 보석과 무희를 보내고, 이에 더해 "남녀를 불문하고 노예든 자유인이든, 성인이든 어린이든 간에 그 지역의 모든 사람"에게 줄 돈을 보냈다. 나아가 바부르는 티무르가 힌두스탄 약탈을 마친 뒤 그러했듯이 페르가나를 비롯한 마와라알나흐르, 이슬람의 성도聖都 메카와 메디나에 승리를 널리 알리는 소식과 더불어 노획물을 보냈다. 어느 자료에 따르면 모스크바의 차르에게까지 정복 소식을 전했다고 한다.[30]

이 정의로운 정복을 힌두스탄 사람들이 감사하리라고 기대한 바부르는 실망했다.

우리 군인과 원주민 사이에 이상한 반목과 반감이 느껴졌다. 이곳 병사도 농민도 우리 쪽 사람들로부터 최대한 멀리 도망쳤다. 델리와 아그라를 제외한 모든 곳은 성을 단단히 하고 복속하려 들지 않았다. ……우리 자신을 위한 곡식도 말을 위한 짚도 찾을 수 없었다. ……사람들은 약탈과 도둑질에 나섰다.[31]

그럼에도 바부르는 강압과 협박을 행사해 점차 이런 성들을 제압하여 힌두스탄의 지방 지배자들과 지주들로부터 복속과 조공, 세금 수익을 얻어 냈다. 그 후 4년 동안 바부르는 인도 북부에 머무르며 그곳을 지배했다. 바부르와 인도 북부에서 살아가던 다양한 사람은 다툼과 협력을 통해 차츰 하나로 결합해 갔고, 그들은 역동적이지만 여전히 불확실한 단계에 있는 무굴 제국을 탄생시켰다.

무굴 제국의 역사

A SHORT
HISTORY OF
THE MUGHAL
EMPIRE

제2장

바부르 황제의 무굴 제국 만들기

"주지하듯 한 지방의 경계는 그 지방의 언어를 사용하는
사람들이 있는 곳까지라는 사실에 동의한다."
―무굴 황제 자항기르[1]

바부르는 다섯 번째 시도에 이윽고 인도 북부에 진입하여 1526년 로디 왕조 군대를 크게 격파했다. 먼 조상 티무르와 달리 바부르는 인도를 약탈하지도 떠나지도 않았다. 그는 죽을 때까지 인도에 정착하고 정복지를 확대해 나갔다. 무굴 제국은 처음에는 서로 낯설기만 하던 바부르와 여러 지역의 사람들이 상호 간에 영향을 미치는 가운데 출현했다.

광대하고 인구가 많은 남아시아의 인도아대륙은 고유한 생태 환경, 얽히고설킨 사회적·문화적·경제적·정치적 상황과 역사를 가진 다양한 지역을 품고 있었다. 인도아대륙의 모든 지역은 하나의 언어, 종교, 경제 또는 지배자 아래 통합된 적이 없다. 지역에 따

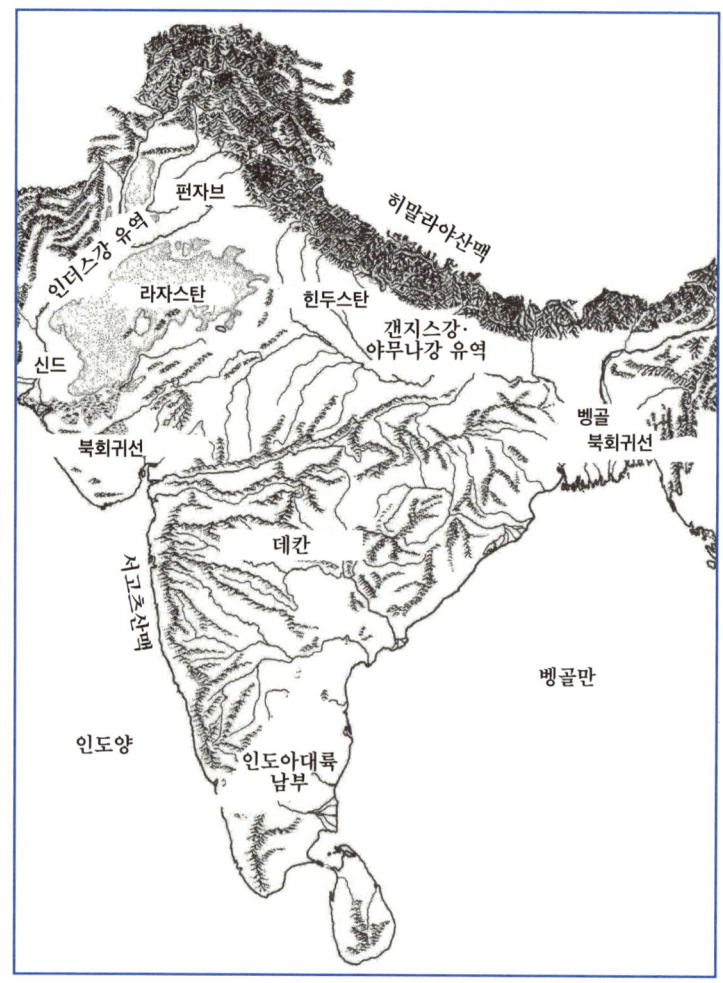

지도 2   남아시아의 거대 지역과 주요 특징

라 차이는 있으나 남아시아 대부분은 극심한 우기·건기와 같은 중요한 환경 요소와 문화적 특징, 특히 브라만 힌두교의 신앙과 사회 질서를 공유했다. 그뿐 아니라 바부르 시대에 무슬림은 상대적으로 소수였지만, 많은 지역에서 수적으로는 상당했다. 이전의 많은 군주가 초지역적 국가를 만들었고, 몇몇은 인도아대륙 거의 전체에 걸친 제국을 잠시나마 세우기도 했다. 하지만 바부르의 정치적 시야는 인도 북부와 그 주변을 크게 벗어나지 않았다.

바부르와 점점 증가하는 다양한 신민의 관계에 있어 그 유형과 깊이는 시간과 공간에 따라 크게 달랐다. 어떤 사람들은 계속 저항했고, 또 어떤 사람들은 세금과 공물을 바쳤다. 일부 전통적인 봉직 엘리트 계층은 이전의 통치자들에게 그랬던 것처럼 그의 군대와 행정에 참여했다. 그러나 무굴 제국은 바부르가 죽은 1530년에도 여전히 허약한 상태였다.

낯선 남아시아의 환경

바부르와 남아시아에 사는 사람 대부분은 오늘날 인도아대륙을 묘사한 지도와 같이 북쪽으로는 히말라야산맥을 두고 동쪽과 서쪽으로는 바다와 마주한 반도라는 하나의 지리적 실체로 인식하지 못했다. 그 대신 서로 다른 물리적 환경이 각 지역을 규정했다. 계절에 따라 불어나는 강, 산맥과 지질학적 특징이 남아시아에 네 거대 지역, 즉 힌두스탄과 벵골의 갠지스강·야무나강 유역, 펀자브로부터 신드까지 뻗어 나가는 인더스강 유역, 데칸의 평원, 인도아대륙 남부의 고원과 해안 평원을 만들었다. 각 거대 지역은 오늘날 유립에서 면적이 큰 국가에 버금가는 크기였다. 기후 또한 건조한 사막부터 비옥한 평원, 우거진 열대우림까지 다양했다. 각 거대 지역에는 생태적 소지방들이 있고 각 소지방은 토양과 수질 조건이 상당히 달랐다. 또 각 거대 지역에는 특수한 강우 양상과 강 유역의 관개 시설이 있어 이에 따라 습식 농업과 건식 농업이 혼합되어 있었으며, 이는 사회·문화·경제·정치에 깊은 영향을 미쳤다. 그리고 몇몇 광범위한 특징은 차이가 있을지언정 인도아대륙 전역에 나타났다.

바부르에게는 낯설지만 남아시아에서 살아온 사람들에게는 매우 익숙한 것이 바로 몬순(계절풍. '계절'을 뜻하는 아랍어 마우심mawsim이 어원이다)에 의한 기온과 강우의 극심한 변화였다. 인도아대륙은 적도를 넘어 북반구까지 뻗어 있고 북회귀선이 중간을 가로지른다. 따라서 12월 동지 이후 몇 달 동안 직사광선이 점점 땅을 데워, 6월 무렵에는 3개월가량 강한 상승 기류가 만들어져 비교적 차가운 인도양에서 서풍을 불러온다. 남서 몬순은 인도 서해안에 대단히 많은 습기를 전달한 다음 서고츠산맥의 가파른 산줄기에 가로막혀 해안지대에 집중적으로 비를 뿌린다. 이로 인해 내륙인 데칸은 바부르에게 익숙한 습기가 적고 건조한 땅과 비슷했지만 훨씬 더웠다. 그 후 몬순은 벵골만 북쪽으로 올라가며 다시 습기와 에너지를 흡수한 뒤 사이클론과 강우를 동반하여 벵골 해안을 강타한다. 그다음 남서 몬순은 히말라야산맥을 따라 갠지스평원으로 이동하여 힌두스탄에서 신생 무굴 제국의 심장부를 비옥하게 만들어 준다. 그러나 펀자브 지방에 이를 무렵에는 강수량이 감소하여 비교적 건조하고, 라자스탄과 인더스강 유역에는 일부 사막이 형성된다.

그 뒤 몬순은 가라앉았다가 역전된다. 9월부터는 지열이 식어 상대적으로 따뜻해진 바다가 상승 기류의 원인이 된다. 그리하여 차갑고 건조한 북동 몬순은 히말라야산맥을 넘지 못하고 인도 북부를 휩쓰는데, 강수량이 충분한 지역에서 이모작이 가능한 이유이다. 무굴 제국에 제대로 편입된 적이 없는 반도의 남동쪽 평원에는 북동 몬순이 벵골만에서 내륙으로 불어오는 12월이면 가장 많은 비가 내린다.

몬순은 발생순으로 예측 가능한 양상을 띠는 반면, 연간 강우량은 지역에 따라 다르다. 어떤 해에는 여러 지역에서 가뭄이 발생했다. 작물을 생산지에서 가뭄에 시달리는 지역으로 운반하는 일은 전쟁으로 막힐 가능성이 있었다. 가뭄은 무질서와 이주를 불러왔고, 이는 지역의 경제·인구·행정에 지대한 영향을 끼쳤다. 무굴 황제들을 포함한 많은 지배자가 피해가 심각한 지역에는 자선 활동으로 식량을 제공했지만, 기근의 피해를 완화하기에는 체계적이지도 충분하지도 않았다. 오늘날에도 그렇지만 결과적으로 정부의 통제력을 넘어선 환경의 힘은 해마다 무굴 제국에 커다란 악영향을 주었다. 어떤 황제 재위기에는 더 심각했고, 다른 황제 재위기에는 덜 심각했을 뿐이다.

갠지스강 하류 평야나 인도반도의 해안가같이 비가 충분히 내리는 기름진 곳에서 사람들은 전통적으로 생산성이 좋은 벼와 습작물濕作物을 재배한다. 20세기에 기계화된 관개 시설과 잡종 식물이 등장하기 전까지 힌두스탄 서부와 펀자브 등 건조한 지역에서는 밀이나 기장 등 물에 비교적 덜 의존하는 건작물이 주를 이루었다. 일반적으로 습작물은 건작물에 비하여 생산성이 세 배가량 높고, 농촌의 인구 밀도는 이를 반영한다. 각 지역의 음식 문화 또한 주로 재배되는 작물을 반영한다. 바부르의 궁정에서는 중앙아시아와 아프가니스탄에서 흔한 밀빵을 주식으로 했지만, 무굴 궁정이 인도에 정착하면서는 쌀을 이용한 힌두스탄 요리를 더 많이 포함하게 되었다.

✣
남아시아 문화와 공동체의 상호 작용

남아시아에 거주하는 사람 중 상당수는 외부인이 '힌두교'라고 부르는 복잡한 합성 전통composite tradition을 따랐다. 힌두들이 인더스강 너머에 살았기 때문이다.* 바부르는 자신이 통치하는 사람들에 다양한 무슬림·비무슬림 집단이 포함되어 있다는 사실쯤은 알고 있었지만, 그들의 문화나 내부의 사회적 분화에 대해서는 깊이 알려

---

* 힌두교의 힌두는 인더스강을 가리키는 산스크리트어 단어 신두Sindhu가 페르시아어화한 힌두Hindū에서 나왔다.

고 하지 않았다. 남아시아의 여러 공동체에서 엘리트와 민중의 신앙과 관습, 생활 방식은 사회 계급과 지역에 따라 각양각색이었다.

지역마다 차이는 있지만 엘리트층은 남아시아 대부분의 지역에 존재하는 브라만이 이끄는 종교와 사회 체계가 중심을 이루는 전통을 지니고 있었다. 그리고 그 중심지는 '힌두의 땅'이라는 의미를 가진 힌두스탄으로 알려진 인도 북부였다. 브라만이 어디에서나 의례 질서의 정점에 있을지라도 전체 인구 면에서는 소수였다.

브라만 학자와 철학자 들은 1천 년 동안 고전 산스크리트어 구전과 문헌을 이용하여 보편적 도덕 질서의 원리인 다르마를 설명했다. 출생과 행실에 따라 모든 사람을 네 바르나(계급 제도)로 나누고, 바르나마다 별도의 다르마가 있었다. 브라만은 사제로서 가장 높은 계층이었으며(다른 직업을 가진 사람도 많았다), 그다음은 호전적인 크샤트리아(지배자·전사·지주 등)가, 그 아래에는 상인과 장인에 해당하는 바이샤가, 가장 아래에는 평민인 수드라(실제 역사에서 일부 수드라는 막대한 부와 권력을 가졌다)가 있었다. 이 바르나 밖에는 인간 이하의 존재로 여겨지는 많은 존재가 있었는데 지식이 없는 아이, 결혼하지 않은 여자(부모가 바르나에 속한 경우도 포함된다), 다르마를 어겨 소속 바르나로부터 추방당한 사람, 삼림에 거주하는 아디바시('부족'이라 불리는 원주민), 비천한 일을 하는 노동자, 아시아·유럽·아프리카 출신 외국인이 여기에 해당했다. 각 개인과 신, 기타 존재들은 혈통과 나이, 성별, 전생의 카르마(업業)에 따라

고유한 다르마를 가졌다.

 각 지역에서는 브라만 중심의 사회 체제와 지역 사회 체제가 중첩되어 구체적 공동체를 만들어 냈으며, 각 공동체는 다시 별개의 자티(출생 집단)로 구분되었다. 각 자티는 방직공이나 도공·전사 등 고유한 다르마를 가지고, 관습적으로 집단 내에서 통혼하며 공동체를 이루었다. 지역에는 합의에 따른 자티 계급이 있었다. 그러나 개별 자티의 정확한 바르나 정체성(정체성이 있다면)은 종종 논쟁의 대상이었다(많은 자티는 주변 사람의 인식보다 높은 바르나 지위를 주장했다).

 브라만 산스크리트 문헌들에는 이 바르나 체제가 안정적인 것으로 나타난다. 하지만 실제로는 자티나 씨족, 가문은 인도에 정착하느냐, 경제적·정치적 권력이 부상하느냐 몰락하느냐 따라 바르나 내에서 합류하거나 이동했다. 특히 눈에 띄는 예를 들자면 라지푸트*(왕의 아들) 자티 가문들은 태양, 달, 불 또는 다른 신격을 조상으로 둔 크샤트리아 바르나의 영원한 전형이라고 주장했다. 라지푸트 가문들은 대개 인도의 북부와 서부, 중부 대부분 지역을 정치적·군사적으로 지배했다. 바부르 시대에 라자스탄에는 주요한 지위를 차지한 두 라지푸트 가문이 있었는데, 하나는 메와르에 근

---

* 라지푸트Rājpūt는 산스크리트어 라자푸트라rājaputra에서 나온 말로, '왕의 아들'을 뜻한다. 라지푸트의 근원에 대해서는 학설이 다양하지만, 라지푸트 특유의 정체성에 대한 자의식은 8세기 이후 발생한 것으로 보인다.

거지를 둔 시소디아 가문이고, 다른 하나는 마르와르에 근거지를 둔 라토르 가문이다.

아무튼 역사적으로 남아시아의 다른 지역이나 중앙아시아에서 온 많은 무장 이주자는 정착 혹은 정복을 통해 토착 지주나 지배자가 되면 라지푸트 신분을 주장했다. 일부 라지푸트는 토박이 목축민이나 농민, 아디바시 공동체 내에서 출세한 가문에서 생겨났다. 이 상승 기류를 탄 집단들은 자신의 라지푸트 신분을 증명하기 위해 '산스크리트화'했다. 이들은 기존 라지푸트들의 식생활과 행동거지를 모방하고, 브라만 사제를 고용하여 자신들을 위해 크샤트리아 특유의 의식을 진행하게 했으며, 오래전에 잊힌 전설적인 라지푸트들의 후예임을 '재발견'했다. 라지푸트 신분을 열망한 가문의 딸들이 이미 라지푸트로 여겨지는 가문의 신부로 받아들여진다는 것은 합법적인 라지푸트 신분에 종속된 동맹으로 인정받는다는 뜻이었다. 성공한 라지푸트 가문은 다른 라지푸트로부터 신부를 얻어냈다. 일부다처제 사회에서 신부를 받는 쪽은 신부를 주는 쪽보다 높은 지위를 가졌다.

많은 기존 라지푸트 가문은 일부 비힌두 무장 이민자들이 전사와 군주의 다르마(보편적 도덕 질서의 원리)를 따른다고 인정했다. 이 신참자에는 바부르 왕조 같은 일부 무슬림 가문이 포함되었다. 이들은 힌두로 받아들여지지 않았지만, 인도의 사회 질서에 부분적으로 편입되었다. 실제로 많은 라지푸트와 힌두교 구전과 문헌은 모든 무슬림을 하나의 공동체로 분류하기보다는 튀르크인을 하나의 자티로 취급했다. 일부 라지푸트 가문은 이슬람으로 개종하면서도 전통적인 다르마와 사회적 지위 대부분을 유지했다.[2] 바부르의 손자 대 이래 무굴 왕조는 일부 지배층 힌두 라지푸트 가문에서 신부를 받아들였는데(그러나 결코 라지푸트 가문들에 신부를 내주지는 않았다), 이는 무굴 왕가가 상대적으로 높은 사회적 지위를 가졌다는 주장이나 다름없었다.

인도의 다른 종교 전통을 받드는 소수 공동체들 역시 힌두와 통혼하거나 함께 식사를 하지 않아도 자티로 기능했다. 예컨대 은행업과 상업에서 중요한 역할을 한 자이나들은 힌두들과 마찬가지로 인도에 기원을 두었으나, 힌두교와 공생하되 공동체 내에서만 혼인 대상을 찾으며 소규모 종교 공동체를 형성했다. 살육을 피하고 채식을 하는 등 비폭력적인 이들의 신앙은 많은 사람 사이에서 존중받았다. 자이나교 관습은 무굴의 전사 전통과 대조적이었지만, 자이나교 지도자와 종교적 스승 들은 무굴 황제들과 만나 비폭력적인 정책을 시행하도록 영향을 주었다고 주장했다.

마찬가지로 이슬람교가 도래하기 전 인도로 이주한 페르시아인 후손으로 조로아스터교 신앙을 간직해 온 파르시인은 오랫동안 인도에 정착하여 살아왔으며, 특히 상인이 많았다. 이들은 불과 물·땅 등 원소를 신성한 존재로 간주하며, 우주를 선과 악의 싸움이 벌어지는 곳으로 보았다. 이들 역시 공동체 내에서만 혼인 대상을 찾으며 힌두들과 공생은 하지만 섞이지 않는 작은 공동체로 남아 있었다.

　남아시아의 각 지역에서는 대중적인 신앙 운동이 번성했다. 어떤 이들은 스스로 힌두교 전통 안에 있다고 생각하는가 하면 그렇게 생각하지 않는 사람들이 있었으며, 브라만과 무슬림 종교 당국을 공격하는 경우도 있었다. 예를 들어 펀자브는 일신교인 시크교운동의 주요 거점이었다. 바부르는 이를 기록하지 않았지만 1520년 약탈 원정에서 시크교 창시자 구루 나나크(1469~1539년)를 사로잡은 적이 있는데, 어쩌면 대화를 나누었을지 모른다.[3]* 시크 구루 추종자들은 대개 카트리(상인과 서기 자티)나 자트인(농민 자티)이었다. 시크교는 여러 면에서 독특한 사회·종교 공동체였으나, 시크 가문들은 대등한 힌두 자티와 통혼했다. 시크교운동은 강력한 지역 정치 세력으로 성장하여 무굴 제국의 지배에 도전했으며 17세기와 18세기에는 심각했다.

　무슬림과 크리스트교도를 막론하고 이주민들은 본래 가지고 있던 자신의 개념 범주에 인도의 복잡한 체제를 짜 맞추고자 애썼다. 무슬림은 힌두와 자이나·시크 등 인도에 존재하는 모든 타자와 자신들을 집단적으로 구분 지었다. 나아가 일부 독실한 무슬림은 인도의 공동체들을 '경전의 백성'으로 여기지 않았는데, 이는 신이 그

---

* 이유는 알려져 있지 않지만 《바부르나마》에는 1508년 도중에서 1519년까지 약 10년간, 1520년 도중에서 1526년에 이르는 약 5년 10개월간의 기술이 누락되어 있다.

들에게 《코란》을 전해 줄 예언자를 선택하지 않았음을 뜻한다. 반면 크리스트교도, 유대교도 그리고 몇몇 비무슬림 공동체는 한때 신의 선택을 받아 경전을 전달받았다. 무슬림의 경우 최후의 예언자 무함마드가 《코란》을 아랍어로 친히 전해 주었다.

그러나 바부르는 일부 델리 술탄과 인도의 다른 무슬림 지배자와 마찬가지로 인도 공동체들의 신학적 지위를 실용적으로 재해석하여 딤미(보호받는 백성, 즉 이슬람 국가에 거주하는 비무슬림)의 지위를 부여했다. 이는 그들이 경전의 백성이며, 지즈야*를 납세한다는 의미였다. 사실 많은 무슬림 지배자는 실제로 비무슬림 신민들로부터 지즈야를 징수하지 않았다. 하지만 바부르는 인도의 갖가지 다양한 전통을 대수롭지 않게 여기면서 그들이 무슬림이 아니라는 사실을 중시했다.

1498년(바부르의 마지막 침략보다 28년 전) 처음 인도 남서부 해안에 도착한 로마가톨릭을 신봉하는 포르투갈 모험가들은 모든 비무슬림을 크리스트교도가 분명하다고 간주하고, 사원에 있는 여신상과 각종 이미지를 성모 마리아와 가톨릭 성인들의 도상으로 착각했다. 게다가 포르투갈인은 네 가지 사회 계층 바르나와 수천 가지 출생 집단 자티를 자신들의 용어인 카스타casta(종種) 또는 카스트caste(종種)

---

* 지즈야jizya는 이슬람 국가에 거주하는 비무슬림에게 부과된 인두세를 가리킨다. 무슬림들은 지즈야를 비무슬림들이 이슬람 신앙을 받아들이지 않는 처벌이자 다수의 무슬림 인구로부터 보호를 받는 대가로 인식했다. 원칙적으로 지즈야는 신체 건강한 자유민 성인 남성에게만 징수되었으며, 군역을 지는 경우 비무슬림이라 하여도 지즈야에서 면제되었다.

로 표현했다. 이 같은 용어 사용에 따른 혼동은 이후 널리 퍼져 나갔다.

바부르가 남아시아로 진입할 무렵 무슬림은 상당한 규모의 소수자 집단을 형성했다. 일부는 이주민과 그 후손이었지만 대부분 개종자였다. 여러 가문이 카리스마 넘치는 수피들의 영향을 받아 이슬람을 받아들였다. 수피들은 종종 개종 집단이 가진 이슬람 이전의 믿음과 관습, 특히 출생과 혼인 등에 따르는 의례와 여성의 역할에 관한 가족 내 관습을 수용하는 혼종적인 이슬람관과 관행을 보여 주었다. 일부 인도 혈통을 지닌 저명한 개종자들은 후일 예언자 무함마드 또는 존경받는 다른 아랍인의 생물학적 후손이라고 주장하며 사이드*나 셰이흐 같은 경칭을 사용했다.** 무슬림이 가장 많이 밀집된 지방은 서로 멀리 떨어진 인도 북서부와 동벵골이었다.

13세기 초 이래 아프간 이민자 무슬림들은 갠지스평원 전역에서 지주와 지배자로 자리 잡았다. 바부르가 인도에 왔을 때 아프간계 로디 왕조의 술탄은 델리를 지배했고, 또 다른 무슬림 왕조들이 데

---

* 사이드sayyid는 '장로'라는 의미의 아랍어이다. 예언자 무함마드의 딸 파티마의 후손을 가리키는 표현으로도 사용되었다.

** 인도에서 예언자 무함마드나 그 교우들ṣaḥāba(단수형은 사하비ṣaḥābi)의 후손들은 아랍어로 '고귀한, 위대한'으로 해석될 수 있는 아슈라프ashrāf(단수형은 샤리프sharif)라 불렸다. 아슈라프는 다시 사이드(장로長老를 의미하나, 아슈라프의 맥락에서는 예언자 무함마드의 딸 파티마의 후손을 의미)와 셰이흐(장로長老, 원로元老. 아슈라프의 맥락에서는 메카와 메디나 출신 초기 무슬림의 후손을 의미) 등으로 나뉘었다.

칸 지방을 지배했다. 바부르는 인도 북부에서 벌인 몇 번의 원정에서 자신을 모범적인 무슬림 군주로 내세웠지만, 많은 인도아프간 무슬림은 그를 이방인으로 여기며 적대했다. 바부르의 후손들은 각자 이슬람 군주로서 역할의 범위와 표현 방식을 협상했다.

언어적으로도 남아시아는 주된 어족 셋, 지역별 언어 수십 가지, 방언 수천 가지에 이르는 엄청난 다양성을 가지고 있었다. 거의 모든 인도 북부인은 산스크리트어에 기원을 둔 열두 개 언어 가운데 하나를 사용했으며, 거의 모든 남인도인은 드라비다어족의 주요 언어 네 개 가운데 하나를 사용했다. 더구나 데칸 지방과 인도 북동부에 거주하는 많은 삼림 지대 주민은 산스크리트어나 드라비다어와는 관계없는 고유 언어를 가지고 있었다.

바부르가 침입하기 오래전부터 페르시아어는 무슬림 궁정에서 지배적 언어가 되었으며, 인도양을 건너 페르시아와 문화적·외교적·경제적으로 연결되어 있는 데칸 지방의 여러 술탄국에서는 더욱 그랬다. 무굴 왕조는 점진적으로 바부르의 튀르크어에서 페르시아어로 바뀌어 감에 따라 페르시아의 행정적·문화적 관행을 받아들였다. 그리하여 무굴 제국이 확장하면서 무굴 제국의 페르시아풍 문화와 행정 형태는 라지푸트 왕조들을 포함한 다른 지배자들에게도 유행했다. 즉 바부르 이후 무굴 제국은 각 지역의 독특한 전통, 남아시아의 중요한 초지역적 양상들과 상호 작용하기에 이르렀다.

농경 · 목축 · 삼림에 기반한 남아시아 경제

무굴 시대 전체를 포함한 인도 역사 전반에서 절대 다수의 사람은 농경에 기반한 경제 속에서 살았다. 바부르가 인도에 왔을 때, 완전한 토지 소유권은 아니지만 정주한 농민들이 경작하고 추수할 사용권을 관습적으로 가지고 있음을 발견했다. 다른 원주민이나 기관들 또한 같은 토지에 각자의 권리를 지니고 있었다. 핵심적인 특징은 토지 하나에 한 명 이상의 자민다르(토지 권리 보유자)가 세금을 거둘 권리를 소유하여 자신들의 몫을 제외한 나머지를 국가의 대리인에게 넘겨주었다는 점이다. 많은 자민다르는 원래 그 지역에 정착 혹은 정복했다는 점에 근거하여 이 권리를 주장했다. 자민다르 몫의 세금 수익은 토지를 그들이 직접 관리하는지 여부 그리고 경작자와 국가에 대한 그들의 권력에 의해 정해졌다. 촌락의 촌장과 종복, 서기, 지역의 토착 종교 기관이 생산물 일부에 관습적 권리를 가지는 경우가 때때로 있었다. 이 모든 권리는 국가가 요구하는 문서를 갖추면 계승과 교환, 매매가 가능했다.

바부르 시대 대부분 지역에는 농경지로 사용될 잠재적 가능성이 있으나 놀고 있는 토지가 많았다. 농민들은 농사를 짓기 위해 엄청난 노동력을 토지에 쏟아부었지만, 토지 자체의 경제적 가치는 제한적이어서 토지보다 사람에 대한 통제가 더 가치 있었다. 따라서 농민으로 하여금 새로운 땅으로 이주하여 정착하게 할 만큼 자민다르나 국가는 높은 세수를 요구할 수 없었다. 대금업자와 상인은 대출을 해주는가 하면 지역 시장에서 판매할 농산물을 사들였다(무굴 제국의 통치하에서 많은 지역에서 농경 경제는 한층 화폐화했다).

자민다르와 농민·대금업자·무굴 제국 관리는 전반적으로 농경 문화의 자원을 두고 다방면에서 협력하는 한편, 때로는 미묘하게 때로는 공개적으로 경쟁했다. 각 개인(대개 남성이지만 가끔은 여성)의 관심은 소득을 최대화하는 동시에 그것을 지키는 데 드는 경제적·문화적 비용을 최소화하는 데 있었다.

정권을 빠르게 안정시키기를 바라는 바부르는 대체로 지주들이 최소한의 공물만 바친다면 그 지위를 공식적으로 인정하고 경작자로부터 세금 수익을 거둘 수 있게 내버려 두었다. 힌두스탄에서마저 바부르는 많은 지역 지배자와 지주가 그의 권위를 받아들여 정기적으로 세금을 내거나 군사로 복무하도록 설득하지 못했다. 무굴 제국 관리들은 실제 그 지역의 생산에 대한 정보를 얻는 데 오랫동안 애를 먹었다. 게다가 바부르에게는 도시를 점령하고 영토를 정복하는 데 집중할 군사력은 있으나, 주기적으로 발생하는 반란을 막기에 충분한 인력도 권위도 없었다. 그래서 그는 그때마다 그들을 재정복할 수밖에 없었다.

동시대의 다른 지배자들과 마찬가지로 무굴 왕조는 정주 농경민을 주요 수입원으로 선호했다. 하지만 정주 농경은 다른 생활 방식과 확실하게 분리되지 않았다. 이를테면 가뭄이 들거나 세금이 무거워지면 농민들은 삼림으로 돌아갔다가 장마가 지거나 세금이 가벼워지면 정주 농경으로 돌아왔다.

일부 개인 혹은 가문, 공동체 전체는 관례적으로 이주하곤 했다. 추수기에 남녀 농경 노동자는 작물이 익어 가는 물결을 따라 지역 내에서 이동하거나 지역을 넘나들었다. 휴경기에는 군대 경험이 풍부하고 무기를 소유한 촌락의 남성 중 많은 수가 움직이는 군대에 합류하거나 무리 지어 약탈에 나섰다. 무굴 제국은 이 거대한 계절성 군사 인력 시장을 완전히 통제하지 못했다. 또한 순회하는 장인과 예인 들은 촌락에서 일거리를 찾았다. 여성과 남성은 수공업으로 옷 등을 만들어 직접 혹은 중개인을 통해서 인근의 카스바(시장 도시)에서 판매했다. 카스바는 장인들이 모이고 지방 내 교역의 중심지이자 행정이 집중되는 곳이었다.

무굴 시대에 장거리를 이동하는 이주 공동체 다수는 목축 생활을 교역과 융합했다. 이들은 육류와 유제품을 생산하여 자신들이 거주하는 곳이나 지역의 시장에 내다 팔았다. 무굴 제국 군대는 황소 등에 곡물을 얹어 운반하는 대규모 장거리 교역 상단에 의존했다. 무굴 제국 정부는 이런 목축민과 떠돌이 상인을 찾아 세금을 매기는 데 어려움을 겪었다.

공동체들은 숲에 정주하거나 임시로 살며 무굴 제국 내부에 변경을 형성하여 무굴 제국 군대의 핵심이 되는 중무장한 기병과 포병을 쉽게 피할 수 있었다.[4] 삼림 지대에 거주하는 아디바시는 사냥과

밭농사를 생업으로 삼았다. 적지 않은 아디바시 유력 가문은 왕국을 세우고 라지푸트 지위를 주장했다. 이 삼림 거주민들은 소·곡식·여성과 전리품을 노략질하는가 하면, 목재와 약초 같은 임산물을 곡식이나 장인들의 수공예품과 거래하며 정주 농경 사회와 긴장 관계를 조성했다.

또한 저항하는 지주와 정치적 반역자, 무법자 들은 세금 징수인과 약탈을 일삼는 군벌, 바부르 같은 침략자로부터 몸을 숨기기 위해 우거진 숲으로 피신했다. 바부르는 "평지의 일부 지역에는 가시가 많은 숲이 있다. 그곳 사람들은 숲 속에 요새를 만들어 반항하고 세금을 내지 않는다"[5]라고 한탄했다. 반대로 삼림 지대 주민은 숲을 세금이 나오는 농경지로 바꾸려는 무굴 제국의 강압적인 시도에 고통을 겪었다.

서로 연관되어 있는 농업·목축·삼림 기반 경제 외에 고부가 가치 소량 상품을 거래하는 광범위한 장거리 교역로는, 아시아를 횡단하는 그 유명한 비단길과 남아시아를 이어 주었다. 바부르는 카불에 있을 때 이미 이 교역에 세금을 매겼다. 특히 남아시아는 말(기병 유지에 필수적이나 지속적으로 교체해야 한다)을 수입하고 노예와 값비싼 수공예품, 자원을 수출했다. 바부르는 처음에는 아프리카, 동남아시아, 동아시아, 유럽(특히 16세기 이후)과 인도가 대규모로 교역하고 있으며 점차 확대되고 있다는 사실을 잘 알지 못했다. 그러나 곧 인도의 생산물과 계속되는 수출 흑자에서 나오는 인도의 부를 높이 평가하게 되었다. 이를 이용하기 위해 바부르는 힌두스탄과 남서쪽 및 남동쪽의 번영한 해안 지역을 정복해야 했다.

남아시아의 정치 세계

남아시아의 각 지역은 정치적으로 독립된 역사를 지니고 있었다. 앞선 2천여 년간 많은 지역은 초지역적 제국의 중심지였으며, 그 가운데 소수는 일시적으로 인도아대륙 대부분을 장악했다. 그러나 모든 제국은 본래의 심장부를 넘어선 곳을 통치하기 위해 고심했다. 13세기 초부터 바부르의 침공 전까지 델리 술탄국이 5개 왕조(대체로 아프간 내지 튀르크 종족)의 이름 아래 인도 북부를 지배했다. 이들은 갠지스강과 인더스강 유역의 거대 지역에 존재하는 라지푸트(왕의 아들)와 다른 지역 국가들과 싸우고, 협상하고, 가끔 그들을 지배했다.

일부 델리 술탄들은 확장 정책을 추구하여 데칸 지방을 정복했으나, 델리 술탄국의 중심부 너머에서는 기술적으로나 문화적으로나 이 정복을 유지할 수 없었다. 실제로 데칸 지방의 점령지는 1347년 바흐만 왕조가 되어 술탄국에서 떨어져 나갔다. 우연히도 바부르의 침략 직후 바흐만 술탄국은 서로 전쟁을 벌이는 계승 왕국인 아흐마드나가르, 베라르, 비다르, 비자푸르, 골콘다 술탄국으로 분열되었다. 데칸 지방은 인도양을 통해 페르시아와 문화적·경제적·정치적으로 이어져 있어 인도 북부보다 페르시아와 시아파의 영향력에 노출되었다. 서로 다투던 데칸의 술탄들은 인도를 침략한 바부르에게 사절을 보내 군사적 지원을 요청했지만 허사였다. 데칸까지 확장할 자원이 부족한 바부르는 거부할 수밖에 없었다.

바부르가 가진 지식의 한계 너머 남쪽에는 더 많은 왕국이 있었다. 이 왕국들 대부분은 드라비다어를 사용하는 공동체 출신 힌두 왕의 지배를 받았는데, 각 왕가는 자신들만의 상무 전통과 야심을 가지고 있었다. 가장 거대한 왕국은 1565년 분열되기 이전의 비자야나가르였다. 바부르가 세운 왕조는 남쪽에 존재하는 여러 국가를 결코 완전히 통합하지 못할 운명이었다.

바부르 생전과 그 후에도 인도양의 통제권을 둘러싼 군사적·경제적 싸움은 계속되었다. 바부르와 그의 후손들은 전함이나 해안 방어 시설을 건설하지 못했다. 하지만 포르투갈 왕국의 해군은 이와는 대조적으로 1505년 이후 서부 해안을 따라 영구적인 식민 거점을 마련하고, 이를 근거지 삼아 인도양에서 군사·상업 세력으로 부상했다. 포르투갈의 거점 가운데 고아(1510년 비자푸르 술탄국으로부터 획득)와 다만, 디우(각각 1531년과 1535년 구자라트 술탄국으로부터 획득)가 가장 중요했다. 또한 포르투갈인은 벵골 지방의 사트가온(1550년)과 후글리(1579년)에 교역 거점을 설치했다. 포르투갈은 직접 운영하는 유럽과의 대륙 횡단 교역 및 인도양 내 아시아 교역, 모두에서 이익을 보았다. 빠르고 화포로 무장한 포르투갈 함선은

제2장 바부르 황제의 무굴 제국 만들기

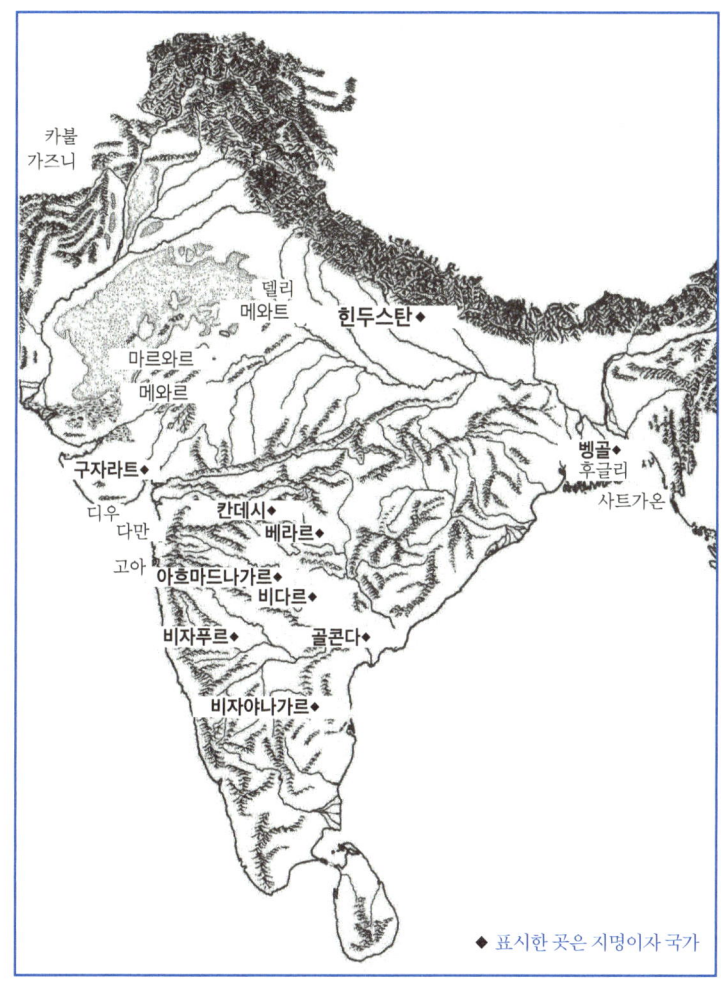

지도 3 1526년 주요 국가와 지방

인도양 상선들에게 카르타스(허가증)를 구매할지, 화물과 선원·승객을 넘길지 양자 택일을 강요했다. 카르타스는 그다지 비싸지 않았으나 크리스트교의 상징이 그려져 있어 무슬림에게 모욕적인 데다가, 포르투갈의 식민항에서만 구입할 수 있어 교역로를 변경해야 했다. 이로 인해 포르투갈인은 내륙으로 진출하지 않고도 인도의 정치, 경제, 문화에 영향을 미쳤다.

확장 일로에 있는 오스만 제국은 비정기적으로 전함을 이집트에서 인도양으로 보내 정치와 교역상 이익을 노렸다. 그러나 오스만인은 포르투갈인에게 밀려나고 말았으며, 포르투갈인 또한 여러 세기에 걸쳐 네덜란드와 프랑스·영국의 동인도 회사들에 제압되었다. 후에 무굴 황제들은 메카 순례자들과 대양 무역의 안전을 위해 유럽의 해상 열강들과 협상해야 했으며, 그 성과는 보잘것없었다. 그래서 무굴 제국은 대단찮은 강가의 수군을 지닌 육상 강국으로 남았다.

바부르가 델리 술탄국을 무너뜨린 사건은 야심 찬 경쟁자들에게 세력을 확장할 새로운 기회를 제공했다. 갠지스평원 저지에서는 인도아프간계를 비롯한 여러 지역 지배자가 이 기회를 잡았다. 파니파트 전투 몇 달 뒤 바부르는 후마윤에게 동쪽으로 진군하여 이 지배자들을 제압하라고 명령했다. 그는 자신의 지배하에 있은 적이 없는데도 그들을 '반란자'라고 불렀다. 인도 북부 전역에 대한 군주권을 주장했기에 그의 눈에는 반란을 일으키는 것으로 보였던 것이다.

파니파트 전투 다음 원정철에 바부르를 향해 진군한 이들 가운데 가장 위협적인 존재는 흔히 라나 상가(재위 1509~1528년)로 불리는 마하라나 상가람 싱이었다. 라나 상가는 라자스탄 지역 메와르와 마르와르에서 영토를 확장하는 과정에서 많은 흉터를 얻은 노련한 라지푸트 시소디아 왕조의 장군이었다. 라나 상가는 라지푸트와 인도아프간, 인도인 무슬림 가문의 연합을 이끌고 북쪽 힌두스탄의 심장부로 압박해 왔다.

바부르는 상당수 인도인 무슬림을 포함한 자신의 군대를 라나 상가에 집중시켰다. 바부르는 훨씬 규모가 큰 적군과의 위험한 싸움에 나서야 할 순간, 군대의 핵심이 되는 중앙아시아에서 온 군인들이 향수병 때문에 자신의 명령에 따르기를 주저하고 있음을 정확하게 알아챘다. 중앙아시아의 이름난 점술가가 도착하여 화성이 바부르에게 불리한 빛을 띠고 있다고 선언한 사실은 상황을 더욱 우울하게 만들었다.

처음으로 비무슬림이 다수인 군대와 마주했다. 바부르는 전례 없이 이슬람 정체성을 강조하며 종파와 신의 도움을 구하고 모든 무슬림에게 가축과 물품에 대한 세금을 면제해 주었다.* 또한 바부르는 공개적으로 이슬람에서 금지하는 포도주를 끊겠다고 선언하여 막 도착한 "낙타 세 무리의 등에 얹힌 우수한 가즈니산 포도주"를 없애 버리기까지 했다. 금과 은으로 만든 술잔은 산산조각 내 가난

---

* 바부르는 무슬림들에게 탐가tamgha 세금을 면제해 주었다. 탐가라 '표시'・'인印'을 의미하는 튀르크어로, 탐가세라고 하면 보통 상인과 공장工匠에게 부과된 상세商稅와 같다. 몽골 제국에서는 상인과 수공업자가 부담하는 상세 외에도 염세鹽稅, 주세酒稅 등 여러 세금이 포함되었다.

한 무슬림에게 나누어 주었다.[6] 바부르가 '이슬람군'이라고 부르는 모든 병사는 《코란》에 대고 죽을 때까지 가지(이슬람 전사)*로서 지하드를 위해 싸우겠다고 맹세했다. 바부르는 서아시아인 무슬림의 지지를 확보했고, 사파비 왕조와 우즈베크 칸국의 대사가 그를 방문했다.

1527년 두 군대는 아그라 인근 카누아에서 격돌했다. 필사적인 싸움 끝에 바부르의 병력이 승기를 잡았고 라나 상가는 부상을 입은 채 도망쳤다. 승리한 바부르는 티무르 왕조의 방식으로 적의 두개골을 모아 거대한 탑을 세우고 전략적 요지인 델리 근방의 메와트 등 자신에게 저항한 적들의 영토를 점령했다.

바부르는 새로운 이슬람 정체성을 강조하고자 공식적으로 자신의 칭호와 주화에 가지를 추가하고, 다음과 같은 시를 지었다.

나 이슬람을 위해 황야를 헤매었다.

불신자 힌두들과의 전쟁을 대비했다.

순교자가 될 각오를 했다.

신께 감사하게도 나는 가지가 되었다.

---

* 가지ghāzī는 '약탈하다'라는 뜻의 아랍어 동사 가주ghazw에서 나온 명사이다. 이슬람 시대 이전에는 아랍 유목민의 소규모 약탈전을 의미했으나, 중세 이슬람 세계에서는 이런 약탈 행위도 이교도에 대한 공격으로 간주했다. 가지는 이교도 공격에 참가한 사람을 칭송하는 표현으로 사용되었으므로, '(성전을 행하는, 신앙을 위한) 전사'로 새길 수 있다. 또 정복전이나 약탈전은 가자ğāzī로 부른다.

또한 그는 가장 강력한 대포에도 '가지'라는 이름을 붙였다.[7]

두 조신이 바부르가 승리를 거둔 이슬람력상 연도가 파트히 파디샤히 이슬람(이슬람 황제의 승리)*의 연대 표기명과 동일함을 '발견'했다. 이는 신의 의지가 연대 표기명을 통해 나타난 것이다. 바부르는 인도에서 티무르를 권위의 원천으로 강조하던 것을 점차 줄여 갔다. 인도인에게 그다지 설득력이 없다는 사실이 증명되었기 때문이다. 그 대신 1천 년경 인도를 17차례 침략한 마흐무드 가즈나위**와 같은 이슬람 정복자로 자신의 위치를 강조했다.[8]

바부르는 여전히 중앙아시아인 무슬림 전사 문화를 지향했다. 그러나 인도의 불편하고 낯선 기후를 이미 견딜 만큼 견딘 그의 중앙아시아인 추종자 다수는 바부르에게서 받은 약탈품과 선물을 잔뜩 짊어지고 고향으로 돌아가고 말았다. 바부르는 힌두스탄에서 부족한 군세를 강화하기 위해 중앙아시아의 모든 전사에게 고용하겠노라는 내용의 문건을 보냈다. 그러나 바부르의 힌두스탄 체류가 길어진 틈을 타 우즈베크인이 발흐를 차지했다. 이에 바부르는 후마

---

* 파트흐 파디샤 이슬람fatḥ-i pādishāh-i Islām을 아랍 문자식으로 표기하면 FTḤ BADŠAH ASLAM이 되고, 이를 모두 더하면 (80+400+8)+(2+1+4+300+1+5)+(1+60+30+1+40)=933으로, 카누아 전투가 발생한 연도인 이슬람력 933년(1526~1527년)과 같다.

** 마흐무드 이븐 세붹테긴Maḥmūd b. Sebüktegin, 일명 마흐무드 가즈나위(가즈니의 마흐무드)는 이슬람 세계 동부를 지배한 가즈나 왕조의 술탄(재위 998~1030년)이다. 알리 아누샤흐르Ali Anooshahr에 따르면 마흐무드는 인도아대륙 방면으로 행한 약탈 원정을 이슬람을 위한 성전으로, 약탈 원정을 행한 자신은 가지로 치장하며 통치 정당성을 확보하고자 노력했다. 저자는 바부르의 가지 칭호 사용 등 이슬람적 정체성 강조가 이런 마흐무드 가즈나위를 모범으로 삼은 것이라고 간주한 아누샤흐르의 견해를 따른 것으로 보인다.

윤과 추종자들을 바다흐샨으로 돌려보내 중앙아시아에서 무굴 제국의 영토를 확장하게 했다. 그러나 후마윤은 바다흐샨을 차지하기 위해 투쟁을 벌여야 했다. 후마윤의 손자 자항기르는 "바다흐샨인의 기질은 사납고 복종시키기 어렵다"[9]라고 했다. 실제로 후마윤은 발흐를 탈환하지도 사마르칸트를 점령하지도 못했다.

후마윤은 힌두스탄을 떠날 때 델리의 재물에서 자금을 확보하여 세 이복동생에 비해 우세한 입지를 다졌으나, 경솔하게도 바부르의 허락을 받지 않아 격노를 샀다. 바부르는 후마윤 대신 열두 살 난 막내아들 아스카리를 불러와 자신이 지켜보는 가운데 전투와 행정에서 스스로 가치를 증명하게 했다. 아스카리는 바부르가 죽을 때까지 인도에 머물렀다. 바부르의 저술에서 살아서는 결코 떠나지 않은 남아시아와의 관계가 깊어짐을 관찰할 수 있다.

무굴 제국 창건

바부르와 그의 중앙아시아인 추종자들, 새로운 힌두스탄인 신민은 각자의 문화와 전통, 이해관계가 뒤섞인 결합체로서 무굴 제국을 창건했다. 바부르의 군대는 처음에는 승리를 거두었지만, 그의 지배는 불확실했다. 새로운 힌두스탄인 신민에게 바부르를 비롯하여 중앙아시아의 지휘관과 군사는 다른 가치 체계를 가지고 다른 언어를 사용하는 이방인일 뿐이었다. 심지어 인도아프간인 대부분조차 바부르의 추종자들이 사용하는 페르시아어나 튀르크어를 알지 못했다. 모든 힌두스탄인이 바부르를 합법적인 군주로 여기는 것도 아니었다. 따라서 바부르 정권은 바부르가 약탈한 재물과 강제로 거둔 세금으로 보상하여 지휘할 수 있는 군대에 크게 의존할 수밖에 없었다.

확장하고 있지만 토지세 징수 행정 체계가 탄탄하지 못한 제국을 지배하는 바부르는 휘하 장군들에게 보상을 주기 위해 적국 왕실의 재물을 계속 빼앗아야만 했다. 바부르는 세상을 떠날 때까지 세 차례의 원정 기간에 그때마다 군대를 몸소 이끌거나 휘하 지휘관을 파견해 지방 세력을 압도하거나 격파했다. 동쪽 벵골의 술탄들에서 서쪽 유목민 발루치의 지배자들까지 피해자가 되었다. 그들은 적어도 바부르 군대로부터 위협이나 공격을 받고 있는 동안만은 바부르의 종주권을 인정하고 조공을 바쳤다.

바부르는 여전히 저항 중인 도시들을 핵심 중앙아시아인 장군들에게 분배했다. 이 장군들은 할당받은 도시에서 휘하 병력과 가문을 유지하고 쾌락을 충족시킬 돈을 얻어 내고, 그 세입 일부를 바부르에게 보냈다. 바부르와 같은 가산국가 궁정을 가진 군주들은 새로 확보한 도시에 대한 군정軍政을 궁정의 조신이나 수행원에게 맡겼다. 그러므로 중앙아시아인 총독 대부분은 전혀 애정이 없는 낯선 지역을 통제하기 위해 자신의 뜻과 관계없이 배치되어 주둔병에 둘러싸여 지냈다. 하지만 바부르가 다음 원정을 위해 소집하거나 알지 못하는 또 다른 곳으로 파견하는 경우가 잦아 오래 머물지는 않았다.

바부르의 군대에서 가장 큰 비용이 드는 부분은 바부르가 직접 급여를 지불하는 화약 부대였다. 바부르는 혁신적인 화승총 및 대포 기술과 함께 인도에 진입했고 이를 계속 발전시켰다. 이 무기들은 이러한 군사 과학에 접근하기 용이하지 않은 힌두스탄의 적들에 비해 우위를 차지하는 데 도움이 되었다.

파니파트 전투 이전 10여 년 동안 바부르는 오스만인 화약 전문가들을 비싼 값에 고용했는데, 가장 중요한 인물은 '루미 칸'(로마인 칸)이라고 불린 장인 알리쿨리'Ali-Quli와 무스타파Muṣṭafā였다(두 사람과 그들의 전문 지식은 제2의 로마인 콘스탄티노폴리스를 의미하는 룸에서 왔기 때문에 '루미 칸'이라는 칭호가 주어졌다. 그들의 독특한 역할을 보여 주는 이 칭호는 이후 많은 포병 지휘관에게 주어졌다). 장인 알리쿨리와 "함께하기 힘들었다"라는 바부르의 토로는 그가 이 희귀한 직업 포병들에게 얼마나 너그럽고 호의적이었는지를 보여 준다. 바부르는 거대한 대포의 시험 주조가 실패하는 듯하자, "이상한 우울증에 빠져 거푸집 속 녹은 구리물에 몸을 던지려는 장인 알리쿨리를 달래고 영예의 장의長衣를 입혀 비관적이고 암담한 기분에서 벗어나게 했다."[10] 일부 이민자 포병은 인도에 정착했으며, 장인 알리쿨리의 아들은 바부르와 후마윤을 차례로 모셨다.

바부르는 대포의 위력뿐 아니라 한계에도 주목했다. 대포는 강을 건너거나 성을 포위할 때 경이로울 정도로 먼 거리까지 엄호 사격을 했다. 그러나 높은 곳에서 아래로 쏠 수 있는 좋은 상황이 아니면 효과적이 아니어서 주요 도시의 성벽을 뚫기에는 역부족이었다. 대포의 포신은 사격과 사격 사이에 긴 휴식을 취하지 않으면 깨져 버리므로 하루에 16번 발사하는 정도가 적절했다. 더군다나 대포는 굉장히 위험했다. 바부르는 새로 주조한 대포 시험에 관해 "포환은 멀리 날아갔지만 구포白砲는 산산조각 났다. 사람들이 그 조각에 부상을 입었다. 그리고 그중 여덟 명은 죽었다"[11]라고 묘사했다. 오스만인 전문가들은 인도에서 금속 주조 기술을 발전시키면서 더 큰 돌이나 값비싼 금속 포환을 발사할 수 있는 거대한 대포를 제작했다. 하지만 포신과 약실을 나누어 주조하여 코끼리로 운반했음에도 점점 무거워지는 대포는 운반하기가 힘들었다. 바부르는 "수레와 구포가 무사히 지나갈 수 있도록 밀림을"[12] 베어 내 길을 넓혀야 했다.

대포와 화승총 그리고 이를 다루는 병사들은 바부르에게서 직접 급여를 받았다. 그들은 토지를 할당받은 장군에게서 수입을 얻는 기병이나 필요에 따라 고용하고 해고할 수 있는 보병과 달랐다. 기병과 보병은 정복지를 약탈할 허락도 얻을 수 있었다. 화약을 사용하는 병사들은 그들과 달리 느리게 움직였거니와 교외에 풀어 두기에는 너무 값비싼 존재였다. 따라서 인도에서 지낸 지 2년 만에 "군의 무기와 포병대, 화약의 요구를 만족시키기 위하여…… 델리와 아그라에 있는 로디 왕조의 술탄 이브라힘의 재물이 바닥났다."[13] 그리하여 바부르는 총독들에게 할당받은 영토에서 더 많은 세금을 보내라고 요구해야 했다.

　인도의 다른 사람들도 이 화약 기술을 탐냈다. 바부르가 가져온 군사 기술은 서아시아인 전문가와 포르투갈인이 인도양을 거쳐 데칸으로 들여온 기술과 합쳐졌다.[14] 인도의 부유한 지배자들은 화승총과 대포를 사들이기 시작했고, 전장의 폭력성은 차츰 증폭되었다. 인도의 농민 겸 전사들은 화승총을 구매해 무굴 제국이 결코 감당할 수 없는 무장 군사 인력 시장을 형성했다. 그러나 이후 2세기 동안 오스만인과 크리스트교도 유럽인 이민자들이 대포를 만들고 발사하는 일을 거의 독점했다. 인도의 장군들은 배치를 지휘하는 일을, 인도의 근로자들은 대포를 운반하고 장전하는 일을 담당했을 뿐이다.

　빠르게 정복한 영토를 통제하고 관리할 중앙아시아인이 부족했기 때문에 바부르는 인도인을 군대와 행정에 고용하기 시작했다. 바부르의 군대에 투신한 사람 가운데 상당수는 인도인 무슬림(주로 일찍이 이슬람으로 개종한 인도인의 후예인 셰이흐자다shaykhzāda)과 인도에 정착한 인도아프간인이었다. 바부르와 후계자들은 중앙아시아식으로 활로 무장한 기병대를 군사력의 핵심으로 삼았으나, 그들의 복합궁은 인도의 몬순 기후에 못 쓰게 되고 말은 제대로 성장하지 못했다. 바부르의 장군들은 필요하면 풍부한 군사 인력 시장에서 훨씬 싸고 좀 더 쓸모 있는 힌두스탄인 보병을 고용했다. 종종 사르다르sardār(두령頭領)가 이끄는 군사 무리 전체가 고용되었다.《바부르나마》에 이름이 언급된 바부르의 고위 지휘관들은 모두 무슬림이나, 이름이 기록되지 않은 그 아래의 장령과 병사 다수는 무슬림이 아니었다.

델리 술탄국을 위해 일한 많은 힌두 서기 가문이 바부르의 정부에 합류했다. 그들은 경험이 풍부하고 정보에 정통한 전문가이므로, 바부르의 총독들에게 새로 정복한 도시와 지역의 과거 세입 기록과 적절한 세금 수준을 조언할 수 있었다. 바부르가 원정에 나설 군정 총독을 소환할 때면 이 인도인 관리들이 정복지를 다스렸다. 또한 인도인 장인과 종복 수천 명이 바부르와 조신, 장군에게 고용되었다.

바부르는 자신과 자신의 정권을 위해 수피 피르들에게서 영적 지원을 구했고, 여기에는 인도에 기반한 종단들도 포함되었다. 그는 티무르가 그러했듯 죽는 순간까지 낙슈반드 수피 종단에 경의를 표했다. 일부 낙슈반드 수피 종단의 수피는 인도에 있는 바부르에게 핵심 조신으로서 합류했다. 또한 1528년 나마즈 namāz(예배)를 바칠 수 없을 정도로 장염에 시달린 바부르는 또 한 번 오래전에 세상을 떠난 낙슈반드 수피 종단의 피르 호자 우바이달라 아흐라르의 중보 中保를 구했다. 회복된 바부르는 아흐라르의 《아버지를 위한 책 Risāla-yi Wālidiyya》을 243행의 시로 바꾸어 짓겠다고 다짐했다.* 바부르는 포

---

* 바부르의 책 제목은 《왈리디야 리살라시 Wālidīya Risālasi》이다.

도주에 대한 미련에서 해방된 것도 이 시를 통한 헌신 덕분이었다고 생각했다.[15]

또한 바부르는 때때로 인도에 뿌리를 둔 치슈트 수피 종단과 샤타르 수피 종단, 수흐라와르디 수피 종단의 피르들을 기리기 시작했다. 그는 델리 술탄들이 이러한 피르들, 종교적으로 중요한 인물과 기관에 기부한 세입원을 갱신해 주었다. 수피 종단은 저마다 신비주의적 헌신을 위한 고유한 실천법과 인도 북부 및 중부 전반에 걸친 광범위한 성소와 제자로 구성된 관계망을 가지고 있었다. 이렇듯 존경받는 인물과 기관의 지지를 얻음으로써 바부르와 그의 후계자들은 다양한 사회적·경제적 계급에 속한 무슬림뿐 아니라 인도인 비무슬림 사이에서 통치 정당성을 확보했다. 한편 피르들은 바부르의 재정적·정치적 지원을 얻기 위해 서로, 또는 낙슈반드 수피 종단과 경쟁했다.

바부르는 죽기 전 4년간 힌두스탄 정착에 상반된 감정을 품었다. 하지만 그곳에서의 새로운 경험에는 놀라울 만큼 개방적인 태도를 보이며 새로운 영토의 예상하지 못한 흥미로운 측면들에 호기심을 가지고 탐구했다. 회고록의 상당 분량을 할애하여 힌두스탄의 독특한 동물과 식물, 기념비적 건물, 도량형 체계의 특징과 유용성을 상세하게 설명했다. 중요한 점은, 벌거벗다시피 하는 농민 남성과 여성의 옷차림 그리고 일부 신상의 나체 묘사를 비판한 것을 제외하면 인도의 다양한 종족이나 그들의 문화에 대체로 무관심했다는 사실이다(그가 괄리오르의 몇몇 나신상을 파괴하라고 명한 것은 종교적인 이유 때문이 아니다). 비무슬림이 인구에서 차지하는 비중이 높다는 점을 감안하면, 바부르가 회고록 《바부르나마》에서 적과 소수의 힌두 지배 가문 외에 비무슬림을 거의 언급하지 않은 것은 놀랍다.

바부르는 인도에서 지내는 동안 자신과 가족이 인도의 덥고 건조한 바람과 먼지 등 환경의 불편함에서 벗어날 수 있는 쾌적한 중앙아시아식 피난처를 만들려고 노력했다. 그는 새로운 영토를 탐험하면서 수랭식 정원과 계단식 우물, 목욕탕을 지을 수 있는 좋은 땅을 끊임없이 찾아 헤맸다. 그는 자신이 고용한 인도 석공과 장인, 노동자 수천 명이 인건비는 저렴하나 유능하다는 점에 놀라고 기뻐했다. 하지만 직업별로 언급할 뿐 그들 개개인은 언급하지 않았다. 바부르는 이렇게 조성한 정원에 조신과 장군 들을 불러 모았다. 정원들을 조성한 행위는 인도의 환경을 통제하려는 바부르의 노력을 보여 준다. 바부르는 자신을 비롯한 조신들과 힌두스탄인 사이의 거리를 인정하며, 자신과 조신을 위해 아그라 외곽에 건설한 벽으로 둘러싼 정원 단지를 힌두스탄인이 '카불'이라고 불렀다고 기록했다.[16]

바부르는 실제로 카불 지방에 깊은 관심을 지니고 있었다. 그는 경로 전체에 망루와 카라반사라이(여행자에게 식수를 제공하고 물품을 보관해 주는 벽을 두른 숙박 시설), 말과 전령을 둔 역참을 갖춘 소통로를 구축했다. 힌두스탄에서 2년을 보낸 뒤 바부르는 여동생과 아내, 그들의 하인들을 카불에서 불러들였다.

바부르는 힌두스탄에서 생활하며 지배하는 일에 대한 여러 감정이 뒤섞인 심경을 토로하며, "힌두스탄의 한 가지 장점은 금과 돈이 풍부한 큰 나라라는 점이다"[17]라고 썼다. 1528년에 펴낸 시집에 실린 한 시에서는 매혹적인 힌두스탄에 머물며 느낀 도덕적인 좌절을 다음과 같이 솔직하게 고백했다.

> 이 인도 땅의 풍요로움을 간절히 원했다.
> 이 땅이 나를 노예로 삼는다면 무슨 이익이 있겠는가.
> ······친구여 나의 부족함을 용서해 주오.[18]

바부르는 인도의 불편함을 끊임없이 불평했지만, 이 시집에는 계절의 즐거움에 대한 대조적인 찬사가 담겨 있다.

> 겨울은 화로와 불의 시간이지만,
> 인도에서의 이 겨울은 매우 상냥하다.
> 즐거움과 순수한 포도주의 계절.
> 포도주가 허용되지 않는다면 마준도 좋다.[19]

다른 계절도 매력적이었다.

우기에 날씨는 매우 좋아진다. 때때로 하루에 열 번, 열다섯 번, 스무 번이나 비가 내리고 비가 오면 갑자기 급류가 생기며, 평소에 물이 전혀 없던 곳에도 강이 흐른다. 우기에는 비가 그치고 나면 유난히 날씨가 좋아져 더 이상 쾌적하고 알맞을 수 없을 정도다.[20]

그러나 바부르는 중앙아시아의 더 온화한 기후를 줄곧 갈망했다. 모든 가산국가가 피할 수 없는 문제는 계승이고 무굴 제국 역시 예외는 아니었다. 바부르는 자신이 살아 있는 동안에는 대리인으로서 아들들이 필요했지만, 경험을 통해 그들이 서로에게 치명적인 경쟁자가 될 것임을, 특히 자신이 죽은 뒤에는 더더욱 그러하리라는 사실을 잘 알고 있었다. 따라서 바부르는 자신의 영토를 아들들에게 미리 분봉하여 유산을 처리하려고 했다. 맏아들 후마윤은 힌두스탄과 파디샤(황제)의 지위를 잇고, 캄란은 카불을 계속 소유하며, 그 아래 두 아들 아스카리와 힌달도 영지를 물려받게 될 것이었다. 그리고 바부르는 공동 군주권이라는 중앙아시아의 원칙에 따라 서로가 서로를 지원하라고 지시했다.

바부르가 힌두스탄에서 병치레를 반복하자 몇몇 조신은 또 다른 티무르 왕조의 귀족이자 바부르의 유일한 동복 손위 누이 칸자다 베김의 남편 미르 무함마드 마흐디 호자를 후계자로 세우려는 음모를 꾸몄다. 하지만 바부르 휘하의 주요 장군들은 바부르의 의지와 티무르 왕조의 직계 혈통을 더 존중했다. 바부르의 아들 가운데 누구도 후계자 지위를 굳히지는 못했다(그의 후손들 또한 마찬가지였다).

그림 1   바부르 황제 영묘. 1530년 봄 후마윤이 중병에 걸려 사경을 헤매자 바부르는 대신 병에 걸리게 해달라고 기도했다. 후마윤은 정말로 곧 회복되었고, 바부르는 1530년 12월 아그라에서 죽었다. 처음에는 유언대로 카불에 묻히지 못하다 1539~1544년 무렵 카불로 옮겨져 지금은 '바부르 정원'으로 불리는 곳에 묻혔다. 1607년 카불을 찾은 증손자 자항기르가 바부르가 묻힌 정원에 묘석을 세웠다.

1529년 바부르는 병이 심각해지자 힌달을 곁으로 불렀다. 그러자 후마윤이 허락을 받지 않고 바다흐샨에서 달려왔다. 게다가 후마윤은 카불을 지나며 힌달에게 멀리 바다흐샨으로 가서 자신을 대신하라고 명령했는데, 바부르는 후마윤의 지시를 무시하고 힌달을 다시 소환했다. 굴바단은, 바부르가 제멋대로 행동한 후마윤을 괘씸해했으나(후마윤의 어머니가 중재할 때까지 계속되었다) 후마윤에게 애정을 품고 있었다고 기록했다. 굴바단은 또 후마윤이 병에 걸려 죽을 뻔했을 때 바부르가 자신이 대신 병에 걸리게 해달라고 기도했다는 이야기도 적었다. 1530년 후마윤이 회복하는 사이에 바부르는 아그라에서 죽음을 맞았다. 바부르는 자신의 유해를 카불로 옮겨 가 매장하라는 명령을 남겼으며, 오늘날 그곳에서 안식을 취하고 있다. 바부르의 유언에 아랑곳없이 그의 네 아들은 티무르 왕조의 전통에 따라 패권을 차지하기 위해 필사의 쟁투를 벌였다. 그의 후계자 후마윤은 아버지가 세운 무굴 제국을 맡을 능력이 없음이 드러났다.

무굴 제국의 역사

A SHORT
HISTORY OF
THE MUGHAL
EMPIRE

제3장

후마윤 황제와 인도인

"꿈에서도 후마윤 황제같이 재능 있는 이를 본 적이 없다.
그러나 그는 수행인을…… 이기적이고, 사악하고, 타락하고,
방탕한 이들로 채웠고…… 나쁜 습관을 갖게 되었기에……
종종 사람들의 입방아에 올랐다."
―무함마드 하이다르 두글라트 미르자, 사촌 후마윤에 대하여[1]

1530년 후마윤은 무굴 제국의 파디샤(황제)이자 힌두스탄의 지배자로 집권한 뒤 정권을 안정시키는 데 실패했다. 인생의 80퍼센트를 인도 밖에서 보내고 스물두 살에 즉위한 후마윤은 인도를 거의 알지 못했다. 그는 1526년 바부르가 처음 힌두스탄을 정복할 때 함께했지만, 1년가량 싸운 뒤 중앙아시아로 돌아갔다 바부르가 죽기 직전에야 힌두스탄으로 서둘러 돌아왔다. 황제로서 후마윤은 초기에 군사적 성공을 얼마간 거두었으나, 아버지 휘하에 있던 영향력 있는 중앙아시아인 장군들이나 세 이복동생의 일관된 충성심을 얻지는 못했다.

또한 그는 인도를 지배하기에 충분한 재정과 인력 자원을 동원하지도 못했다. 인도의 여러 세력, 특히 재부상한 인도아프간계 세력의 저항이 점차 거세진 격동의 10년을 보내고 후마윤은 인도에서 도망쳤다. 15년 동안 돌아오지 못한 그는 마침내 힌두스탄을 다시 침공하여 무굴 제국을 재건하려 했다. 그때는 그가 세상을 떠나기 불과 몇 달 전이었다.

후마윤의 황제 계승

죽어 가는 바부르가 선언한 대로 후마윤은 인도 북부에서 무굴 제국의 황제 자리를 물려받았다. 그러나 바부르의 유언과 중앙아시아의 관습에 따라 왕가의 남성들은 군주권을 공유했다. 새로 즉위한 후마윤 황제는 바부르가 세 이복동생에게 남긴 권한을 재확인했다. 그리하여 후마윤은 세 형제의 피비린내 나는 배신을 거듭해서 기꺼이 용서해야 하는 처지가 되었다.

야심을 지닌 세 이복동생은 가끔 독립된 군주 자리를 주장했다. 바부르의 둘째아들, 즉 후마윤 바로 아래 이복동생 캄란 미르자는 바부르가 자신에게 분봉해 준 카불을 지배하거나 되찾으려고 했다. 캄란은 우세한 동안에는 칸다하르와 중앙아시아의 다른 지역, 펀자브 방면으로 지배지를 확장했으나 망명객으로 여러 해를 보내기도 했다. 후마윤과 캄란의 이복동생 아스카리 미르자와 힌달 미르자는 때로는 후마윤을 때로는 캄란을 섬기다가 또 때로는 독립을 주장했다. 결국 캄란의 군대가 힌달을 죽이고, 후마윤이 아스카리와 캄란을 추방했다.

바부르는 친척이자 양자인 술라이만 미르자*에게 바다흐샨을 맡겼다. 술라이만 미르자는 어떤 때는 후마윤이나 캄란의 종주권을 받아들였으나, 또 어떤 때는 바부르의 아들들에 맞서 자치를 주장했다. 그는 바부르의 아들들보다 오래 살았다.

후마윤과 캄란·아스카리에게는 이복여동생, 힌달에게는 동복여동생인 굴바단은 저서 《후마윤나마 Humayunnama》에서 종종 경쟁 관계에 놓였던 일족의 남녀 구성원의 생애를 상세하게 적었다.[2] 그녀는 이 책에서 가문에서 비중 있는 위치를 차지하는 여성들이 어떻게 정치적·정서적 유대를 제공하고 결혼을 주선했는지를 알려 준다. 이 여성들은 아이들의 교육을 관리하고 아이들에게 적절한 역할과 행실을 가르쳤으며, 총애하는 남성·여성 친척의 야망을 뒷받침했다. 그들은 가까운 남성 친족을 대신하여 가부장에게 승진과 용서를 호소하곤 했다.

굴바단의 책은 가문 내 인간관계가 얼마나 얽혀 있었는지를 고스

---

* 술라이만 미르자의 아버지는 바부르의 사촌 술탄 와이스 미르자 Sultān Ways Mīrzā(일명 칸 미르자 Khān Mīrzā 또는 미르자 칸 Mīrzā Khān)이다. 굴바단에 따르면, 바다흐샨을 맡고 있던 술탄 와이스가 1520년 사망하자 바부르는 미성년인 술라이만에게 바다흐샨을 맡기기에는 부적합하다고 판단해, 술라이만의 어머니를 거두고 바다흐샨을 후마윤에게 맡겼다. 이 때문에 저자가 술라이만을 바부르의 양자로 서술한 것으로 보인다. 바부르는 술라이만이 열여섯 살이 된 1529년 또는 1530년 그를 군주로 임명하여 바다흐샨으로 돌려보냈다.

란히 보여 준다. 사촌끼리 결혼하고, 미망인과 이혼녀가 재혼하며, 부인들은 때때로 남편보다 친족을 중시했다. 지위가 높은 아내들은 다른 아내가 낳은 아이들에게 양어머니가 되어 주고, 노예나 첩실 그리고 그들의 아들들은 권력을 쥐었다. 지위가 낮은 여자들은 젖어미가 되어 자신이 맡은 가부장의 아들과 본인의 생물학적 자식들 사이에 유사 친족 관계와 정서적 유대감을 형성했으며, 대개 이 관계는 오랫동안 영향을 미쳤다.

힌두스탄 정도 규모의 제국을 효과적으로 통치하기 위해서는 후마윤에게 익숙하지 않지만 실용적인 정책과 기술이 필요했다. 그러나 후마윤은 스스로 천년왕국의 군주라고 신비주의적 주장을 펼치며 자신을 우주 질서 속에서 상징적 위치에 자리매김시키고자 했다.[3] 그는 궁정을 신성한 자신을 중심으로 돌아가는 우주의 축소판으로 만들었다. 또 터번과 얼굴을 베일로 덮어 자신의 성스러운 광채로부터 조신들을 보호하고, 가끔 의식적으로 베일을 들어 올려 찬란함을 드러냈다.

후마윤은 매 요일을 별과 동일시하며 손수 디자인하고 요일을 상징하는 색으로 지은 예복을 입고 그에 부합하는 제국의 직무를 수행했다. 이를테면 점성술에서 화성과 동일시하는 화요일에는 붉은 색 옷을 입고 "분노와 복수의 왕좌에" 앉아 범죄자와 포로에게 자신이 고안한 처벌을 선고했다. 이 판결은 죄인의 숨겨진 본질과 그 혐의에서 후마윤이 받은 영감에 따른 것이었다.[4]

제3장 후마윤 황제와 인도인

후마윤은 자신의 천막을 상징적으로 12개 구역으로 나누었는데, 각 부분은 황도 12궁에 상응했다.* 신비한 힘을 강조하는 후마윤의 모델은 요가 수행을 통해 우주의 힘을 해석하고 전달받는 데 특화되었으며, 분명 후마윤의 총애를 받는 샤타르 수피 종단의 초월론적 교리와 통하는 바가 있었다. 다시 말해 후마윤은 다양하고 새로운 의식을 이용하여 제국 숭배를 불러일으키고 이를 정권의 핵심으로 삼았다.

후마윤은 행정 구조를 혁신했다. 다양한 일상적인 원칙과 법령을 반포하고, 조신이자 역사가인 기야스 알딘 무함마드 혼다미르에게 이를 담은 《후마윤 카눈Qanun-i Humayuni》을 편찬하도록 명령했다.[5] 또한 후마윤은 정교한 조직 체계를 고안했다. 그 가운데 하나는 궁정과 행정부를 세 부분('화살'을 의미하는 사흠sahm이라 불렀다)으로 나누고, 각각의 아래에는 12개 층위를 두었으며, 각 층위는 아래로 내려갈수록 황금 화살의 순도가 낮아졌다.** 가장 꼭대기에 해당하는 후

---

* 후마윤이 수행원을 12등급으로 설정한 사실에서도 확인할 수 있듯이 당시 이슬람 세계에서 12는 신성한 숫자였다. 본문에 언급된 황도 12궁 외에 1년은 12개월이고, 이스라엘은 12개 지파로 나뉘었으며, 이슬람의 신앙 고백인 샤하다shahāda("하느님 외에 신은 없다LA ALH ALA ALAH")는 12개 글자로 구성되었다.

** 후마윤이 궁정과 행정부를 3개 부로 나누고 각 부에 12개 계급을 두었다는 저자의 서술은 오류이다. 후마윤은 자신의 수행단에 속한 사람들을 '지배의 화살sahm-i Dawlat'(황제의 형제·친척 및 귀족·장관·군인 등), '행복의 화살sahm-i Sa'adat'(종교계 인물·학자·법관·시인·궁정 조신 등), '욕망의 화살sahm-i Murād'(음악가·가수 등)로 구분했다. 수행원들은 출신과 역할에 따라 12개 등급으로 나뉘었는데, 가장 상위에는 후마윤 황제 자신이 위치하고 가장 아래에는 짐꾼이나 낙타 몰이꾼 등이 있었다는 점은 본문의 서술과 같다. 이에 대한 자세한 설명은 A. Azfar Moin, *The Millennial Sovereign : Sacred Kingship and Sainthood in Islam*, New York : Columbia University Press, 2012, pp. 113–20 참고.

마윤 자신의 화살은 순금이고, 가장 아래층에 속하는 문지기는 합금에 가까운 화살을 받았다.[6] 한편 후마윤은 행정부의 업무를 주요 자연 원소에 따라 불(군사), 공기(후마윤의 가문), 물(관개), 흙(건축과 토지)으로 구분했다. 각 부서의 관리는 원소에 해당하는 색깔의 예복을 입었다.

하지만 후마윤의 풍부한 상상력이 반영된 의례는 그의 형제, 중앙아시아 지휘관, 새로 합류한 인도인 무슬림과 비무슬림 부하, 수많은 힌두스탄인 신민에게 그의 권위를 증명하지 못했다. 특히 중앙아시아인 유력자들은 끊임없이 자신들의 몫에 대한 권리를 주장하며 본인을 중심으로 중앙집권화된 권위를 세우려는 후마윤의 노력에 맞섰다. 후마윤은 실제로 재위 내내 되풀이되는 반란에 시달려야 했다.

바부르와 마찬가지로 후마윤은 아직 가치가 있다고 판단되며 용서를 간구하는 반역자들에게 거듭 자비로운 용서를 베풂으로써 자신이 제국의 근원임을 보였다. 패배한 적 가운데 일부는 그의 눈 밖에 나서 즉시 처형당했다. 하지만 후마윤의 친척 · 귀족 · 여성 · 어린아이는 그의 자애를 얻어 냈고, 수의를 입거나 목에 칼을 차는 등 특별한 복종 방식을 보이는 이들 역시 그의 자비를 끌어냈다. 그리하여 후마윤은 대부분 일시적이고 표면상일 뿐인 그들의 지지를 되찾았지만, 다시 저항하여 패배하더라도 또다시 용서를 바랄 수 있기에 도덕적 해이를 피할 수 없었다.

후마윤이 거둔 초기의 군사적 성공

강력한 지배자와 군벌의 압박이 있고 새로운 영토에 대한 지식이 부족함에도 후마윤은 즉위하자마자 남아시아 대부분을 정복하겠다고 마음먹었다. 갠지스강 중류와 하류 평야에서 후마윤을 위협하는 존재는 그 지역의 지주와 경작자의 지지를 받는 데다 동맹을 수시로 번복하는 인도아프간인과 벵골의 술탄 연합이었다. 후마윤은 초기에는 바부르의 군사적 기세를 이어 가면서 무굴 제국군을 직접 지휘하여 얼마간 승리를 거두었다. 그러나 구자라트의 술탄 바하두르 샤(재위 1526~1535년, 1536~1537년)라는 또 다른 위협이 남서쪽에서 다가왔다.

처음에는 아버지를, 나중에는 아버지를 계승한 형을 피해 무굴 제국에 망명한 왕자 바하두르 샤는 바부르에게 도움을 요청했으나 아무것도 얻지 못했다. 바하두르 샤는 결국 구자라트에서 옥좌를 쟁취해 냈는데, 바부르는 그를 "극도로 잔인하고 두려움을 모르는 젊은이"[7]라고 평가했다.

바하두르 샤의 영토는 해안에 위치하여 인도양으로 향하는 인도의 주요 교역항을 포함한 부유한 땅이었다. 그로 인해 바하두르 샤는 서로 경쟁하는 오스만인과 포르투갈인에게서 이익과 위협을 동시에 받았다. 그는 자신의 부를 이용하여 지방 지배자들에게서 충성을 사고, 인도의 군사 인력 시장에서 대규모로 군인을 고용했으

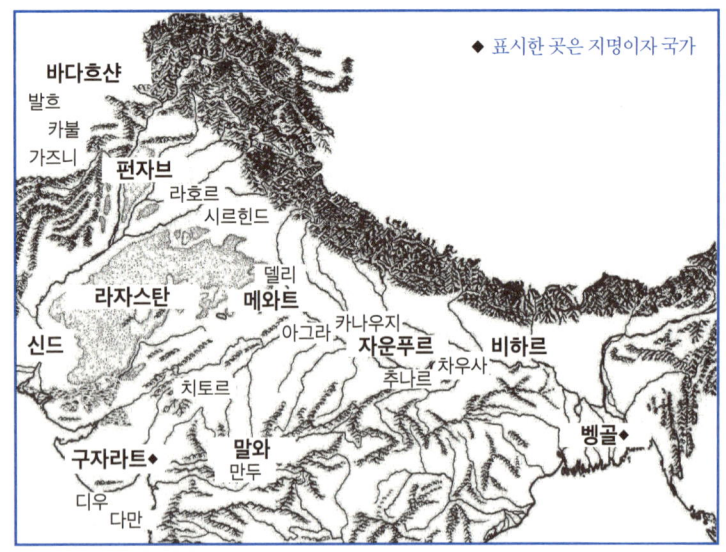

지도 4 인도 재위기 후마윤 황제의 세계

며, 루미 칸이라는 칭호를 가진 지휘관의 지휘 아래에 값비싼 포병대를 구성했다. 바하두르 샤는 1533년과 1534년 두 차례 힌두스탄으로 진입하는 전략적 요지에 위치한 요새 치토르를 포위했다.

후마윤은 뒤늦게 바하두르 샤의 도전에 대응하려고 불확실한 동부 원정을 포기하고 치토르를 방어하기 위해 진군했다. 1535년 요새를 구하기에는 너무 늦은 후마윤은 아예 구자라트를 정복하기로 결심했다. 두 군대가 말와에서 마주하자, 바하두르 샤는 루미 칸의 조언대로 대포로 견고하게 지키는 성벽 뒤에 병력을 배치했다. 그러나 후마윤의 재빠른 군대에 포위된 바하두르 샤의 군대는 굶주리다가 도망쳤고, 루미 칸마저 배신하여 후마윤의 포병 지휘관이 되었다. 도망치던 바하두르 샤는 자신의 영토에 있는 도시들로 숨어들었으나, 번번이 후마윤의 추격대에 쫓겼다. 마침내 바하두르 샤는 과거에 군사적 지원을 얻는 대가로 넘긴 디우의 섬 요새의 새 주인이 된 포르투갈 부왕 누누 다쿠냐(재임 1529~1538년)에게 도움을 청했다. 그러나 1537년 바하두르 샤가 디우의 항구에서 부왕과 협상을 벌이던 중 양측 사이에서 싸움이 일어났다. 포르투갈 측의 암살인지 도망치다 당한 사고였는지 알 수 없으나 바하두르 샤는 그 와중에 익사했다.[8]

부유하지만 혼란스러운 구자라트를 차지하려는 후마윤의 계획은, 그가 부재한 틈을 타 반란이 일어난 힌두스탄으로 군대를 돌리자는 주요 중앙아시아인 장군들의 반대에 부딪혔다. 후마윤이 망설이자 장군들은 아그라로 진격해 스스로 군주임을 선언한 이복동생 아스카리를 지지했다.

후마윤은 동생을 제압하고 용서한 뒤 옥좌를 되찾았다. 두 사람의 사촌은 "아미르(귀족)* 사이의 불화 때문에 후마윤은 아무것도 얻지 못한 채 구자라트를 버리고 권력의 절정에 있는 상황에서 빈손으로 돌아와야 했다. 이로 인해 그의 운은 쇠하고 그가 백성들의 마음속에 불어넣은 경외심도 사그라들었다"[9]라고 설명했다. 후마윤은 약탈물로 지지자들에게 보상하는 능력과 정권에 대한 신뢰를

---

* 아미르amir는 아랍어로 암르amr(명령권)를 부여받은 사람이라는 말로, 장長·수령·지휘자·총독·군주 등을 위한 칭호로 사용되었다.

회복하고자 주력 군대를 이끌고 갠지스강을 따라 내려가 벵골로 향했다.

인도 동부는 인도에 정착한 수르 가문의 시르 샤 수르*의 역동적 지도하에 결집하고 여전히 적대적인 인도아프간인의 손아귀에 있었다. 후마윤이 처음 치른 대규모 전투는 시르 샤 수르의 아들이 점령하고 있으며 전략적으로 중요한 요새 추나르를 두고 벌어졌다. 추나르의 성벽은 대포가 방어했는데, 이는 지난 10년 동안 화약 기술이 보급되었음을 보여 준다. 그렇지만 후마윤 포병대의 규모가 훨씬 크고 강력했다. 게다가 이제 후마윤을 모시는 루미 칸은 대포를 강선江船에 실어 성채를 포격하는 획기적인 방법을 구사해 항복을 협상하게 만들었다. 시르 샤 수르는 명목상 복종을 택할 수밖에 없었다.

후마윤은 점점 더 커지는 포병의 중요성과 루미 칸의 기술적 전문성을 높이 평가하며 루미 칸에게 점령한 성채와 사로잡은 주둔병의 지휘를 맡기고, "최선이라고 생각하는 모든 것"[10]을 할 수 있는 권한을 부여했다. 루미 칸은 포로로 잡힌 포병 300명을 감옥에 가두고 손을 자르라고 명령함으로써(다른 증언에 따르면 처형하라고 명령했다) 이 군사 기술을 배타적으로 독점하려는 뜻을 명백하게 드러냈다.

---

* 본래 이름은 파리드 알딘Farīd al-Dīn. 1520년대 중반 전장에서 떨친 용맹으로 시르 칸Shīr Khān(사자 칸)이라는 경칭을 얻었다. 흔히 부르는 시르 샤Shīr Shāh(사자 왕)라는 칭호는 1535년 후마윤에 대항한 반란을 일으킨 뒤 자칭한 것이다.

그러나 후마윤이 그에 앞서 황제의 은총을 내리고 항복하도록 유인하려고 그들에게 사면을 베풀었다. "파디샤(황제)는 루미 칸의 행동에 고통스러워하며 '이 사람들은 사면을 받았기 때문에 그들의 손을 자르는 것은 옳지 않다'라고 말했다"[11]라고 한다. 기술자 루미 칸은 후마윤의 주요 중앙아시아인 지휘관들의 문화권 밖에 있었던 것이 분명하며, 루미 칸이 총애를 잃자 그 지휘관들이 암살했다고 전해진다.

하지만 곧 다른 포병 지휘관들이 그를 대신하고 루미 칸이라는 칭호를 사용했다. 그런데도 후마윤은 계속해서 포병에 돈을 쏟아부었고 다음과 같이 주문했다.

네 쌍의 소가 끄는 탄약차가 700대나 있었다. 모든 탄약차에는 2.25킬로그램 나가는 탄환을 발사하는 룸 방식의 작은 대포가 있었다. ……또 소 일곱 쌍이 끄는 구포가 8문 있었다. 돌덩어리는 잘게 부서지기 때문에 이 대포에 사용할 수 없었다. 이 대포들은 일곱 가지 금속을 섞은 데다 무게가 22.5킬로그램에 달하는 탄환을 발사했다. ……이 대포들이 있다면 1파르사크(약 6킬로미터) 내에 보이는 것은 무엇이든 명중할 수 있었다.[12]

인상적이기는 하나 후마윤의 병기 개발은 필연적으로 물류 지원과 비용의 증가를 수반했다.

후마윤은 "떨어진 평판을 회복하고" 적의 재물을 손에 넣어 치솟는 인력과 장비에 들어가는 비용을 손에 넣기를 희망하며 부유한 벵골 술탄국을 정복하려 계속 동진했다.[13] 그의 군대가 몇 차례 승리를 거두기는 했지만, 중앙아시아인 지지자 가운데 많은 수가 강이 흐르고 다습한 벵골의 기후에 지쳐 갔다. 후마윤 자신도 실제 지휘에서 물러나 아내들과 함께 편안한 궁정에 틀어박혀 아편에 빠져 지냈다.

힌두스탄의 정치적·군사적 상황이 악화하자, 힌달은 때를 놓치지 않고 아그라에서 다시 한번 자신이 군주임을 선언했다. 후마윤의 손자는 이렇게 언급했다.

후마윤이 벵골을 정복했을 때, ……그분은 한동안 그곳을 거처로 삼았다. 힌달 미르자는 그분의 명령에 따라 아그라에 남았다. 그의 본성을 잘 아는 탐욕스러운 종복들은…… 그의 사악한 마음을 흔들어 미르자로 하여금 반란과 배은망덕의 길로 나서게 했다. ……경솔한 미르자는 자신의 이름으로 쿠트바(군주에 대한 축복의 기도가 포함된 금요 예배 전 설교)를 낭송하고…… 공개적으로 반란과 분쟁의 깃발을 들어올렸다.[14]

후마윤은 급히 갠지스강으로 군대를 움직이기로 결심했지만, 몬순 때문에 모든 길이 지날 수 없게 되고 나서야 내려진 뒤늦은 결정이었다. 한층 강력해진 시르 샤 수르는 후마윤을 버린 인도아프간인 장군들의 지원을 받아 그의 길을 가로막았다.

후마윤의 무굴 제국 상실

후마윤은 재위 기간 내내 중앙아시아인이 아닌 이들을 궁정과 행정에 실질적으로 편입시키지 못했는데, 대표적인 경우가 시르 샤 수르이다. 시르 샤 수르는 바부르 재위기에 그의 아래로 들어왔다. 하지만 세련된 중앙아시아인 조신들은 그의 소박한 태도를 조롱했다. 그 경험을 전해 들은 시르 샤 수르의 친척은 "그들은 시르 샤 수르 앞에 먹는 방법을 알지 못하는 딱딱한 음식을 내놓았다. 해서 그는 자신의 단검으로 잘게 잘라 숟가락으로 떠서 먹었다"[15]라고 기억했다. 바부르는 이 행동이 시르 샤 수르의 대담한 면모를 보여 준다고 판단해 그를 감시하라고 명령했다.

바부르의 궁정에서 소외된 시르 샤 수르는 달아났다. 이후 시르 샤 수르는 상황에 따라 후마윤과 대립하거나 협상하면서 독자적인 통치를 추구했다. 시르 샤 수르는 추나르를 상실하고 난 뒤 추나르와 비하르 지방을 무굴 제국하에 두기로 합의했다가 얼마 안 가 또다시 복종을 거부했다. 바부르와 후마윤 그리고 그들의 정권에서 직접 얻은 지식에 근거하여 시르 샤 수르는 자신의 예측이 옳다고 주장했다.

나는 곧 무굴인을 인도에서 추방할 것이다. 무굴인은 아프간인에 비해 전투에서도 일대일 대결에서도 우월하지 않기 때문이다. 아프간인은 내부

불화로 인도 제국을 잃어버렸다. 나는 무굴인 사이에서 지내면서…… 그들에게는 질서도 규율도 없으며, 그들의 왕은 출생과 지위의 자부심 때문에 정부의 일을 직접 다루지 않고 모든 국정을 귀족과 장관 들에게 떠넘기는 것을 보았다. ……고위층은 모든 일에서 부패한 목적으로 움직였다. ……충성스럽든 불충스럽든 누구나 돈만 있으면 모든 일을 해결할 수 있다.¹⁶

1539년 6월 후마윤의 허약해진 군대는 벵골에서 서진하여 차우사에서 시르 샤 수르의 유능한 군대와 마주했다. 사기가 떨어지고 기동력마저 잃은 후마윤의 군대는 참패하여 지휘관 여럿과 후마윤의 아내 한 명이 죽고 또 한 아내는 포로로 잡혔는데, 시르 샤 수르는 살아남은 아내 하지 베김을 정중하게 돌려보냈다. 뿔뿔이 흩어진 군대와 함께 달아난 후마윤은 갠지스강을 건너다 익사할 뻔했지만, 가난한 물지게꾼 니잠 덕분에 겨우 죽음을 면했다.

아그라로 피한 후마윤은 낙담하여 위축된 군대를 효과적으로 재정비하지 못했다. 후마윤은 자신을 살려 준 보답으로 니잠을 하루 동안 황제로 만드는가 하면, 장군·조신 들과는 멀어졌다. 이 행동에 핵심 조신들은 군주라는 지위에 대한 후마윤의 생각에 근본적인 의문, 즉 '하층민에게까지 마음대로 양도할 수 있는 것이 군주의 지위라면 그가 넘겨받은 것은 신의 권위를 구현하는 유일무이한 인간의 지위인가, 아니면 티무르 왕조의 것인가?'라는 의문을 품었다.

게다가 후마윤이 겪은 군사적 재난, 추종자들에게 보상하는 데 쓸 영토의 상실, 이복동생들의 도전, 아편 때문에 주기적으로 실질적인 통치에서 물러나는 행태는 그의 추종자와 힌두스탄인 사이에서 후마윤 정권의 미래에 대한 의구심이 퍼져 나가게 했다.

잃어버린 영토와 명성을 되찾기 위해 후마윤은 시르 샤 수르를 향해 재차 진군했으나, 1540년 5월 카나우지에서 더욱 결정적인 패배를 당했다. 사기가 저하된 무굴 제국군은 본격적으로 싸우기도 전에 흩어졌다. 이번에는 아프간 군인 샴스 알딘 아흐마드 가즈나위가 구해 준 덕분에 후마윤은 또 한 번 겨우 목숨만 챙겨 도망쳤다. 얼마 남지 않은 지휘관들은 더욱 낙담했으며, 후마윤은 샴스 알딘에게 아낌없이 포상하고 왕실 가문의 일원으로 받아들이겠다고 고집했다. 결국 샴스 알딘은 후마윤의 아들들 가운데 살아남은 맏아들의 수양아버지가 되었다. 이제는 델리에서 술탄 시르 샤로 즉위한 시르 샤 수르에 의해 힌두스탄에서 밀려난 후마윤은 서쪽 펀자브까지 도주했으나, 매번 지지자들은 흩어졌다.

여전히 표면상으로는 파디샤인 후마윤은 피난처를 마련하고 왕국을 재건할 곳을 찾느라 고심했다. 캄란 미르자는 카불을 장악하고 중앙아시아에 있는 가문의 고향으로 돌아가려는 후마윤을 막았다. 후마윤은 카라코람산맥 이남 카슈미르 지방 침공을 고민했지만, 곁의 장군들이 이를 거부했다. 그는 심지어 세상을 버리고 칼란다르(떠돌이 수피(이슬람 신비주의자) 수행자)가 되거나 메카로 순례를 떠날까도 심사숙고했다. 마침내 그는 규모가 점점 작아지는 수행단과 함께 라자스탄의 사막을 건너 신드로 향했다. 바부르와 후마윤을 모셨지만 힌두스탄에 유대감이 희박한 중앙아시아인 장군들은 사실상 모두 떠났다. 힌두스탄에 미친 무굴 제국의 지배력은 미미해 후마윤이 떠난 뒤에는 흔적조차 남지 않았다. 바부르의 침공으로부터 14년 만에 무굴 제국은 사실상 끝났다.

 망명자 처지일망정 후마윤에게는 보석들이 있었다. 그리고 보상받을 가능성이 거의 없는데도 그를 황제로 인정하는 몇몇 핵심 인물이야말로 그의 진정한 자산이었다. 한 줌도 안 되는 이 사람들 가운데 가장 중요한 인물이 시아파 튀르크멘(페르시아화한 튀르크인) 전사 바이람 칸으로, 그의 일족은 바부르와 후마윤을 대대로 섬겨 왔다. 후마윤이 신드의 황무지를 떠도는 동안 바이람 칸과 그를 따르는 자들은 후마윤의 진영에 합류했다.[17] 일부 지방 지배자와 지주는 후마윤의 보잘것없는 무리를 몰아냈지만, 일부는 자의든 타의든 식량을 제공했다.

 힌달 미르자의 수행원 가운데 하미다 바누라는 딸을 가진 페르시아어를 사용하는 한 가족이 있었다. 하미다 바누는 후마윤과 마찬가지로 수피 셰이흐 아흐마드 잠 잔다 필이 먼 조상이었다. 후마윤의 이복여동생에 따르면, 후마윤은 10대 초반인 하미다에게 빠져 그녀의 가족과 후견인 힌달에게 청혼했다. 그러나 힌달은 후마윤이 결혼하기에는 너무 가난하다며 이를 받아들이지 않았다. 후마윤의 여성 친족들이 부추겼음에도 하미다 또한 몇 주 동안 반대하는 입장을 내세우며 거부했다. 하미다는 "누군가에게 시집을 가겠지만…… 그분은 제 손을 그 옷깃에 뻗을 수 있는 분일 것입니다. 발밑에도 제 손길이 닿을 수 없는 분은 아닐 것입니다"[18]라며 후마윤의 사회적 지위가 너무 높다고 생각했다. 하지만 후마윤은 포기하지 않았고, 마침내 하미다는 사막을 유랑 중인 그와 결혼했다.

1년 뒤인 1542년 10월 하미다 베김은 후마윤에게 생존한 아들로는 맏이이자 자식 가운데 넷째인 악바르를 안겨 주었다. 그 후 몇 달 지나지 않아 후마윤 무리 전체는, 캄란의 종주권을 인정하고 칸다하르를 차지한 아스카리에게 사로잡힐 뻔했다. 후마윤과 하미다 그리고 30명 남짓한 추종자들은 서둘러 탈출했으나, 젖도 떼지 못한 악바르는 버림받았다. 아스카리는 조카를 1년 동안 인질로 잡아두었다가 카불을 지배하는 캄란에게 넘겨주고, 발루치의 토착 수령들에게는 후마윤을 잡으라고 명했다.

투구에 말고기를 삶아 먹을 정도로 궁핍해진 후마윤과 그의 작은 무리는 1544년 명예로운 대우를 기대하며 미리 알리지도 않고 사파비 왕조의 국경을 넘었다. 후마윤이 손수 적어 황제 타흐마스프 1세(재위 1524~1576년)에게 보낸 복속의 편지는 사파비 왕조 궁정에 깊은 인상을 주었다.

> 비록 제가 공식적으로 폐하의 종복이 된 바는 없지마는 사랑과 헌신의 강

한 유대가 저를 폐하에게 이끌었습니다. 이제 운명의 변덕으로 제 영토는 광대한 인도 땅에서 신드의 좁은 경계로 축소되었습니다. ……저는 우리가 만난다면 제 상황을 더 잘 설명할 수 있다고 믿습니다.[19]

겸손한 어조로 타흐마스프 1세의 선조 이맘 알리를 넌지시 언급한 후마윤은 다시 한번 알현을 요청했다. 사파비 왕조의 사가는 후마윤의 요청에 관해, "알리가 사자의 손아귀에서 살만*을 기적적으로 구출한 이야기를 암시하는 여러 구절이 덧붙여져 있었는데, 지적인 사람이라면 이 암시가 적절했음을 놓치지 않았을 것"[20]이라고 적었다. 협상 끝에 타흐마스프 1세는 '아우'(실제로는 후마윤이 여덟 살이나 위였다)에게 화려한 환대를 베풀었으며, 옥좌에서 밀려난 황제일망정 황제의 방문은 사파비 왕조 궁정에 영예를 더했다.

이 은혜로운 환대에 보답하기 위해 후마윤은 마지막으로 남은 보물인 루비 250개를 타흐마스프 1세에게 선물했다.[21] 게다가 아버지 바부르가 타흐마스프 1세의 아버지 이스마일 1세에게 그러했듯, 후마윤은 시아파 사파비 왕조의 군주를 자신의 피르로 받아들였다.**

---

* 살만 알파리시Salmān al-Fārisī(페르시아인 살만)는 초기 이슬람의 반전설적인 인물로, 예언자 무함마드의 동료였다. 페르시아 출신인 그는 후일 페르시아 민족의 이슬람 개종을 상징하는 인물이 되어 순니파, 시아파를 가리지 않고 많은 존경을 받았다. '순수한 살만'이라는 뜻의 살만 파크Salmān Pāk라고도 불린다.

** "사파비 왕조의 군주를 자신의 피르로 받아들였다"라는 것은 후마윤이 단순히 사파비 왕조 타흐마스프 1세의 부하가 되었을 뿐만 아니라, 시아파 사파비야 종단의 종정宗正 타흐마스프 1세의 제자murīd가 되어 그의 영적 가르침에 따르기로 했다는 의미이다.

사파비 왕조의 군주권과 시아파의 피르권에 대한 이 이중의 복종은 후대 무굴 황제들을 곤란에 빠뜨렸다. 망명해 있는 동안 후마윤은 페르시아의 주요 수피 사원들을 방문했다. 또한 사파비 예술의 진가를 알아본 후마윤은 나중에 페르시아인 조신과 예술가, 역사가를 대대적으로 고용했다.

무굴 제국 재건을 위한 후마윤의 원정

후마윤이 페르시아에 온 지 1년가량 지난 1545년 타흐마스프 1세는 크즐바슈 군대 1만 2천 명을 후마윤에게 주어 아스카리에게서 칸다하르를 탈환하게 했다. 그러나 후에 후마윤은 사파비 왕조로부터 칸다하르를 빼앗았는데, 두 황제는 공동 군주권 아래 바이람 칸이 칸다하르를 통치하는 데에 합의했다. 그해 말 후마윤은 캄란에게서 카불을 탈환하고 사로잡힌 아들 악바르도 되찾았다.

이후 10년 동안 후마윤은 아버지가 20년 동안 걸은 길을 따랐다. 카불의 불안정한 지배자로서 전사들을 모으고 그들에게 보상할 전리품을 얻기 위한 약탈 원정을 벌이는 생활의 연속이었다. 후마윤은 몇 차례 힌두스탄 재정복을 고려했으나, 우즈베크인로부터 발흐와 가문의 고향이 있는 마와라알나흐르를 회복하는 데 우선순위를 두었다.

하지만 후마윤은 카불과 아들 악바르를 캄란에게 두 번이나 빼앗졌다. 1551년에는 급습하여 힌달을 죽인 캄란이 후마윤을 지지했다. 후마윤은 반항을 되풀이하는 캄란과 아스카리를 번번이 용서하다 이윽고 인내심이 바닥을 드러내 1551년에는 아스카리를 추방하고, 1554년에는 캄란을 장님으로 만들어 추방해 버렸다. 이리하여 이복형제 셋이 제거되고* 페르시아인과 중앙아시아의 젊은 전사들을 모집한 후마윤은 1555년에야 힌두스탄 침공을 실행에 옮길 수 있었다. 당시 시르 샤 수르의 후계자들은 분열되어 현저하게 약화한 상태였다.

15년 전 후마윤을 인도에서 몰아내고 인도인 무슬림을 포함한 그의 추종자 대부분을 죽이거나 쫓아낸 시르 샤 수르는 효율적인 국가를 건설했다. 그는 5년간 재위하면서 토지 수입을 정확하게 파악하고 통화를 안정시켰으며 교통 및 통신 기반 시설을 개선하는 등 행정 기구를 능률적으로 강화했다. 이 모든 조치가 경제를 촉진하여 시르 샤 수르로 하여금 더욱 많은 수입을 거두고 통제할 수 있게 해주었으며, 그는 이를 이용해 인도 북부 군사 인력 시장에서 더 많은 병력을 모집했다.

이로써 다른 인도아프간 수령들에게 의존할 필요가 없어진 시르 샤 수르는 이들을 자신의 왕권하에 복종시켰다. 또한 그는 핵심 기

---

* 다른 두 이복형제에 비해 상대적으로 후마윤에게 충성한 힌달은 후마윤과 하미다의 결혼에 불만을 품고 후마윤의 무리를 이탈했다. 이후 힌달은 칸다하르 지배를 두고 아스카리와 다투다가 1551년 동복동생인 아스카리를 지지하던 캄란의 군대가 야습했을 때 전사했다.

병대의 효율성을 높이기 위해 군마로 쓸 말을 검사하고 낙인을 찍는 제도를 만들었다. 강화된 군대는 시르 샤 수르에게 승리를 안겨주었고, 그는 인접국의 재물을 손에 넣었다. 1545년 지방 라지푸트(왕의 아들)가 보유한 요새를 포위하던 중 우연한 사고로 죽기 전 시르 샤 수르는 후일 무굴 제국의 핵심이 될 여러 제도를 고안해 내고 발전시켰다.[22]

그 뒤 10년간 시르 샤 수르의 후계자들은 혼란에 빠졌다. 후마윤이 침공할 당시 명목상의 술탄 무함마드 아딜 샤 수르는 경쟁 관계에 있는 인도아프간 총독과 지휘관 들에게서 충성을 받지 못했다. 그리하여 15년에 걸쳐 망명 생활을 했음에도 후마윤은 1555년 2월 쉽게 라호르를 점령했다. 7월 여러 종족으로 구성된 후마윤의 군대는 시르힌드에서 인도아프간인의 주력군을 격퇴하고 델리를 점령했다.

힌두스탄의 사회와 경제는 심히 혼란스러웠다. 수르 왕조의 잔당은 빠르게 다시 모였고, 다른 많은 인도아프간계 및 라지푸트 지배자와 군벌은 아직 정복되지 않은 상태였다. 힌두스탄과 아프가니스탄에서 대두된 마흐디주의를 비롯한 이슬람의 천년왕국운동*은 기

---

* 마흐디Mahdi란 무슬림들이 최후 심판의 날이 오기 전 마지막 몇 년간 정의를 회복하기 위해 나타날 것이라고 믿는 인물이다. 마흐디주의는 자신들의 지도자가 악정과 억압이 난무하는 시대를 무너뜨리고 세계에 질서와 행복을 가져올 마흐디라고 주장하는 운동을 가리킨다. 이런 양상은 성경의 《요한계시록》을 근거로 그리스도가 재림 후 지상에 메시아 왕국을 세워 최후의 심판까지 천년간 통치한다는 크리스트교의 천년왕국운동과 유사한 부분이 있다.

그림 2 후마윤 황제가 서재로 사용한 시르 만달. 시르 샤 수르가 델리에 붉은 사암으로 지은 (후마윤이 지었다는 주장도 있다) 이 건물 2층의 아치에는 이슬람 세계에서 신성하게 여기는 12개의 별이 있다. 1556년 1월 20일 저녁 후마윤은 계단을 내려오다 옷자락에 다리가 걸려 넘어져 사흘간 앓고 세상을 떠났다.

존의 종교적·정치적·사회적 질서에 도전했다. 나아가 지독한 가뭄과 기근, 전염병이 여러 해 동안 되풀이되었다.

1556년 사고로 죽기 전 몇 달 동안 후마윤은 힌두스탄에 대한 지배를 재확립하려고 노력했다. 그는 이전과 전혀 다른 방식으로 인도인 무슬림에게 다가갔다. 그는 무굴 측에 동정적인 탓에 시르 샤 수르에게 추방당한 수흐라와르디 수피 종단의 지도자 셰이흐 가다이 캄보(이슬람으로 개종한 조상을 둔 펀자브인)를 맞아들였다. 마찬가지로 후마윤은 델리 인근의 전략적 요충지 메와트에 있는 강력한 인도인 무슬림 가문들과 정치적 동맹을 맺기 위해 그들의 수령의 딸과 결혼했다(그의 많은 아내 가운데 마지막이었다).

후마윤의 마지막 행정 계획은 분권화였다. 새롭게 정복한 6개 지역 델리·아그라·카나우지·자운푸르·만두·라호르는 총독 여섯 명이 비교적 자율적으로 관리하게 하고, 최고 통치자인 후마윤 자신은 무굴 제국 군대와 함께 이곳들을 순회하면서 필요에 따라 감독하고 강화하는 방식이었다. 훗날 중앙집권적 무굴 국가를 지지한 아불파들 알라미는 후마윤을 "경력 초반부터 지금까지 생소한 발명과 난해한 진리를 보여 주는 데 전념했다"[23]라고 비판적으로 평가했다.

후마윤은 믿을 만한 보호자의 지도를 받는 갓난아이인 둘째 아들 무함마드 하킴 미르자에게 카불을 주었다. 또한 바이람 칸을 라호르로 보내 전략적으로 또 경제적으로 중요하나 여전히 혼란스러운 펀자브를 확보하게 하고, 여기에 어린 맏아들 악바르를 동행시켰다. 후마윤은 바이람 칸에게 '귀족 중의 귀족'이라는 뜻을 가진 칸 카난$_{\text{Khān-i Khānān}}$ 칭호를 내려 주었을 뿐 아니라, 바부르의 손녀 살리마 술탄 베검 그리고 자신의 새로운 처제인 메와르의 귀족 여성과 약혼시켰다.

후마윤은 시르힌드에서 결정적인 승리를 거둔 지 불과 7개월 만에 델리에 있는 자신의 서재에서 가파른 돌계단을 내려오다가 발을 헛디뎌 넘어졌다. 전해지는 바에 따르면 기도 시간을 알리는 소리에 응답하려다가 벌어진 일이라고 한다. 이때 얻은 상처로 그는

1556년 1월 세상을 떠났다. 그 후 바이람 칸이 섭정으로 등장하고 악바르는 반세기에 걸친 재위를 시작했다. 이 50년은 무굴 제국의 기틀이 다져진 시기다.

제2부

악바르 황제 재위와 무굴 제국의 확립

1556~1605년

무굴 제국의 역사

A SHORT
HISTORY OF
THE MUGHAL
EMPIRE

제4장

무굴 제국의 중심이 된 악바르 황제

"악바르 황제는 보통 키였지만 실제보다 커 보였다. 피부는 밀 색깔이고 눈과 눈썹은 검으며, 안색은 희기보다는 어두웠다. 그리고 사자와 같이 넓은 가슴에 손과 팔이 길었다. 코 왼편에는 완두콩 반쪽만 한 점이 있었는데 모두 보기 좋다고 했다. 관상학에 능한 사람들은 이 점을 큰 번영과 행운의 징조라고 생각했다. 그의 목소리는 위엄 있고 매우 컸으며, 말하고 설명할 때 특히 훌륭했다. 그의 행동과 움직임은 세상 사람 같다기보다는 하느님의 영광이 그에게 나타나는 듯했다."

— 악바르의 맏아들 자항기르 황제[1]

1562년 5월 열아홉 살 악바르 황제가 하렘 안에서 낮잠을 자고 있을 때 바깥에서 큰 소란이 일었다. 젖형제이자 이름난 장군인 아드함 칸 코캘타쉬Kökältāsh*가 광분하여 피로 물든 칼을 들고 환관 경비대를 위협하고 있었다. 아드함 칸은 부하들을 이끌고 제국 관청으

---

* 코칼타쉬Kokaltash, 코칼다쉬Kokaldash, 코카Koka로도 표기하는 이 칭호는 튀르크어로 '젖형제'를 뜻한다.

로 들어와 샴스 알딘 아트가 칸*을 암살한 참이었다. 아트가 칸은 젊은 황제의 유부乳父로, 무굴 제국에서 제일가는 장관이자 새롭게 대두하는 경쟁 파당의 우두머리였다. 주요 조신들은 피비린내 나는 계승 전쟁을 두려워하며 즉시 도시를 떠났다.

악바르의 공식 전기 작가는 "폐하께서는 끔찍한 소리에 잠에서 깨어" 밖으로 달려 나가 피투성이가 된 시체를 보고 격투 끝에 아드함 칸을 잡고는 "그의 얼굴을 주먹으로 강타했고, 그 사악한 괴물은 공중제비를 돌면서 정신을 잃고 쓰러졌다"[2]라고 썼다.

악바르는 남은 수행원들에게 아드함 칸을 난간 밖으로 던지라고 명했다. 그럼에도 숨이 붙어 있자 악바르는 그의 머리채를 잡고 계단으로 올라와 다시 던지라고 명했고, 아드함 칸은 "거꾸로 떨어져 목이 부러지고 뇌가 깨졌다." 악바르는 자신의 유모이자 아드함 칸의 어머니인 마함 아나가를 용서했지만, 그녀는 슬픔에 빠져 몇 주 뒤 세상을 떠났다. 악바르는 자신을 오랫동안 가까이에서 보살펴 준 데 대한 존경심에서 그녀와 그녀의 아들을 위해 이전 아프간계 왕조들의 건축 양식에 따른 거대한 영묘를 지어 주었다. 6년 동안 섭정의 제압 아래에 있던 악바르는 이 충격적인 사건을 이용하여 자신의 힘을 확고히 했다.

---

* 앞 장에서 설명했듯이 샴스 알딘 아흐마드 가즈나위가 카나우지 전투에서 후마윤의 목숨을 구해 준 뒤, 그의 아내 지지Jījī가 악바르의 유모(지지 아나가Jījī Ānaga)가 되었기 때문에 유부乳父 즉 유모의 남편을 뜻하는 '아트가 칸ātga khān'이라는 칭호를 받았다. 샴스 알딘의 파당은 '유부 파당'을 의미하는 '아트가 하일ātga khayl'이라 불렸다.

제4장 무굴 제국의 중심이 된 악바르 황제

그림 3 델리에 있는 마함 아나가와 아드함 칸의 영묘. 아들 아드함 칸이 아그라에서 죽었을 때 델리에 있던 마함 아나가는 곧장 돌아왔고, 악바르가 친히 그녀에게 경위를 설명하자 "폐하께서 잘하셨습니다"라고 했다고 한다. 하지만 아들을 잃고 낙담한 마함 아나가는 40일 후 죽었다.

악바르와 주요 지지자들은 악바르의 재위기(1556~1605년) 50년간 무굴 왕조를 힌두스탄에 단단히 뿌리내리게 했다. 악바르의 할아버지 바부르와 아버지 후마윤 그리고 핵심 지지자들은 생애 대부분을 인도 밖에서 보내며 중앙아시아로 돌아가기를 바랐다. 반대로 악바르는 인도 서부의 신드에서 태어나 생애 대부분을 힌두스탄에서 보냈다. 악바르가 인도 밖에서 가장 오래 머문 것은 인질이 되어 카불에서 보낸 어린 시절이다.

마침내 악바르의 계승이 안정되고 섭정에게서 벗어난 후 그와

지도 5   1556년 악바르 황제 즉위 당시의 세계

그의 측근은 주된 정책들을 쇄신했다. 악바르는 정치적 결혼 동맹과 문화 정책을 통해 무슬림과 비무슬림을 막론하고 인도인을 광범위하게 끌어들임으로써 자신의 가문과 궁정, 행정, 군대를 확장했다. 그와 조신들은 한층 중앙집권화된 재정과 행정 제도를 발전시켜 제국을 재구성했다.

악바르의 재위기는 수도에 따라 단계를 나눌 수 있지만 그는 언제나 팽창하는 무굴 군대를 직접 지휘하며 야심 찬 친척, 반란을 일으키는 제국의 관리와 엘리트, 봉기하는 민중과 이웃 지배자에 맞서 때로는 방어전을 때로는 공격전을 벌이며 끊임없이 싸웠다. 악바르는 거의 평생 동안 전장에 뛰어들었고 죽기 직전까지 군사원정을 직접 지휘했다. 말하자면 악바르와 그의 지지자들은 중앙

제4장 무굴 제국의 중심이 된 악바르 황제

아시아와 이슬람, 인도의 다양한 제도와 문화, 사람들의 복합체인 무굴 제국을 세우고 확장했다.

✼
악바르의 급작스러운 즉위와 경쟁자들

많은 논평자는 결과론적 시각에서 무굴 제국을 악바르의 천부적 권리로 간주한다. 그러나 1556년 1월 후마윤 황제가 급작스레 죽었을 때 악바르의 계승은 결코 장담할 수 없었다. 주요 장군들은 중앙아시아 국가뿐만 아니라 원주민의 충성도가 낮은 가산·정복국가에서 빈번하게 발생하는 파괴적인 혼란과 갓 탄생한 제국의 붕괴를 두려워했다. 후마윤의 고위 장령과 관리 절반 이상은 중앙아시아인이고 나머지 3분의 1은 페르시아인이며, 인도인 무슬림과 라지푸트 힌두는 극소수였다.[3]

후마윤에 대한 개인적인 충정 때문에 힌두스탄으로 이주한 일부 중앙아시아인과 페르시아인은 고향으로 돌아갈 준비를 했다. 서로 경쟁하면서 남아 있던 후마윤의 조신들은 계승으로 빚어지는 위기를 늦추려고 2주일 동안 후마윤의 죽음을 숨겼다. 그들은 후마윤이 건강하다는 거짓 소문을 퍼뜨렸고, 죽은 황제와 닮은 이에게 황제의 옷을 입혀 대중 앞에 나아가게 했다. 이 속임수는 무굴 제국을 방문 중이던 오스만 제국의 제독 시디 알리 레이스의 권유에 따른 것으로, 오스만 제국에서는 가끔 행해지는 일이었다.[4] 장군 몇몇은 후마윤의 죽음을, 티무르 왕조의 전통에 따라 후마윤의 아들들과 그의 가까운 남성 친족 그리고 자신들이 영토를 나누어 가질 기회로 보았다.

후마윤의 가장 신뢰할 만한 동지 바이람 칸은 마침 델리와 멀지 않은 펀자브에 있었다. 또한 바이람 칸은 열두 살 난 가장 유력한 후계 후보 악바르의 후견인*이었다. 후마윤은 분명 맏아들 악바르에게 힌두스탄의 파디샤(황제) 자리를 물려줄 계획이었을 것이다. 후마윤은 통치자로 훈련시킬 생각으로 아홉 살 난 악바르에게 바로 얼마 전에 죽은 삼촌 힌달의 수행단과 분봉지를 넘겨주었다. 그리고 실제로는 믿음직스럽고 경험이 풍부한 후견인이 통치하지만, 악바르를 카불과 가즈니의 명목상 총독으로 임명했다.

따라서 바이람 칸은 후마윤이 치명적인 상처를 입었다는 소식을 비밀리에 접하자마자 즉각 악바르를 임시 옥좌에 앉힌 다음 그를 데리고 아그라의 궁정으로 달려갔다. 그러고는 경쟁자 조신과 계승 후보자 들을 제치고 악바르를 공식 황제로 즉위시킨 뒤 그 자신은 악바르를 통제하는 섭정이 되었다. 그럼에도 생물학적 친척, 입양 관계로 맺어진 친척 그리고 후마윤의 총신은 군주권 공유라는 중앙아시아의 전통을 들먹이며 악바르가 물려받은 유산 일부 혹은 전체가 자신들 것이라고 30여 년간 강력하게 주장했다. 그러나 악바르

---

* 바이람 칸은 악바르의 아탈릭ataliq이었다. 아탈릭은 '아버지의 지위 내지 아버지의 의무를 지닌 사람'을 뜻하는 튀르크어로, 티무르 왕조에서는 어린 왕자의 후견인(그 왕자가 어린 나이로 즉위하면 섭정) 역할을 하는 유력자를 가리켰다. 셀주크 왕조 시대에는 아타벡atabeg이라 불렸다.

제4장 무굴 제국의 중심이 된 악바르 황제

는 이들 모두보다 장수했다.

후마윤이 죽었을 때 악바르를 대신할 가장 그럴듯한 인물은 후마윤의 어린 아들 하킴 미르자였다. 하지만 하킴은 멀리 카불에 있는 데다 고작 두 살이라 후마윤이 하킴을 위해 안배해 둔 그 지역 이상을 주장할 만큼 든든한 세력의 지지를 받지 못했다. 하킴은 처음에는 후마윤의 총신 가운데 한 명인 문임 칸, 나중에는 어머니 마흐추차크 베김의 섭정하에서 이름뿐인 카불의 지배자로 어린 시절을 보냈다. 그 후 하킴은 무굴 제국의 또 다른 제위 주장자 샤 아부 알마알리의 통제하에 있었다. 하킴은 10대와 20대에 가끔 카불의 실질적이고 독립적인 지배자로 부상했는데, 사파비 왕조와 우즈베크인은 대체로 그의 지위를 인정했다. 악바르 황제 궁정의 하킴에 대한 태도와 정책은 단순하지 않았다. 하킴은 악바르 아래에 있는 반면 공식 행정 위계 밖에 있는 존재여서, 하킴이 취약해지면 지원해 주었지만 무력으로 인도를 침입하면 매번 물리쳤다.

하킴 미르자는 일생 동안 악바르의 정책에 반발하는 제국 내 야심만만한 반대파의 구심점이 되었다.[5] 하킴은 악바르가 약해 보일 때마다 펀자브로 침략해 왔다. 인도 북부에서 주기적으로 하킴의 군주권을 주장하고 악바르를 부정한 사람들은 유명한 우즈베크인·튀르크멘인·인도아프간인 지휘관과 울라마(이슬람 학자), 강력한 낙슈반드 수피 종단의 피르와 정통 순니파 무슬림이었다. 특히 위협적이던 시기는 악바르가 말와와 인도 동부의 통치를 위임한 우즈베크인 관리들이 자주 반란을 일으킨 1560년대로, 그들은 악바르의 권위를 부정하고 하킴 미르자의 통치를 선포했다. 1579~1582년에는 벵골에서 인도아프간계 카크샬 가문*이 반란을 주도하고 하킴의 군주권을 주장했다. 악바르가 몸소 이끌거나 충성파가 이끄는 대규모 군사 원정만이 서부와 동부에서 거듭되는 위협을 물리칠 수 있었다.

악바르는 언제나 하킴의 배반을 자비롭게 용서하며, "하킴 미르자는 후마윤 폐하를 생각나게 한다. 그가 배은망덕한 짓을 저지르지만 관용을 베푸는 것 말고는 내가 할 수 있는 일이 없다"⁶라고 해명했다. 하킴이 1585년 서른한 살에 만성 알코올 중독으로 사망한 뒤에야 악바르는 카불을 자신이 지배하는 나머지 제국령과 통합할 수 있었다. 하킴의 죽음으로 보수적인 순니파 파당과 독립을 꿈꾸는 장군들이 힘을 잃자, 악바르는 비로소 노골적인 반대에 덜 부딪히면서 행정과 종교를 혁신해 나갈 수 있었다. 섭정기 이후 악바르 재위 첫 6년간에는 하킴 미르자의 도전 외에도 고위 조신의 대규모 반란이 잇달았다.

바이람 칸의 섭정과 악바르의 권위에 도전한 후마윤을 따르던 핵심 장군들 가운데에는 후마윤의 양자이자 사이드(예언자 무함마드의 딸 파티마의 후손을 자칭하는 사람)인 샤 아부 알마알리였다. 후마윤이

---

* 저자의 서술과 달리 카크샬은 인도아프간계 가문이 아니라 카불 인근에서 활동한 튀르크 내지 튀르크멘계 집단이었다.

죽었을 때 그는 제위에 오를 만큼 세력을 모으지는 못했지만, 악바르의 즉위식에 참석하지 않겠다는 뜻을 분명히 했다. 이후 바이람 칸은 샤 아부 알마알리를 체포했는데, 후마윤과 그의 관계를 고려하고 반란의 중심이 될 가능성을 참작하여 악바르로 하여금 샤 아부 알마알리가 멀리 메카로 순례를 떠날 수 있도록 허락하게 했다.

그러나 다시 돌아온 샤 아부 알마알리는 악바르에 심각한 도전을 감행했다. 가장 위험한 시도는 그가 카불과 하킴 미르자를 손에 넣고 하킴의 누나 파흐르 알니사 베김과 결혼한 뒤 하킴의 섭정이자 어머니 마흐 추자크 베김을 살해한 일이다. 하지만 샤 아부 알마알리는 후마윤의 유산을 노리는 또 다른 경쟁자 술라이만 미르자의 손에 죽임을 당했다. 샤 아부 알마알리는 그럼에도 바부르 곁에 묻힐 정도의 위세를 지닌 인물이다.

또 다른 바부르의 양자이자 후마윤에게는 친척인 술라이만 미르자는 후마윤이 왕자 시절 그러했듯이 많은 시간을 정치적으로는 혼란스러우나 전략상 요지인 바다흐샨을 차지하고 있었다. 후마윤이 죽자 술라이만은 하킴 미르자가 지배하는 카불을 포위했다가 단 한 차례지만 쿠트바(군주에 대한 축복의 기도가 포함된 금요 예배 전 설교)를 통해 자신의 군주권을 인정받은 후 물러났다.[7] 그렇지만 기회만 있으면 카불이나 펀자브를 점령했다. 여러 차례 카불을 차지한 중 한번은 샤 아부 알마알리를 암살하고 자신의 딸을 하킴 미르자와 결혼시켜 하킴을 꼭두각시로 만들었다. 그 뒤 술라이만 미르자는 손자 샤루흐 미르자에게 바다흐샨을 빼앗기고 쫓겨났으며, 샤루흐 미르자는 우즈베크인에게 쫓겨났다. 결국 샤루흐 미르자와 술라이만 미르자 두 사람 모두 악바르에게로 도망쳤다. 악바르는 칭기스 왕조와 티무르 왕조 조상의 궁정 의식에 따라 위엄 있는 환영식을 열어 두 미르자를 예우하고 무굴 제국의 위계에 편입하여 고위직으로 임명했을 뿐 아니라 샤루흐 미르자를 사위로 삼았다.

요컨대 악바르는 재위 전반 30년간 후마윤의 유산에 관한 권리를 주장하는 이들과 불충한 제국의 장군들의 도전에 직면해야 했다. 또한 악바르의 마지막 10년 동안은 장성한 아들들이 분열된 파벌의 구심점 역할을 했다. 가장 눈에 띄는 사람은 악바르의 살아 있는 아들들 가운데 맏이인 살림으로, 그는 1599~1604년 5년 동안 알라하바드에서 사실상 독립 군주로 지내며 파디샤(황제) 칭호를 사용하다 악바르에게 복종하고 용서받았다. 무굴 제국의 역사 내내 모든 제위 계승은 불확실하고 위험한 사건이었다. 그러나 악바르에게는 다행스럽게도 그가 10대 초반에 즉위하여 통치하는 것을 충성스럽게 보좌하는 바이람 칸이 있었다.

✻
섭정의 그늘에서 벗어난 악바르

악바르 즉위 후 4년 동안 바이람 칸은 악바르의 이름으로 무굴 제국의 영토를 확대하고 자신의 권력을 강화했다. 악바르의 할아버지

제4장 무굴 제국의 중심이 된 악바르 황제

바부르는 훨씬 어린 나이에 즉위했음에도 즉시 친정에 나섰으나, 악바르는 앞에서 이야기한 1562년의 극적인 사건이 일어나기 전까지 제국의 행정에 거의 관여하지 못했다. 그 대신 바이람 칸이 와킬 알살타나 wakil al-salṭana(지배자의 대리인 즉 섭정)로서 통치했다.

인도아프간계와 라지푸트계 지배자와 장군 들은 1555년 7월 시르힌드에서 후마윤에게 패한 여파에서 곧 회복했다. 이들은 수르 왕조 정권에서 고관이 된 헤무를 중심으로 모였다. 이 시대 자료들을 보면 헤무가 비非라지푸트 상업 공동체 출신 힌두라는 점은 공통되지만, 젊은 시절의 경력에 대해서는 채소 장수나 순회 상인·시장 주인 등으로 제각각이다.[8] 악바르가 즉위한 지 몇 달 안 되어 1556년 10월 헤무가 이끄는 군대는 델리를 지키는 무굴 군대를 쳐부수고 도시를 탈환했다. 헤무는 전설 속 힌두 군주들을 연상시키는 빛나는 칭호 라자 비크라마디티야를 취했다.

이에 바이람 칸은 무굴 궁정에서 그의 경쟁자이자 헤무 비크라마디티야에게 패한 무굴 장군 타르디 베이를 처형하고 그다음 달 파니파트에서 필사적인 전투에 나섰는데, 악바르를 남은 무굴 제국 군대를 집결시키는 상징으로 이용했다. 헤무가 머리에 화살을 맞고 무력해지자 전투는 무굴 제국에 유리하게 돌아갔다. 헤무 비크라마디티야의 추종자들은 충격에 빠졌다. 부상당한 헤무는 바이람 칸과 악바르 앞에 끌려와 목이 잘렸다(헤무를 참수한 사람이 바이람 칸인지 악바르인지는 사료에 따라 다르다. 악바르는 가지(이슬람 전사) 칭호를 얻었다).⁹ 그 후 수십 년 동안 계속된 인도아프간인의 격렬한 저항을 무굴 제국은 번번이 무산시켰다.

지배력이 한층 굳건해진 바이람 칸은 휘하의 중앙아시아와 페르시아 출신 지지자를 주요 지방의 총독으로 임명했다. 또한 수흐라와르디 수피 종단의 수피 셰이흐 가다이 캄보를 최고 사드르*로 임명하는 등 인도인 무슬림을 통합하려는 후마윤의 정책을 이어 나갔다.¹⁰ 바이람 칸이 지지자들에게 토지 수조권을 관대하게 뿌려댄 탓에 국고는 텅 비었다. 사파비 왕조는 무굴 제국의 약화를 틈타 1557년 칸다하르를 수복했다. 그러나 1558년 인도 북부에서 바이람 칸은 아지메르와 자운푸르, 괄리오르를 점령하며 무굴 제국을 확장했다. 바이람 칸이 통치하는 동안 악바르는 자주 궁정에서 멀리까지 사냥을 나섰다.

악바르는 평생 사냥과 군사 원정 둘 다를 놓지 않았다. 사냥은 추격의 즐거움을 맛보는 외에 강건함과 무술 솜씨, 명성을 다지는 데 효과적인 동시에 힌두스탄의 배후지, 농촌 사람들과 친숙해지는 과정이었다.¹¹ 악바르가 즐긴 독특한 사냥 형태 중 하나는 몽골식 대규모 카마르가흐**이다. 수백에서 수천 명의 몰이꾼이 질서 정연하

---

* 사드르ṣadr는 수조권을 관리하는 관리를 가리킨다. 악바르 재위 초반까지 무굴 제국에서 수조권은 대체로 이슬람 신학자나 이슬람 학자에게 부여되었으므로, 이때 이슬람 신학자가 사드르로 임명되는 게 보통이었다. 악바르 재위 이후에는 수조권이 군인이나 비무슬림 종교 기관 등에도 부여되었기 때문에 신학자 외에 일반 정부 관리가 사드르로 임명되기도 했다.

** 카마르가흐는 튀르크·몽골인의 거대한 몰이사냥을 이르는 페르시아어 단어이다.

게 거대한 원을 만들어 야생 동물들을 포위하는 방법으로 상당히 조직적인 기술이 필요했다. 그런 다음 하급 장령들이 몰이꾼들을 동시에 원 안으로 들여보내 악바르와 그의 선택을 받은 동반자들이 화살과 창, 칼, 총으로 사냥할 수 있도록 동물들을 몰게 했다. 또 한 가지 독특하고 위험천만하며 생산적인 사냥 형태는 야생 코끼리 포획이다. 인도의 왕실 의례와 도상圖像에서 코끼리는 군주권을 상징한다. 코끼리는 전장에 나서는 지도자가 이용하는 눈에 띄는 이동 수단으로, 주변 병사들의 용기를 북돋우고 지도력을 과시하는 중요한 역할을 했다. 젊은 시절 악바르는 목숨을 걸고 야생 코끼리를 포획해 코끼리를 타고 전장에 나섰으며, 기르는 수컷 코끼리가 발정기를 맞아 테스토스테론 수치가 올라가 기수도 통제하지 못하는 공격적인 마스트 상태일 때조차 온순하게 진정시킬 줄 알았다.

악바르는 사냥 여행 중에도 수도 아그라에 머무는 중에도 다양한 인도인과 만났다. 이들의 범위는 주로 중앙아시아인과 페르시아인으로 구성된 바부르와 후마윤 그리고 바이람 칸 주변보다 훨씬 넓었다. 일부 힌두 라지푸트(왕의 아들)는 섭정하의 악바르를 같은 가문 출신 혹은 다른 라지푸트 가문 출신의 라지푸트 경쟁자에 맞서거나 바이람 칸 막하의 관리에 맞설 잠재적인 동맹으로 보았다.

역사적으로 힌두 지배층이자 토지 보유층인 라지푸트는 자신들보다 강력한 지배자에게 어느 정도 복종하는 실용적인 자세를 취하며 지역의 자치를 치열하게 지켰다. 전사 다르마에 속한다는 사실을 자랑스럽게 여기는 라지푸트들은 델리나 아그라와 위험할 정도로 가까운 곳에 전략적 성채를 두었다. 라지푸트들은 델리의 술탄들과 때로는 싸우고 때로는 동맹을 맺었다. 바부르가 인도로 왔을 때 일부 라지푸트는 파니파트에서 그와 싸웠다. 카누아에서 라나 상가와 싸울 때는 많은 라지푸트가 라나 상가 아래로 모였으며, 많은 라지푸트가 헤무 비크라마디티야를 지지했다. 그러나 일부 라지푸트는 자원이 부족한 고향보다 나은 기회를 찾아 어쩔 수 없이 무굴 군대에 가담했다. 상대적으로 약체인 라지푸트 카츠와하 가문은 후마윤의 인도 지배 초기에 가장 먼저 그를 지지했다.

1557년 라지푸트 카츠와하 가문의 수장으로 사면초가에 몰린 암베르 라자와트 왕조의 지배자 라자 비하리 말(재위 1547~1574년)이 아그라에 있는 젊은 황제 악바르에게 충성을 맹세했다. 그러자 악바르는 카츠와하 가문 내부의 갈등, 메와르와 마르와르의 강력한 라지푸트 이웃과의 싸움, 인근 메와트의 흉포한 무굴 총독과의 싸움에서 비하리 말을 지지했다. 두 사람의 관계는 나중에 악바르가 비하리 말의 딸과 결혼하면서 더욱 돈독해졌다. 악바르는 친정에 나서고도 많은 힌두 라지푸트를 궁정과 군대에 받아들여 아버지와 할아버지가 시도한 것보다 훨씬 폭넓은 인적 기반을 조성했다.

젊은 시절부터 자신의 용기에 자부심을 품은 악바르는 종종 전투에 뛰어들었다. 일례로 1562년 아그라에서 100킬로미터 떨어진 곳에서 사냥하는 악바르에게 한 브라만이 도적에게 아들을 잃고 재산을 빼앗긴 고통을 한탄하며 접근한 일이 있었다. 악바르는 코끼리와 소규모 호위대를 이끌고 수천 명의 도적 떼에 맞섰다고 회고했다.

> 악바르의 방패에 화살이 일곱 발이나 날아왔는데…… 다섯 발은 꿰뚫고 나갔고…… 두 발은 방패에 박혔다. ……마침내 악바르가 탄 코끼리가 벽을 무너뜨리고 들어가니…… 겁 없는 도적 중 많은 수가 죽임을 당했다. ……그들 가운데 거의 1천 명이 분노한 신의 불길에 의해 소멸의 거처로 보내졌다.[12]

악바르는 전장과 정치에서도 자신의 용기를 계속 증명해 냈다. 악바르는 언제나 바이람 칸을 양아버지처럼 대하며 애정과 존경을 담아 칸 바바Khān Bābā(아버지 칸)라 불렀다. 그러나 악바르가 10대를 넘기고 어른스러워지자 바이람 칸과 경쟁하는 조신들은 악바르로 하여금 그의 후견에 반감을 품게 하려고 음모를 꾸몄다. 바이람 칸의 섭정 지위에 도전한 이들 가운데는 악바르의 가문 내 일가가 둘 있었는데, 각각 무굴 제국 장군들의 파당으로부터 지지를 받았다.

그중 하나는 1540년 카나우지 전투에서 후마윤의 목숨을 구한 샴스 알딘이 이끄는 가문이었다. 2년 뒤 샴스 알딘은 아내를 아기 악바르의 유모이자 보모로 삼아 달라는 식으로 보상을 요구했고, 이를 통해 샴스 알딘은 악바르의 유부가 되고 그의 아이들은 악바르의 젖형제가 되었다. 후마윤과 하미다 바누가 갓 태어난 악바르를 버려야 했을 때 샴스 알딘 가족은 악바르와 함께 남았고, 카불에서 인질 생활을 할 때도 함께했으므로 악바르는 이들을 무척 사랑했다. 특히 샴스 알딘의 파당은 최후의 순간에 바이람 칸을 몰아내는 데에 협조했으므로 이 가문의 구성원들은 악바르의 정부에서 다른 누구보다 높은 지위를 차지했다.[13]

악바르의 또 다른 유모이자 보모 마함 아나가를 중심으로 한 파벌이 바이람 칸을 섭정에서 몰아내는 데 한층 결정적인 역할을 했다. 마함의 친척들이 악바르에게는 바이람 칸의 오만함을 부각시키고, 바이람 칸에게는 그의 명성에 일련의 모욕을 안겼다. 자존심 강한 바이람 칸이 이에 분개함으로써 악바르와 바이람 칸 사이의 긴장은 고조되었다. 어느 조신은 후일 "황제께서는 자신의 왕국에서 절대적인 권력이 없어 어느 때는 재정 지출과 관련한 거래에서 아무런 목소리를 내지 못할뿐더러 내탕內帑도 없으며, 황제의 종복들은 가난한 봉토만 받은 데 반해 바이람 칸의 사람들은 안락을 누리고 사치스러웠기 때문에 주위 사람들의 처우를 바꾸어 주고자 했다. 그러나 그분에게는 이를 성취할 힘이 없었다"[14]라고 회고했다.

바이람 칸은 자신에 반대하는 파벌들에게 밀려나기 시작하면서도 피후견인 악바르 앞에 엎드려 용서를 빌며 자신을 낮추기를 거부했다. 그 대신 악바르가 보낸 제국군에 맞서고자 휘하에 남은 병력을 집결시켰다. 이에 악바르가 바이람 칸을 겨냥한 파르만farmān

(칙령)을 내리자, 지지자 다수가 바이람을 버리고 악바르에게 합류하는 바람에 잔당은 쉽게 무너졌다. 1560년 바이람 칸은 모든 지위를 포기하고 관직과 할당받은 봉토를 내놓으며 메카 순례를 허락해달라고 요청했다.

악바르는 바이람 칸이 아버지 역할을 해준 데 감사함을 느끼는 한편, 그를 힌두스탄에서 명예롭게 제거해야 한다는 사실을 잘 알고 있었다. 악바르는 일부 토지 세입을 다시 할당해 주어 메카 순례와 돌아온 후 은퇴 생활을 위한 연금으로 쓰도록 했다. 그러나 순례 길에 오른 바이람 칸은 신드에서 호전적인 아프간인의 손에 암살당했다. 바이람 칸의 문화적 정체성을 반영하듯 그의 가족은 유해를 페르시아에 있는 시아파 성지 마슈하드에 안장했다.

악바르가 강력한 통제권을 장악하고자 바이람 칸을 몰아냈음에도, 바이람 칸을 대신해 섭정 자리를 차지하려는 경쟁은 더 큰 갈등을 불러왔다. 우선 악바르에게 영향력을 행사하는 데 성공한 마함 아나가는 후마윤의 옛 총신 문임 칸의 총리(와지르wazir) 임명을 지지하고 정책에 개입했으며, 자신의 어린 아들이자 악바르의 젖형제 아드함 칸을 승진시켰다. 이 시기 무굴 군대는 라지푸트들로부터 말와를, 동쪽에서는 세력을 재결집한 인도아프간인으로부터 추나르 요새를 빼앗았다. 아드함 칸은 이 전쟁에서 얻은 왕실 여성과 노예 여성, 전리품의 분배를 두고 악바르와 충돌을 빚었다. 아드함 칸은 이들을 악바르에 넘기지 않고 여성들 일부를 죽여 버렸다고 전해진다. 그러고 나서 더 큰 권력을 얻기 위해 앞에서 언급한 것처럼 아드함 칸과 그의 동료들이 1562년 샴스 알딘을 암살한 것이다.

그 결과 주요 조신과 유력 인사 들이 창피하게 달아난 덕분에 악바르는 궁정의 진정한 지배자로 우뚝 설 수 있었고, 그의 권력은 극적으로 굳건해졌다. 그는 이후 40년 동안 수많은 도전에 직면하여 전장과 이념전을 통해 자신의 권력을 확대해 나갔다.

악바르는 두 번 다시 결코 한 사람에게 권력이 집중되는 것을 허용하지 않았다. 그는 바이람 칸이 지녔던 권위를 자신의 직접 감시 하에 일하며 서로 비슷한 수준의 권력과 지위를 가진 와킬wakīl(대리인), 디완 쿨dīwān-i kul(세입과 재정을 관장하는 장관), 미르 바흐시mīr bakhshīī(보급·물류·인사·정보·황제 경호 등을 관장하는 장관) 등의 장관들에게 신중하게 나누어 주었다.[15] 또한 악바르는 최고 관직에 있거나 아예 지위를 가지지 않은 핵심 조신의 조언에 의지했다. 악바르의 어머니, 계모, 주요 아내와 다른 여성 친척이 가진 영향력과 실질적인 권력에 관해서는 기록이 거의 남아 있지 않다.

악바르는 문맹이었다(아마 난독증 때문이었을 것이다). 하지만 그는 놀라울 정도로 기억력이 뛰어나 수행원들이 읽어 주는 방대한 양의 기록과 문서, 공식 서신을 모두 숙지했다. 악바르의 전지전능함을 강조하느라 제국의 연대기 작가들이 과장했을 수 있으나, 기록에 따르면 악바르는 수백에 달하는 제국의 고위 장령과 관리에게 중요한 명령을 직접 내리고 임명·승진·강등·작위 수여 등도 직접 했다고 한다. 그는 외교와 군사 전략을 전반적으로 감독하고, 몸소 나서든 지정된 대리인을 맡겨서든 원정을 지휘했다. 그리고 악바르는 조신과 아흐바르 나위스(소식 작성자)*의 정교한 소식망을 통해 들어오는 보고를 통해서든, 각 지방관이 정기적·독립적으로 올리는 기밀 보고를 통해서든 본인의 관심을 끄는 모든 문제에 개입했다. 후대 사람들은 악바르가 무굴 제국의 무기고에 있는 많은 무기를 개발하고, 왕실의 말과 코끼리를 기르는 훈련소를 잘 관리했다고 믿었다. 악바르는 정치적 결혼을 포함한 충성스러운 지지층을 더욱 확대하고 두터운 개인적 친밀감을 형성함으로써 다양한 남성과 여성을 자신에게 결속시켰다.

결혼 동맹으로 지지자를 확대한 악바르

가산국가에서 군주의 다양한 정치적 결혼은 가문, 동맹, 장령과 관리 조직을 규정짓고 확대하는 중대 수단이 되었다. 반대로 군주의 새로운 친인척은 결혼을 통해 정권과 손잡고 권력과 권위에 접근할 수 있었다. 개인적 애정을 포함한 군주와 신부의 관계는 종종 정치적 결혼의 결과에 영향을 미쳤다. 그 밖에 아들을 낳은 아내, 특히 그중 한 명이 후계자로서 유리하거나 실제로 왕좌를 차지하면

---

* 《악바르 회전 A'in-i Akbari · Akbari 會典》에서는 바키아 나비스 vāqi'a navis(사건 기록자)라고 부르기도 했다.

관습적으로 그 지위가 높아졌다. 현존하는 사료들은 악바르의 많은 신부의 삶과 역할, 정치적 영향력에 관해 설명하지 않으며, 악바르와 아내 집안 사이의 정치적 관계가 원만하거나 적대적일 때 왕실 하렘과 침실에서 그들의 삶이 어떻게 달라졌는지에 관해서도 설명하지 않는다.

이슬람의 결혼 및 결혼 계약인 니카흐가 법적으로는 신랑·신부의 개인적 계약이지만, 악바르도 그의 첫 신부도 선택지가 없었기에 기꺼이 받아들였다. 카불만 지배한 후마윤은 티무르 왕조 내부에서 결혼하는 관습에 따라 아홉 살 난 아들 악바르를 자신의 이복동생 힌달 미르자의 어린 딸 루카이야 술탄 베김과 결혼시켰다. 악바르가 죽을 때까지 유지된 이 결혼은 왕조 내부의 결속력을 다져 주고, 루카이야 술탄에게 왕실 하렘 최고의 베김으로서의 명예와 영향력을 주었다. 두 사람 사이에 살아남은 자녀는 없었으며, 루카이야 술탄 베김은 후일에 악바르의 손자 후람 왕자를 양육했다.

악바르는 10대 후반이 되어 섭정에서 벗어나자 두 번째 결혼을 선택했다. 아마 첫 번째 부인과 유모들, 티무르 왕조의 연장자 여성들의 영향이 작용했을 것이다. 1561년 바이람 칸이 쫓겨나고 암살당한 후 악바르는 그의 미망인 중 한 명인 살리마 술탄 베김(바부르의 손녀이자, 악바르의 첫 번째 아내의 사촌이다)과 결혼했다.

티무르 왕조 내부에서 혼인한다는 전통을 따른 이 결혼은 악바르가 바이람 칸의 유산을 넘겨받는 모습을 명백하게 보여 준다. 그리하여 악바르는 바이람 칸이 다른 아내에게서 얻은 네 살 난 아들 압둘라힘을 비공식적으로 입양했다. 훗날 악바르는 압둘라힘에게 젖형제를 신부로 주어 이 개인적 관계를 공고히 했다. 압둘라힘은 긴 경력 내내 충성심을 증명했으며, 아버지의 칭호인 칸 카난을 이어받고 행정 고위직에 올랐다. 또한 악바르는 "경영에 적성이 있다"고 판단하여 "목숨을 살려 준"[16] 페르시아인 재무관 호자 무자파르 칸 투르바티를 비롯한 바이람 칸의 참모들을 관리로 선택했다.

왕실 하렘 내에서 중요한 자리를 차지한 살리마 술탄 베김은 '은폐된 사람'이라는 의미의 '마흐피'라는 필명을 사용하며 시인으로 존경받았고 악바르보다 오래 살았다. 그러나 그녀에게는 살아남은 자식이 없었다. 악바르의 처음 두 결혼은 그의 가문을 티무르 왕조의 전통 속에 자리매김해 주었지만, 왕조를 영속시키거나 인도인 사이에서 정치적 동맹을 확대하는 데에는 그리 도움이 되지 못했다.

한편 악바르의 주된 선구적 정책 중 하나는 그 자신과 아들들을 위한 정략혼을 힌두 라지푸트 지배자들과 협상한 것이다. 이전에 몇몇 무슬림 술탄은 힌두 라지푸트 귀족 여성을 부인이나 첩실로 들여 전쟁에서 얻은 일종의 전리품으로 취급하고 이슬람으로 개종시키는 것이 관례였다. 하지만 악바르는 라지푸트 아내들의 종교 전통과 선택을 존중했다는 점에서 획기적이다. 일부는 이슬람을 받아들이는가 하면 일부는 하렘에서 힌두교 의례를 자유롭게 행했으며, 악바르가 여기에 참여하는 일도 드물지 않았다. 그는 힌두 아내에게서 얻은 아들들을 합법적 후계자로 대우하고, 힌두 인척을 제국의 최상위 직책에 앉혔다.

악바르는 라지푸트 사돈들이 가문 내 다른 지파나 라지푸트 가문, 반힌두교 정서를 지닌 무슬림 조신에게 맞서는 것을 지원했다. 더 나아가 라지푸트 왕실들이 자신의 왕국을 무굴 제국의 주권 아래에 두기만 한다면 얼마간의 자치권으로 다스리는 세습 권리를 인정했다. 라지푸트들은 역사적으로 오랫동안 자신보다 유력한 라지푸트 가문에 신부를 내주는 승가혼昇嫁婚 전통을 이어 왔다. 이제 많은 라지푸트 가문이 무굴 왕조와도 그런 관계를 맺었다.[17]

앞에서 보았듯 열네 살 난 악바르에게 암베르 왕국의 라자(지역 지도자, 통치자) 비하리 말이 접근해 와서 그의 지원을 얻어 낸 바 있다. 5년 뒤 악바르가 섭정에서 벗어나 암베르 인근 아지메르에 있는 수피 성자 호자 무인 알딘 하산 시즈지 치슈티의 성소를 방문했을 때, 라자 비하리 말은 또 한 번 그에게 접근했다. 비하리 말은 맏딸 하르하 바이(1622년 사망. '다이아몬드 공주'라는 뜻의 히라 쿵와르, '시대의 마리아'라는 뜻의 마리얌 알자마니라고도 불린다)를 신부로 내주겠다는, 지극히 개인적이면서 지속 가능한 동맹을 제안했다. 악바르가 승인한 기록관은 이렇게 적었다.

올바른 생각과 고귀한 운을 가진 라자는 지주 무리에서 벗어나 궁정에서 저명한 사람 중 하나가 되어야겠다고 생각했다. 이 목적을 달성하기 위해

제4장 무굴 제국의 중심이 된 악바르 황제

그는…… 순결과 지성의 빛이 이마를 비추는 맏딸을 영광스러운 천막(즉 악바르의 하렘)의 수행원들 사이에 두었다.[18]

양측의 여성 연장자들이 결혼 협상에 어떤 영향을 미쳤는지, 신부는 어떤 목소리를 냈는지에 대해서는 기록된 바가 없다.

비하리 말은 아들이자 후계자 바그완트 다스(재위 1574~1589년)를 악바르에게 보내 그를 섬기게 했고, 그 뒤를 열한 살 난 손자이자 후일 암베르를 지배하는 만 싱(재위 1589~1614년)이 따랐다. 만 싱은 황제 가문에서 성장하고 평생 무굴 제국을 위해 일하여 최고 지위와 관직을 얻었으며, 무굴 왕조와 라지푸트 카츠와하 가문의 친척들이 출세하도록 도왔다.

딸과 쌍둥이 아들들이 태어나자마자 죽는 바람에 부인을 여럿 두었음에도 20대 후반의 악바르에게는 살아 있는 자식이 없었다. 신의 개입을 구하기 위해 악바르는 아그라에서 36킬로미터 떨어진 시크리 마을에 사는 셰이흐 살림 치슈티를 향해 순례를 떠났다. 하르하 바이는 곧 임신했고, 악바르는 그녀를 출산을 위해 셰이흐 살림 치슈티의 집 근처에 지은 궁전으로 보냈다. 악바르는 후계자가 될 맏아들의 이름을 살림 미르자〔후에 자항기르 황제(1569~1627년, 재위 1605~1627년)가 된다〕로 짓고, 셰이후 바바Shaykhū Bābā라는 애칭을 주었다. 그 후 악바르가 셰이흐 살림 치슈티의 딸과 며느리를 아이의 유모로 삼아 셰이흐 살림의 손자들은 살림 왕자의 젖형제가 되었으며, 셰이흐 살림의 둘째 아들은 선생님으로 임명했으며, 셰이흐 살림의 다른 남성 후손들은 제국의 고위직에 앉혔다. 또한 악바르는 셰이흐 살림 치슈티의 무덤 인근에 새로운 수도 파테푸르시크리*를 세웠다.

얼마 지나지 않아 악바르의 다른 두 아들 무라드 미르자(1570~1599년)와 다니얄 미르자(1572~1604년)도 각각 치슈트 수피 종단의 셰이흐 살림과 셰이흐 다니얄(호자 무인 알딘 하산 시즈지 치슈티의 제자)의 성소에서 태어났다. 오랫동안 기다려 온 아들들의 탄생은 악바르를 셰이흐 살림과 치슈트 수피 종단에 결속시켰다.

아들들이 성장하자 악바르는 힌두 라지푸트 신부들과 결혼시켰다(물론 무슬림 귀족의 딸들과도 결혼시켰다). 열다섯 살 난 살림 미르자의 첫 번째 라지푸트 신부는 외삼촌 바그완트 다스의 딸 만바와티 바이였다. 이슬람과 힌두교 의식을 결합한 결혼식이 치러졌다.

황제는 살림과 만바와티 바이의 니카흐(결혼 및 결혼 계약) 의식을 카디(이슬람 재판관)와 귀족들 앞에서 치렀다. 결혼 지참금(마흐르mahr)은 50만 루피로 정해졌다. 그리고 두 사람은 불을 피우는 등 힌두들 사이에서 이루어지는

---

* 악바르는 본래 '시크리'라 불리던 곳에 새로운 도시를 세우고 파트흐푸르Fathpūr(승리의 도시)라고 이름 붙였다. 오늘날 한국에서 주로 사용하는 이름인 파테푸르시크리는 힌디어의 파테흐뿌르 시끄리Fatehpur Sikri를 영어식으로 읽은 것이다. 저자는 본문에서 파테푸르시크리에 대해 악바르의 파트흐푸르 수도 이전 전에는 '시크리', 그 후에는 '파트흐푸르'로 구분하여 적고 있다. 그러나 이 구분이 오히려 혼란을 줄 수 있어 한국어판에서는 악바르의 파트흐푸르 천도 이전은 '시크리'로, 그 후는 '파테푸르시크리'로 표기했다.

관행에 따른 모든 의식을 치렀다. ……라자 바그완트 다스는 딸의 지참금으로 여러 무리의 말과 코끼리 수백 마리, 아비시니아와 인도·캅카스의 소년과 소녀 들, 온갖 보석이 박힌 황금 그릇을 주었는데…… 그 양을 이루 헤아릴 수 없었다.[19]

라지푸트 신부와의 정략혼으로 이후 모든 무굴 황제가 힌두 조상을, 다수는 힌두 어머니와 아내를 두게 되었다.

라지푸트 카츠와하 가문과의 결혼 이후 다른 라지푸트 가문들도 악바르와 아들들에게 딸을 신부로 주었다. 많은 악바르의 아내 가운데 최소한 열한 명(실제로는 더 되었을 것으로 보인다)이 힌두 라지푸트 가문 출신이었다. 악바르는 아들들을 최소한 여섯 명의 힌두 라지푸트 신부와 결혼시켰다. 여러 라지푸트 가문이 아들들을 악바르에게 보냈으나, 카츠와하 가문과 같은 성공을 거두지는 못했다. 악바르가 죽음을 맞이하는 1605년, 휘하에 라지푸트 왕가 출신이 61명 있었는데 라지푸트 카츠와하 가문 구성원 27명이 고위직을 차지하고 있었다.[20] 라지푸트 출신 부인들, 무굴 제국에서 일하거나 그렇지 않은 그녀들의 남성 친족들 그리고 힌두들은 자신들의 힌두 문화 전통을 악바르의 궁정에서 발전한 페르시아풍 관습과 융합시켰다.

이 라지푸트 가문들은 무굴 왕조를 자신들과 동일한 사회 질서, 신성한 질서에 위치시키고 유사한 전사 다르마를 지녔다고 보았다.

시인들은 라자스탄어 · 브라즈바샤어 · 산스크리트어로 라지푸트 후견인을 찬양하는 시를 지었는데, 무굴 황제에 대한 영웅적인 저항을 찬양하는가 하면 무굴 황제를 위한 용감한 봉사를 칭송했으며 두 경우 모두 라지푸트 신분으로 정당화했다. 예를 들어 암베르 왕국의 라지푸트 카츠와하 가문의 지배자로서 무굴 왕조에 계속 신부를 주고 무굴 제국의 장군으로 활약한 라자 만 싱의 전기를 쓴 아므리트 라이는 악바르를 힌두교 우주 질서에 합당한 신성한 군주로 묘사했다.

최고 존재의 일부가 지상으로 내려온 것은
다른 이들의 고통을 없애기 위함이었네.
그는 차가다이 가문 출신 세계의 황제(전륜성왕Cakravartin · 轉輪聖王), 온 지구의 수호자이시다.
세계의 정복자, 세계의 보석이신 샤 잘랄 알딘Jalāl al-Dīn 악바르 만세![21]

시는 이렇게 이어진다.

그의 무궁무진한 힘이 삼계三界를 수놓으니……
황제께서 법法·dharma을 수호하신다. 그의 통치는 지구를 안정시키니……
여신 락슈미는 시간을 쪼개어 비슈누의 품에 안기거나 악바르의 가슴에 둥지를 트네.[22]

이같이 찬양하는 시인들은 고용주이자 군주인 악바르를 힌두교 여신과 교류하는 반(半)신적 존재로 끌어올림으로써 라지푸트 후원자를 미화했다. 중요한 점은 이런 찬양시에서 황제에게 라지푸트 신부를 건넨 일을 언급하기 꺼렸다는 사실인데, 실질적인 정치적 이익이 무엇이건 간에 양측 모두에게 부정적 젠더 함의를 내포하고 있었기 때문이다.

악바르의 하렘에서 힌두 라지푸트 부인들의 존재감이 커진 점, 무굴 정부에서 그들의 남성 친족은 물론 라지푸트·비라지푸트를 가리지 않고 힌두의 입지가 커진 점은 악바르가 재위 초기부터 펼친 종교·정치 정책과 관련이 있다. 특히 악바르는 힌두·자이나·파르시인(조로아스터교 신앙을 간직한 페르시아인 이주자 후손) 등의 사원 신축 금지, 비무슬림에 부과하는 여러 세금과 규제 등 차별 정책을 철폐했다. 악바르는 브린다반 등에 있는 힌두교 사원과 비무슬림 성자에게 일정 토지에서 나온 세금을 기부했다.

1564년 악바르는 점차 늘어나는 라지푸트 관리들을 포함한 많은 비무슬림이 차별적 세금으로 간주하는 지즈야 징수를 중단했다. 반면 지즈야를 이슬람으로 개종하기를 거부하는 신민에게 부과하는 적법한 형벌이라고 생각하는 일부 정통 무슬림은 1575년 악바르에게 다시 지즈야(이슬람 국가에 거주하는 비무슬림 즉 딤미에게 부과되는 인두세였기 때문이다)를 징수하도록 설득했다. 하지만 지즈야 징수를 지시한 황제의 명령은 거의 실행되지 않았고, 악바르는 1579년 재차 지즈야 폐지를 공식적으로 천명했다. 악바르가 가문과 관직 사회에서 점차 증가하는 힌두에게 얼마나 영향을 받았는지는 알 수 없으나, 이 같은 정책이 신민의 절대다수를 차지하는 비무슬림의 지지를 얻는 데 도움이 된 것만은 분명하다.

일부 라지푸트 지배 가문이 무굴 제국을 위해 일하며 얻은 부와 영토는 그들이 조상 대대로 살아온 지방에서 얻을 수 있는 지위와 자원, 정치권력을 뛰어넘는 것이었다. 특히 그들의 고향인 라자스탄은 농경이 그리 잘되는 곳이 아니기에 더욱 그러했다. 라지푸트에 대한 개념은 무굴 제국과 영향을 주고받으며 변화했다. 이를테면 신성한 조상을 강조하는 가문 계보와 역사서, 페르시아풍 문학과 예술, 행정 용어, 전문 지식, 무굴 제국 궁정을 모방한 복식 그리고 가문 내에서 지위가 낮은 지파보다 우월한 왕실의 지위 등에서 드러났다.[23]

무굴 제국의 라지푸트 관리들은 점점 더 고향과 멀리 떨어진 곳에서 일해야 했고, 대개 그곳의 라지푸트들과 정략혼 등으로 동맹을 맺었다. 그들은 제국에 봉사하여 얻은 수입과 보상을 고향의 영지를 확장하고 힌두교 사원 등 신성한 장소를 후원하는 데 사용했다. 그리하여 무굴 제국에 참여하는 것을 경멸하고 저항하느라 한정된 자원을 소비하는 경쟁 라지푸트들에 비해 그들은 재정적으로 또 정치적으로 많은 이득을 손에 쥘 수 있었다.

무굴 제국과 가장 긴 시간 싸운 라지푸트 가문 가운데 메와르의

제4장 무굴 제국의 중심이 된 악바르 황제

시소디아 가문이 있다. 이들은 1527년에는 바부르에게 대패했고, 1568년에는 악바르에게 치토르를 빼앗겼으며, 1576년에는 라자 만 싱이 이끄는 제국군에게 막대한 타격을 입었다. 만 싱은 전투에서 승리했지만, 시소디아 가문의 군주를 사로잡기는커녕 무굴 군대의 메와르 약탈을 허락하지 않아 잠시 악바르의 총애를 잃었다. 그 후 시소디아인은 본거지 메와르에서 1614년까지 버텼다. 결국 악바르의 후계자에게 복속을 맹세했지만, 다른 시소디아인과 달리 협상을 통해 무굴 왕조에 신부를 보내지도 않고 재위 중인 시소디아의 군주 라나*는 무굴 제국의 장군이나 관리로 복무하지 않기로 했다. 18세기 무굴 제국의 권위가 쇠퇴하자, 시소디아인은 무굴 왕조에 신부를 바친 다른 라지푸트 가문들보다 자신들이 문화적으로 우월하다는 증거라며 무굴 제국에 저항한 조상들을 기렸다.

악바르와 그의 강력한 후계자들이 절대로 일족의 여성을 라지푸트나 다른 비무슬림 가문에 내주지 않았다는 사실은 의미심장하다. 그 대신 악바르는 비공식적으로 가까운 라지푸트 조신의 딸들을 입양하여 다른 라지푸트 왕가들과 맺어 주었다.[24] 자항기르 황제는 악바르의 첫 번째 라지푸트 부인에게서 태어난 아들인 데다가 라지푸트 신부를 여럿 맞아들였으면서도, 훗날 힌두 가문으로부터 신부를 맞이한 대가로 신부를 내주는 무슬림 가문들을 비난했다.

---

* 라나 rānā 는 라지푸트가 사용하는 군주의 칭호 가운데 하나이다.

그들은 힌두들과 스스로 동맹을 맺고 딸들을 교환한다. 딸들을 취하는 것은 좋으나, 딸들을 내어주는 것은 신께서 허락지 않으시기를! 나는 앞으로 그들이 그러한 짓을 해서는 안 되며, 이 죄를 범하는 자는 극형에 처한다고 명령했다.[25]

무굴 황제들은 자식을 낳은 이가 누구든 아들과 딸을 무슬림 티무르 왕조의 일원으로 양육했다. 악바르는 티무르 왕조를 선호하기는 했지만 거기에 한정 짓지 않아 고귀한 혈통을 이어받고 전략적으로 비중 있는 지위에 있는 무슬림 지배자 다수와 정략혼을 맺었다. 예를 들어 신드 고지와 타타(신드 저지에 있다)를 정복하는 원정 중에는 경쟁하는 두 무슬림 왕가가 악바르에게 신부를 주겠다 제의했다.[26] 한쪽은 거절하고 다른 한쪽은 받아들임으로써 악바르는 어느 가문을 종속 동맹으로 받아들일지 결정해야 했다.

그러나 이러한 무슬림 간 결혼조차 지속적인 우호를 가져다주지는 못했다. 예컨대 칸데시 술탄국이 그랬다. 칸데시 술탄국은 악바르의 힌두스탄과 그가 탐내는 데칸 지방의 술탄국 사이 전략적 요충지에 위치해 있었으며, 1564년 칸데시 술탄국 파루크 왕조Fārūqī dynasty(순니파의 두 번째 칼리프 우마르 파루크'Umar al-Fārūq의 후손이라고 주장했다)의 미란 무바라크 샤 2세는 딸을 악바르의 신부로 건넸다. 하지만 파루크 왕조와 무굴 제국의 관계는 여전히 험악하여 40년 동안 주기적으로 전쟁을 벌였다.

제4장 무굴 제국의 중심이 된 악바르 황제

악바르는 라지푸트에게서 신부를 취하기만 한 것과는 대조적으로, 티무르 왕조 구성원을 비롯한 중앙아시아와 서아시아 출신 고귀한 혈통의 무슬림에게는 여자 형제와 딸을 내주었다. 이슬람에서 무슬림 남성은 니카흐(결혼 및 결혼 계약)를 통해 경전의 백성에 속하는 비무슬림 여성을 아내로 맞이할 수는 있지만, 무슬림 여성은 합법적으로 비무슬림 남성과 결혼할 수 없었다. 대부분의 문화권에서 적에게 여성을 빼앗긴 가문은 수치심을 느끼기 마련이었지만, 실제로 승가혼 풍습은 티무르 왕조의 이슬람 전통보다 인도 전통에서 더 수치스럽게 여겨져 심각한 문화적 폭력으로 받아들여졌다. 따라서 바부르와 후마윤은 가문의 여성을 티무르 왕조의 다른 구성원과 결혼시키긴 했으나, 그 남성들의 우위를 인정하지는 않았다.

악바르는 무굴 제국의 발전을 위해 여자 형제와 딸들을 내주었지만, 정치적 결혼 동맹으로 맺어진 사돈이 악바르에게 실제로 쓸모 있거나 충성스러운 존재가 되지는 못했다. 1561년경 악바르는 동복 여자 형제 바흐시 바누 베김을 티무르 왕조의 가까운 친척인 미르자 샤라프 알딘 후사인 아흐라리*와 결혼시켰다. 그는 처음에는 악바르와 무굴 제국군을 이끌고 공동의 적을 공격했지만, 황제가 되려는 야심을 품고 적과 음모를 꾸미다가 목숨을 건지기 위해 메카로 달아났다. 게다가 1564년 샤라프 알딘의 해방 노예 중 하나가

---

* 모계로 티무르 왕조의 피를 받았고 이름에서 알 수 있듯 부계로는 호자 아흐라르의 후손이다.

악바르의 등 뒤에서 활을 쏘아 부상을 입혔다. 악바르의 조신들은 샤라프 알딘이 배후에 있지나 않은지 의심했으나 밝혀내지는 못했다. 티무르 왕조의 구성원이라는 명예 덕분에 샤라프 알딘은 10년에 걸친 유배와 투옥 생활 끝에 황제의 용서를 받아 궁정에 돌아올 수 있었다.

1593년경 악바르는 딸을 구자라트를 지배한 티무르 왕조 내 친척 미르자 무자파르 후사인*과 결혼시켰다. 그러나 그는 악바르의 신하로 지내다가 반란을 일으켰다 용서받고 또 반기를 들기를 반복하면서 남은 생애를 허비했다. 그 뒤 악바르는 또 다른 딸 샤카르 알니사 베김을 바다흐샨에서 쫓겨난 샤루흐 미르자와 결혼시켰다. 그러나 샤루흐 미르자는 다시는 바다흐샨을 되찾지 못하고 악바르에게 유용한 존재임을 증명하지도 못했다.

악바르는 딸을 처남 칸데시 술탄국의 라자 알리 칸에게 시집보냈다. 라자 알리 칸은 이에 화답하여 딸을 악바르의 맏아들 살림에게 주었다. 이중의 정략혼에도 불구하고 라자 알리 칸은 군사적으로 복속을 강요받은 뒤에야 무굴 제국 체계에 편입되는 것을 받아들였다.

---

* 티무르 왕조 말기 헤라트를 다스린 술탄 후사인 바이카라Sulṭān Husayn Bayqara(1438~1506년)의 형 바이카라Bayqara(1487년 사망)의 손자 무함마드 술탄Muḥammad Sulṭān의 손자이다. 바부르는 무함마드 술탄을 카나우지 지방의 총독으로 임명했다. 그러나 무함마드 술탄의 여섯 아들이 반란을 일으키자 1567년 악바르는 이들을 공격했다. 무함마드 술탄 자신은 감옥에 갇히고 남은 아들들은 구자라트로 도망쳐 그곳을 잠시 지배했으나 1572년 악바르의 공격을 받아 데칸으로 도망쳤다. 1577년 무자파르 후사인은 데칸에서 구자라트로 공격해 들어왔으나 격퇴당했고, 이후 감옥에 갇혔다가 악바르의 용서를 받고 그의 딸과 결혼했다.

제4장 무굴 제국의 중심이 된 악바르 황제

악바르의 수많은 결혼은 수천 명의 여성으로 구성된 하렘이라는 방대한 여성 중심의 세계를 만들어 냈다. 왕실 부인 수백 명은 각각 별도의 하위 가문을 꾸렸다. 각 가문에는 시녀가 있고 그들에게는 지위에 맞는 급여가 주어졌다. 하렘에는 수행원, 경비병, 외부 세계와 중개자 역할을 하는 환관들이 있었다. 악바르의 가장 가까운 남성 동반자, 특히 출생이나 결혼으로 맺어진 고위 친척들은 하렘의 일부를 방문하는 영예를 누릴 수 있었다. 일부 왕실 여성들은 황제에게 개인적으로 영향력을 미치고 제국의 문제에 간접적으로 개입함으로써 제국의 공적 공간에 진출했다.

악바르는 결혼으로 얻은 인척 외에 제국을 통치하고 확장하는 데 도움이 될 충성스럽고 유능한 관리를 영입하기 위해 노력했다. 악바르와 그의 핵심 관리들은 시르 샤 수르의 업적을 바탕으로 효율적이고 안정적인 토지세 징수 체제를 구축했다. 그들은 악바르를 중심으로 군사와 행정을 하나로 묶은 계층 구조를 만들어 냈고, 이를 통해 무굴 제국은 인도에서 전례 없는 힘과 권위를 가질 수 있었다. 그러나 무굴 군대와 행정부는 인도 북부에 다층적이면서도 깊이 뿌리내린 경제·정치·사회 시스템을 뚫고 힌두스탄 너머로 나아가고자 고군분투해야 했다.

무굴 제국의 역사

A SHORT
HISTORY OF
THE MUGHAL
EMPIRE

제5장

악바르 황제와 무굴 제국의 제도

"전쟁하는 사람들 사이에서 패배는 불명예가 아니다."
—패배한 제국군 지휘관을 위로한 악바르 황제의 말[1]

악바르 황제와 그의 측근들은 영토를 정복하고 자신들이 선언한 정당한 정권을 받아들이도록 강요하는 방식으로 무굴 제국을 확장하는 데 매진했다. 무굴 제국은 공략한 지역들에서 조공과 세금을 거두기 위한 거대 규모의 군대와 행정부가 필요한 군사·재정주의 국가*였다. 제국 군대와 정부는 물론 악바르의 가문과 궁정은 그 수입으로 지탱되었다.

---

* 재정·군사국가fiscal-miliatry state 또는 군사·재정국가military-fiscal state라고도 한다. 중세 말부터 초기 근대early modern에 이르는 시기 유럽에서 전쟁의 빈도와 강도가 급격히 증가하여 전문화한 군사력과 이를 유지하기 위한 행정 관료 체계를 갖춘 강력한 중앙집권적 행정 기구인 재정·군사국가가 창출되었다는 주장이다. 열강으로서 영국의 등장을 연구한 존 브루어John Brewer의 《권력의 관건 The Sinews of Power》(1989)에서 처음 등장했으나, 근래에는 초기 근대 비유럽의 국가 형성을 규명하는 데도 사용되는 용어이다. 이 입장을 견지하는 학자들은 유럽 사회와 비유럽 사회가 가진 공통점과 차이 모두를 의식하며 근대국가의 보편적 뿌리를 강조한다.

악바르의 긴밀한 지휘 아래 무굴 군대는 이웃 국가들을 공격하고 제국의 핵심 지역과 새로 정복한 영토에서 지주와 고위직 거물들이 일으키는 반란과 저항을 진압했다. 그러는 한편 악바르와 측근들은 제국 전체에 적용할 안정적이고 효율적이면서 통일된 행정 절차를 구축하고자 혁신적인 노력을 펼쳤다. 제국 전체를 망라하는 모델이 있음에도 지역과 지방에 따라 차이가 있었다. 실제로는 관리들이 상급자를 만족시키는 동시에 경제적으로 질서를 유지하며 세금을 징수하려면 실용적으로 조정해야 했기 때문이다. 악바르는 주로 이민자로 구성된 다양한 추종자를 물려받았다. 악바르와 핵심 조신들이 제국에 대한 헌신을 우선하여 균형 있게 종족을 안배함으로써 추종자들로 통합된 군인·행정관 체계를 만들어 냈다는 사실은 주목할 점이다. 요컨대 악바르 정권은 무굴 제국에게 100년 이상 힘이 되어 줄 과정과 절차를 마련했다.

자민다르가 지배한 농촌 경제

역사적으로 인도에 존재한 대부분의 국가에는 세금 수입을 최대한 확보할 수 있는 행정 인력과 전문성 그리고 강압적 힘 또는 문화적 영향력이 부족했다. 바부르와 후마윤, 그 이전 시대나 동시대의 많은 정복국가 군주는 격파한 적의 재물을 취하고, 지역의 지배자와 지주에게서 공물을 받아 내 왕실 지출과 장군들에게 지급할 보상을 마련했다. 처음에는 약탈적인 정복자들이 지배를 계속했으나 모두가 그러지는 않았으며, 많은 경우 장군들에게 지위에 걸맞은 세금 수입이 예상되는 이크타(군 복무 대가로 주어진 봉토)를 보상으로 내렸다. 각 군정 총독은 해당 영토를 책임지며 짧은 시일에 이익을 챙기려고 그 지역의 자원을 멋대로 사용하는 경향이 있었다. 일본이나 중세 유럽에서처럼 때로는 이 이크타가 세습 영지로 변화했으며, 일부는 독립 왕국이 되었다. 하지만 이 같은 정복국가와 분봉지 소유자는 경작자 및 1차 생산자와 직접 거래하는 데 종종 어려움을 겪었다.

악바르 그리고 그의 계승자들의 재위 기간에 무굴 제국의 장군들은 지방 지배자들을 물리치거나 통합하고자 분투했다. 몇몇 예외를 제외하고는 무굴 제국군이 집중되면 인도 북부의 어떤 지배자든 제압할 수 있었으므로 노골적으로 저항한 지배자는 종국에는 모두 쫓겨났다. 무굴 정부는 패배시킨 지배자의 영토를 아예 직접 통치하거나 그보다 유순한 친척으로 대체해 버렸다. 일부는 무굴 제국의 통치에 복종하여 악바르를 모신 많은 라지푸트 왕가처럼 어느 정도 지방 자치권을 유지했다. 그에 따라 무굴 황제들은 복속한 왕가의 계승을 중재하고 협조적인 지배 가문에는 보호와 출세의 기회를 제공했다. 무굴 군대가 지배자를 쫓아낸 지방에서도 제국의 관리들은 농촌 경제를 지배하는 다양한 층위의 자민다르(토지 권리 보유자)와 마주하기 마련이었다.

자민다르는 대개 원주민 또는 정복자로서 하나 또는 여러 개, 수백, 심지어 수천 개의 마을을 거느린 지방의 강력한 전사 가문에 속해 있었다.[2] 악바르와 후계자들은 미경작지, 특히 변경 안팎에 있는 미개간 토지를 자민다르와 성직자, 그 밖의 유력 인사에게 주어 생산성이 완전히 갖추어질 때까지 세금을 거두지 않았다. 자민다르 대부분은 외부의 세금 수취인에게 무장 저항을 하는 오랜 전통을 지닌 지방에 기반을 둔 전사 귀족이었다. 무굴 제국은 정복한 영토 내에서 권력과 군사 인력 시장을 완전히 독점하지 못했기에 공공연한 저항에 직면하는 일이 잦았다. 한 통계에 따르면 악바르 재위 기간에만 중앙 정부가 기록할 정도로 규모가 큰 지주들의 무장 반란은 무려 144회나 일어났다. 물론 수확기 이후에는 소규모 분쟁이 빈발했지만, 평판과 경력을 염려한 지방관들은 보고하지 않았다.[3]

✻ 지방 엘리트에 의존한 무굴 제국의 지방 행정

악바르 재위기에는 전임자들과 동시대 인도 지배자들의 재위기와 마찬가지로 장군들이 적의 재물을 몰수하여 무굴 군대와 정부, 궁정의 운용 자금을 마련했다. 그러나 악바르는 약탈적이지 않고 세금 납부자와 징수자 모두에게 명확한 규칙과 기록이 있는 보다 중앙집권화하고 관료화한 혁신적인 세금 징수 모델을 개발하라고 지시했다. 악바르 정부는 물려받은 지지자들에다 이전부터 지주들과 관계를 쌓아 오고 지방 행정 경험과 지식이 풍부한 힌두와 무슬림 관리를 신참자로서 받아들였다. 무굴 정부는 가능한 한 자민다르의 권한을 제한하여 그들을 무굴 제국의 관리로 만들고자 노력했다.

바이람 칸이 섭정하는 동안 무굴 정부는 대체로 시르 샤 수르 재위 초기에 작성되어 시대에 뒤떨어지고 부풀려진 토지세 정보에 의존했다. 이러한 비효율성으로 국가 재정은 악화했는데 바이람 칸은 지지를 얻기 위해 아낌없이 자금을 써댔다. 따라서 악바르가 섭정에서 벗어났을 때 국고는 심각하게 고갈된 상태였다. 악바르는 토지세 체제를 개선하고자 많은 관리를 등용했는데, 그중 탁월한 인물은 바이람 칸을 모셨던 시아파 페르시아인 호자 무자파르 칸 투르바티와 시르 샤 수르를 모셨던 힌두 카트리(상인과 서기 자티(출생 집단)) 라자 토다르 말이었다.

1566년경부터 악바르의 세무관들은 황제 직할지인 할리사에서 자민다르에게 할당된 토지를 하나하나 직접 측량하고 가치를 평가하기 시작했다. 할리사에 관한 정보는 분봉지나 이미 수조권이 수여된 곳보다 수월하게 얻을 수 있었다. 그러나 이 역시 오래 걸리고 논쟁의 여지가 많은 과정이었다. 제국 행정부에서 직접 관리하기 때문에 가장 확실한 할리사 영토에서조차 실제로 상당한 양의 토지를 정확하게 측량하고 평가하는 데 10년이나 걸렸다.

정부는 이처럼 한정된 지역 정보를 활용하여 농경 경제에 한층 체계적으로 접근할 수 있었다. 정부는 경작지, 거주지, 삼림지, 목

초지, 미경작지를 열거하고 이 토지들의 세금을 납부할 사람이 누구인지 정확하게 파악하기 위해 각 마을에 관한 공식 기록을 작성하는 데 힘썼다. 악바르의 관리들은 농지를 비옥한 정도와 농작물의 가치에 따라 세 가지 세율로 분류했으며, 이로써 토지의 세수를 예상할 수 있었다. 마을들은 파르가나(행정 단위로서 지구)를 형성했다. 그러나 영향력 있는 자민다르들은 때때로 자신들의 통제하에 있고 조사가 이루어지지 않은 마을들의 정보를 은폐하고 공물을 내거나 제국 관리와 협상한 비율로 세금을 냈다. 악바르의 선전 담당자라고 할 수 있는 아불파들 알라미가 과장되게 묘사한 바에 따르면, 객관적이고 표준화한 이 세수 체제는 제국 전역에서 원활하게 작동했다. 또 다른 동시대 비평가는 이와 대조적으로 이론상의 운영과 혼란스러운 착취 관행을 다음과 같이 묘사했다.

1574년 국가의 경작을 개선하고 경작자의 상황을 개선하기 위한 명령이 공표되었다. 나라의 모든 파르가나는…… 측량되고 모든 토지는 경작 시 1크로르 탕카(동화銅貨 1천만 개) 가치를 생산할 수 있는 단위로 나뉘었으며, 그 책임은 '크로리'라 불리는 장령에게 맡겨졌다. ……장령들은 임명되었지만 그들은 마땅히 해야 할 바를 수행하지 않았다. 나라의 많은 부분이 크로리들의 만행으로 황폐해지고 경작자의 아내와 아이들은 다른 나라로 팔려 나가 뿔뿔이 흩어졌으며 모든 것이 혼돈에 빠져들었다. ……선량한 많은 사람이 관리들의 가혹한 구타와 잔혹한 고문 때문에, 세리稅吏의 감

옥에서 당한 오랜 구금 때문에 죽어 나갔다.[4]

어느 자이나 상인은 크로리들이 자신의 돈을 얼마나 쉽게 빼앗아 갔는지 확인해 주었다.[5]

무굴 제국 정부는 군 복무 대가로 수여하는 봉토인 이크타 등 이미 부여된 토지에 대한 정보를 얻는 데 훨씬 큰 어려움을 겪었다. 실제 수확량 정보를 확보하고자 1575년경 중앙 정부는 수조권 대부분을 다시 거두어들이고, 수조권 보유자에게는 제국 재무부에서 현금으로 급여를 주었다. 수조권을 가진 사람 중 다수는 이를 거부했는데, 특히 공식적으로 정해진 수조권의 가치보다 실제 수입이 크게 웃도는 사람들의 반발은 당연히 심했다. 약 5년 뒤 중앙 정부는 한층 정확한 농업 생산량을 파악하여, 이전의 수조권 보유자가 자신의 권리를 문서로 증명하는 경우에는 재평가된 수조권 대부분을 이전의 보유자에게 자기르(봉토)로 내려 주었다. 그리하여 자기르는 특정 영역에서 토지세를 비롯한 다른 세금을 임시로 할당하는 것을 가리키는 용어로 널리 사용하게 되었다. 자기르다르(자기르 보유자)는 이런 세금을 징수하거나 추종자들에게 거둔 세금을 나누어 주었다.

모든 토지가 자기르다르들에게 다시 부여된 것은 아니다. 지역에 따라 비율은 제각각이지만 할리사로 남은 곳이 있었다. 할리사는 제국 정부, 황제와 그의 가문, 제국군 포병과 4천~5천 명 규모의 황제 직속 정예 기병대를 포함한 특수 부대를 운용하고 제국의 재정을 메우며, 자기르가 없거나 할당받은 공식 수입이 되려면 보조금을 지급받아야 하는 관리들의 급여를 지급하는 데 사용되었다. 중앙 정부는 분명히 제국의 심장부에서도 가장 생산력이 좋고 문제가 없는 땅을 할리사(황제 직할지)로 선택했을 것이다. 할리사에서의 토지세 비율은 황제가 토지세 수입을 통합적으로 통제하는 척도를 반영하는 동시에 재정적 완충 장치 역할을 했다. 악바르 시대 제국의 총수입 가운데 4분의 1 내지 3분의 1가량이 할리사에서 나왔다.[6]

무굴의 세금 체제가 효과적으로 작동하게 하려면 중앙 정부는 실제 작물에서 요구할 수 있는 세입의 최대치를 확실하게 파악해야 했다. 결론적으로 자브트(생산량을 현금으로 환산하여 세금을 현금으로 지불하게 하는 제도)하에서 악바르의 관리들은 측량된 토지에서 최근 10년간의 평균 생산량을 체계적으로 산출하여 그에 따라 세금 평가액을 정했다. 무굴 제국의 세금 징수는 국민총생산의 상당 부분을 차지했다(자브트하에서 요구된 수확량 비율에 대한 역사학자들의 의견은 분분하다. 합리적 추정치는 3분의 1 내지 2분의 1 사이인데, 실제로는 지역마다 비율이 달랐다).[7]

힌두스탄 영토의 최대 90퍼센트가 자브트 아래에 있었다고 알려졌다. 최근에 정복되거나 완전히 통제되지 않는 영토에서는 자브트가 적용되는 토지가 전혀 없거나 적었다. 대신 실제 세금은 1년에 한 번 세금 징수인과 그 지역 세금 납부자(자민다르 또는 경작자) 사이에서 이루어지는 협상에 따라 정해졌다. 무력 충돌은 양측 모두에게 값비싼 대가를 치르게 했지만, 계절에 따라 자주 발생하는 사건처럼 여겨졌다. 세금 징수인은 최소한의 비용으로 최대한 많은 세금을 거두어야 하는 반면, 세금 납부자는 저항할 때 드는 비용과 남겨질 생산물의 균형을 확보해야 했다. 그럼에도 반쯤 자치를 누리는 이크타 보유자에게 반쯤 독립적인 수령과 자민다르가 공물을 바치던 방식과 대조적으로 자브트는 악바르 정부가 행사한(또는 주장한) 새로운 수준의 중앙집권적 통제를 반영했다.

무굴 제국 관리들은 점차 토지 수입을 이전처럼 현물로 내기보다는 마을과 지방의 회계 책임자가 관리하는 문서에 기록된 시기에 현금으로 내도록 요구해 갔고, 이는 농촌 경제를 화폐화했다. 카스바(시장 도시)를 중심으로 활동하는 도매상들이 지역 작물을 구매함으로써 세금 납부자들은 세금으로 낼 현금을 갖게 되었다. 이 도매상들은 마을과 도시, 제국군, 식량이 부족한 지역의 시장으로 작물을 운송했다. 또한 거대 은행 가문들은 어음의 초기 형태인 훈디를 통해 제국 전역에서 상당한 자본을 움직였다.

악바르 생애 마지막 10년 동안 매년 은 100톤가량이 제국에 유입되었다. 대부분 아메리카대륙이나 일본에서 생산된 것으로, 인도의 수공예품과 천연자원을 구매하는 유럽인 상인을 통해 수입되었다. 무굴 제국의 조폐소는 은괴(혹은 금괴나 동괴)가 얼마나 되든 모두 받아들여 수수료를 받고, 몇몇 예외가 있기는 하지만 제국 전체에서 순도와 무게가 균일하고 표준화된 은화(혹은 금화나 동화)를 주조했다. 이로 인한 은 인플레이션은 이자율을 낮추고 생산 가격을 상승시켜 무굴 제국의 경제를 활성화하고 악바르 정부가 추진하는 역동적인 혁신에 힘을 실었다.

1580년대 초 악바르의 관리들은 지방 통치를 위한 표준 모델을 개발하고 시행하고자 힘썼다. 그들은 당시 무굴 제국의 통치 아래에 있는 영역을 지리적으로 잘 정의된 12개 수바(主州)로 나누었으며, 대부분 전통적인 지방 구획을 따랐다. 악바르 재위 후반에는 데칸의 술탄국들에게서 빼앗은 영토에 수바 세 개가 추가로 설치되었다. 각 수바에는 원칙적으로 수바다르(총독),* 디완(최고 세무 관리), 파우즈다르(군 지휘관), 수석 카디(최고 이슬람 재판관),** 사드르(수조권 관리관), 아흐바르 나위스(소식 작성자)가 있었다.

악바르 재위 초 일부 직책은 관리 두 사람이 공동으로 맡았지만, 그 후에는 한 명이 관직 하나를 맡는 것이 일반적이었다. 각 관리는 제국 중앙 정부의 담당 관리에게 일대일로 보고하여 견제와 균형 체제가 구축되었다. 각 수바 아래에는 사르카르가, 사르카르 아래에는 파르가나가 있었으며 관리 구성은 유사했다. 정기적인 전령 네트워크와 전서구 등의 통신 시스템은 제국의 관료제를 실질적인 정보 조직으로 만들었다.[8] 그러나 실제로는 힌두스탄 이외의 지역

---

* 수바다르ṣūbadār는 경우에 따라 시파흐살라르sipahsālār(군 사령관), 나짐nāẓim(조정자 · 조직자), 사히브 수바ṣāhib ṣūba(수바의 주인) 등으로 불렸다.

** 수바(주)에 있는 최고 카디는 카디 수바qāḍī-i ṣūba(수바의 카디)라고 불렸다.

제5장 악바르 황제와 무굴 제국의 제도

에서 모든 관직의 직무와 권한에는 커다란 차이가 있었다. 관리들은 직무를 수행하려면 그 지역의 거물이나 세금 납부자와 실용적으로 협상에 나서야 했다.[9] 관리가 저지르는 융통성 없는 요구, 지역의 관습을 무시하는 태도, 억압과 차별은 종종 억지하기 어려운 반란으로 이어져 무굴 제국과 관리의 경력 모두에 값비싼 대가를 치르게 했다.

항상 그런 것은 아니었으나 무굴 제국의 사법 체제는 원칙적으로 이슬람 순니파 하나피 학파 울라마(학자) 그리고 나중에는 악바르의 해석에 따랐다. 이 해석은 종교와 관계없이 모든 이를 위한 형법의 기초가 되고, 무슬림을 위한 민법의 기초가 되었다. 그러나 힌두교와 다른 종교 공동체는 구성원이 연루된 경우, 무슬림 법관에게 법률 자문을 제공했다. 게다가 자티나 마을, 공동체 내부의 갖가지 문제는 남성 장로 다섯 명으로 구성된 전통적인 마을 평의회인 판차야트에 의해 해결되었다. 그리고 무굴 정부가 공동체 내부의 일을 감독하기도 했다. 이를테면 남편을 잃은 힌두 미망인 사티(문자 그대로는 고결한 아내)*가 남편에 대한 치명적인 충실함을 입증하기 전

---

* '사실'·'진리'·'선함'·'덕스러움'을 뜻하는 사트sat의 여성 명사형으로, 남편의 주검을 화장하는 불에 함께 타 죽음으로써 남편에 대한 헌신 의지를 증명하는 과부(진리를 행한 자)를 지칭하는 데 사용되었다. 물론 남편에 대한 아내의 의무가 죽음도 갈라놓을 수 없는 결속임을 보여 주기 위해 강요되는 의무였다. 베다 시대(기원전 1500~기원전 500년)에 사티는 흉내만 내는 의식이어서, 과부가 장례 장작더미에 올라가 남편의 주검 옆에 누웠다가 친구나 친척의 손에 이끌려 내려온 후에 불을 지피는 경우가 일반적이었던 것 같다. 그러던 것이 10세기경 라자스탄 지방의 크샤트리아 계급을 중심으로 실제로 행해지기 시작했고, 15세기에 이르러 인도 남부까지 퍼졌다. 다만 사티는 인도 전역에서 모든 계급에 통용되는 풍습은 아니었다.

에 그녀의 의지를 확인했다. 최소한 이론상으로 사티가 되기를 바라는 여인은 황제 또는 황제의 대리인 앞에 나서서 이 자살 행위가 강압이 아닌 자신의 선택임을 증명해야 했다.[10]

악바르의 관리들은 확장하고 있는 제국 전역의 기록을 표준화하는 데 페르시아의 언어와 문자, 기술 용어를 이용했다. 페르시아어의 실용적 사용이 확산되면서 무굴 제국의 원주민 회계관과 관리들은 일하기 위해 이 언어를 배워야 했으며, 이는 사회 통합에 도움이 되었다. 이름난 전문가들은 공문서와 서신 작성의 본보기가 되고 연대기 기록관에게는 지침을 제시하는 매뉴얼 격인 《업무 편람 Dastūr al-'Amal》을 편찬했다.[11]

국가 봉사의 오랜 전통을 지닌 힌두 카트리와 카야스트* 자티 출신 중급·하급 관리들이 무굴 제국에 합류했다. 이들은 정기적인 성과 평가로 공로와 영향력에 따라 급료를 받는 직책에서 일했다. 그들의 직업은 세습되었으나 그들이 맡은 직책까지 반드시 세습되는 것은 아니었다. 무굴 제국 바깥에서도 페르시아어 용어와 분류가 다른 왕국의 지방 세입과 문서에 쓰이기 시작한 반면, 토착어는 여전히 유지되어 문서는 이중 또는 다중 언어로 기록되기도 했다. 또한 무굴 제국 궁정이 예절, 문학과 그 밖의 예술의 문화적 모범으로 널리 주목받으면서 시장 도시인 카스바는 물론이고 심지어 촌락

---

* 카트리는 회계와 세무·상업 등에 종사하는 카스트, 카야스트는 서기 카스트이다.

에서마저 남성들은 페르시아어를 배웠다.[12]

악바르의 관리들은 무굴 제국의 통제력을 지방에까지 확대하면서 '정치적 사회화'를 이용했다. 자민다르(토지 권리 보유자)를 반쯤 관리로 만들어서 제국을 위해 정기적으로 세금을 거두고 악바르의 이름으로 질서를 유지하게 했다.[13] 무굴 제국의 공직이 유망해 보이자 자민다르와 그 아들들은 직접 제국의 궁정에 등록하고 출사하기를 열망했다. 막대한 신민 인구에 비하면 무굴 제국의 관리 자리는 상대적으로 적었기 때문에(대략 신민 10만 명당 고위 관리 1명), 제국 정부가 원활하게 기능하려면 자민다르 등 지방 엘리트의 자발적 내지 강제적 협력에 크게 의존할 수밖에 없었다.

무굴 제국의 만사브 제도

과거 인도의 지배자 대부분은 휘하 장군을 그때그때 개인적으로 평가하여 칭호와 보상, 이크타(군 복무 대가로 주어진 봉토)를 내렸다. 악바르의 측근들은 토지세·자기르·지방 행정 제도를 하나로 묶은 체제를 개발하는 한편, 최고위 장령과 관리를 위한 10진법식 계급 구조인 만사브 제도를 만들어 냈다. 멀리는 4세기 전 악바르의 조상 칭기스 칸에서 가까이는 시르 샤 수르에 이르기까지 10진법에 따라 군대를 조직했지만, 무굴의 이 제도는 훨씬 정교하고 관료적이었다.[14]

1574년 즈음부터 악바르는 무굴 제국 관리 가운데 상위 약 1천 명에게 10에서 5천까지의 숫자로 계급을 부여했다. 실제로 사용된 숫자는 33개가량인데, 각 숫자에는 구체적인 수입과 더불어 만사브다르(만사브 보유자)가 모집하고 유지해야 하는 기병(또는 다른 군인)의 숫자가 정해져 있었다. 500 이상의 숫자를 부여받은 만사브다르는 아미르(귀족)로 분류되었다. 따라서 만사브 체제는 한 개인이 경력을 쌓는 동안 이동할 수 있는 계급을 만들어 낸 것으로, 이 계급은 전통에 따라 행정상·군사상 책무를 통합한 것이다(사법은 훈련과 직무가 완전히 다른 분야였다).

특정 관직에 특정 계급이 고정되지는 않았다. 충독이 어떤 만사브라고 하여도 후임 만사브는 그보다 높을 수도 낮을 수도 있었다. 그러나 관리가 승진했는데 그의 만사브가 그 관직보다 낮다고 판단되면 만사브가 임시로 올려졌다. 또한 만사브다르는 관직에 있어 임기가 정해져 있지 않았고 그들의 경력은 다양했다. 악바르는 원정이 있거나 중대한 국면에 처했을 때 또는 실정을 저질렀다는 보고가 있을 때, 그들을 다른 곳으로 보냈다. 이 제도가 자리를 잡자 무굴 황제는 만사브다르의 승진과 좌천을 통해 보상하고 처벌할 수 있는 세밀하게 규제된 절차를 갖게 되었다.

악바르의 혁신적인 만사브 제도에는 새로운 관료적 특성이 많았지만, 개인적이고 가산제家産制적인 특징이 많았다. 무굴 제국에는 동시대 중화 제국의 과거와 같은 시험 제도가 없었다. 오히려 임명과 승진은 모두 (이론적으로는) 악바르의 개인적인 검증과 인간의 진정한 가치에 대한 초인간적 통찰력을 바탕으로 이루어졌으며, 보통 악바르가 신뢰하는 고관들의 추천을 받았다. 이 제도가 처음 시행되었을 때 많은 장군은 주어진 계급이 자신에게 걸맞지 않다고 여겨 반대했다. 이 계급 구조에 따라 한 만사브다르는 다른 만사브다르에 비해 명백하고 공공연하게 위 혹은 아래 혹은 동등한 위치에 있게 되었다. 그리하여 만사브다르들은 서로 우위를 차지하기 위해 경쟁하고 계급과 승진에 불만을 제기했다.

만사브는 일반적으로 세습되지는 않지만 혈통은 분명히 처음 부여받는 계급과 이후의 경력에 영향을 미쳤다. 보통 만사브다르는 5천이 상한선이나 무굴 제국의 왕자들은 그 이상 최고의 만사브를 부여받아 각자의 가문과 군사력, 파벌을 지탱할 최대의 수입을 얻었다. 그렇지만 왕자들 사이에도 나이나 어머니의 지위, 황제의 심중에서 차지하는 위치에 따라 계급은 불평등했다. 패배하여 복속한 지배자들은 통상적으로 처음에는 매우 높은 계급을 부여받았다.

만사브다르의 아들과 손자는 대개 무굴 제국을 위해 일했기 때문에 하나자드('집에서 태어난 사람'이라는 뜻으로, 황제에 대한 평생의 충성을 강조한다)라 불렸다. 관행적으로 아들들은 처음에는 아버지보다 낮은 계급을 받은 다음 전투나 효율적인 행정 처리를 통해 올라가야 했다. 그러나 고위 만사브다르의 아들은 관례상 다른 신참자보다 높은 계급에서 시작하고 빠르게 승진했다. 만사브다르 일족에서 위계가 낮은 사람은 대체로 지위가 낮은 만사브다르로서 소규모 부대를 이끌며 일족 내에서 위계가 높은 친척을 모셨다. 그리고 한 지방에서 다른 지방으로 함께 이동하는 일이 잦았다. 또한 만사브다르가 죽으면 황제는 그 아들을 등용하거나 승진시킴으로써 그를 기렸으며, 더러는 죽은 아버지의 만사브(계급)와 칭호를 그대로 내렸다.

중요한 사실은 악바르가 의식儀式을 통해 만사브다르 한 명 한 명을 자신과 개인적으로 결속시켰다는 점이다. 각 만사브다르는 악바르에게 깊이 엎드려 절하고 나드르(충성의 표시로 윗사람에게 건네는 선물. 일반적으로 선물은 금화였지만 보석이나 고가의 귀중품인 경우도 있었다)를 바쳤다. 만사브다르와 조공을 바치는 지배자·지주는 황제에게 다가갈 때 그리고 황제의 생일이나 즉위 기념일과 같이 특별한 때는 피슈카시(돈, 귀중품, 희귀한 동물 등을 바치는 선물)를 바쳤다. 그 보답으로 악바르는 명예의 예복인 힐라 일체를 하사했는데, 자신이 입었던 의복을 선물 받는 자에게 입힘으로써 악바르의 육체적 본질을 스며들게 한다는 상징적 의미가 있었다. 무굴의 이 관습은 중앙아시아 전통에서 기원했지만, 질적인 면과 양적인 면 모두에서 정교하게 변화했다.[15] 만사브다르들은 악바르를 가까이에서 섬기기를 열망했다. 궁정에서의 눈에 띄는 행실은 악바르의 눈을 사로잡아 원하는 관직을 얻을 수 있었다. 물론 잘못된 행동으로 악바르의 불만을 사면 경력을 망칠 위험이 있었다.

유일한 계급 구조인 만사브 제도는 다양한 종족 출신 장령과 관리를 악바르에게 충성하는 종복으로 만들었으며, 이는 종족이나 종교에 대한 그들의 충성심에 영향을 미쳤다. 그런 한편 만사브다르들은 혈연이나 종족 정체성, 종교적 신념, 공통의 이익 등에 기반하여 장기적 또는 단기적 동맹을 맺어 파벌을 형성했다. 악바르의 부인들과 여성 친족 역시 이런 파벌에 참여하여 악바르에게 직접 로비를 하거나 조신에게 간접적으로 영향을 주었다. 그리고 황제에 대한 개인적 충성심과 각자의 야망, 파당 사이의 연대에 긴장이 생겨났다.

중앙 정부는 각 만사브다르에게 하나 혹은 그 이상의 자기르를 수여했으며, 가끔 국고에서 이를 현금으로 대체하거나 보충했다. 여하튼 그 총합이 해당 인물이 보유한 만사브의 공식 수입이었다. 최하위급을 제외한 만사브다르는 각자 대리인을 두어 자신의 자기르에서 평가된 세금을 징수했고, 이 대리인은 무굴 제국 지방 정부의 감독하에 자민다르에게서 돈을 받고 수령증을 발급했다. 세금 징수 과정에서의 남용 행위를 예방하기 위해 특정 지방을 관할하는 만사브다르는 그 지방 내에서 자기르를 받지 않는 것이 관례였다. 하지만 현실적인 이유로 해당 관직의 관할 구역 근처, 심지어는 관할 구역 내에 위치하는 경우가 있었다.[16]

중앙 관리를 위한 공식 정책에도 불구하고 자기르의 평가 가치와 실제 수입 사이의 불균형은 발생했다. 각별히 명망 높은 만사브다르는 수익성이 뛰어난 자기르를 받는가 하면, 자기르를 할당하는 중앙 정부의 관리에게 존경받지 못하는 만사브다르는 실제 수입이 공식 세금 평가액보다 적게 발생하거나 세금을 징수하기 위한 비용이 많이 드는 자기르를 받았다. 그뿐 아니라 직책에 따라 발생하는 실제 지출에는 상당히 차이가 있었는데, 어떤 만사브다르는 잉여 수입이 발생하는 데 반해 어떤 만사브다르는 과다 지출을 해야 했다. 시간의 흐름에 따라 자기르 제도는 불균형을 시정하고 그때그때 상황에 대처하기 위해 계속 수정해야 했다.

수입이 충분하지 않았기 때문이든 사리사욕 때문이든, 만사브다르는 계급에 규정된 수의 기병을 고용하지도 필요한 전마戰馬를 공급하지도 않았다. 중앙 정부가 병사 한 사람의 급여를 정해 두었지만 만사브다르는 협상을 통해 보수를 조정했다. 중앙 정부는 만사브다르들이 정해진 군사 의무를 이행하도록 하는 한편 그들의 병력 동원 능력을 확인하고자, 1574년경부터 병사의 외모와 거주지·출신 종족 등을 기록한 공식 소집 명부와 전마로 인가되어 낙인dāgh(이중 계산을 방지하는 역할을 했다)을 찍은 모든 말을 점검했다. 또한 중앙아시아와 라지푸트 만사브다르는 병사를 전적으로 혹은 주로 자신의 종족 내에서 고용해야 한다는 일반적인 종족 할당제가 있었다. 이 같은 관료적 감독은 더러 분노를 샀는데, 스스로 특권을 가진 귀족으로 여기는데 자신의 명예가 의심받는다고 느껴 적의를 품거나 이 제도를 악용하는 만사브다르가 특히 그러했다.

제5장 악바르 황제와 무굴 제국의 제도

한때 소집 명부와 전마를 감독하는 관리로 근무한 역사가 압둘카디르 바다우니는 만연한 남용을 이렇게 적었다.

아미르(귀족)는 그들이 원하는 대로…… 자신의 하인과 말 탄 수행원에게 군복을 입혀서 그들을 검열에 데려왔다. ……그러나 자기르를 얻고 나면 이들을 해고하고, 새로운 위기 상황이 닥치면 필요한 '빌린' 군인들을 소집하여 목적을 달성한 후 또 그들을 돌려보냈다. 따라서…… 힌두이건 무슬림이건 많은 하층 상인, 면화 직공과 세탁부, 목수, 청과물 장사치가…… 빌린 말을 데려와 낙인을 찍고 지휘권을 받았다. ……며칠 지나면 상상 속 말과 환상 속 안장은 흔적도 없이 사라져 그들은 보병으로 의무를 수행해야 했다. 소집 때 악바르 황제 폐하의 눈앞에서 벌어졌는데…… 군인은 모두 고용된 사람들이고 의복과 안장은 모두 빌린 물건임이 드러났다. 그러자 폐하에서 말씀하시기를, "내가 눈을 뜨고 있으니 이 사람들에게 살아갈 수 있도록 뭔가를 주지 않을 수 없네"라고 했다.[17]

실제로 악바르 정부는 불균형과 불공정을 인지하여 1585년 상호 연결된 자브트·자기르·만사브 제도에서 발생하는 남용을 조사하기 위해 관리를 임명했다. 하지만 실질적인 개선은 거의 이루어지지 않았다.

팽창하는 무굴 제국 내에서 만사브다르가 관직을 순환하여 근무함에 따라 그들의 자기르 역시 옮겨졌다. 재위 초기 악바르는 특정 지역에 정착하여 그곳에서 깊은 유대감을 형성한 일부 만사브다르 가문을 몰아내 먼 지방으로 분산시킨 것을 주요 업적으로 선전했다. 그러나 시간이 지나자 악바르는 현지에 정통한 만사브다르가 세금 징수와 통치, 영토 방위 등에서 유리할 수 있다는 사실을 깨닫고 관직 순환을 늦추었다.

황제의 통제력을 더욱 강화하기 위해 악바르는 만사브다르가 사망하면 그의 개인 재산을 몰수하여 물려받았다. 그런 까닭에 만사브다르들은 호사스러운 건물을 지을 이유가 없었다. 어차피 자신이 죽으면 황제가 총애하는 조신에게 줄 것이 뻔했기 때문이다. 그 결과 일부 만사브다르는 황제가 손대지 못할 종교 건축물 즉 무슬림의 경우에는 영묘나 모스크를, 힌두의 경우에는 사원을 지어 유산을 존속시켰다.[18] 그러나 각별히 총애하는 만사브다르가 사망하면 황제는 재산 대부분을 유족에게 돌려주기도 했다. 이 모든 조치가 만사브다르로 하여금 황제에게 의존하여 평생 봉사하게 만들었다. 만사브다르의 입장에서 중요한 자원은 군사와 행정 분야에서의 능력, 개인 재산, 지지자와 동맹의 지원이지 봉건제 사회처럼 소유한 봉토가 아니었다.

일시적으로 부여하고 순환시키거나 몰수하는 자기르 제도의 주요한 변형은 1596년경 시작되었다. 많은 라지푸트 왕가, 소수의 인도화한 아프간인과 이전의 지방 지배자는 본래 가문 소유였던 토지나 왕국을 영구적인 와탄 자기르(고향 자기르)로 인정받았다. 와탄 자기르는 표면적으로는 무굴 제국의 권위와 규제 아래에 있고 자기르다르에게 다시 할당되었다. 그러나 와탄 자기르다르는 그 지역의 자민다르(토지 권리 보유자) 및 경작자와 여전히 문화적·재정적 관계를 유지했다. 또한 와탄 자기르다르는 만사브가 올라가 공식 수입이 와탄 자기르의 세금 평가액을 상회하면 다른 곳에서 임시 자기르를 추가로 받았다.

팽창에 의존하는 국가의 군주 악바르는 무력과 위협을 이용해 이웃 국가를 끊임없이 합병하려 했다. 그는 "군주는 항상 정복에 몰두해야 하며, 그렇지 않으면 이웃들이 그를 상대로 무기를 들고 일어날 것이다. ……군대는 훈련이 부족하여 방종하지 않도록 항상 전쟁 훈련에 힘써야 한다"[19]라고 말했다. 무굴 제국 안팎 변경의 지배자들은 무굴 제국의 침략에 저항하거나 반격했다.

악바르는 실질적으로 모든 만사브다르가 행정 업무 외에 종종 군사 업무를 아울러 수행하기를 기대했다. 중앙아시아인, 라지푸트, 인도인 무슬림(메와티와 바르하 사이드(예언자 무함마드의 딸 파티마의 후손) 가문이 특히 유명)과 같은 일부 만사브다르는 전사 전통을 이어 가며 전장에서 탁월한 능력을 드러냈다. 다른 일부 만사브다르는 행정 분야에 특화되어 있었음에도 "붓의 사람에서 칼의 사람으로 승진하여…… 평화와 전쟁 모두의 장인이 되었"[20]을 때 가장 큰 영예를 누릴 수 있었다. 예컨대 브라만 시인 마헤시 다스(아마도 계보학자이자 찬양 가수였을 것이다)는 다른 궁정에서 문학으로 쌓은 명성 덕택에 악바르에게 등용되었다.[21] 마헤시 다스의 예술성에 깊은 인상을 받은 악바르는 1572년 그에게 카비 라지Kavi Rāj('시의 왕'이라는 의미의 산스크리트어) 칭호를 주었다. 마헤시 다스는 브라즈바샤어로 훌륭한 산문과 시를 짓고 재치로 궁정에 생기를 불어넣었을 뿐 아니라 가축 시장 감찰관과 민사 분쟁 판사로도 임명되었다. 악바르는 여기에서 그치지 않고 원정 시 여러 차례 장령으로 임명하며 '전사로 유명한 왕'이라는 뜻의 산스크리트어 칭호인 라자 비르발을 추가로 부여했다. 라자 비르발 마헤시 다스는 유능한 지휘관임을 증명하여 2천 만사브의 지위에 이르렀다. 그러나 1589년 예순 살의 라자 비르발은 북서 변경에서 유수프자이 파슈툰인이 일으킨 봉기를 진압하던 중 잘못 판단하여 매복 공격을 했는데, 그 자신은 물론 병사 8천 명이 모조리 전사하여 악바르에게 최악의 군사적 참패를 안겼다.

라자 토다르 말은 행정 전문 관리로 명성을 얻은 동시에 공병과 전장의 지휘관으로 활약했다. 4천 만사브의 지위에 이른 토다르 말은 악바르가 은퇴를 허락하지 않는 바람에 재임 중에 예순여섯의 나이로 사망했다.[22]

악바르의 제국이 확장됨에 따라 정부의 업무는 한층 복잡해지고 군사적 · 비非군사적 직무 사이의 차이는 커졌다. 그러자 1595년 무렵 중앙 정부는 만사브 제도를 대폭 수정하여 만사브다르의 군사적 의무를 가중하지 않고도 개인의 계급이 올라갈 수 있게 했다. 만사브다르는 개인의 지위를 나타내는 다트와 별도로, 거느려야 하는 기병의 숫자를 나타내는 사바르를 수여받았다. 이후에는 이를 반영하기 위해 만사브다르의 계급을 3,000/2,500만사브의 형식으로 표기했다. 여기에서 뒤의 숫자는 해당 만사브다르가 황제를 위해 모집하여 급여를 지급하고 지휘해야 할 군사의 숫자이다. 두 계급이 늘 일치하지는 않았으며, 군인의 성격이 더 강한 관직으로 임명될 경우 일시적이나마 때때로 사바르가 증가되었다. 하지만 만사브다르의 계급을 표시하는 것은 다트였고, 다트 숫자가 절대로 사바르 숫자보다 작아서는 안 되었다.

전사 정신은 만사브다르의 핵심이었으며, 자기르는 만사브다르의 주된 수입원이었다. 그러나 많은 만사브다르가 대금업, 상업 투기, 사치품 생산에 직간접적으로 관여했다.[23] 만사브다르에게 장사는 문화적으로 혐오의 대상이었으므로 힌두나 자이나 장사꾼을 이용해 이익을 냈다. 1564년 전통을 충실하게 따르는 아미르(귀족)들이 라자 토다르 말에게 재정을 맡긴 악바르에게 불만을 제기하자, 악바르는 "너희 모두 개인적인 업무를 관장하는 힌두를 두고 있다. 우리가 힌두를 쓰는 데 문제 될 게 있느냐?"[24]라고 답했다. 이런 상업 대리인들은 만사브다르의 호의에 의존했다. 어느 대리인의 아들이 한탄한 것처럼, 그들은 만사브다르에게 재산을 빼앗기더라도 돌려받을 방법이 없었다.[25]

만사브다르는 관직을 개인의 이익에 이용했다. 어떤 만사브다르는 상인들에게 할인된 가격으로 상품을 팔거나 시장 가격보다 높은 가격으로 물품을 사들이도록 강요했다. 또 어떤 만사브다르는 대금을 지불하지 않기로 악명 높았다. 그렇지만 만사브다르는 상업을 보호하고 육성해야 할 공적 의무가 있다는 사실을 대체로 인정했고, 자신이 다스리는 지역에서 도로의 치안을 유지하고 절도를 처벌하는 일에도 열심이었다.

고위 만사브다르는 악바르처럼 가문이 사용하거나 선물·판매할 사치품을 생산하는 공방인 카르하나를 보유했다. 하렘의 여성들을 포함한 일부 조신은 원양 항해 선박과 상업에 투자했다. 그러나 무굴 제국은 동시대 일부 국가와 달리 부유한 상인들이 계급을 돈으로 사는 것을 허용하지 않았으므로 상인 계급은 대체로 직접적인 정치권력에서 배제되었다.[26]

전장에서든 궁정에서든 무굴 제국을 위해 일한다는 것은 잠재적으로 엄청난 보상을 받을 가능성이 있지만 그만큼 불확실하고 험난한 길이었다. 많은 만사브다르가 전투에서 전사하고 가끔은 서로 암살했다. 그리고 궁정에서는 악바르의 관심과 후원을 얻어 내기 위해 끝없이 경쟁했다. 게다가 악바르는 고위직을 지낸 경력과 상관없이 만사브다르들을 강등·해임·투옥·추방·처형했다. 일부 생존자는 그의 용서를 받아 복직되고 승진하기도 했다.

악바르는 최소 한 차례의 암살 시도를 넘기고 살아남았으며, 전장에서 치명적인 상처를 입어 죽을 고비를 여러 번 넘겼으며, 무모한 사냥에 나서 미쳐 날뛰는 짐승과 몇 차례나 마주하는 바람에 심각한 부상을 입기도 했다. 이 중 한 사건에서 악바르가 사망했더라면 무굴 제국의 운명은 크게 바뀌었을 것이다. 어쩌면 제국 자체가 산산조각 났을 수도 있다. 살아 있는 악바르의 세 아들은 단 한 사람만이 황제 자리를 차지할 수 있음을 알고 있으므로 제각각 음모를 꾸몄다. 두 아들은 악바르에 앞서 죽었다.

악바르 황제와 측근 만사브다르들은 전례 없이 광범위하고 발전된 행정·군사 구조를 고안하여 운용했다. 무굴 제국의 중앙 정부는 팽창하는 제국 전체에 적용할 공평하고 획일된 토지세, 자기르, 지방 행정, 만사브 모델을 구상했다. 하지만 실제로는 많은 편차와 지역적 차이가 존재했다. 악바르는 열네 살부터 예순네 살까지 통치하는 동안 개인적으로도 크게 변모했으며, 그와 측근들은 여러 차례 수도를 건설하고 이념을 발달시키며 전쟁을 벌였다.

무굴 제국의 역사

A SHORT
HISTORY OF
THE MUGHAL
EMPIRE

제6장

수도에 따른 악바르 황제 재위기의 변화

"나는 진리를 쫓을 뿐······."
―1581년 악바르가 안토니 데몬세라트 신부에게[1]

악바르는 긴 재위 동안 여러 차례 수도를 옮겼다. 그가 재조직한 군대가 무굴 제국을 확장하는 동안 악바르와 그의 참모진은 황제를 중심으로 한 무굴 제국의 독특한 문화와 정책, 만사브다르 조직을 진화시켜 나갔다. 악바르에게 계승된 중앙아시아의 전통은 군주가 영토 곳곳을 돌아다니는 행위를 중시했고, 궁정은 국가의 중심이며 황제는 종종 직접 명령을 내렸다. 실제로 무굴 황제들은 궁정 단지를 군대의 야영지처럼 조직했고 그 반대도 마찬가지였다.[2] 바부르의 궁정이 평등한 공간이었다면, 악바르의 궁정은 정교한 의식과 위계를 갖춘 공간이었다.

악바르가 발전시킨 이념과 여러 종족 공동체의 관계는 황제로서의 경력과 그 개인으로서의 정신적 편력을 반영했다. 악바르는 자신과 지지자들이 제위를 안정시키고 나자 제국 안에서의 자신의 역할 그리고 우주 안에서의 자신의 역할에 대한 비전을 구현할 넓은 범위의 기회를 가질 수 있었다. 그는 언제나 저마다 목적을 가진 영토 안팎의 강력한 집단들의 압박에 직면했다. 악바르와 여러 종교의 관계는 전반적으로 매우 논쟁이 활발한 분야다. 악바르 시대로부터 오늘날까지 악바르의 이미지를 형성함에 있어 사람들은 화해할 수 없을 정도로 서로 다른 주장을 강력하게 전개해 왔다.

50년이라는 긴 악바르 재위기에 티무르 왕조 친척들의 도전과 정략혼은 물론 토지세·자기르(봉토)·지방 행정·만사브(계급) 제도의 점진적인 변화 등 많은 발전이 있었다. 그럼에도 악바르 시대 만사브다르의 구성, 군대 파견, 종교적 믿음과 관행 등은 뚜렷한 단계를 보였으며 그 단계들은 악바르의 수도 네 곳과 연관되어 있다.

아그라는 후마윤이 힌두스탄에서 재위했을 때부터 제국의 중심지였다. 악바르는 황위에 오르고 첫 14년 동안 가끔 다른 곳을 방문했지만, 대체로 아그라에 기반을 두고 활동했다. 이후 악바르는 새로운 목표를 가지고 설립한 궁정이자 수도인 파테푸르시크리(파테푸르는 '승리의 도시'라는 의미)로 옮겨 가는 결단을 내렸고, 14년 동안 주로 그곳에 머물렀다. 인접한 두 도시 파테푸르시크리와 아그라는 모두 무굴 제국의 중심부인 힌두스탄의 전략적 요충지였으나, 궁정 문화는 판이하게 달랐다. 1585년 악바르는 갑자기 파테푸르시크리를 떠나 불안정한 서부 변경과 가까운 라호르에 궁정을 세웠다. 라호르에서 또다시 14년가량 머물면서 그는 신드강 하류와 카슈미르, 칸다하르를 확보하는 등 무굴 궁정과 제국을 놀라운 방식으로 발전시켰다. 악바르는 생애 마지막 7년을 무굴 제국을 데칸 방면으로 확대하는 데 전념하다가 아그라로 돌아와, 반란을 일으켜 알라하바드에서 줌나강을 따라 세력을 키우고 있는 맏아들 살림 미르자를 제압했다.

아그라 시기, 1556~1571년

섭정기와 친정기 첫 10년 동안 젊은 황제 악바르는 대체로 아그라에 머물며 주기적으로 성벽 너머로 사냥, 원정, 시찰, 유람, 종교 여행을 나섰다. 아버지 후마윤의 유산에 대한 통제력을 확고하게 하기 위해 악바르는 후마윤이 델리에 세운 딘파나흐Dīn-Panāh 단지 인근에 아버지를 위한 장엄한 영묘를 건설(1562?~1571년)하는 일을 허락했다. 건축학적으로 무굴 제국의 문화를 보여 주는 이 기념물은 이슬람 티무르 왕조의 전통에 페르시아의 요소를 더한 것이다.

1565~1573년 악바르는 아그라의 방위를 재건하고 강화하는 데 막대한 자원을 퍼부었다. 이는 젊은 악바르가 충분히 일어날 가능성이 있는 군사 문제를 우려했음을 보여 준다.

악바르는 아그라 성채에 그의 초기 건축 미학을 보여 주는 궁전

Town and Fort of Agra.

그림 4   아그라를 묘사한 19세기 목판화. 아그라는 11세기 사료에 처음 등장하고 1505년 로디 왕조의 수도가 되면서 전략적 요충지이자 교역 중심지로 성장했다. 악바르가 수도로 삼은 이후 1648년 샤 자한이 샤자하나바드로, 1658년 알람기르로 델리로 궁정을 옮겨 갈 때까지 아그라는 학문, 예술, 상업, 종교의 중심지로서 황금기를 누렸다. 악바르의 손자 샤 자한은 악바르를 기리는 의미로 악바라바드라고 불렸고 이곳에 타지마할을 건설했다.

그림 5   후마윤 황제 영묘. 붉은 사암으로 지어진 이 영묘는 인도 최초의 정원 무덤이자 무굴 건축 예술을 보여 주는 좋은 사례로 꼽힌다. 페르시아인 미라크 사이드 기야스와 그 아들 미라크 기야스가 설계하고 완성했다. 여기에는 후마윤과 부인 베가 베김을 비롯해 샤 자한의 아들 다라 슈코흐 등 여럿이 묻혀 있다. 타지마할 건축에 영향을 주었다.

단지를 조성했는데, 하얀 대리석으로 균일한 붉은 사암 표면을 강조한 디자인이었다. 궁전 단지는 각 기능에 맞는 방들이 있는 하나의 궁전이 아니라 서로 분리되어 있으면서 궁정, 행정, 가문 등을 위한 고유의 기능을 수행하는 여러 건물로 구성되었다.

악바르는 매일 대중 알현실 디완 암에 머물렀으며, 이곳의 출입에는 허가가 필요했다. 궁정 단지 깊은 곳에 있는 특별 알현실 디완 하스에서는 악바르가 옥좌에 앉아 그 앞에 모인 만사브다르와 귀빈을 맞았다. 사람들은 악바르를 중심으로 위계에 따라 반원형을 이룬 다음 팔짱을 끼고 공손하게 서 있다가 고관부터 관직에 따라 순서대로 바깥으로 이동했다. 악바르의 집사 또는 악바르에게 불려 옥좌로 다가간 이는 지위와 관습에 맞는 방식으로 복종을 표하고 충성의 표시로 건네는 선물 나드르와 공물을 바친 뒤, 악바르가 내리는 말에 공손히 답하고 나면 명예의 예복인 힐라 등을 하사받았다. 그러고 나서 조신은 있던 자리나 새로 지정 받은 자리로 물러났다.

궁전 단지의 더욱 깊은 곳에는 몇몇 선택받은 남성과 여성만이 들어갈 수 있었다. 황제의 사적 알현실인 구살하나(원래는 욕실을 의미한다)는 황제가 업무를 보거나 특별히 초대된 고관 내지 동무와 대화하는 매우 의례적인 공간의 역할을 했다. 그 안쪽에는 여성들이 기거하는 공간인 하렘이 있는 건물이 있었다. 하렘의 여성들 간 왕래와 고관 부인들의 방문은 그곳을 생기 넘치는 사회로 만들었다. 그러나 무굴 왕실의 여성들은 시간이 지날수록 이전 세대에 비해 대중 세계로부터 고립되었다.

 악바르는 관습에 따라 혼자 식사했다. 이는 수행원과 고관 들에 둘러싸여 악바르만 먹었다는 의미이다. 왕실 만찬은 일생 동안 엄청난 양의 아편을 먹은 악바르가 인사불성이 되면 손님들은 슬그머니 물러나고 하인들이 은밀히 악바르를 침실로 데려가면서 끝이 났다. 의식이 거행될 때나 악바르가 티무르 왕조의 전통을 떠올린 매우 드문 경우에는 선택된 고관들이 그와 함께 식사했다.

 악바르는 궁전 단지 내에 자신과 가문 구성원, 조신을 위한 독립된 모스크, 그들의 청결을 위한 함맘(욕실), 식사하는 사람의 지위에 맞는 양질의 음식을 만드는 주방을 지었다. 요새 기능을 하는 아그라의 성채에는 상당 규모의 근위대와 수비대를 위한 거주 공간과 무기고, 코끼리와 말 등을 위한 축사를 갖추었다. 악바르는 축사를 모두 직접 관리한 것으로 유명하다.

 수많은 왕실의 하인과 장인, 그 밖의 근로자는 신분에 따라 궁정 단지 또는 주변 도시에 숙소가 있었다. 성채 내부나 그 인근에는 왕실 카르하나가 많이 있었고, 장인과 예술가는 카르하나에서 왕실의 의뢰를 받아 황제 가문이 사용하거나 다른 지배자 혹은 만사브다르에게 선물로 보낼 귀중품을 만들었다. 때때로 악바르는 왕실 카르하나에 물품 제작을 의뢰할 수 있도록 허용함으로써 고위 만사브다르를 예우했다. 만사브다르들은 카르하나와 부하들의 주택으로 둘러싼 궁정 단지의 축소판인 저택을 소유했기에 무굴 제국의 수도와 지방 중심지에는 유사한 단지가 다수 조성되었다. 따라서 무굴 제국의 의식, 복식, 예술, 건축이 인도 북부 전역으로 퍼져 나갔다.

악바르는 다양한 종족 출신 남성에게 만사브(계급)를 수여했으므로 만사브다르의 비중에도 점차 변화가 생겼다. 섭정에서 벗어난 악바르는 바이람 칸에게 고위 장령과 관리 들을 물려받았다. 대부분은 순니파 투란인(중앙아시아인)이었고, 3분의 1가량 차지한 시아파 페르시아인은 대개 행정 분야 전문가였다. 후마윤과 함께 이주한 페르시아인과 바이람 칸을 따라온 페르시아인도 있었다. 바이람 칸 정권에 합류한 인도인은 소수에 불과했다.

악바르의 아그라 시기에는 각 종족의 만사브다르 총수는 늘어났지만, 그 비율은 그때그때의 가용성과 악바르의 선호도에 따라 달랐다. 1565~1575년 투란인 만사브다르의 비율은 38퍼센트였다. 이는 과반수에서 감소한 수치지만 여전히 다수였다.[3] 페르시아인 역시 27퍼센트로 감소했다. 그러나 고위층에 해당하는 아미르(귀족) 가운데 투란인과 페르시아인은 각각 40퍼센트 정도 차지했다. 악바르의 라지푸트(왕의 아들)들과의 정략혼으로 만사브다르에서 라지푸트가 차지하는 비중이 증가하여 라지푸트와 다른 몇몇 힌두는 10퍼센트 정도 차지했다. 게다가 가족이 이슬람으로 개종한 많은 인도인이 만사브다르가 되어 14퍼센트에 달했으나, 아미르만 헤아리면 고작 9퍼센트에 그쳤다. 이는 점진적이기는 하나 인도 북부인이 실제로 무굴 제국에 통합되고 있었음을 반영한다.

악바르는 아그라 궁정을 문화적으로 돋보이게 하고자 인도뿐만 아니라 더 서쪽 이슬람 세계 전역에서 훌륭하고 몸값이 비싼 예술가들을 불러 모았다. 그가 총애한 조신 가운데 미얀Mīyān 탄센(본명은 람타누 판데이Ramtanu Pandey. 이슬람으로 개종한 뒤에는 무함마드 아타 칸 Muḥammad 'Atā' Khān으로 개명*)이라는 가수가 있었다.[4] 오늘날에도 탄센은 인도 고전 음악의 미학적 토대를 마련한 인물이자 으뜸으로 꼽히는 여러 라가**를 지은 인물로 존경받는다. 1562년 악바르는 괄리오르의 궁전에서 훈련받은 뒤 레와***의 지배자의 꼬임으로 레와에 갔던 탄센과 레와의 지배자를 강압적으로 초대했다. 이후 탄센은 악바르의 궁정에 머무르며 아낌없는 보상과 영예를 받았다. 그러나 만사브는 받지 못한 것으로 보인다.

1567년 악바르는 페르시아의 신예 시인 아불파이드(필명은 파이디, 1595년 사망)를 초빙했다. 그의 아버지 셰이흐 무바라크는 이단 혐의로 여러 차례 처벌받은 인물로, 그중 한 차례는 악바르에 의한

---

* 탄센의 이슬람 개종은 사실이지만, 저자의 서술과 달리 무슬림식 인명으로 개명하지는 않았던 것 같다.

** 라가rāga는 인도 고전 음악의 이론 용어. 선율법 및 그 선율법을 바탕으로 만들어진 멜로디를 가리킨다.

*** 인도 마디아프라데시주 북동부 레와를 중심으로 존재한 왕국. 지배 왕조는 13세기 구자라트를 지배한 라지푸트 바겔라 왕조의 후손들이었다. 탄센을 후원한 라자 람찬드라Rāmčandra(람 찬드 Ram Chand로도 표기) 시대 수도는 칼린자르Kālinjar(칼란자라Kālānjara)였지만 17세기 수도를 레와로 옮긴 이래 1947년 왕정이 폐지될 때까지 그곳에 머물렀기 때문에 '레와의 지배자'라고 표현한 것 같다.

것이어서 이 초청은 논란이 되었다. 전하는 바에 따르면 실제로 황제의 초대 소식이 도착하자 아불파이드는 피해야 할지 받아들여야 할지 갈피를 잡지 못했다고 한다.[5] 그의 동생 아불파들 알라미도 나이가 차자 궁정에 들어와 악바르의 주요한 선전 담당자, 대필자, 이론가, 역사가 그리고 신뢰할 만한 측근으로 성장했다.

그리고 악바르는 종이 위에서든 실내 벽면에서든 실력을 발휘하는 최고의 화가들을 후원했다. 그는 권위 있는 사파비 왕조 궁정에서 아틀리에의 예술가를 끌어모았다. 또한 인도인 예술가들을 후원하고, 인도의 다른 궁정에서 스카우트해 오기도 했다. 1582년경 이후 그의 아틀리에에서는 예술가 한 명에게 작품 전체를 맡겼는데, 이는 이전의 인도 전통에서는 거의 보이지 않던 획기적인 방식이었다.[6] 악바르는 차츰 페르시아와 인도의 미학을 결합한 독특한 양식을 장려했으며, 점성가 · 달력 제작자 · 서예가 · 연대 표시명 제작자 · 보석상 등을 후원했다.

동시에 악바르는 전임자들처럼 위협이 존재하거나 약탈 혹은 풍성한 세입이 약속되는 모든 방향으로 군대를 보내거나 몸소 이끌었다. 악바르의 초기 원정 중 서쪽 방면에서 벌어진 원정 상당수는 라지푸트들을 향한 것이었는데, 이와 대조적으로 협력하는 라지푸트와는 정략혼을 맺는 정책을 추진했다.

1562년 무굴 제국 군대는 마르와르의 라지푸트 라토르 왕조에게서 조드푸르를 빼앗았다가 그들이 굴복한 뒤 돌려주었다. 1567~

1568년 악바르는 메와르의 라지푸트 시소디아의 거점으로 전략적 요지에 위치하고 난공불락으로 여겨지던 치토르의 성채를 둘러싼 피비린내 나는 공성전을 3개월간 직접 지휘했다. 시소디아의 지배자는 포위 공격이 시작되기 전에 탈출했지만, 악바르와 지휘관들은 성채에 남은 용맹한 수비군과 남녀 모두 포로가 되느니 집단 자살(조하르)을 택하는 모습에 깊은 인상을 받았다. 승리한 무굴 제국 군대는 생존자를 학살했으며, 탈출한 시소디아의 지배자는 배후지에서 50년이나 더 저항했다.

다른 라지푸트 지배자들은 치토르에서 증명된 무굴 제국군의 공성 기술과 무지막지한 인내심을 목격하고는 무굴 제국과의 동맹 그리고 무굴 제국을 위한 복무에서 받을 보상에 매료되었다. 1569년 명성 높은 란탐보르 성채의 라지푸트 하다 왕조의 장군이 한 달간 공성전을 치른 끝에 명예로운 항복을 협상했으며, 칼린자르 성채를 포기한 바타의 라지푸트 바겔라 왕조 역시 협상했다. 1570년 비카네르의 라지푸트 라토르 왕조와 자이살메르의 라지푸트 바티 왕조 또한 악바르의 수위권을 인정하는 협상을 벌였다. 이후 악바르는 라자스탄의 중심인 아지메르에 위치한 자신의 성채를 강화하여 라지푸트에 대한 위협적인 지배력을 확보하고 잔존 저항 세력을 추적했다.

1564년부터 악바르의 무장들은 곤드[아디바시(원주민) 집단의 총칭]의 숲이 우거진 고향 곤드와나가 있는 남쪽으로 진출했다. 무굴 제국은 이전의 제국들과 오늘날의 인도공화국과 마찬가지로 삼림 지대 주민을 통제하는 데 어려움을 겪었다. 외부에 저항하는 성향을 가진 그들의 위치를 찾아내기 어려운 데다 깊은 숲에서 군대를 움직이기가 쉽지 않아서였다. 하지만 이 땅에는 유용할 뿐 아니라 오랫동안 왕의 존엄과 연관되어 온 야생 코끼리가 많이 살고, 막대한 재산을 축적한 몇몇 지배자가 있었다.

무굴 제국의 침략에 맞서려고 수많은 곤드 라자(지역 지도자, 통치자)가 가르하카탕가의 미망인이자 라지푸트 혈통을 자랑하는 왕조의 라니* 두르가바티를 중심으로 뭉쳤다. 두르가바티는 곤드 연합군을 이끌다가 전사했다. 그녀의 추종자들은 죽을 때까지 싸우다 집단 자살을 하거나 항복하거나 침략자들을 피해 도망쳤다. 그녀의 여동생 캄라바티는 악바르의 하렘에 들어갔다고 전해진다. 1567년 악바르는 무굴 제국에 복종한다는 조건으로 죽은 가르하카탕가 왕의 형제를 인정했다. 그러나 이 지역은 무굴 제국의 내부 변경으로 남았다.

악바르는 힌두스탄과 데칸 사이의 전략적 요지에 위치한 칸데시 술탄국을 향해 남진했다. 칸데시 술탄국은 무굴 제국과 신부를 교환했으나 그럼에도 때때로 적대적이었다. 악바르는 무굴 제국 군대를 칸데시와 그 너머 데칸을 향해 본격적으로 투입하지는 않았다.

---

* 라니rānī는 인도아대륙과 동남아시아에서 여성 군주 또는 라자 · 라나의 부인을 가리키는 데 사용된 칭호이다.

동쪽의 자운푸르, 비하르, 벵골, 오리사는 무굴 제국의 오랜 목표였지만 끊임없이 저항했다. 이 지역들의 자연 환경은 다양했지만 농경에 적합한 땅이 풍족했으며, 시장 도시 카스바와 장인 제조업(특히 의류)이 안정된 도시 중심지, 활발한 해외 수출 무역(유럽인 상인들의 출현으로 더욱 성장했다)이 이루어지는 바다가 있었다. 벵골만에서는 포르투갈인, 아라칸인 등 해상 세력이 오랫동안 교역선들을 약탈해 왔다.

바이람 칸이 인도 동부 일부를 정복한 뒤에도 그곳에 대한 무굴 제국의 행정력은 미약했다. 중앙아시아인, 페르시아인뿐만 아니라 힌두스탄인 만사브다르들에게 벵골의 습한 기후와 강변 지형은 낯설었다. 1560년대 중반 인도 동부를 맡은 무굴 제국의 관리들은 계속해서 젊은 악바르에 반기를 들고 하킴 미르자의 군주권을 받아들였다. 악바르 충성파 세력이 악바르의 권위를 잠시나마 되살렸을 때에도 인도 동부에 배치된 무굴 관리들은 이미 정착한 인도아프간인과 다른 지역 지배자, 자민다르(토지 권리 보유자)의 권력 구조에 침투하는 데 고전했다.

악바르는 군사 작전을 펴는 동시에 자신의 젊은 시절 신앙을 형성하는 데 기여하고 오랫동안 가문을 지지해 온 영향력 있는 사람들 사이에서 충성심을 구축하는 데 진력했다. 아그라를 중심으로 20대를 보낸 악바르는 그의 조상들은 물론 만사브다르들과 무슬림 신민 다수가 공유한 정통 순니파 전통을 대체로 존중했다. 악바르의 이러한 정통 순니파 정책은, 시아파에 동조한다고 알려진 바이람 칸에 대항하는 세력을 모으고 악바르 자신의 만사브다르 집단을 확고히 하는 데 정치적으로 유리하게 작용했다.

1570년대 악바르는 순니파 울라마(학자)들에게 재정적·이념적으로 지원했다. 법정에 일할 사람을 두고, 회중 기도를 주도하고, 군주에게 신의 축복이 있기를 빌고, 이슬람 학문을 가르치고, 아이들에게 읽기·쓰기와 산수의 기초를 가르치고, 힌두스탄을 도덕적인 사회로 만들려면 악바르의 국가에는 울라마가 필요했다. 악바르는 이들로 하여금 자신을 지지하고 섬기도록 하기 위해 정통 순니파 남성 무슬림을 수조권을 관리하는 사드르로 임명하고 울라마와 낙슈반드 수피 종단은 물론 인도에 기반을 둔 모든 종단의 수피 피르, 가난하지만 신실한 무슬림에게 세금으로 보조금을 지급하도록 했다. 악바르 자신은 매일 다섯 차례 기도하는 등 전통적인 순니파 신앙을 지켰다. 악바르는 셰이흐 압둘나비를 포함한 강력한 순니파 울라마의 지도 아래 천년왕국 마흐디주의자와 노골적으로 시아파 성향을 드러내는 일탈적 종파들을 처벌했다. 이 기간 동안 악바르는 비무슬림을 상대로 한 일부 군사 작전을 지하드로 규정했다. 여기에는 라지푸트 왕국이 다른 라지푸트 왕국과 싸울 때 한쪽 편을 들어 개입한 경우도 포함되었다.

사실 악바르는 젊은 시절부터 이전의 무굴 황제들과 델리 술탄들에 비교하면 전례 없이 가문, 궁정, 정부에 비순니파 신자와 이념, 관행을 광범위하게 받아들였다. 악바르 생전 그리고 오늘날까지 그를 교파를 초월한 인간이자 군주로 여기는 사람들은, 그가 어린 시절부터 어머니와 보호자 바이람 칸, 주변의 가까운 이들로부터 시아파의 영향을 받았다고 본다. 한편 악바르가 생애 후반에 보인 이단적 신앙을 강조하는 평자들은 무슬림, 비무슬림에 관계없이 그가 만난 카리스마 있는 많은 신비주의자들에게서 영감을 받았다고 본다.

더군다나 이 시기부터 악바르의 정책 대다수가 일부 힌두를 노골적으로 우대하여 정통 순니파 울라마들을 언짢게 만들었다. 1562년 이후 악바르는 힌두 라지푸트 신부 여러 명과 정략혼을 하고 새로운 인척과 기타 힌두 다수를 고위직에 앉혔다. 악바르의 중앙 정부에서 주요 관직을 받은 경우는 소수였으나, 그중 많은 수가 원정군 지휘관 내지 장령·지방관으로 임명되었다. 그뿐만 아니라 악바르는 힌두교 사원 몇 곳에 상당한 재정 지원을 했고, 비무슬림에게 부과되는 인두세인 지즈야와 힌두에 대한 순례세를 폐지하고 소와 공작의 도축을 금지했다.

하지만 악바르의 소 도축과 사원 파괴 금지했다고 해서 공개적으로 저항하는 힌두에게 관용을 베푼 것은 아니다. 1572년 악바르는 북쪽 히말라야산맥 기슭 구릉지에 위치한 왕국 캉그라에 군대를 보냈다. 캉그라의 라자 자이 찬드가 복속했다가 반란을 일으키기를 반복하자, 악바르는 아예 그를 투옥해 버렸다. 그런 뒤 악바르는 총애하는 조신이자 시인이고 장군인 라자 비르발 마헤시 다스에게 캉그라를 자기르로 하사했다. 자이 찬드의 어린 아들 비디 찬드가 다시 반란을 일으키자, 악바르는 펀자브 총독인 튀르크인 후사인쿨르 칸 휘하 군대를 보냈다.

악바르의 지휘관은 수비대가 용기를 잃게 하고 그들을 처벌하기 위해 캉그라의 유명한 마하마이 사원을 공격했다. 무굴 제국 군대는 사원의 라지푸트 수비대와 브라만 사제, 검은 소 수백 마리를 도륙했다고 전해진다. 이 시기의 어느 기록은 "야만스러운 튀르크인 몇몇은…… 벗어 든 장화에 소의 피를 채워 사원의 지붕과 벽에 뿌렸다"7라고 적었다. 수비군은 마침내 항복을 협상했고 후사인쿨르는 자이 찬드의 궁 근처에 모스크를 세웠다. 악바르는 후사인쿨르를 계속 총애하고 승진시켜 곧 5천 만사브를 내리고 두 차례 연속해서 총독직에 앉혔다.

반면 캉그라 지역 힌두들은 이런 모욕에 분노하여 자기네 자기르다르(봉토 보유자)가 된 브라만 출신 라자 비르발 마헤시 다스에게 저주를 쏟아부었다고 한다. 라자 비르발이 악바르에 대한 헌신과 이 사건 사이에서 어떻게 균형을 잡았는지는 알 수 없다. 그러나 이같은 일련의 사태는 악바르의 정책과 다양한 종교 정체성을 지닌 공동체의 관계가 얼마나 우발적인 상황에 따라 달라졌는지 짐작할 수 있게 해준다.

악바르는 10대 초반부터 40대 초반까지 정통 순니파 전통을 후원하고, 일률적이지는 않더라도 힌두교에 대한 후원을 늘려 가는 한편 현존하거나 이미 세상을 떠난 중요한 수피들과 강렬한 영적 관계를 가지려고 했다. 그의 헌신이 조상들이 선호한 순니파 낙슈반드 수피 종단으로부터 인도에 기반한 종단, 특히 이슬람에 대한 통합적인 비전을 수용하고 공공연한 정치 참여는 자제한 치슈트 수피 종단으로 옮겨 갔다는 사실은 의미심장하다.

악바르는 1556년부터 14년간 해마다 아그라와 약 360킬로미터 떨어진 아지메르에 있는 호자 무인 알딘 하산 시즈지 치슈티의 성지를 방문했으며, 1570년에는 도보로 순례하기까지 했다. 셰이흐 살림 치슈티에 대한 악바르의 헌신은 그의 새로운 수도 파테푸르시크리에서 더욱 구체적인 형태로 나타났다.

파테푸르시크리 시기, 1571~1585년

악바르는 파테푸르시크리에 변화하는 정책과 개인적인 종교 신념의 확장을 반영한 완전히 새로운 궁정과 행정 도시를 설계하고 건설하는 등 대단히 혁신적인 30대와 40대 초반을 보냈다.[8] 바부르는 1527년 카누아에서 거둔 승리를 기념하는 정원을 시크리에 세웠다. 하지만 악바르는 1571년 그곳에서 사망한 셰이흐 살림 치슈티에게 경의를 표하고자 새로운 도시를 건설했다. 시간이 지나면서 악바르는 셰이흐 살림 치슈티를 위해 새로 지은 거대한 이슬람 사

제6장 수도에 따른 악바르 황제 재위기의 변화

그림 6 치슈트 수피 종단의 수피 셰이흐 살림 치슈티의 무덤. 페르시아인의 설계로 1581년경 건설되었다. 흰색 대리석으로 지어져 붉은 사암으로 지어진 사원과 대조를 이루며, 뱀 모양으로 섬세하게 조각된 지지대가 지붕과 돔을 지탱한다. 시크리에 정착한 셰이흐 살림 치슈티는 맨발에 보잘것없는 옷을 걸치고 살았으며 성자로 명성이 자자했다. 자식이 없어 걱정하던 악바르에게 아들이 태어날 것을 예언했고 정말로 그 후 세 아들이 태어났다.

원 안마당에 정교하게 조각된 흰색 대리석 묘비를 세웠다. 악바르가 기대한 대로 여러 왕실 건물 인근에 조신과 아미르(귀족)들의 저택과 정원이 건설되었다. 이제 확고하게 옥좌를 장악한 악바르가 도시 전체를 성벽으로 에워싸고 출입을 통제했지만 파테푸르시크리를 요새화하지 않았다는 사실은 중요하다. 그러는 한편 악바르는 군대를 계속 움직여 해마다 전투를 치렀다.

악바르의 남서쪽 변경에는 오랫동안 무굴 제국 군대에 좌절을 안겨 주던 적대적인 구자라트 술탄국이 있었다. 구자라트는 벵골과 마찬가지로 농업과 수공업, 유럽·인도·아랍 선박을 통한 해외 무역으로 대단한 부를 쌓았다. 구자라트의 술탄들은 잠시 후마윤에게 굴복했다가 그가 인도에서 추방당하자 다시 독립을 주장했다. 악바르 재위 초기 구자라트의 뭍에서는 술탄과 이 지방에 정착한 아비시니아(자유인이 된 예출신 전사)와 티무르 왕조의 왕자들이 권력 투쟁을 벌였고, 바다에서는 오스만 제국과 포르투갈의 함대가 연해안과 해외 무역을 손에 넣기 위해 싸웠다.

1572년 분열된 구자라트 술탄국의 한 파당이 악바르에게 간청하자, 악바르는 몸소 군대를 이끌고 파테푸르시크리로부터 진군해 술탄의 수도 아마다바드를 점령했다. 술탄과 대부분의 지역 지배자들에게 항복을 받아 낸 악바르는 새로운 수도로 발전하고 있는 파테푸르시크리로 귀환했다. 그러나 거의 즉시 구자라트 전역에서 반란이 일어났다.

1573년 초 악바르는 전광석화와 같이 11일 동안 구자라트까지 800킬로미터를 돌진하여 피비린내 나는 보복으로 승리를 거머쥐었다. "거의 1천 개의 머리가 전장에서 떨어졌고 황제는 그 머리들로 탑을 쌓아 반군에 경고하라고 명했다."9 이것이 예순 살까지 원정을 지휘한 악바르가 실제로 싸움에 나선 마지막 전투였다. 그 후 악바르는 라자 토다르 말에게 무굴 제국 지배하에 있는 구자라트와 그 주변의 토지 세금 수입을 평가하라고 지시했다. 그럼에도 구자라트의 무굴 정부는 원주민의 봉기, 데칸 지방의 술탄국들과 포르투갈인의 주기적인 침입으로 위협받았다.

제6장 수도에 따른 악바르 황제 재위기의 변화

악바르의 관리들에게 인도 동부는 여전히 위험한 지역이었다. 1574년 벵골 술탄은 악바르의 군주권을 부인했다. 악바르는 직접 지휘하여 비하르의 파트나 성채를 포위하고 함락시킨 뒤 라자 토다르 말을 보내 술탄을 격파하게 했다. 무굴 제국이 전장에서 여러 차례 승리를 거두었음에도 술탄을 비롯한 다른 지방 지도자들은 다시 일어서고는 했다. 1576년 무굴 군대는 힘겨운 싸움 끝에 마침내 술탄을 처형하고 이 지역을 재정복했다.

그렇지만 인도 동부는 무굴 제국의 권위에 계속 맞섰다. 제국 관리들이 세금과 복종을 지나치게 요구한 탓에 무장 저항이 일어났는데, 가장 큰 반란은 호전적인 총독 무자파르 칸 투르바티가 야기한 1579~1582년 3년에 걸친 민중 봉기였다. 반역자들은 또 한 번 하킴 미르자의 군주권을 받아들이고 그의 펀자브 침공을 지원했다. 게다가 자운푸르의 저명한 순니파 카디(재판관)가 배교자 악바르의 권위를 무슬림이 거부하는 것은 정당하다는 파트와(이슬람 학자 즉 울라마의 견해나 결정)를 발표했다. 그에 응수하여 악바르는 친히 원정군을 이끌고 1581년 하킴이 있는 서쪽의 카불까지 나아간 뒤 1582년에는 동쪽으로 방향을 돌려 반란 세력을 공격하고, 1583년에는 갠지스평원 중부를 확보하기 위해 알라하바드 성채를 강화했다. 결국 악바르의 처남이자 유명한 장군인 라자 만 싱이 비하르의 로흐타스 요새를 굳건히 한 다음 1592년 벵골, 오리사, 쿠치베하르를 정복했다.

벵골에 파견된 무굴 관리와 군사의 수는 상대적으로 적을뿐더러 현지의 지원은 취약하고 제한적인 탓에 그곳에서 무굴 제국의 행정력은 불안할 수밖에 없었다. 무굴 군대가 재정복할 때마다 번번이 지방 정부를 완전히 새로 세워야 했다. 인도 동부는 악바르의 재위가 끝난 후에도 안정되지 못했다. 악바르는 군대를 몸소 이끌 때든 파견하기만 할 때든 자신의 변화하는 이념을 반영하기 위해 쉬지 않고 파테푸르시크리를 건설했다.

악바르는 파테푸르시크리 시기 초반에도 정통 순니파 전통을 존중했다. 여력만 있다면 메카로 순례를 가는 것은 모든 무슬림의 중요한 종교적 의무였다. 악바르는 한 차례 순례자처럼 옷을 입고 상징적으로 메카를 향해 떠났지만, 장기간에 걸친 부재를 우려하는 조신들의 만류에 설득되었다. 1576년부터 악바르는 힌두스탄에서 연례 하즈(순례)에 공식적으로 보조금을 지급했다. 악바르의 가족과 수행원 그리고 가장 위험한 적들은 메카로 순례를 떠나거나 아예 그곳에 정착하고자 그의 허락을 받았다. 특히 악바르는 부인 살리마 술탄 베김과 고모 굴바단 베김의 순례를 승인했다. 두 사람의 순례는 7년이나 걸려 마침내 끝났는데, 살리마는 이 덕분에 하지* 베김이라고도 불렸다. 하지들은 순례 중 비협조적인 포르투갈 관리와 오스만 관리 등 갖가지 난관에 부딪히기 마련이었다.

메카의 오스만 총독들은 점차 무굴 제국의 순례자들에게 적대적

---

* 하지(hājjī)는 순례를 다녀온 사람에게 붙이는 칭호이다.

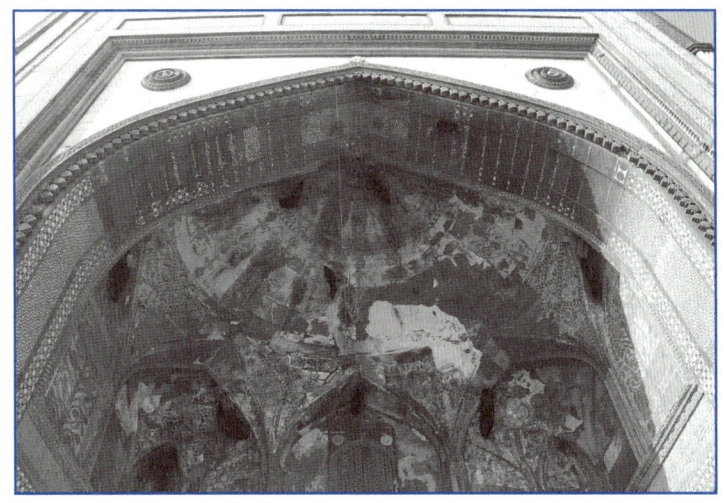

그림 7 파테푸르시크리에 있는 자마 마스지드 입구의 천장화. 자마 마스지드는 대모스크라는 의미이다. 악바르는 셰이흐 살림 치슈티를 기리고자 1571~1574년 사이에 5천 명을 동원하여 이 모스크를 건설했고 이후 모스크의 안마당에 그의 무덤을 조성했다. 악바르는 이 모스크의 바닥을 몸소 쓸곤 했다고 한다.

으로 행동했다. 그들은 무굴 제국에서 온 손님들이 지역 경제를 혼란에 빠뜨릴 정도로 많은 자선을 베풀고 너무 오래 머무는 데다가 오스만 제국의 주권을 존중하지 않으며 무굴과 포르투갈이 연합해 예멘을 침공하기에 앞서 염탐한다고 보고했다.[10] 일부 무굴 관리가 오스만 제국에 맞서기 위해 포르투갈과의 동맹을 논의하는 상황에도, 오히려 구자라트의 무굴 관리들은 포르투갈인들과 끊임없이 충돌을 빚었다.

1581년 악바르는 하즈 보조금 지급을 중단했다. 하즈에 나선 사람들이 인도양을 건너려면 신뢰할 수 없는 포르투갈의 보호를 받아야 하고 더 고생스러운 육로로 가려면 사파비 왕조의 의심스러운 허가를 받아야 하는 모욕적인 일을 겪고 도착한 다음에는 오스만 제국의 권위에 복종해야 한다는 사실에, 악바르는 분개했다. 게다가 1582년 악바르는 오스만 제국의 종주권에 복종하며 메카를 다스리는 세습 샤리프*에게 전해에 하즈 축제에 무굴 제국이 참가하지 않은 점을 사과하고, 자신의 후한 재정 기부에 대한 서면 증서를 요청하는 사신을 보냈지만 완전히 무시당했다.[11] 조신들의 순례는 그 뒤에도 이어졌지만, 이러한 공손한 편지를 보냈던 악바르는 다시는 하즈를 후원하지 않았다. 파테푸르시크리 궁전 단지에서 확인할 수 있듯이 이 무렵 악바르의 개인적·정치적 정책은 정통 이슬람의 관행으로부터 멀어졌다.

악바르는 자신의 이념과 취향을 반영한 건축물을 60동 가까이 지었다. 디완 암(대중 알현실), 디완 하스(특별 알현실), 구살하나(사적 알현실), 하렘(여성들만의 거처), 함맘(욕실), 카르하나(왕실 공방) 등은 아그라에서와 같은 용도로 사용되었음이 분명하다. 파테푸르시크리에는 독특한 건축 양식을 갖춘 공간이 있었다. 400년의 세월이 지났지만 놀랍도록 좋은 상태에 이후의 재건축 과정에서도 거의 변형되지 않은 건물 40여 동이 현존하며, 이 시기의 회화와 기록은 그

---

* 이슬람 세계에서 샤리프sharīf는 예언자 무함마드의 딸 파티마Fāṭima와 알리 이븐 아비 탈리브'Alī b. Abī Ṭālib 사이에서 태어난 예언자의 후손을 가리키는 칭호이다. 오스만 제국은 메카와 메디나가 있는 히자즈al-Hijāz 지방에는 총독을 두면서도 샤리프들의 대표를 뽑아 함께 통치하게 했다.

제6장 수도에 따른 악바르 황제 재위기의 변화

중 일부를 묘사했다.

악바르는 대단히 혁신적이어서 오늘날의 학자들도 어떤 건물이 어떤 기능을 수행했는지에 관하여 의견 일치를 보지 못하여 많은 건물이 여러 이름으로 불리고 있다. 더군다나 붉은 사암으로 된 외관은 대부분 온전하지만 내부 벽에 그려진 장식화와 종교화는 대부분 퇴색했고, 그 용도를 알려 줄 수 있는 천과 나무 덮개·칸막이·가구는 사라져 버렸다.

바부르 시대 이래 많은 무굴 궁정과 정원은 물을 정교하게 이용하여 향수를 뿌리고 조명을 비추는가 하면 작은 폭포를 이루어 흐르게 했다. 목욕에 사용하기 위해 물 일부는 데웠다. 파테푸르시크리에서 악바르는 하천을 댐으로 막고 복잡한 유압 급수 방식과 배관을 갖춘 우물을 12개 설치하여 식수, 요리, 위생, 목욕, 오락에 쓰일 물을 공급했다.

그가 만든 독특한 아누프 탈라오(비할 데 없는 못)는 3천 세제곱미터의 정사각형 저수지로, 중심에 위치한 9제곱미터 크기의 정자로 이어지는 길이 넷 있다. 악바르가 그곳에 시원하게 앉아 있으면 물 건너편에서 조신, 음악가, 무용수 또는 예능인이 공연을 펼쳤다. 악바르가 자선 단체에 나누어 주기 위해 이 저수지에 동전을 가득 채운 일화는 유명하다.

악바르는 그 근처에 기둥을 중앙에 세우고 방이 하나뿐이며 175제곱미터 크기에 2층짜리 정사각형 건물을 세웠다. 이 건물에는 복잡

그림 8 아누프 탈라오. 1576년 완공된 아누프 탈라오는 주위의 지열을 식히고 오락과 휴식을 즐기기 위해 만들어졌다. 주위가 계단으로 둘러싸여 있어 그것으로 수위를 알 수 있는데, 원래 수위는 여섯 번째 계단이 있는 0.96미터였다고 한다. 1578년 악바르의 명령으로 금화, 은화, 동화로 이곳을 가득 채웠다.

한 조각이 새겨진 중앙 기둥 위에 있는 원형 단상으로 이어지는 통로가 넷 있다. 악바르는 아래층에 모인 조신들에게 위엄을 뽐내며 내려다보았다.*

악바르에게는 섬세하게 장식한 발코니인 자로카가 둘 있었고, 그곳에서 본인의 모습을 드러냈다. 그는 매일 외벽 꼭대기에 있는 자로카에 모습을 드러내 아래에 모인 신민들에게 자신을 보여 주는 다르샨(신이 신자들에게 알현을 베푸는 광경을 의미하는 산스크리트어)을 행하고, 신민들은 그로써 그의 건강을 확인하거나 최신 의상을 감

---

* 이 건물이 디완 하스였다고 보는 자료도 있다.

상하며 그를 숭배했다. 악바르의 선전가는 악바르가 다르샨을 통해 신민에게 "얼굴의 빛"을 하사했다고 묘사했다.[12] 또 그는 이 자로카에서 코끼리와 다른 동물들의 싸움을 구경했다. 그리고 또 다른 자로카는 대중 알현실인 디완 암을 향해 있었다.

1575년경 악바르는 파테푸르시크리에 이바다트하나('신에게 예배를 바치는 집'이라는 아랍어)라는 뜨거운 논란의 대상을 건설했다. 이 건물의 위치는 아직 밝혀지지 않았으며, 저녁마다 이곳에서 악바르는 논쟁을 벌이는 뛰어난 종교학자와 지도자 들을 중재했다.[13] 우선 그는 저명한 순니파 울라마(학자)와 사이드(예언자 무함마드의 딸 파티마의 후손)만 초대했다. 순니파의 다양한 법학과 철학 전통을 대표하는 이들이 격렬한 토론을 벌이는 동안 악바르는 그 사이를 돌아다니며 경청하고 때로는 논쟁을 일으킬 만한 질문을 던졌다.

악바르가 제기한 난해한 질문 중 하나는 무슬림 남성이 결혼 및 결혼 계약인 니카흐에 따른 합법적인 결혼으로 아내를 몇 명 둘 수 있느냐는 것이었다. 그는 니카흐를 통해 결혼한 수백에 달하는 아내 가운데 누구와도 이혼할 의사가 없었으므로, 이 질문은 자신의 지배에 감히 제동을 걸 것이 아니라면 자신의 현 상황을 정당화할 합법적인 방법을 찾으라는, 정통 순니파 권위자들에 대한 악바르의 도전이었다. 부인을 넷 이상 둘 수 없다는 원칙을 고수했다는 이유로 셰이흐 압둘나비 등 저명한 순니파 정통주의자들은 악바르에게 처벌받았다고 전해진다. 무굴 왕실 가문을 포함한 인도의 순니파 신자 대부분은 이슬람 법학에서 하나피 법학파를 따랐으나, 많은 논쟁 끝에 정권에 고분고분한 울라마들은 아내에게 보상을 주는 대신 정해진 기간 동안 합법적으로 결혼 생활을 유지하는 다중혼 계약인 니카흐 알무트아_{nikāḥ al-mut'a}('기쁨의 결혼'이라는 아랍어)를 허락하는 말리키 법학파의 판결을 발견했다. 이런 초기 논쟁에 참여하지 않은 시아파 신학자들 역시 니카흐 알무트아 혼인을 받아들였다. 완고한 일부 순니파 울라마와 부적절한 궤변을 펼치는 이들은 악바르로 하여금 재위 전반기 순니 정통파에 순응하던 상황에서 벗어나 종교적 탐색에 박차를 가하게 만들었다.

1578년 대규모 카마르가흐 사냥 중 악바르는 의식을 잃고 쓰러져 수행원들을 놀라게 했다. "갑자기 황제에게 이상한 상태와 강한 발작이 찾아왔다. ……이 소식이 널리 퍼지자…… 괴이한 소문과 불가사의한 거짓말이 민중의 입에 오르내렸고 농민 사이에서 반란이 몇 차례 발생했으나 곧 진압되었다."[14] 악바르는 전에도 비슷한 상태에 빠진 적이 있었는데, 계승자나 황제의 건강이 악화하면 국가가 위험에 처할 수 있으므로 이 시기 사료들은 그 심각성이나 기간에 관해서는 침묵한다.

그는 의식을 찾은 뒤 갑자기 포위된 동물들을 여느 때처럼 한꺼번에 죽이지 말고 풀어 주라고 명령했다. 그는 이 장소를 신성한 곳으로 선언하고 그 자리에서 죽은 후 영혼이 빠져나갈 수 있도록 자신의 정수리를 밀었다. 악바르의 선전가는 이를 신의 아름다운 영혼이 악바르에게 들어간 것이라고 선언했다.

학자들은 이런 초자연적 설명에 의문을 제기한다. 오히려 어떤 이는 악바르가 간질 환자였다고 생리학 측면에서 설명한다. 또 어떤 이는 악바르가 신앙의 위기, 신비주의적 탐색과 이전의 정통 순니파 신앙을 화해시키기 위한 내적 투쟁을 겪었다고 심리학 측면에서 설명한다.[15] 그러나 이와 유사한 이야기는 더 이상 기록되지 않았고 4세기나 지난 지금 확실한 진단을 내릴 증거가 불충분하다.

악바르는 이 경험을 통해 힘을 얻었다고 느낀 것 같다. 정통 순니파 울라마들의 복무를 필요로 하는 한편 그들의 권위에 의문을 품은 악바르는 그들에 대한 통제력을 확대했다. 몇몇 혁신적 조치는 악바르와 측근에게서 나왔다. 그리고 다른 혁신은 악바르의 승인을 기대하거나 자신들의 이념과 파당에 대한 악바르의 후원을 바라는 조신들에 의해 시도되었다. 이해관계가 워낙 복잡하여 경쟁하는 많은 파벌은 자신들이 선호하거나 자신들에게 유리한 정책을 추진하기 위해 은밀하게 움직이며 서로 동맹을 맺는가 하면 음모를 꾸미고 조작했다.

순니파 울라마는 다른 종파 사람들과 마찬가지로 이전의 군주들이나 악바르로부터 수조권을 부여받거나 상속받았다. 악바르는 주기적으로 특히 1578년 이후에는 수조권을 담당하는 관리인 사드르에게 모든 수조권을 조사하라고 명령했다. 문서상 증거가 부족하거나 수령인이 합당한 조건을 갖추지 못한 경우, 수조권의 규모를 축소하거나 몰수하기 위한 조치였다. 그 뒤 악바르는 무슬림, 비무슬림에 상관없이 자신이 존경하거나 자신에게 충성심을 보이는 사람에게 풍성한 수조권을 부여했다(일부는 미경작지였는데, 이런 지역을 경작지로 만들어 무굴 제국의 농업 경제 기반을 확대하고 개발하기 위함이었다). 수조권을 박탈당한 울라마들, 심지어 다시 부여받은 일부 사람들조차 이를 인정하고 지지하기보다는 국가가 판단한다는 사실 자체에 분노했다. 게다가 악바르는 '신자들의 사령관'이라는 의미의 아미르 알무미닌Amīr al-Mu'minīn을 본인의 여러 칭호 중 하나로 추가하여 자신이 힌두스탄뿐만 아니라 전 세계 무슬림 공동체의 지도자라고 주장했다.

　1579년 6월 26일 금요일 파테푸르시크리의 자마 마스지드(대모스크)에서 악바르는 본인의 세속적 권위인 군주권과 종교적 권위인 이맘권을 공개적으로 천명했다. 이 같은 주장을 한 군주들이 있기는 했으나, 무굴 황제로는 최초였다. 궁정 시인 셰이흐 아불파이드 파이디는 악바르가 낭송할 군주에 대한 축복의 기도가 포함된 쿠트바를 지었는데, 신의 축복이 군주 즉 악바르에게 내리기를 기원하는 내용이다.*

---

* 이는 악바르가 무슬림 전체의 지도자, 곧 정통 칼리프의 지위를 주장했다는 뜻이다. 아미르 알무미닌과 이맘은 예언자 무함마드의 후계자로, 무슬림 전체의 우두머리 칼리프가 사용한 칭호이다. '신자들의 사령관'을 뜻하는 아미르 알무미닌은 칼리프가 무슬림 전체의 세속적 수장이라는 측면을 반영한다. 예배 인도자를 가리키는 이맘은 칼리프가 이슬람 공동체 전체의 예배를 인도한다는 종교 지도자의 성격을 보여 준다.

제국을 내게 부여하신 전능하신 하느님께서

지혜의 마음과 힘의 팔을 내리셨다!

그분은 나를 정의와 공정으로 인도하셨고

나의 생각에서 정의를 제외한 모든 것을 몰아내시니

모든 이해를 넘어선 그분의 속성이 솟아오르네!

그분의 위대하심을 높이라, 알라후 악바르Allāhu Akbar![16]

악바르가 주화에 삽입하기도 한 마지막 구절은 본래 '하느님은 위대하시다'라는 의미였으나, '악바르는 곧 하느님이시다'라는 뜻으로도 새길 수 있다는 점에서 논란의 여지가 있다.

"폐하께서 쿠트바를 읽기 시작하셨다. 그러나 갑자기 말을 더듬고 떨어서 다른 사람의 도움을 받았는데도 세 구절 이상을 읽지 못하셨다. ……강단에서 재빨리 내려와 이맘의 임무를 넘겨 주었다"[17]라는 이 시기의 한 정통 순니파 학자의 말로 보아 악바르의 설교는 원활하게 진행되지 않았다.

순니파 울라마를 종속시키려는 추세가 계속되는 가운데 1579년 9월 마흐다르가 법정에서 유포되었다. 마흐다르는 문서에 서명하거나 인장을 찍은 모든 사람이 그 권위를 지지하는 종교적 판결물이자 증서였다. 원본은 사라졌고 실제 작성자는 명시되지 않았으나 압둘카디르 바다우니는 셰이흐 무바라크의 필체라고 주장했다. 이 주장에 따르면 셰이흐 무바라크는 문서의 서명자 12명 중 내용

그림 9 악바르 황제 시대 주화. 악바르는 국가 운영에서 혁신적인 면모를 보였는데 주화에 관해서도 그랬다. 할아버지 바부르, 아버지 후마윤 대에는 평범하던 주화에 악바르는 꽃무늬를 넣는가 하면 둥근 모양은 물론 정사각형, 마름모도로 만들었다.

에 동의하여 순전히 자발적으로 서명한 유일한 사람이다. 다음은 그 문서의 일부이다.

이제 힌두스탄은 안정과 평화의 중심지가 되었다. ……우리 제일가는 울라마들은…… 우선 《코란》의 "하느님께 복종하고 사도와 너희 가운데 책임이 있는 자들에게 순종하라"와, 둘째 진정한 전통 하디스의 "심판의 날에 하느님께 가장 소중한 사람은 이맘 아딜(정의로운 지도자)이니 누구든 아미르(지휘관)에 순종하는 사람은 주님에게 순종하는 자이고, 그에게 반역하는 사람은 주님께 반역하는 자이다"의 의미를 깊이 숙고했다. 따라서 우리는…… 신도들의 사령관, 이 세상에 드리운 신의 그림자 아부 알파트흐 잘랄 알딘 무함마드 악바르 파디샤 가지(신께서 그의 왕국을 번영케 하시기를!)가 가장 정의롭고 가장 지혜로우며 가장 신을 두려워하는 제왕이라…… 선언한다. 미래에 종교적 질문이 제기되면…… 폐하께서 명철한 이해와 명료한 지혜로…… 상반된 의견 중 하나를 택하여 그러한 취지의 칙령을 발표하면 우리는 그 법령이 우리 모두와 온 나라에 효력을 가지며…… 또한 이에 어떠한 반대라도 있다면…… 다가올 세상에서 저주를 받고 모든 재산과 종교적 특권을 잃을 것임에 동의한다.[18]

압둘카디르 바다우니는 셰이흐 무바라크를 포함한 울라마 대부분이 관직이나 수입, 생명에 위협을 받아 마지못해 서명했다고 강력하게 주장했다.

그때나 오늘날이나 학자들은 이 마흐다르의 성격과 의미, 정당성 그리고 무엇보다 악바르의 야망이 어디까지인가에 대해 논쟁을 벌여 왔다. 이 문서는 종교적 문제에서 울라마들의 의견이 일치하지 않을 때, 악바르의 판단이 《코란》과 하디스에 부합하다면 그에게 중재 권한이 있음을 명백하게 인정한다. 일부 논평가는 교황 무류성敎皇無謬性을 본따 이 악바르의 무류성이 고안되었다고 주장했다(교황 무류성이 아직 로마가톨릭의 교리는 아니었으나 악바르의 궁정에 머물던 예수회 측이 이를 설명해 주었다).[19]

후대의 일부 학자는 악바르가 자신의 영토 내에 존재하는 모든 무슬림의 칼리프가 되려는 의도를 지녔었다는 주장도 폈다. 다른 일부는 악바르가 전 세계의 무슬림에 대한 권위를 주장하며 오스만 왕조, 사파비 왕조, 우즈베크 칸국에 대한 종속을 거부했다고 보았다. 또 다른 학자들은 악바르가 자신을 조상 티무르에 버금가는 천년왕국의 군주로 선언했다고 생각했다.[20] 이 마흐다르의 정확한 의도가 무엇이든 순니파 울라마들을 종속시키려는 악바르의 노력과 같은 맥락임은 확실하다. 어쨌거나 아직 저항하는 울라마들이 있었고, 그중에는 마흐다르에 서명한 사람들마저 있었다. 그 때문에 정통 순니파 바깥에서 정치적 지지와 종교적 지식을 얻겠다는 악바르의 열망은 더욱 강렬해졌다.

악바르의 이념과 정책 변화는 만사브다르의 종족비 변화로 이어졌다. 1580년 순니파 투란인은 만사브다르 가운데 24퍼센트를 차지했는데, 악바르 즉위 시와 비교하면 절반 이하 수준으로 줄어든 것이었다. 시아파 페르시아인도 반쯤 줄어 17퍼센트가 되었다. 반면 힌두와 인도인 무슬림은 각각 16퍼센트로 증가했다.[21] 변동이 없지는 않았지만 이 비율은 악바르의 나머지 재위 기간 내내 대체로 안정적으로 유지되었다.

1570년대 후반 악바르는 다양한 종교 공동체의 학자와 성자를 포함시키면서 이바다트하나에서의 논쟁을 확대했다. 그는 그들의 주장을 주의 깊게 경청하고 이의를 제기하며, 발전 중인 자신의 신학에 대한 견해를 시험하고 자신의 이념을 확인하거나 진전시킬 때 그들의 이념 가운데 일부를 받아들였다.

1578년부터 악바르는 자이나교를 이끄는 이들의 궁정 방문을 환영했다. 그 후 악바르는 분열이 일어난 자이나교 공동체를 화해시키고 그들의 성지 일부에 기부했다.[22] 그 당시는 물론 오늘날 자이나들은 악바르가 무굴 제국 전체에서 해마다 자이나교에서 신성시하는 기간에는 동물 도축을 금지한 것은 자신들의 지도자가 개인적·영적으로 영향을 끼친 덕분이라고 믿는다.

또 악바르는 시험삼아 채식을 하며 다음과 같이 말했다.

> 사람이 자신의 위장을 동물들의 무덤으로 만드는 것은 옳지 않다. ……생명 유지의 어려움을 생각하지 않을 수 있다면 나는 사람들에게 육식을 금지했을 것이다. 내가 육식을 완전히 포기하지 않는 이유는 다른 사람들도 이를 기꺼이 따라 하다 기운을 잃을 수 있기 때문이다. ……예전부터 동물로 만든 요리를 명할 때도 맛을 느끼지 못했고 마음이 편치 않았다. 나는 이 느낌이 동물을 보호할 필요를 말하는 것이라 이해하여 동물로 만든 음식을 자제했다.[23]

말하자면 악바르는 특정 종교 공동체의 권위를 끌어들이지 않고 윤리적·미학적 언어로 채식을 설명했다.

1583년경 악바르는 매일 다섯 차례 기도하는 이슬람의 의무를 그만두고 매일 네 차례 태양에게 기도를 올리기 시작하더니 신성한 빛에 대한 신앙을 공공연히 드러냈다고 한다.[24] 악바르의 새로운 의례에는 여러 기원이 있을 수 있다. 몽골 전설에 따르면 신성한 빛이 신화 속 어머니를 임신시켰다고 한다. 불을 숭배하는 인도 파르시인(조로아스터교를 간직한 페르시아인 이주자의 후손) 공동체의 지도자들 또한 악바르 휘하에 있었다. 악바르의 라지푸트(왕의 아들) 힌두 부인들 또한 태양의 후예를 자처하며 하렘에서 브라만식으로 불과 태양을 숭배했다. 실제로 악바르가 정오 의식에 태양의 산스크리트어 이름 1,001개를 암송하는 내용을 포함했다는 이야기가 있다. 그리고 악바르는 포르투갈 예수회 회원들을 궁정으로 초대했을 때 여러 주제 가운데 성모 마리아의 죄 없는 성령 잉태에 관해 질문했다.

악바르는 1573년 구자라트에서 포르투갈인과 처음 만난 것이 분명하다. 그는 심지어 포르투갈 선박을 타고 수라트 항구에 잠깐 들어가기도 했다. 1578년 포르투갈인들이 벵골에서 파테푸르시크리로 왔고, 고아에 있는 포르투갈 부왕은 대사를 파견했다. 교육받은 정보원을 원한 악바르는 1579년 부왕에게 "나는 율법을 배우고 공부하고 싶으며 율법 가운데 가장 완벽한 것을 알고 싶으니, 율법과 복음을 다룬 주요 서적을 가져올 학식 있는 사제 두 사람을 보내 주시오"[25]라고 요청했다. 이에 부왕은 1542년부터 인도를 개종시키려고 노력 중인 신생 수도회 예수회의 수도사 세 명을 보냈다. 이 대표단에는 페르시아어를 아는 페르시아인 가톨릭 개종자 한 사람이 포함되어 있었다. 예수회 수도사 가운데 한 사람은 3인칭으로 기록을 남겼다.

악바르는 옥좌에서 그들에게 다가오라 명하고 몇 가지를 물어보았다.

……내궁으로…… 물러난 그는…… 아내들을 보여 주기를 원하는 듯…… 그들을 불러들였다. 그리고 그는…… 황금 여밈 장식이 달린 주홍색 포르투갈식 망토를 걸쳤다. 그는 아들들에게도 같은 옷을 입고 포르투갈 모자를 쓰라고 명했다. ……또 금괴 800개를 그들에게 선물하라고 명했으나, 수도사들은 돈을 얻기 위해 온 것이 아니라고 답했다. ……그는 그들의 자제력에 감탄을 표했다.[26]

예수회 수도사들은 궁정에서 3년을 보내는 동안 지배자를 비롯한 제국 전체를 개종시키려는 전략을 부지런히 추진했으나 결실을 맺지는 못했다.

악바르는 이 예수회 수도사들에게서 어떤 특정 주제를 배우는 데 굉장히 개방적인 태도를 보였으며, 자신을 섬기는 것을 허락한 다양한 출신의 조신들을 대하듯 그들을 대했다. 악바르는 그들이 선물한 지도책(아마 벨기에 안트베르펜의 아브라함 오르텔리우스Abraham Ortelius가 1570년 저술한 《세계의 무대Theatrum Orbis Terrarum》였을 것이다)에 대해 질문하며, 유럽의 지도 제작자가 어떻게 인도 도시의 이름과 위치를 알 수 있는지 호기심을 보였다.[27] 또한 아메리카대륙에 관해서도 배웠다. 무굴 제국의 한 조신은 이런 이야기를 들었다.

최근 몇 년 동안 유럽인은 신세계라 부르는 광대하고 인구가 많은 섬 대륙을 발견했다. 부서진 배 몇 척이 해변으로 떠밀려 간 일이 있다. 주민들은 말에 올라탄 남자를 보았다. 남자와 말이 한 몸이라고 생각한 그들은 공포에 압도되었고 그곳은 쉽게 점령되었다.[28]

악바르는 지도책과 나중에 선물받은 유럽식 지구본을, 한 조신이 하즈(순례)에서 돌아오며 바친 유럽산 오르간처럼 진귀한 물건으로만 여기고 실제로 사용하지 않았던 것 같다.

악바르는 유럽 회화의 낯선 원근법과 형상화에 감탄했다. 그는 휘하에 있는 최고의 예술가들에게 유럽 회화를 모사하고 그들의 기법을 도입하게끔 했다. 그는 이슬람 세계에서 전통적으로 존경은 받지만 신성하게 여겨지지는 않던 예수 그리스도와 성모 마리아의 그림에 특별한 경의를 드러냈다고 전해진다. 또한 예수회 수도사에게 그리스도의 전기를 페르시아어로 짓도록 의뢰했다.[29]

악바르는 예수회에 호의를 보이며 멀리 떨어진 곳에 숙소를 둔 그들에게 궁정 인근의 향수 공방을 개조한 뒤 거주지로 내려 주었다. 그들은 그곳에 작은 예배당을 꾸렸고, 악바르는 그 제단 앞에서 머리를 드러낸 채 존경을 표했다(유럽에서는 존경을 표하는 행동이지만, 힌두스탄인에게는 비참한 복종의 표현이었다)고 한다. 악바르는 예수회의 안토니 데몬세라트 신부(상관들에게 보내는 자세한 보고서를 작성했다)를 둘째 아들 무라드 미르자의 가정교사로 임명했다. 하지만 악바르는 일부일처제(악바르라고 예외는 아니었다), 삼위일체, 예수의 신성, 예언자 무함마드의 낮은 지위에 관한 예수회의 주장에는 설

제6장 수도에 따른 악바르 황제 재위기의 변화

득력이 없다고 느꼈다. 결국 악바르는 개종을 기대하는 예수회를 좌절시켰다.

한편 악바르는 포르투갈인이 가진 세속적 지식의 가치와 동맹 혹은 까다로운 적으로서 그들의 잠재성을 인정했다. 1582년 그는 펠리페 2세(1556~1598년 스페인을 통치했고 1580~1598년에는 포르투갈 왕을 겸했다)에게 사절 두 명을 보내 정기적인 외교 사절 교환과 모세 5경, 복음서, 《시편》의 아랍어·페르시아어 번역본을 요청했다.[30] 그러나 악바르의 사절들은 고아에서 더 나아가지 못했다. 더군다나 구자라트에서 포르투갈인들이 무굴 선박을 나포하고 촌락을 약탈한 데다 수라트를 봉쇄하는 바람에 작은 충돌이 벌어졌다.[31] 악바르는 또 다른 예수회 선교단의 짧은 방문(1591~1593년)을 받았다. 그 다음 선교단은 1595년에 도착하여 악바르의 재위가 끝나고 한참 지난 뒤까지 20년간 머물렀다.

악바르는 세계를 탐구함에 있어 아시아와 유럽의 기성 문화에만 의존하지 않았다. 1582년부터 악바르는, 인간은 고유한 자연어와 종교를 갖고 있으며 여기에서 다른 모든 언어와 종교가 분기되어 나왔다는 오랜 철학적 논쟁을 해결해 보고자 실험을 했다. 그는 신생아 20명을 부모로부터 사들인 뒤 격리하고 하인에게는 전혀 말하지 못하게 했다. 몇 년 후 아이들이 언어와 종교를 전혀 갖지 않았음을 목격한 악바르는 "말하는 법은 사회적 교류에서 비롯되며 그렇게 하지 않으면 사람은 말하지 못한다"[32]라는 결론을 내렸다. 악바르는 여기에서 그치지 않고 다양한 동물의 이종교배를 시도하고 그들이 번식 가능한지, 만약 가능하다면 그 성질은 어떠한지를 관찰했다. 한편 연금술로 금을 만들고 불멸을 이루는 비전秘傳을 터득하고자 노력했다.

악바르는 모든 종교를 위한 보편적 근거를 찾고 신민들이 신봉하는 모든 종교 공동체의 일치를 바랐는데, 이는 그의 술히 쿨('모두의 평화', '모두를 위한 관용' 등 다양하게 번역할 수 있다) 정책으로 이어졌다.33 악바르는 자신을 완벽한 인간이자 세계의 군주로 여기며 복종하는 집단 모두를 존중했다. 그러는 동안에도 군대는 쉬지 않고 반항 세력을 제압하고 이웃을 정복했으므로 악바르가 전쟁을 피한 것은 아니다.

오히려 악바르는 적국의 지배자를 본인의 군주권에 맞서는 부도덕한 반역자, 민중을 학대하는 폭군으로 매도하여 수많은 침공을 정당화했다. 그러면서 이를 바로잡을 정의는 악바르 자신만이 줄 수 있다고 주장했다. 1586년 그는 "인도의 사방을 청소하는 일은······ 나 자신의 방종이나 이기심에서 비롯된 것이 아니라 순수하게 인간을 위로하고 압제자를 근절하기 위함이다"라고 선언했다. 그리고 이어서 이렇게 말했다.

하느님의 언약을 받은 백성의 안녕이라는 동기에 따라······ 짐은 지난 30년 동안 인도 땅을 정화하기 위해 노력한 결과 순종하지 않는 라자(지역 지도자, 통치자)들의 지배하에 고난당하던 지역들이 짐의 손에 들어왔다. 이교도 교회와 사원은 신을 두려워하는 다르비슈*들의 거처가 되었다. ……모든…… 거만하고 고집 센 사람들은 순종의 고리를 귀에 걸고 승리를 거둔 무굴 제국 군대에 들어왔다. 이런 방식으로 이질적인 사람들이 하나가 되었다.

말하자면 악바르는 모든 지역의 지배자를 자신의 세력하에 두고 모든 사람을 자신의 초월적 군주권 아래에 하나로 결속시키자 한 것이다.

파테푸르시크리에서 보낸 마지막 몇 년간 악바르의 정책은 티무르 왕조 및 악바르 재위 초기에 보인 순니파 이슬람 정체성으로부터 멀어졌다. 악바르와 측근들은 '세계를 신부로 삼은' 악바르를 중심으로 새로운 궁정 문화를 만들어 냈다. 악바르를 위해 일하는 것은 최고의 미덕에 도달할 수 있는 중요하고 유일한 수단이었다. 신하들 각자의 가문은 악바르 가문의 축소판이 되어야 했고, 그들은 그 속에서 완벽한 인간이어야 했다.

악바르는 태양력에 기반한 새로운 역법 일라히력(신력神曆)을 만들었으며, 이 역법은 그의 즉위와 더불어 시작되었다. 음력에 기반한 이슬람력에서는 추수기가 해마다 달라서 세금 징수 시기가 달랐

---

* 아랍어 파키르faqir(가난한 사람)의 페르시아어 번역어. 여기에서 '가난'이란 초월을 갈망하는, 정신적 빈곤을 가리킨다. 이슬람 신비주의자를 지칭하는 데 사용되었다.

던 데 반해, 일라히력은 매해 추수와 세금 징수가 같은 시기에 이루어진다는 실용적인 행정상의 이점이 있었다. 그리고 악바르는 모든 무굴 제국의 공문서와 주화에 '알라후 악바르'(악바르는 곧 하느님이시다)라는 문구를 추가했다. 1584년 비판자들은 이런 2행시를 퍼뜨렸다.

> 제왕께서 올해에는 스스로 예언자라고 주장하시니,
> 1년이 지나면, 오 신이시여, 그분께서 신이 되겠구나![34]

실제로 악바르의 조신과 가문 내부에서는 악바르를 영적 스승으로 삼는 황제 숭배가 나타나기 시작했다. 이 모든 경향은 1585년 악바르가 갑자기 조신과 관료 대부분을 데리고 파테푸르시크리를 떠난 뒤에도 계속 진화했다. 그는 다시는 파테푸르시크리로 돌아오지 않았다. 마침내 라호르가 다음 수도가 되었다.

✳ 라호르 시기, 1586~1598년

1585년 악바르가 파테푸르시크리를 떠나 북서쪽으로 향한 데에는 여러 이유가 있다. 악바르는 셰이흐 살림 치슈티를 포함해 파테푸르시크리와 깊은 관계를 가진 치슈트 수피 종단의 피르에 대한 헌신을 차츰 줄였다. 악바르는 무굴 제국 북서쪽 변경에서 정치적

제6장 수도에 따른 악바르 황제 재위기의 변화

불안정과 영토 확장의 기회를 동시에 포착했다. 우즈베크인의 침략은 바다흐샨과 카불을 압박했으며, 유수프자이 아프간인은 반란을 일으켰다. 악바르는 신드 저지와 카슈미르, 칸다하르 정복의 가능성을 보았다. 그러나 악바르가 이동한 결정적인 계기는 1585년 10월 10일 카불에서 하킴 미르자가 사망한 일이다. 악바르는 이 소식을 들은 지 1주일 만에 대규모 수행단을 이끌고 파테푸르시크리를 떠났다. 1586년 악바르는 라호르에 새로운 작전 거점을 세웠다.

파테푸르시크리와 달리 라호르는 악바르가 궁정을 옮기기 이전에 이미 안정되고 번성한 곳이다. 펀자브는 중앙아시아와 페르시아를 오가는 주요 교역로이자 침공 경로였는데, 라호르는 오랜 상업의 중심지이자 펀자브를 군사적·행정적·정치적으로 통제할 수 있는 요지였다. 악바르는 이 도시를 가끔 방문하곤 했는데, 그가 부재한 동안 라호르는 카불과 바다흐샨으로부터 끊임없이 공격에 시달렸다. 1565년 악바르는 라호르 성채를 벽돌로 쌓은 성벽과 견고한 문으로 보강·강화하라고 명령했다. 이 중대한 지역을 더욱 안전하게 만들기 위해 악바르는 펀자브 서부의 로흐타스 요새를 단단히 하여 인더스강 상류를 방위했다.

하킴 미르자는 살아 있는 동안 악바르에게 지속적으로 정치적·군사적 위협을 가했으나, 하킴의 카불 지배는 우즈베크 칸국과 사파비 제국의 침입을 막는 완충 역할을 하고 아프간인을 통제하는 데 큰 힘이 되었다. 따라서 하킴이 알코올 중독으로 죽자 악바르는 즉

각 라자 만 싱을 비롯한 신뢰하는 지휘관들을 파견해 카불의 권력을 장악하게 했다. 악바르는 하킴 미르자의 어린 아들들을 명목상의 총독으로 임명하는 것도 고려해 보았지만, 그들이 자신의 패권을 위협하는 존재가 될 수 있다고 판단했다. 1588~1589년 악바르는 카불을 감독하기 위해 행차했다.

바부르 재위 이래 아프간의 여러 공동체는 무굴 제국의 지배에 저항했다. 바부르가 유수프자이 수령과 맺은 정략혼 동맹은 끝이 난 지 오래였다. 1580년대와 1590년대 라우샨 수피 종단은 천년왕국 무장운동을 일으켜 스와트에서 유수프자이를 세력으로 포섭했으며, 특히 무굴 제국과 카불 사이의 상업 및 교류를 위협했다. 악바르는 유수프자이를 진압하고자 1589년 강력한 군대를 보냈지만, 라자 비르발 마헤시 다스의 군대 전체가 매복에 당하여 치명타를 입었다. 이후 라자 만 싱이 이끄는 군대가 보복하여 일시적으로 유수프자이를 진압했고, 악바르는 군대를 재배치하여 질서를 재확립했다.

악바르는 남쪽으로는 인더스강을 따라 신드 저지까지, 북쪽으로는 산맥을 넘어 카슈미르까지 지휘관을 파견해 정복하게 했다. 신드 저지 지역은 인더스강 삼각주뿐만 아니라 전략상 중요한 칸다하르로 통하는 주요 육로를 통제하고 있었다. 1585년경 이후 티무르 왕조의 자니 베이 타르한 미르자(1599년경 사망)*는 표면적으로는 만

---

* 저자의 서술과 달리 자니 베이는 앞에서 등장한 아르군 왕조의 지파인 타르한Tarkhān 왕조에 속한다.

제6장 수도에 따른 악바르 황제 재위기의 변화

사브다르였지만, 사실상 타타에 거점을 둔 신드 저지의 독립 군주로 활동했다.[35] 자니 베이가 자주 비협조적인 모습을 보였기에 악바르는 딸을 신부로 주겠다는 그의 제안을 거절했다.

1590년부터 악바르는 자니 베이를 실질적으로도 복속시키고자 무굴 군대를 보냈다. 결국 악바르의 지휘관이 격파하여 자니 베이 타르한 미르자는 이 지휘관과 무굴 왕조에 딸들을 신부로 내주어야 했고, 궁정에 가서 악바르 황제를 숭배하는 제자가 되어 만사브(계급)를 유지했다. 그러나 악바르가 그를 신드 고지의 총독으로 임명하고 자기르(봉토)를 옮기자, 추종자 다수가 그를 따라 이동하는 바람에 타타의 경제가 혼란에 빠졌다. 악바르는 하는 수 없이 실리를 위해 다시 그를 신드 저지의 총독으로 복귀시키고 자기르도 복구해 주었다. 비록 독립적인 군주가 아닌 무굴 제국의 관리로서였으나 자니 베이는 본래의 왕국을 와탄 자기르(고향 자기르. 그의 아들이 이를 상속받아 1611년까지 보유했다)로 유지할 수 있었다.

나아가 악바르는 무굴 제국군에게 신드 저지를 지나 전략상 요충지 칸다하르를 탈환하도록 명령했다. 칸다하르는 후마윤 사후 무굴 제국이 약화한 틈을 탄 사파비 왕조에게 점령당한 상태였다. 칸다하르 공격은 군사적으로 불가능한 일로 판명되었지만, 무굴 제국에 합류하라는 악바르 관리들의 설득에 사파비 왕조의 장군은 1595년 도시를 넘기고 고위 만사브를 얻었다. 그리하여 악바르는 서쪽에서 인도로 가는 주요 육로를 확보했다.

북쪽의 카슈미르는 역사적으로 독특한 문화와 물리적 환경을 지녔으며, 겨울에는 군대가 넘을 수 없을 정도로 험난한 산길로 펀자브와 분리되었다. 더러 후마윤의 지지자들이 카슈미르의 주요 계곡과 수도 스리나가르를 장악하기도 했다. 라호르로 옮긴 지 얼마 안 되어 악바르는 군대를 보내 카슈미르의 무슬림 왕을 물리치고 1586년 이 지역을 합병했으며, 1622년까지는 민중 봉기가 산발적으로 발생했다. 악바르와 후계자들은 카슈미르를 인도 평원의 무더운 여름을 피할 수 있는 시원하고 푸르른 피난처로 여겼다. 그는 1589년과 1592년, 1597년에 카슈미르를 방문했다. 마지막으로 카슈미르를 찾았을 때 악바르는 큰 화재로 손상된 라호르 궁정 단지가 복구되는 동안 그곳에서 6개월을 보냈다.

악바르는 라호르에서 12년 넘게 살았다. 하지만 이전 수도들과 달리 라호르에는 건축에 적은 자원만 투입했다.[36] 반면에 자신의 궁정 문화는 계속 발전시켰으며, 서아시아와 중앙아시아·포르투갈에서 온 사절과 방문객을 기쁘게 맞았다. 악바르는 페르시아어로 번역된 서적을 포함하여 필체가 아름다운 페르시아어 서적에 풍부한 삽화를 첨부하는 일을 맡길 화가 130명을 고용했다.[37]

악바르는 서재를 크게 확장하면서 산스크리트어, 포르투갈어와 그 밖의 언어로 쓰인 문학, 종교 서사시, 로맨스, 우화를 페르시아어로 번역하라고 명령했다(가끔은 페르시아어로 된 작품을 다른 언어로 번역했다). 많은 작품이 궁정에서 낭독되었다. 악바르의 번역가들은 원어에 능통한 전문가를 고용하여 도움을 받았다. 원어와 페르시아어를 모두 아는 사람이 없을 때에는 힌두스탄어*와 같은 제3의 언어를 가교로 활용했다.[38] 번역은 어쩔 수 없이 문자 그대로와 차이가 있는 경우가 종종 있기 마련인데, 악바르 자신이 번역가들에게 생략된 부분, 단어 선택에서의 뉘앙스와 의미 등을 질문하기도 했다. 더러는 교차 확인을 위해 다시 번역하도록 명했다.

조신 압둘카디르 바다우니는 번역을 명령받은 대서사시 《마하바라타Mahābhārata》(페르시아어로는 '전쟁의 서'를 의미하는 《라즘나마Razmnāma》라 불린다)와 《라마야나Rāmāyaṇa》 등 힌두교 문헌을 혐오했다. 악바르는 바다우니의 번역본이 방대한 원문에 비해 훨씬 짧거나 힌두교 신학에 대한 자신의 이해와 다를 때에는 정면으로 맞섰다.[39] 이와는 대조적으로 아불파들 알라미 등 악바르의 정서에 공감하는 인물들은 산스크리트어와 포르투갈어 작품을 페르시아어로 번역하는 데 호의적이었다. 문학과 종교 작품들이 번역되고 나자 악바르는 역사 문헌으로 대상을 넓혔다. 예컨대 무굴 제국이 카슈미르를 정복한 뒤 악바르는 바다우니에게 칼하나가 산스크리트어로 저술한 《왕통기Rājataraṅgiṇī》를 페르시아어로 번역하라고 명했다. 카슈미르 왕들에

---

* 힌두스탄어Hindūstānī는 인도·유럽어족 인도·이란어파 인도어파의 한 언어로, 인도 북부와 파키스탄에 걸쳐 사용된다. 산스크리트어를 바탕으로 페르시아어, 아랍어 어휘를 일부 수용하며 발전했다. 인도와 파키스탄 양국에서는 이 힌두스탄어를 각각 '힌디어'와 '우르두어'라는 이름으로 표준화하여 국가 공용어로 사용한다. 힌디어는 데바나가리 문자를 사용하며 고급 어휘와 문법에서 인도의 고전 언어인 산스크리트어를 지향하는 반면, 우르두어는 페르시아어식 아랍 문자를 사용하며 페르시아어와 아랍어 어휘를 많이 차용하고 페르시아어 문법의 영향을 받았다는 차이가 있다.

관해 정리한 역사서 《왕통기》는 페르시아풍 세계나 유럽의 역사서와 비슷했다.[40]

아불파들 알라미는 자신과 악바르가 이 인도 문헌 번역 프로젝트에 품은 이념적·정치적 목적을 설명한 바 있다.[41] 정확한 번역은 무슬림과 힌두로 하여금 자신들은 물론 다른 사람들의 신성한 문헌의 실제 내용을 알게 하며, 그렇게 함으로써 종교적 문헌을 교묘히 왜곡하는 가식적인 종교 지도자들의 힘을 약화시킬 터였다.

문화를 넘나드는 이러한 교류는 악바르 본인을 인도 전통 속에 확실하게 자리매김하는 동시에 힌두들이 악바르의 페르시아풍 궁정 문화에 동질감을 느끼게 하는 데 매우 효과적이었다. 악바르와 그의 아내들, 일부 조신은 브라즈바샤어 등 인도 북부에서 널리 사용되는 인도계 언어로 쓰인 문학과 음악 가사를 후원했다.[42] 또한 이 같은 번역 및 문학 프로젝트는 악바르의 다른 정책들을 발전시켰으며, 이 정책들은 악바르가 제국 전체에서 비견할 존재가 없는 피르이자 세계의 제왕이고 종교적으로든 정치적으로든 어떤 인간보다 우월한 존재라는 새로운 무굴 제국의 이념을 만들어 내는 데 도움이 되었다.

궁정에서 악바르를 신봉하는 종파는 이르면 1582년경 탄생했을 것으로 보인다. 그 성격과 구성, 목표는 그때나 지금이나 논란의 대상이다. 이 집단은 비밀스러운 신비주의적 관행을 지녔기 때문에 완전한 입교자만 알 수 있었다. 심지어 그 명칭조차 혼란스럽다. 압둘카디르 바다우니는 대체로 딘 일라히(신의 종교 또는 신성 종교)라고 불렀는데, 후대의 많은 주석가들이 이 이름을 사용했으나 입교자들은 사용하지 않았을 것이다. 또한 악바르를 세속주의자로 규정하는 오늘날의 몇몇 학자는 딘(종교)이라는 단어를 사용하는 데 의문을 제기한다.[43]

압둘카디르 바다우니는 여러 곳에 "폐하께서는 당신의 종교 체계에 타우히드 일라히라는 이름을 붙였다"[44]라고 적었다. 아랍어 타우히드는 철학 전통 속에서 '신의 유일성에 대한 믿음', '사고를 통해 신을 이해하려는 모든 노력은 공허하다는 수피즘에서 완벽함에 이르는 다섯 번째 단계의 깨달음' 등 다양한 의미를 지닌 오래된 용어이다.[45] 이 이념은 안달루시아의 아랍인 수피 아부압둘라 이븐 알아라비가 가장 명쾌하게 설명한 와흐다트 알우주드(존재의 단일성)라는 신학에 근거하는데, 악바르 지지자들은 이븐 알아라비의 설명을 명시적으로 인용했다.[46]

황제 숭배는 제국의 엘리트들에게만 허용되었다. 동시대의 몇몇 문헌에는 구성원 19명이 적혀 있으며, 이들은 모두 악바르의 측근 가운데 고위 만사브다르이다. 하지만 다른 사료들에서는 수백 명에 이르는 악바르의 근위병 혹은 고위 만사브다르 대부분이 구성원이었다고 설명한다.[47] 악바르에게 깊이 절하며 "나는…… 자발적으로 또 진실한 호의와 경애로써 이슬람 종교를 무조건 그리고 완전히 버리고 거부하며…… 그리고 악바르 샤의 타우히디 일라히(신성일

원론神聖一元論)를 받아들이고 재산, 생명, 명예, 종교의 희생이라는 네 단계의 온전한 헌신을 받아들입니다"[48]라고 맹세하는 입교 의식이 있었다. 입교자들은 악바르에게 태양의 상징과 특별한 터번, 터번이나 옷의 가슴 부분을 장식할 수 있는 작은 초상화를 받았다. 정통 무슬림의 관습에 어긋나지만 많은 제자는 악바르를 흉내 내 수염을 깎았다.

또한 입교자들은 '알살람 알알라이쿰'al-salām al-'alaykum (평화가 당신과 함께하기를)이라고 인사하면 '와 알라이쿰 알살람'wa 'alaykum al-salām(또한 당신에게도 평화가)이라고 답하는 전통적인 아랍어 인사 대신, '알라 후 악바르'(악바르는 곧 하느님이시다)로 인사하면 '잘라 잘랄루후'jalla jalāluhu(그의 영광이 더욱 영광되기를)라고 답했다. 이 잘랄 잘랄루후는 악바르의 칭호인 잘랄 알딘을 연상하게 했다. 악바르와 입교자들은 정기적으로 태양과 빛을 숭배하는 의례를 행했는데, 파테푸르시크리 시기 말에 마련한 의식을 더욱 발전시킨 것으로 보인다. 이 황제 숭배는 종족과 친족을 포함한 그 어떤 것에 대한 충성심보다 우선시되어 입교자를 악바르에게 결속시켰다.

그러나 초대받은 모든 사람이 참여한 것은 아니다. 1587년 라자만 싱은 악바르가 명령한다면 이슬람으로 개종할 수는 있지만 새로운 황제 숭배에 참여하지는 않겠다고 이렇게 답했다.

제자라는 것이 기꺼이 생명을 희생하는 것을 말한다면, 저는 이미 제 삶을 바친 상태입니다. 그 이상의 증거가 필요하겠습니까? 그러나 만약 그 말이 또 다른 의미, 즉 신앙을 가리키는 것이라면 저는 확고한 힌두입니다. 만약 폐하께서 제게 명하신다면 무슬림이 되겠습니다만 저는 이 두 가지 외에 다른 종교의 존재를 알지 못합니다.[49]

일부 조신은 입교를 통해 분명 이득을 보았으나 그렇다고 만 싱이 이 거절로 경력에 손해를 입지는 않았다.

호의적이든 비판적이든 이 시기의 저자들은 악바르를 숭배하며 악바르가 모습을 드러내는 의식인 다르샨을 갈구하는 대중적인 종파 다르샤니야Darshaniyya의 존재를 기록했다. 압둘카디르 바다우니는 비판적인 글을 썼다.

궁정에 들어가지 못한 사람들은 매일 아침 창문을 향해 서서…… 황제의 축복받은 얼굴을 보기 전에는 입을 헹구지도, 먹지도, 마시지도 않겠다고 맹세했다. 그리고 매일 저녁 힌두와 무슬림, 남자와 여자, 건강한 사람과 병든 사람, 괴상한 사람이 모여들었으며 정말이지 끔찍한 무리였다. 폐하께서 자로카(발코니)로 나오시자…… 모든 사람이 엎드렸다.[50]

정도의 차이가 있으나 바부르와 후마윤은 황제를 '지상에 드리운 신의 그림자'로 재현했다. 하지만 악바르의 선전가 아불파들 알라미는 악바르가 신의 빛 자체, 다시 말해 '지상에 있는 성스러운 존재의 화신', '천년왕국의 군주'라고 선언했다.

오늘날 몇몇 학자는 악바르가 다른 군주들보다 우월한 지위를 주장한 것은, 바부르와 후마윤이 사파비 왕조에 굴욕을 무릅쓰고 종교적·정치적으로 복종한 수치를 자신의 마음속에서 그리고 외교 면에서 씻어 내기 위한 것이라고 추정한다. 그러나 악바르의 동시대 비판가들, 그중에서도 낙슈반드 수피 종단의 피르 셰이흐 아흐마드 시르힌디(1624년 사망)와 압둘카디르 바다우니 등 정통 순니파는 악바르가 스스로 신격이라고 주장하는 이단이었다고 비난했다.[51] 악바르의 그러한 주장은 정통 순니파의 무조건적인 일신교 신앙과 알라 외 어떤 존재도 숭배하지 말라는 엄격한 교리에 어긋나는 것이었다.

악바르의 천년왕국 이념을 굳건히 한 또 다른 요인은 이슬람력 1천 년(서력 1591~1592년)이 다가오고 있다는 사실이었을 것이다. 많은 무슬림은 이때가 오면 마흐디가 나타나 신도들을 영원한 구원으로 인도하리라고 기대했다. 이에 앞서 1582년 악바르는 조신 일곱 명에게 예언자 무함마드의 죽음에서 악바르에 이르는 무슬림 군주들을 연대기식으로 서술한 《천년사 Ta'rikh-i Alfi》를 편찬하라고 명했다. 그리고 나중에는 주화에 '천년기'라고 새기도록 했다.

악바르는 수십 년간 신하들의 찬사를 받고 무굴 제국을 크게 확장했으나, 그 역시 인간의 한계를 피하지는 못했다. 악바르는 오십 줄에 가까워짐에 따라 역사에서 무굴 왕조가 차지하는 위치를 돌아보았다. 그는 바부르나 후마윤을 직접 알고 지낸 고모 굴바단 베김과 다른 조신, 수행원 들에게 전임자들에 대한 기억을 글로 쓰거나 구술하게 했다.

바부르와 후마윤의 형제들이 죽었을 때 그러했듯 하킴 미르자의 죽음으로 악바르에 대한 형제의 도전은 마침내 끝났다. 그러나 성년이 된 악바르의 세 아들은 악바르에 불만을 품은 사람들이 부추기자 독립적인 권력을 잡으려고 움직였다. 악바르는 늙어 갈수록 아들들을 서로에게서 보호하는 동시에 무굴 제국의 통합을 확보하려는 상반된 욕망에 사로잡혔다. 악바르의 선조 중 누구도 이 두 위업을 달성한 전례가 없었고 그의 후손 황제들 또한 그러했다. 모두가 피할 수 없는 새 정권이 줄 기회와 위험을 예상했다.

군사적·외교적 측면에서 무굴 제국의 서쪽 변경은 1590년대 말에 안정되었으며, 카불·신드·카슈미르·칸다하르 또한 안전해 보였다. 바다흐샨을 우즈베크인에게서 탈환하겠다는 악바르의 희망은 실현 가능성이 낮음이 확인되었다. 하지만 1598년 우즈베크인 내부에서 왕위 계승 전쟁이 시작되며 우즈베크의 침략 위협은 작아졌다. 따라서 악바르는 마지막으로 남은 전도 유망한 주요 전선인 데칸고원 방면에 점점 더 많은 자원과 관심을 기울였다. 남쪽의 전장을 지휘하기 위해 악바르는 궁정을 파테푸르시크리에 돌려놓지 않고 데칸으로 옮겼다가 종국에는 아그라로 옮겨 여생 대부분을 그곳에서 보냈다.

데칸의 전장과 아그라에서 보낸 말년

악바르는 가능성이 보이기만 하면 이웃한 왕국과 지역 어디든 침략했다. 1595년 악바르에게는 만사브다르 1,823명이 있었고, 그들에게는 제국을 위해 기병 14만 1천 명 이상을 유지하고 제공할 의무가 있었다.[52] 이에 더해 상당 규모의 악바르 직속 병력도 있었다. 1598년 악바르는 이 인력과 다른 자원 거의 전부를 남쪽 변경 확대에 투입하기로 결심했음이 확실하다.

데칸 지방은 1527년 바흐만 왕조가 서로 경쟁하는 후계 국가 아흐마드나가르(1572년 베라르를 합병), 비다르, 비자푸르, 골콘다로 분열되었다. 칸데시 술탄국은 이들과 무굴 제국 사이에 위치해 있었다. 무굴 정부는 데칸을 정복하기 전에 이미 이곳의 잠재적인 세수를 파악했다. 아불파들 알라미가 적은 《악바르 회전Ā'īn-i Akbarī·Akbarī會典》 초기 판본(1591년)에는 데칸 지방의 술탄국 전부와 칸데시의 각 도시와 지구, 예상 세입이 기록되어 있다.[53] 이 추정은 과다하게 계상되었기 때문에 무굴 제국의 정복이 실제보다 높은 수익성을 지닌 듯 보였다. 악바르의 후손들은 데칸 지방 일부를 정복하는 데 1세기 가까이 소요하고도 정작 재정적으로 원하는 보상을 얻지 못했으므로 값비싼 대가를 치르고 나서야 이 사실을 깨달았다. 데칸의 다른 술탄국들은 악바르의 영향력 밖에 있었기에 일단 아흐마드나가르와 칸데시가 외교적·군사적 원정의 목표가 되었다. 이 움직임은

제6장 수도에 따른 악바르 황제 재위기의 변화

악바르의 라호르 천도로 한층 강화되었다.

그보다 훨씬 앞서 악바르는 아흐마드나가르 술탄국을 향해 남쪽으로 여러 차례 움직였다. 특히 1576년에 있은 사냥 원정을 아흐마드나가르의 술탄은 위장 침략이 아닌지 방심하지 않고 지켜보았다.[54] 1588년 아흐마드나가르의 계승을 두고 벌어진 분쟁에서 밀려난 동생 부르한 샤가 악바르에게 피신해 왔다. 악바르는 이 망명자를 보호하고 왕좌를 차지하게끔 독려했지만 군사적으로 지원할 생각은 없었다. 부르한 샤는 스스로 원정을 성공시켜 1591년 아흐마드나가르의 지배자가 되었다.

그는 술탄 부르한 샤 니잠샤히 2세로 즉위한 뒤 1591~1593년 저명한 시인이자 조신인 셰이흐 파이디가 이끄는 사절단이 무굴 제국에 복속하라고 가하는 압력에 저항했다. 1595년 부르한 샤 니잠샤히 2세가 죽으면서 발생한 새로운 계승 분쟁은 데칸에 자원을 투입할 준비가 된 악바르에게 새로운 기회였다. 그는 아들 무라드 미르자를 보내 이웃한 구자라트 방면에서 아흐마드나가르를 침공하게 했다. 그러는 동안 아흐마드나가르에서는 부르한 샤 니잠샤히 2세의 미망인 칸자다 후마윤 술탄(찬드 비비로 알려졌다)*이 갓난아기인

---

* 저자는 부르한 샤 2세 사후 니잠샤 왕조 아흐마드나가르 술탄국의 권력을 잡은 사람의 본명이 칸자다 후마윤 술탄Khānzāda Humāyūn Sulṭān이고 별명이 '찬드 비비'라 적었으나, 그녀의 이름이 칸자다 후마윤 술탄이라는 기록은 찾지 못했다. 아마 저자는 그녀의 어머니이자 니잠샤 왕조의 섭정을 지낸 훈자 후마윤Khunza Humāyūn('칸자다 후마윤'이라고도 불린다)과 착각한 것 같다. 찬드 비비는 부르한 샤 2세의 누이로 본래 비자푸르 술탄국에 시집갔다가 이 시기에는 아흐마드나가르로 돌아온 상태였다. 그러던 중 니잠샤 왕조에 혼란이 발생하자 그녀는 오빠 부르한 샤 2세의 손자 바하두르를 옹립하고 섭정 자리를 꿰찼다.

후계자 바하두르 샤의 섭정이 되어 권력을 잡았다. 그녀는 무라드 미르자에 맞서 1596년까지 아흐마드나가르를 지켰으나, 결국 협정에 나서서 악바르의 수위권을 인정하고 합병했던 베라르를 무굴 제국에 넘기는 대신 섭정 자리를 지켰다.

무라드 미르자가 1599년 베라르에서 사망하자 악바르는 셋째 아들 다니얄 미르자를 지휘관으로 임명해 아흐마드나가르 성채를 공격하도록 했다. 1600년 찬자다 후마윤 술탄은 소년 술탄에게 5천 만사브를 내려 주고 섭정을 유지하게 해준다면 복종하겠노라 제안했다. 하지만 성채 내에 있던 그녀의 경쟁자들이 그녀를 암살하고 계속 버티려 했지만 실패했다. 이윽고 무굴 군대가 성채를 손에 넣고 어린 술탄을 투옥한 뒤 아흐마드나가르 대부분을 합병했다. 그러나 해방된 에티오피아 군인 노예 출신 말리크 암바르는 아흐마드나가르의 왕자들을 꼭두각시로 세워 가며 수십 년 동안 저항을 지속했다.[55]

악바르는 수십 년간 군사 원정과 정략혼 등의 수단을 동원했지만 칸데시 통합에는 성공하지 못했다. 1599년 다니얄 미르자가 이끄는 무굴군이 칸데시 술탄국의 수도 부르한푸르를 점령하고 지배자 아흐마드나가르의 어린 후계자 바하두르 샤를 투옥(1624년 감옥에서 사망)했다. 악바르는 전투에 직접 뛰어들지는 않았으나, 칸데시에서 마지막까지 저항한 아시르가르의 강력한 요새를 포위할 것을 지휘했다. 아시르가르 요새는 1601년 함락되고 마침내 칸데시 술탄국은 무굴 제국의 한 지방이 되고 말았다.

그 후 악바르는 다니얄 미르자에게 무굴 군대 전체의 지휘와 데칸 지방의 행정을 맡기고 아그라로 돌아갔다. 하지만 무굴 군대는 악바르가 죽을 때까지 데칸에서 확장에 나서지 않았다. 오히려 살림 미르자의 반란으로 분열되어 서로 싸우느라 무굴 제국의 중심부는 5년간 혼란에 빠졌다.

살림 미르자의 반란과 거의 반세기 동안 재위한 악바르의 죽음은 무굴 제국 내 많은 사람을 불안을 넘어 공황 상태에 빠뜨렸다. 4세기나 지난 지금 민심을 평가하기란 어려운 일이지만, 잇달아 벌어진 살림 미르자의 반란과 악바르의 죽음 그리고 불확실한 계승이 남긴 트라우마를 자운푸르의 보석상이자 자이나 바나라시다스의 회고를 통해 확인할 수 있다. 바나라시다스와 같은 인도 북부 사람 대부분에게 악바르는 살면서 경험해 본 유일한 황제였다. 그럼에도 이전에 발생한 계승 분쟁으로 인한 파괴는 고통스러운 기억으로 남아 있었다. 따라서 바나라시다스는 악바르가 세상을 떠났다는 충격적인 소식을 듣자마자 쓰러지는 바람에 머리를 다쳐 "흐느껴 우는 어머니 곁에 누웠다." 바나라시다스는 도시 전체가 비슷한 충격을 받았다고 적었다.

사람들은 갑자기 자기들의 군주를 잃고 고아가 된 듯 불안을 느꼈다. 공포가 도처에 퍼졌다. ……모두 충격에 빠져 집의 문을 걸어 잠그고 상점 주인들은 가게 문을 닫았다. 초조한 부자들은 보석과 값비싼 옷을 지하에 숨겼다. 그들 가운데 많은 사람은 재빨리 재산을…… 마차에 싣고 안전한 외딴곳으로 피신했다. 모든 집주인은 무기와 갑옷을 모으기 시작했고, 부자들은 가난한 이들이 입는 두껍고 거친 옷을 걸쳤다. ……여자들은 화려한 옷은 피하고 허름하고 광택 없는 옷을 입었다. ……도둑이나 강도가 있는 게 아닌데도 곳곳에 공황의 명백한 징후가 존재했다.[56]

두려움에 떤 열흘이 지난 뒤 살림 미르자가 상대적으로 평화롭게 즉위했다는 소식이 자운푸르에 닿은 뒤에야 생활은 평범한 흐름을 되찾았다. 악바르의 긴 재위기에 그와 측근들은 무굴 제국의 핵심 요소들을 발전시켰다. 이후의 황제들은 성공의 정도는 각각 다르지만 모두 악바르의 기반 위에서 업적을 이루어 냈다. 즉 자항기르라는 이름으로 제위에 오른 살림 미르자와 그의 후계자들에게 악바르는 서로를 비교할 수 있는 기준이 되었다.

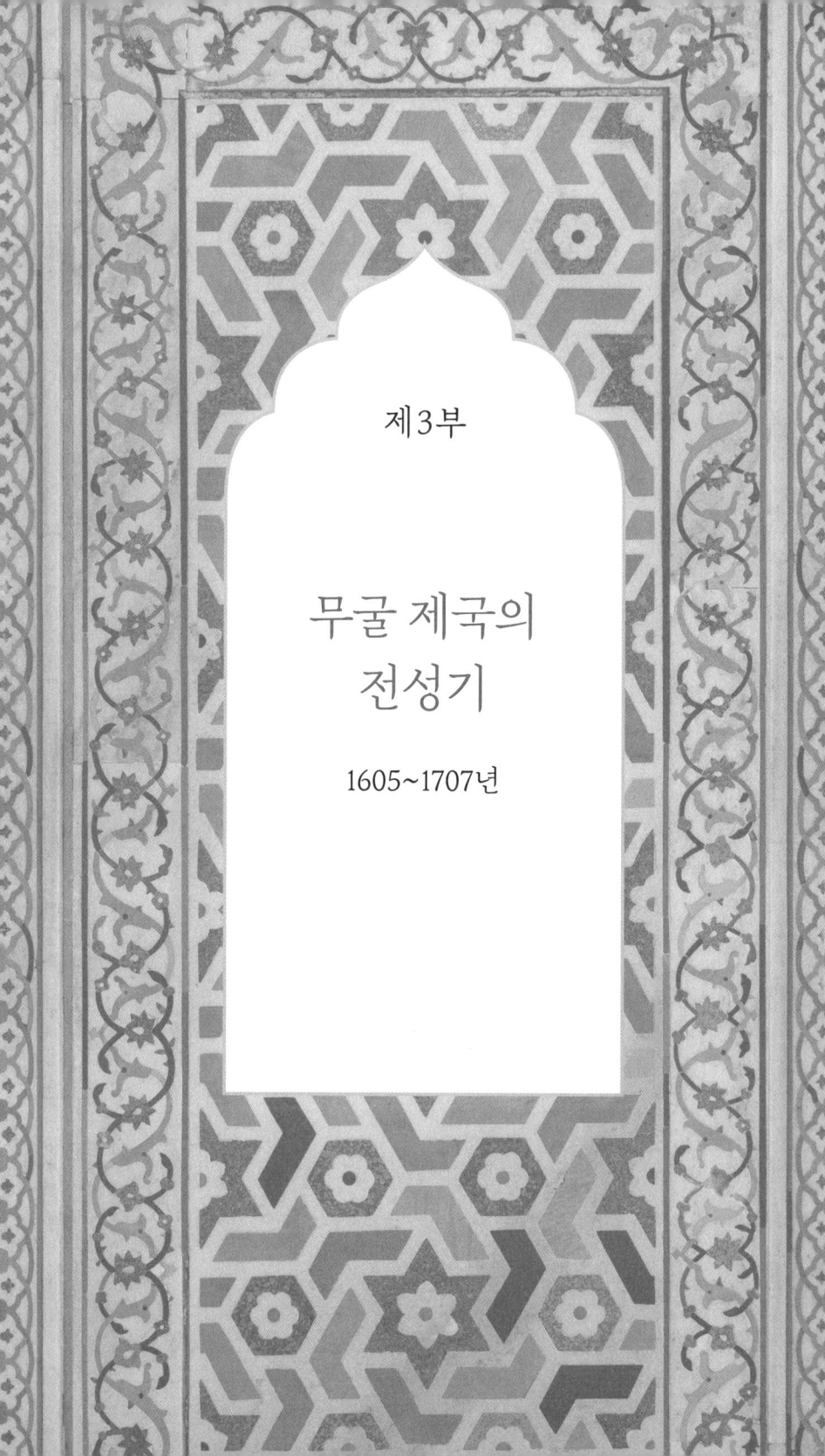

제3부

무굴 제국의
전성기

1605~1707년

무굴 제국의 역사

A SHORT
HISTORY OF
THE MUGHAL
EMPIRE

제7장

자항기르 황제와 무굴 궁정의 개화

"국정과 정부에 관해서라면 나는 종종 나 자신의 판단에 따라 행동하고
다른 사람의 조언보다 나 자신의 조언을 택한다."

—자항기르 황제[1]

살림 미르자는 5년 가까이 아그라에 있는 악바르 황제에 공개적으로 반기를 들고 알라하바드에서 스스로 황제임을 선언하고 지배했다. 이미 30대 초반에 이른 살림 왕자는 자신의 즉위를 오랫동안 고대해 왔고 경쟁자들에 비해 풍부한 경험을 쌓은 상태였다. 악바르의 죽음이 다가오자 살림은 아버지의 권위에 겸손하게 복종하고 짧지만 굴욕적인 처벌을 받아들였다. 그리고 영향력 있는 무굴 왕조 여인들의 중재로 악바르가 죽기 직전에는 용서받았다. 살림은 그 뒤 본인의 제호를 자항기르로 정했다. 22년에 걸친 자항기르의 통치는 악바르가 쌓은 무굴 제국의 기반 위에 자항기르의 생각에 따라 장식되었다.

경쟁자와 반란을 물리치고 황제가 된 자항기르

무굴 왕조는 장자 상속을 제도화하지 않았다. 대신 모든 황제가 본인의 후계 구도를 조정해 보려 시도했지만 성공한 사람은 거의 없었다. 황제들은 후계자의 지위를 강화해 주었지만 그가 자신을 빨리 대체하게 될 것을 당연히 두려워했다. 또한 황제들은 아들들이 서로 죽여댄 끝에 한 명만 살아남는 사태와 온갖 고초 끝에 이룩한 제국이 분열되는 사태, 모두를 우려했다. 바부르와 후마윤은 어린 아들들에게 땅을 분봉하는 가문의 중앙아시아 전통을 따랐고, 이를 통해 아들들을 보호하는 동시에 느슨하게나마 제국이 하나로 연결되어 있기를 바랐다. 이후의 무굴 황제들이 자신만의 방식으로 권력을 행사하는 개인화한 모델로 변화한 반면, 악바르와 자항기르 그리고 그들의 후계자 대부분은 아들들 사이에 권력 균형을 맞추고자 노력했다. 반대로 거의 모든 무굴 제국의 왕자는 황제가 되기를 고대하는 동시에 피할 수 없는 계승 전쟁의 잠재적 피해자로, 대개 어머니·유모·누이 그리고 처가의 지원을 받아 형제들에게 무자비한 책략을 구사했다.

악바르는 그토록 바라던 살아남은 맏아들 살림 미르자를 어린 시절부터 특별히 총애했지만, 다른 아내들에게서 얻은 그의 두 동생도 함께 승진시켰다. 만사브(계급) 제도를 만든 악바르는 여덟 살 난 살림에게 여느 만사브다르의 두 배인 1만 만사브를 주었으며, 이에 비견할 존재라고는 7천 만사브를 받은 일곱 살 난 무라드 미르자와 6천 만사브를 받은 다섯 살 난 다니얄 미르자밖에 없었다. 이 왕자들에게 주어진 독보적인 계급은 경험 많은 후견인의 지도 아래 자신의 가문과 군사, 궁정 파당을 만들 수 있는 막대한 자원을 제공했다. 악바르는 아들들이 성장할 때마다 만사브를 올려 주어 1584년 열다섯 살이 된 살림은 1만 2천 만사브, 무라드는 9천 만사브, 다니얄은 7천 만사브가 되었다.

악바르는 살림 미르자를 대체로 궁정에 두었으며, 살림은 그곳에서 동생들과 다툼을 벌였다. 1591년 악바르는 무라드 미르자를 말와의 총독으로 임명했다가 다시 구자라트로 보냈는데, "두 형제를 동쪽과 서쪽에 두어 그들이 안전할 수 있도록 하기 위함"[2]이었다고 한다. 후에 악바르는 셋째 아들 다니얄 미르자를 멀리 알라하바드의 총독으로 임명했다. 신하들이 한탄하는 중에 이 위엄 있는 총독과 후견인 들은 제멋대로 억압적인 권위를 행사하며 다가올 계승 전쟁을 위해 자신들의 파벌을 굳건히 할 자원을 축적했다.[3]

1591년 악바르가 갑자기 탈이 나자 당황한 조신들은 "체질이 약간 이상해지고 위통과 복통에 시달렸는데 다스릴 방법이 없었다. 의식을 잃은 폐하께서 맏아들에 대한 의심에서 비롯된 말 몇 마디를 내뱉더니 그가 자신에게 독을 먹였다고 비난했다"[4]라고 기록했다. 악바르는 회복했지만 그와 살림 그리고 세 왕자 사이의 긴장은 더욱 심각해졌다. 다른 황제들과 마찬가지로 악바르는 자신이 살아 있는 한 권력을 유지하며 유증을 직접 결정하기로 결심했다.

악바르는 또 다른 계승자를 키우기 위해 살림이 첫 번째 아내 라지푸트 카츠와하 가문의 만바와티 바이와의 사이에서 얻은 맏아들 후스라우 미르자가 고작 일곱 살인데도 5천 만사브라는 높은 지위를 내렸다. 후스라우의 파당을 강화하기 위해 악바르는 강력한 라자이자 후스라우의 외삼촌인 만 싱을 그의 후견인으로 지명했다. 악바르가 마음먹은 만큼 오래 살았다면 후스라우는 상당히 그럴싸한 후계자 후보가 되었을 것이다.[5]

1590년대 중반 살림이 아버지 악바르의 감시에 시달리는 동안, 무라드는 데칸 방면에 집중한 군세의 지휘를 맡았다. 그러나 무라드는 그곳에 있는, 자신보다 경험 많은 무굴 장군들과 협력하지 못했기에 별다른 성과를 거두지 못했다. 1599년 무라드가 죽자 악바르는 군대를 친히 지휘하기 위해 이동하여 칸데시 술탄국에 남은 마지막 저항 세력을 무너뜨렸다. 그사이 살림은 아그라를 점령하려고 군대를 이끌고 나섰다가 실패했으며, 줌나강을 따라 500킬로미터 정도 이동하여 악바르가 요새화한 알라하바드를 차지했다.

살림 미르자는 여러 해에 걸쳐 알라하바드에서 독자적인 궁정을 세우고 점차 자신이 군주라는 주장을 확고히 해나갔다. 황제가 될 높은 전망과 휘하에 있는 상당한 군사력을 이용해 그는 그 지역에 있는 무굴 관리와 민중을 무자비하게 몰아쳐 자신에게 복종시켰다. 그리고 자신의 가문을 확장하기 위해 세금을 거두었으며, 예술가들

제7장 자항기르 황제와 무굴 궁정의 개화

그림 10 1600~1604년 알라하바드를 지배하던 때 사냥에 나선 살림 미르자. 코끼리 위에 앉은 살림은 왼쪽 어깨에 총을 얹고 오른손으로 부하에게 손짓을 하고 있는데, 부하는 총에 맞은 코뿔소 새끼를 건네주는 듯하다. 아래에는 죽은 영양이 있고, 위쪽 배경에는 먹이를 사냥하는 치타와 사냥하는 하인들이 있다. 그림 뒷면에는 무함마드 나시르 알문시가 지은 "오 사랑하는 이여, 당신의 관대함은 마치 지붕과 같고 그 모서리에는 아홉 개 창공이 촛불처럼 매달려 있습니다. 전장에서 당신의 칼은 코끼리를 마치 노리개처럼 쓰러뜨립니다"라는 글이 있다.

을 고용해 자신의 취향을 반영한 독특한 양식을 발전시켰다.[6] 황제 자리라는 함정에 빠진 살림은 스스로 파디샤(황제)를 선언하고 이 칭호가 새겨진 주화를 주조했으며 1602년부터는 자신의 이름으로 쿠트바(군주에 대한 축복의 기도가 포함된 금요 예배 전 설교)를 진행하라고 명했다. 그는 옥좌를 만들고 허세 가득한 구절을 새겨 넣었다. 사망한 하킴 미르자의 추종자 일부는 진작에 살림 측에 투신한 상태였다. 무라드 미르자가 죽은 지 얼마 안 된 1604년 다니얄 미르자마저 사망하자(두 사람 모두 공식적으로는 알코올 남용으로 사망했지만 많은 사람이 살림이 암살했다고 믿었다), 두 왕자를 모시던 사람들도 살림에게 합류했다. 악바르의 행정적·종교적 혁신에 반대하는 몇몇 주요 울라마(이슬람 학자)와 만사브다르 그리고 인도인 무슬림 같은 일부 지방 명사가 살림을 지지했다. 악바르와 살림 사이의 긴장은 고조되어 양측의 군대는 서로를 위협하며 진군했다.

 살림은 상대방을 제거하기 위한 작전을 펼쳤다. 악바르는 자신이 정책을 시행하는 데 최고의 협조자인 아불파들 알라미를 칸데시 총독으로 임명하고 5천 만사브로 승진시켰다. 1602년 아불파들 알라미가 아그라로 돌아오자마자 오르차의 라지푸트 분델라 왕조 지배자 라자 비르 싱 데바는 그의 호위병을 제압하고 아불파들을 참수하여 그 머리를 살림에게 보냈다. 살림은 숨김없이 이렇게 털어놓았다.

 지혜와 학문이…… 탁월한 셰이흐 아불파들은 정직이라는 보석으로 자신을 꾸미고 이를 나의 아버지에게 비싼 값에 팔아먹었다. ……그가 나에게 느끼는 바가 솔직하지 않았기에 그는 공적으로나 사적으로나 나에게 반대하는 발언을 했다. 분쟁을 일으키는 음모꾼들 때문에 나의 아버지 폐하의 존귀한 감정이 완전히 내게 격분해 있는 이때 아불파들이 악바르를 섬기는 영광을 얻는다면…… 아버지와 화합할 은혜가 사라질 것이 명백했다. 그가 궁정으로 오지 못하게 해야 했다. ……나는 비르 싱 데바에게 만약 이 선동꾼을 막고 죽여 버린다면 나로부터 모든 친절을 받게 되리라고

전했다.⁷

분노한 악바르가 비르 싱 데바를 처벌하고자 군대를 보냈는데, 비르 싱 데바는 무굴 제국의 적들이 그러하듯 인근의 삼림에 틀어박혔다(살림은 자항기르 황제가 되자, 비르 싱 데바에게 3천/2천 만사브를 수여했고 나중에는 5천/5천 만사브의 마하라자*로 만들어 주었다. 또 자항기르는 자비롭게도 아불파들 알라미의 아들에게 아프달 칸이라는 칭호를 내리고 비하르 총독에 앉혔다).

악바르의 병세가 악화되자 살림 미르자는 알라하바드에서 아버지의 총애를 되찾기 위한 행동에 착수했다. 살림의 첫 번째 부인으로 자신이 낳은 아들 후스라우를 강력하게 지지한 만바와티 바이는 자살했다. 마침내 살림의 파당이 성공을 거두었고 그는 안전하게 아그라로 와서 악바르에게 복종했다. 악바르는 살림 마르자를 크게 꾸짖었지만, 세상을 떠나기 몇 달 전인 1605년 10월 두 사람은 화해했다. 새 황제에 호의적인 후대의 역사가들은 악바르가 임종 직전에 살림을 유일한 후계자로 지명했다고 기록했다. 살림에게 불리하게 묘사된 기록은 거의 남아 있지 않다.

새로운 황제 본인은 나중에 어떤 반란도 일으킨 적이 없으며, 반

---

* 마하라자mahārāja는 '대왕大王'이라는 말로, '위대한'이라는 뜻의 마하트mahā와 '왕王'이라는 뜻의 라자rāja가 합해진 말이다. 기원전 1세기 쿠샨 시대에 처음 등장했고, 이때는 한 국가의 최고 지배자에게만 사용되는 경칭이었다. 본문에서 확인할 수 있듯 나중에는 상대적으로 작은 영지를 가지고 있는 봉신왕들에게도 적용되었다.

란을 부추키는 불충한 참모들이 있었으나 자신은 항상 충성을 다했다고 주장했다.

알라하바드의 근시안적인 사람들은 나 또한 아버지에게 반란을 일으켜야 한다고 충동질했다. 그들의 말은 결코 받아들일 수 없는 것이었으므로 나는 불가하다고 했다. 나는 제왕이 어떤 인내력을 가져야 하는지, 아버지에 대한 적개심의 근원이 무엇인지 알고 있었다. 그리고 이렇듯 아무짝에도 쓸모없는 인간들의 조언에 따라 움직여서는 안 되고 나의 인도자, 나의 키블라(메카의 카바가 있는 방향), 나의 눈에 보이는 신이신 아버지를 기다려야 함을, 이 선한 결심의 결과가 나에게 좋은 방향으로 나타나리라는 사실을 알고 있었다.[8]

자항기르는 황제로서 황제의 권위에 반기를 든 사람들을 소급하여 모두 처벌했다. 맏아들 후스라우라고 예외는 아니었다.

여러 해에 걸쳐 악바르에 맞서 항쟁을 벌이는 동안 자항기르는 후스라우의 강력한 지지자들을 두려워했다. 자항기르는 즉위한 뒤 후스라우를 감금했다. 자항기르는 후스라우의 후견인 라자 만 싱을 멀리 벵골의 총독으로 보내고는 왕자를 제외하면 전례 없이 높은 7천/7천 만사브로 승진시켰다. 자항기르는 또한 후스라우에게 가문의 전통에 따라 멀리 떨어진 카불을 분봉지로 주겠다고 제의했다. 하지만 후스라우는 무굴 제국 전체를 얻겠다는 생각에 이를

제7장 자항기르 황제와 무굴 궁정의 개화

그림 11 악바르 황제 영묘의 1905년 모습. 아들이자 후계자 자항기르가 1605~1613년에 건설한 이 영묘는 붉은 사암이 주로 사용되고 흰색 대리석으로 장식되어 있다. 영국 식민지 시절 1905년에 수리 및 복원이 이루어졌는데, "과거에 대한 경의의 표현이며 되찾은 미래에 대한 아름다운 선물"이라고 이 프로젝트의 목적을 설명했다.

거부했다.

1606년 후스라우는 델리 외각 시칸다라에 아직 건설 중인 악바르의 영묘를 방문하여 그에 대한 헌신을 표해도 좋다는 허락을 받았다. 그곳에서 후스라우는 펀자브로 도망갔다. 무굴 왕자 가운데 가장 손위이자 차기 황제가 될지 모를 인물과 마주한 많은 만사브다르가 그에게 복종하고 자금과 군인을 대주었다. 떠오르는 시크교운동*의 지도자 구루 아르잔Guru Arjan(재위 1581~1606년)은 그들에게 축

---

* 시크는 '제자'라는 뜻의 시쉬야śiṣya에서 파생된 용어이다. 창시자인 구루 나나크Guru Nanak와 그 후계자 아홉 명의 가르침을 삶의 방법으로 삼는 종교운동을 시크운동이라 부른다. 구루 나나크는 무형의 창조주를 신봉하는 유일신 신앙을 가지고, 카스트 제도나 제사 의식을 인정하지 않았다. 그리고 힌두와 무슬림을 구별하지 않고 이슬람교와 힌두교의 교리를 취합하여 수용했다.

복을 빌어 주었다.

자항기르는 즉각 군대를 동원해 추격에 나섰다. 펀자브 총독이 후스라우에게 라호르의 문을 열어 주기를 거부한 뒤 후스라우의 추종자들은 자항기르의 군대에 뒷덜미가 잡혀 패배했다. 자항기르는 후스라우를 투옥하고 그의 추종자 수백 명을 꼬챙이에 꿰어 길가에 줄줄이 매달아 놓았다. 자항기르는 구루 아르잔에게 벌금을 부과한 후 처형하고 그의 아들이자 후계자 구루 하르고빈드Guru Hargovind(재위 1606~1644년)를 2년이나 감옥에 가두었다.⁹ 이전의 왕실 반란에서는 패배한 적과 관대함을 비는 추종자를 자애로운 제국의 승자가 용서하는 것이 관례였으므로, 이 대규모 처형은 오히려 왕자들의 반란을 더욱 격화시켰다.

감옥에 갇힌 처지에도 후스라우는 1607년 또 다른 음모를 꾸몄다. 그의 지지자 가운데에는 페르시아인 이민자 기야스 베이 테헤라니(자항기르는 그에게 '이티마드 알다울라'라는 칭호를 주고 공동 총리로 임명했다)와 그의 맏아들 무함마드 샤리프Muḥammad Sharif가 있었다. 자항기르의 셋째 아들 후람이 형의 음모를 밝혀내자 자항기르는 후스라우를 장님으로 만들고 무함마드 샤리프와 다른 저명한 추종자들을 처형했으며, 이티마드 알다울라를 강등시키고 벌금을 부과한 다음 일시 투옥시켰다. 그럼에도 후스라우는 나중에 모반을 일으켰고 1622년 죽을 때까지 동생 후람에게 가혹하게 감금된 채 포로로 남았다.

제7장 자항기르 황제와 무굴 궁정의 개화

✵
화려한 예술과 혁신의 궁정

자항기르는 위압적인 아버지를 포함한 다른 어떤 군주보다 우월한 존재가 되겠다고 마음먹었다. 이미 오스만 황제 두 사람이 살림*이라는 이름을 사용했으므로 그는 새로운 이름을 택하겠다고 결심했다. 그는 "황제가 할 일은 세계 지배이므로 나는 자신에게 자항기르(세계 정복자)라는 이름을 주었다"[10]라고 설명했다. 그는 또한 악바르의 황제상皇帝像을 크게 발전시켰는데, 주로 신성한 빛이 특징을 이룬다. 그는 영예로운 칭호로 누르딘(종교의 빛)을 선택하며 "내가 옥좌에 앉는 것은 위대한 빛(태양)이 지구에서 떠올라 빛나는 것과 같기 때문에"라고 했다. 자항기르는 현금 약 1억 5천만 루피(무굴 제국의 연간 세입의 약 1.5배)와 헤아릴 수 없이 엄청난 보석과 귀중품을 물려받았다.[11] 그러나 자항기르는 사치스럽게 인수하느라 이 막대한 재물을 상당히 축냈고 그의 혁신은 미처 예상하지 못한 정치적·경제적 결과를 초래했다.

우선 새로운 황제는 지지자를 찾아내느라 자신의 수입을 희생했다. 많은 순니파 울라마의 수조권을 확인하고 강화해 주었다. 또 알라하바드에서 자신을 지지하던 사람들은 물론 새로 포섭하려는 사람들을 포함한 많은 만사브다르의 계급과 봉토인 자기르의 수입을

---

* 오스만어로는 셀림이다.

올려 주었다. 악바르 재위기에는 만사브의 총계가 20만을 넘지 않은 데 반해, 무굴 제국이 확장되지도 만사브다르의 수가 증가하지도 않았는데 자항기르는 80만 가까이를 뿌려댔다.[12] 또한 자항기르는 재위 10년째 되는 해부터 총애하는 만사브다르들에게 추가 보수를 지급하기 위해 사바르(거느려야 하는 기병의 숫자)에 변화가 없어도 휘하 기병의 수를 두 배로 늘리게 하고 이에 합당한 비용을 지불했다. 이를 두 아스파 시 아스파dū aspa si aspa('말 두 필, 말 세 필'이라는 뜻. 이하 2~3필로 표기)라 한다.* 따라서 자항기르의 수입 대부분이 나오는 황제 직할지인 할리사에서 남는 황제의 수입은 5퍼센트로 급감했다(이와 대조적으로 악바르는 할리사에서 25퍼센트 이상을 항상 본인 몫으로 두었다).[13]

그뿐 아니라 왕실 재무 부처에서 지급하는 여성 인척과 조신의 급여를 인상했다. 터무니없이 과다한 지출을 한 자항기르는 바부르나 후마윤처럼 계획된 예산이 없어 해마다 적자를 냈지만, 악바르가 남긴 방대한 국고가 이를 지탱해 주었다. 게다가 자항기르는 지정된 할리사에서 제국의 세금을 징수할 권리를 중개업자에게 파는 제도인** 이자라다르ijāradār(조세 징수 도급)를 가끔 이용했다. 이는 현

---

* '두 아스파 시 아스파'의 숫자는 사바르 숫자로 정해진 기마병 가운데 말을 2~3필 소유한 사람이 몇 명인지를 보여 주었다. 예를 들어 본문에서 '6만/4만 만사브(3만 2~3필)'라고 하면 '해당 만사브다르의 계급은 6만, 유지해야 할 기병 부대의 수는 4만 명, 기마병 4만 명 가운데 말을 2~3필 보유해야 하는 사람은 3만 명'이라는 뜻이다.

** 저자는 이자라다르ijāradār가 '조세 징수 도급'의 의미를 지닌다고 적었으나, 정확하게는 '조세 징수 도급인'을 의미한다. 무굴 제국에서 조세 징수 도급은 '이자라ijāra'라고 불렸다.

그림 12 자항기르 황제가 발행한 별자리가 새겨진 주화. 물고기 자리, 황소 자리 등 별자리는 주화가 발행된 달을 말해 주며 이 뒷면에는 이슬람력상의 연도와 재위 몇 년인지가 새겨져 있다. 이전의 이슬람 통치자들은 주화에 문양을 넣지 않았고 악바르 황제는 매나 오리 등을 새겼는데 자항기르에 이르러 한층 발전했다.

금을 미리 확보하는 효과가 있지만 세금 징수 과정을 무굴 제국이 통제하기를 포기한다는 뜻이었다.[14]

자항기르는 무게와 도량에 대한 제국의 표준 도량형을 재정의했으며, 이는 곧 모든 회계의 재계산을 의미했다. 그는 무굴 제국 역사상 가장 큰 금화를 디자인했으며, 이 금화는 특별히 정성 들인 의례에 사용했다.[15] 그리고 일반적으로 유통되는 은화의 크기를 20퍼센트 키워 자기르 경제에 혼란을 가져왔다. 실제로 자항기르 본인조차 지나친 조치였음을 깨닫고 6년 뒤 공식 주화를 악바르 시대의 기준으로 되돌렸다.

자항기르는 혁신을 멈추지 않았다. 재위 13년째 되던 때에는 "내 마음에…… 매달 주화를 발행할 때 흡사 태양이 별자리에서 떠오르듯이 한 면에 그달의 점성술 별자리를 새겨야겠다는 생각이 들었다. 이 방법은 지금까지 시행된 적 없는 나의 독자적인 생각이다"[16]라고 했다. 이에 더해 그는 주화에 포도주잔을 들고 있는 자신의 모습을 새기기도 했는데, 이는 정통 무슬림 신민을 모욕하는 처사였다.

자항기르는 자신의 보편주의적 자아상을 정의의 화신으로 표현했다. 그는 즉위하자마자 불만이 있거나 억울한 일이 있는 신민이 직접 황제에게 중재를 요청할 수 있도록 황금으로 만든 '정의의 사슬'을 옥좌가 있는 방에서 성채 바깥까지 매달아 두라고 명령했다. 하지만 자항기르는 이 사슬을 다시는 언급하지 않았으며, 실제로 사슬이 민중의 손이 닿는 곳에 설치되었다는 증거도 없다. 자항기르는 술과 마약을 지나치게 탐닉하고 아들들에게 강요하면서도 자신의 도덕적 권위를 상징적으로 내세우거나 새롭게 하고자 주기적으로 술과 마약 생산을 금지했다.[17] 그렇게 함으로써 모든 사람에게 공평한 정의를 펼치는 존재로 자신을 나타냈다.

자항기르 재위기에 조신들은 예절을 다룬 책을 많이 저술했다.[18] 이 책들은 출세를 염원하는 사람들에게 황제에게 다가가 황제를 기쁘게 하는 방법과 거기에서 얻을 이익을 가르쳤으며, 이는 모든 관심사를 능가했다. 실제로 자항기르의 호의는 큰 명예와 권력, 부를 가져다주었다.

자항기르는 즉위식에서 약물 남용으로 무능력해진 1624년까지 일기인 《자항기르 회고록_Tūzuk-i Jahāngīrī_》을 페르시아어로 부지런히 썼다. 개인적 관찰이 숨김없이 담긴 이 회고록은 자항기르가 직접 주석을 단 바부르의 튀르크어 회고록과 비슷했다. 그러나 바부르와 달리 자항기르는 사용한 어휘와 그 내용으로 힌두스탄 세계 안에서 자신의 위치를 드러냈다.[19] 수정한 흔적이 없는 이 일기는 그때그때 바뀌는 기분, 태도, 상태가 잘 기록되어 있다. 예컨대 알코올과 아편 중독이 시작되어 점점 악화되어 간 결과(스물여섯 살에는 손이 너무 떨려 컵을 입에 대주는 사람이 있어야 했다), 중독에서 벗어나려 서서히 줄이고 있지만 매일 상당량을 사용하는 상태 등이 고스란히 쓰여 있다.[20] 또한 회고록은 무굴 제국에 관해 기록하는 것 외에도, 예술·자연 과학·신학에 대한 자신의 뛰어난 지식과 직접 모은 이 세 분야의 수준 높은 전문가 집단을 거듭 칭송한다.

 자항기르는 황제가 된 뒤 왕자 시절보다 예술을 적극 후원했는데, 이는 예술 자체를 위해서이기도 하지만 정치적 선전을 위해서이기도 했다. 알라하바드에서 자항기르를 섬긴 많은 예술가는 더욱 거대해진 왕실 공방 카리하나로 옮겨 갔다. 악바르가 물려준 공방은 개성을 중시하는 자항기르의 취향에 맞추어야 했다.[21] 악바르는 본인이 전투에서 격렬하게 싸우는 영웅적인 모습과 극적인 행동을 하는 모습을 묘사한 그림을 선호했다. 그러나 자항기르는 자연스럽고 직접적인 표현을 선호했고, 자신을 세속의 일보다는 영적인 문제에 열중하는 평화롭고 고요한 군주로 묘사하게 했다. 자항기르는 악바르에 비해 예술가를 적게 고용하고 그림 역시 적게 의뢰했다. 하지만 자항기르의 아틀리에는 화려한 색채뿐 아니라 때로는 금박을 사용하는 등 예술적 세련미와 고급스러운 재료를 특징으로 했다.[22] 자항기르는 미학과 기법에 대한 자신의 안목에 자부심을 품었다.

나의 그림에 대한 사랑과 그림을 감정하는 실력은 언제든 작품이 내 앞에 제시되면 세상을 떠난 작가든 오늘날의 작가든 간에 이름을 알려 주지 않아도 순식간에 이러이러한 사람의 작품이라고 말할 수 있을 정도이다. 만약 한 그림에 여러 사람의 초상이 그려져 있고 그 얼굴을 그린 장인이 다르다 해도 나는 각각을 그린 사람이 누구인지 알아낼 수 있다. 누군가 얼굴의 눈과 눈썹만 그려 넣었어도 처음에 얼굴을 그린 게 누구였는지, 눈과 눈썹을 그린 사람은 누구인지 알 수 있다.[23]

실제로 자항기르는 영국 대사 토머스 로 경을 포함한 방문객을 이런 방식으로 시험해 보았다. 토머스 로는 외교적으로 자항기르의 통찰력에 부응하지 못했다.[24] 자항기르의 아틀리에에서 훈련받은 예술가가 그의 높은 기준을 충족시키지 못해 주요 조신 아래로 자리를 옮기는 일이 잦았다.[25]

또한 자항기르는 예술을 이용해 설령 무굴 제국이 그들을 격파할 수 없을지언정 다른 지배자와 적보다 자신이 우월하다는 인식을 드러냈다. 자항기르를 묘사한 몇몇 그림은 그가 아흐마드나가르 술탄국 군대의 에티오피아 출신 사령관 말리크 암바르를 제압하는 모습을 담았는데, 그 그림들은 현실에서 자항기르의 군대가 그와의 싸움에서 맛본 좌절과 패배에 대한 보상일지도 모른다. "비록 그분이 겉으로 보기에는 힌두스탄의 왕이지만 내적으로는 권리와 유산에 따라 세계의 황제이시다"[26]라는 선언을 반영하듯, 그림에서는 사파비 제국·오스만 제국·영국 등 다른 나라의 군주들을 자항기르의 조신 내지 하급자로 표현했다. 자항기르의 화가들은 그를 신성한 빛을 구현하고 전달하는 존재로 묘사했다.

한편 수집가인 자항기르는 개성 있는 그림과 삽화가 있는 필사본을 모은 도서관을 확대했다. 그는 권위자답게 서예, 채색, 종이와 내용의 품질을 기준으로 특색과 주제에 따라 다섯 등급으로 분류했다. 또한 페르시아어와 인도의 지방 언어로 문학작품을 창작하는 시인을 비롯한 문인들을 선별적으로 후원했으며, 특히 신적 우주론divine cosmology 속에 자신을 위치시키고 찬양한 경우에는 당연히 그러했다. 자항기르는 평생 자신의 기쁨을 위해 자연에서 얻은 희귀한 보석을 수집하여 공방에서 예술품으로 가공하게 했다. 귀족, 외교관 등 방문객들은 귀중한 물건을 내놓으면 자항기르의 관심과 호의를 끌 수 있다는 사실을 잘 알았다. 1619년 자항기르는 이렇게 말했다.

내 아들 샤 자한이 준 점박이 이빨(바다코끼리 엄니)을 자항기르식 단검의 칼자루 두 개를 만들 수 있을 만큼 잘라내라고 명령했다. ……칼자루 하나는 마치 뛰어난 화가가 꽃을 표현한 듯 놀라움을 자아낼 정도로 채색되었다. ……한마디로 말해 너무 섬세해서 단 한 순간도 내 곁에서 떼어 놓고 싶지 않았다.[27]

그는 희귀한 꽃·과일·동물을 얻으면(고아를 통해 북아메리카산 칠면조를 수입한 적이 있다), 그림으로 기록하고 가끔은 직접 해부하여 호기심을 충족하고 자연 원리에 대한 지식을 키웠다. 자항기르는 인간과 자연의 작품을 소장함으로써 자신이 세계의 지배자임을 드러내고자 했다.[28]

반면 전임자나 후임자에 비하면 도시 건설과 기념비적 건축물에는 가치를 덜 두었다. 일부 성채와 궁을 완공하거나 복원·확장하기는 했지만, 정원·정자·사냥터·다리·카라반사라이·영묘 건설에 후원하기를 더 좋아했다. 자항기르가 가장 좋아한 영양이 라호르 근처에 있는 정원에서 죽자, 무덤에 장엄한 탑을 세우고 조각상과 산문체 추도문으로 장식했다.[29] 자항기르의 건축물은 밝고 통풍이 잘되는 곳에 배치되었다는 점에서 그의 미적 감각을 확인할 수 있다. 건물 외관에는 대체로 값비싼 대리석을 이용했으며, 광대한 야영지 텐트와 건물 내부의 벽은 화려한 직물·벽화·초상화로 꾸몄다.

시간이 흐를수록 자항기르는 다양한 종교의 거물들에게 관심을

제7장 자항기르 황제와 무굴 궁정의 개화

보이며 그때그때 호의를 가진 사람들을 궁정에 모았다. 즉위를 준비하고 권력 강화를 꾀하던 정권 초기에는 낙슈반드 수피 종단의 피르 셰이흐 아흐마드 시르힌디 등 악바르에 비판적인 순니파 정통주의자들의 지지를 구했다. 그러는 반면 이 종교 지도자들이 통치 행위에 개입하는 것을 결코 원하지 않았다. 황제가 되고 14년 뒤 자항기르는 이런 말을 했다.

> 셰이흐 아흐마드 시르힌디라는 이름의 샤이야드shayyād(시끄러운 사기꾼)가 위선과 속임수의 그물을 쳐서…… 영성이 없는 많은 숭배자를 사로잡았다. ……나는 그를 위한 가장 좋은 방법은 그가…… 그의 기질의 열기와 뇌의 혼란이 진정되고 사람들의 흥분이 가라앉을 때까지 감옥에 머무는 것이라고 생각했다. 이에 따라 그는…… 괄리오르에 투옥되었다.[30]

1년 뒤 자항기르는 셰이흐 아흐마드 시르힌디를 석방해 궁정으로 데려왔다.

자항기르는 집권 초기 치슈트 수피 종단의 피르들과 자신의 정체성을 동일시했다. 셰이흐 살림 치슈티는 이름을 물려준 어린 살림 미르자 즉 자항기르가 무엇이든 기억하는 모습을 보고는 곧장 자신의 우르스'urs(신과의 결혼, 즉 죽음)를 예언했다고 회고했다. 두 살 난 왕자가 피르의 예언을 모르는 하녀에게 간단한 2행 시를 배웠을 때 셰이흐 살림 치슈티는 이미 세상을 떠난 뒤였다. 그런데 자항기르에 따르면 셰이흐 살림 치슈티는 자항기르를 영적 후계자로 지정하고 나서 죽었다. 자항기르 황제는 셰이흐 살림 치슈티의 남성 후손들을 등용하여 만사브(계급)와 중요한 관직을 하사했다. 일부는 자항기르의 영적인 추종자가 되었다.

자항기르는 1614년 이미 오래전에 죽은 호자 무인 알딘 하산 시즈지 치슈티가 자신의 병을 치료하여 건강을 찾아 주었다고 주장했다. 자항기르는 이 영적 축복의 표시로 귓불에 진주 귀고리를 했다. 자항기르에 대한 헌신의 표시로 궁정과 야전에 있는 수백 만사브다르가 이를 따라 했고, 자항기르는 신봉자들을 위해 진주 귀걸이 732개를 제공했다.[31]

실제로 자항기르는 많은 만사브다르 앞에서 피르인 양 행동했다. 그들은 옷의 가슴팍이나 터번에 부착할, 자항기르를 세밀하게 묘사한 초상화를 받는 것으로 상징되는 황제 숭배 의식에 입문했다. 자항기르는 또한 먼 곳에 있는 제자들의 환상과 꿈에 나타나 그들의 병을 고쳐 주었다.[32]

한동안 자항기르는 성스러운 은둔자로 유명한 고사인 자드루프(1559?~1638년)에게 관심을 가졌다.[33] 부유한 브라만 보석상 집안에서 태어난 자드루프는 부모와 아내, 아이들을 떠나 마투라 근처의 작은 동굴로 갔다. 자항기르는 1601년 악바르와 함께 그를 처음 만난 후 1617년에는 한 차례, 1619년에는 네 차례나 방문했다. 자드루프는 베단타 학파의 신학뿐 아니라 행정에 관한 조언을 건넸으며, 자항기르는 그중 일부를 따랐다. 지방의 자기르다르 이티마드 알다울라의 사위 하킴 베이가 자드루프를 처벌하자, 자항기르는 잠시 그를 관직에서 해임했다. 그러나 자항기르가 자드루프에게 가진 관심은 일시적이었다.

자항기르는 저녁 식사 자리에서 다양한 종교를 가진 남성들에게 질문을 하고, 신학자들에게는 도발적인 질문을 던져 논쟁을 벌이게 했다. 예컨대 포르투갈 예수회(그의 궁정에는 소수지만 계속 머물렀다.)는 자항기르가 예수와 예수가 행한 기적에 대한 믿음에 의문을 제기하며 독신주의와 삼위일체에 대한 대답을 듣고 당황한 일화 등을 기록으로 남겼다. 그는 1610년 예수회가 세상을 떠난 동생 다니얄 미르자의 세 아들에게 세례를 주는 것을 허락했다.

자항기르와 그의 궁정은 제국에서 유럽 선교사·상인·외교관들의 존재감이 점차 커져 가는 것을 상대적으로 가볍게 여겼지만, 후대의 우리가 돌아보건대 초기 개입의 중대성을 알 수 있다. 자항기르가 재위하는 동안 포르투갈 해군은 상선과 순례자들이 탄 배를 계속 습격했는데, 일부는 왕실 여성들을 포함한 무굴 조신들의 소유였다. 이에 대한 보복으로 자항기르는 1613년 라호르와 아그라의 가톨릭 성당들을 폐쇄했으며, 예수회에 대한 재정적 지원을 중단하고 일부는 추방했다. 또한 수라트와 다만에서 포르투갈인을 처벌하기 위해 점점 적극성을 띠어 가는 영국인과 일시적으로 동맹을 맺었다. 하지만 1615년 조약 이후 무굴 제국과 포르투갈 사이의 적대감은 일시적으로 누르러졌다.

  대륙 간 교역이 증가함에 따라 포르투갈인, 영국 동인도 회사 그리고 1616년 이후에는 네덜란드 동인도 회사가 무굴 제국에 영향을 끼쳤다. 유럽인은 아메리카대륙에서 막대한 양의 은과 금을 들여와 인도산 직물을 비롯한 갖가지 생산물을 대량으로 구매하여 윤활유 역할을 함으로써 무굴 경제를 받쳐 주었다. 인도 경작자들은 담배, 옥수수, 고추, 토마토 같은 아메리카산 작물을 널리 채택했다. 이를테면 인도 국내 소비와 수출을 위해 담배 생산은 빠르게 확산되었다. 악바르는 흡연이 건강에 좋다는 주장을 의심했으며, 자항기르는 "담배가 대부분의 기질과 체질에 혼란을 가져온다"[34]라는 이유로 심각한 중독자를 제외하고는 조신들에게 금지했다.

  자항기르의 궁정을 방문한 각양각색의 사람 가운데에는 비중 있는 자이나교 고행자들이 있었다. 자항기르는 그들의 금욕을 비웃는가 하면 완전한 비폭력에 대한 그들의 신념에 관해 묻기도 했다. 주기적으로 그는 한 주의 특정한 요일이나 특정한 시기에는 사냥을 나가지 않겠다고 다짐했다.

  하지만 가문의 전통인 활쏘기와 조총 사격 실력에 자부심을 지닌 자항기르는 마흔일곱 살까지 사냥한 동물이 1만 7,167마리(감독한 사냥에서 죽은 1만 1,365마리가 더 있다)에 이른다고 자랑했다.[35] 자항기르는 중앙아시아 전사의 다른 전통들도 이어 나갔다. 그의 군대는 승리를 거두면 적의 목을 베어 탑을 쌓았다. 활과 칼, 창으로 무장

제7장 자항기르 황제와 무굴 궁정의 개화

한 기병은 여전히 만사브다르의 주력을 이루었다.

자항기르와 고위 만사브다르는 무굴 제국군에 화약 무기를 점차 도입했다. 그들은 흩어져 있는 유럽인과 오스만인을 고용하여 화포를 제작하고 발사하게 했다. 부유한 지방 지배자들 또한 그렇게 했고, 개량된 화승총은 인도의 군사 인력 시장에서 퍼져 나갔다. 그리하여 대포와 화기는 전투에 나선 무굴 제국군과 적, 양쪽 모두에게 결정적 요소임이 증명되었다.

자항기르는 재위 기간 내내 건조한 서부 지역을 중심으로 영토를 돌아다녔다. 그는 사냥이나 미적 즐거움을 위해 여행했지만 전쟁에 관여하지는 않았다. 제국의 변경 가까이에 갈 때도 있었지만, 멀리서 감독할 뿐 전장에 모습을 드러내지는 않았다. 그럼에도 자항기르는 악바르가 시작했지만 끝내지 못한 원정을 완료하고 제국을 확장하고자 만사브다르들을 파견했다. 자항기르의 물리적 존재가 원정의 성패와 연결되지 않은 점은 무굴 제국의 안정성을 말해 준다. 그러나 무굴 제국군이 동서남북 모든 방면에서 승리를 거둔 사실과 별개로 새로 정복한 영토들은 결코 완전히 통합되지 않아 무굴 제국은 무질서하게 팽창했다.

동쪽의 벵골은 자항기르의 재위 기간 대부분 불안정했으며, 무굴 제국군은 언덕이 많은 쿠치베하르와 캄루프를 제압하기 위해 분투했다. 젊은 장령 미르자 나산 알라 알딘 이스파하니는 이 치열한 전투들을 치르는 동안 100/50만사브에서 900/450만사브로 승격되었다고 기록했다.³⁶ 지방의 강변에 주둔한 해군 사령관의 아들 미르자 나산은 제국군이 자민다르(토지 권리 보유자)·지방 수령과 어떻게 싸우고 협상했는지, 동쪽에서 전진 중인 경쟁 왕국 아홈과 어떻게 싸웠는지, 포르투갈인과 아라칸인이 벌이는 해안 약탈에 어떻게 맞섰는지 등을 상세하게 적었다. 중앙 정부에서 만들어 낸 이상적인 행정 모델은 실제로 체험한 것을 적은 미르자 나산의 설명과 크게 달랐다. 미르자 나산과 그의 동료들은 운하를 뚫고 물줄기를 막고 숲을 벌채하는 등 환경을 정복하고자 악전고투했다. 군사적 후퇴는 사방에서 벌어졌다. 만사브다르들은 서로 파당을 맺고 배신하고 경쟁자를 암살했다. 제국 관리들은 자항기르에게 인정받기 위해 뛰어난 성과를 담은 보고서를 작성하려고 경쟁했다.

무굴 제국의 주요 전략은 적의 지도자를 포섭하는 것이었다. 만사브다르는 지방의 지도자들을 지방 행정에 참여시켰다. 저명한 이들은 제국의 궁정에서 대단히 깊은 인상을 받으리라 기대하며 그곳을 방문하고자 하는 열망을 품었다. 하지만 벵골 총독의 아들이 아라칸인의 수령 몇 명을 자항기르에게 소개했을 때 그는 흠칫 놀랐다.

요컨대 그들은 사람의 형상을 한 짐승이다. 그들은 바다와 뭍에서 나는 모든 걸 먹어 치우고 그들의 종교는 아무것도 금지하지 않는다. 그들은 누구와도 같이 식사한다. ……그들은 제대로 된 종교나 종교로 해석할 수 있는

어떤 관습조차 갖고 있지 않다. 그들은 무슬림 신앙과는 거리가 멀고 힌두 신앙과도 분리되어 있다.[37]

황제와 하나자드(관리 집안에서 태어난 사람) 만사브다르의 이 같은 태도는 힌두스탄이나 서아시아 또는 중앙아시아 너머에서 온 사람들을 오히려 멀어지게 하여, 그들을 포섭하려는 전략은 효과를 발휘하지 못했다.

왕자 시절 자항기르는 악바르로부터 서쪽으로 진군하여 오랫동안 저항을 계속하는 메와르의 라지푸트 시소디아를 복속시키라는 명령을 받았으나, 별다른 진전을 보이지 못한 경험이 있었다. 황제가 된 자항기르는 둘째 아들 파르비즈에게 그 원정을 완수하라고 지시했다. 그가 크게 실패하자 자항기르는 셋째 아들 후람으로 대체했고, 후람은 결국 시소디아의 라나 아마르 싱(재위 1597~1620년)에게 복속 협상을 강요하고 아마르 싱의 아들 카란 싱(재위 1620~1628년)을 5천/5천 만사브로 등록했다. 자항기르는 카란 싱을 양자로 대우하며 세련된 무굴 제국의 궁정 문화에 따라 교육했다고 주장했다. 그리고 라나 아마르 싱과 그 아들의 실물 크기 대리석상을 아그라 성채의 자로카 아래에 세우게 하여, 그들을 기리는 한편 그들에 대한 자신의 지배력을 과시했다.

자항기르는 북방으로도 군대를 여러 차례 파견했다. 무굴 제국 군대는 히말라야산맥 기슭에서 반란을 거듭하는 캉그라를 마침내 탈환했다. 그곳을 방문한 자항기르는 요새를 무너뜨리고 모스크를 세워 지방 주민들에게 자신의 우월함을 보여 주라고 명령했다. 1616년 이후에는 카슈미르 너머 키시트와르와 라다크로도 부대를 보냈다. 다른 변경에서와 마찬가지로 무굴의 군세는 지방 지배자들을 압도할 수는 있었으나 무굴 제국에 통합하는 데에는 실패하여 반란에 직면해야 했다.

남쪽의 데칸은 적대적인 전사 공동체가 거주하는 불안정한 변경이었다. 자항기르는 둘째 아들 파르비즈에게 아흐마드나가르 술탄국 정복을 마치라고 명령했다(실제로는 베테랑 만사브다르가 무굴 제국군의 지휘를 맡았다). 아흐마드나가르는 1616년 무굴이 승리한 뒤에도 말리크 암바르 지휘 아래 완강한 저항을 계속했다. 자항기르는 어쩔 수 없이 파르비즈를 알라하바드로 옮기고 후람을 데칸으로 보냈다. 다른 무굴 제국의 변경에서와 마찬가지로 적을 패배시키고 포섭하는 일은 무척 어려운 일임이 곧 드러났다. 데칸의 마라타인과 텔루구인 지도자들은 무굴 제국의 유혹에 특히 거세게 맞섰고, 자항기르 재위 중에 만사브(계급)를 받아들인 경우가 거의 없다.

자항기르는 만사브다르 가운데 자신의 개인적 선호와 그들의 능력을 인정하는 일 사이에서 균형을 잡았다. 그가 총애하는 사람들은 높은 지위까지 올라갔다. 하지만 불신하는 사람들조차 가끔은 유용함을 증명해 냈는데, 그의 아버지가 결혼을 통해 왕조에 묶어둔 라지푸트(왕의 자손)들이 그랬다. 자항기르는 자신의 라지푸트

제7장 자항기르 황제와 무굴 궁정의 개화

어머니를 존경했지만, 부계 티무르 왕조의 조상을 더욱더 강조한 것이 사실이다. 자항기르는 무슬림 부인 약 14명 외에 공식적으로 최소한 다섯 명의 라지푸트 신부와 결혼했으나, 그는 라지푸트와 다른 힌두를 무굴 제국 중심부의 고위 관직에 임명하지 않았다. 소수만 총독으로 임명했을 뿐이므로 라자(지역 지도자, 통치자) 만 싱은 가장 눈에 띄는 예외이다.

만 싱은 자항기르의 유능한 지휘관이자 총독 중 한 사람이고, 외사촌이자 부인의 형제였다. 그러나 만 싱은 악바르의 궁정에서 자항기르가 아닌 후스라우를 지지했다. 자항기르는 그를 고위직에 앉히고 영예롭게 대우했지만 솔직하게 비판했다.

> 예닐곱 차례 명령을 보낸 뒤에야······ 라자 만 싱이 와서 나를 기다렸다. 그는······ 위선자이자 이 나라의 늙은 늑대 가운데 하나이다. ······앞서 말한 라자는 암수 코끼리 100마리를 바쳤는데 그중 어느 녀석도 내 코끼리에 포함할 만한 것이 없었다. 그는 내 아버지의 총애를 받은 사람 중 하나였기에 나는 그 면전에서 그의 범죄 행위를 열거하지 않고 오히려 제왕의 겸손으로 그를 승진시켰다.[38]

그리고 1608년 자항기르는 만 싱의 손녀와의 '결혼을 요구'함으로써 무굴 왕조의 우월성을 재차 강조했다. 자항기르에게는 벌써 첩실이 수백 명이나 있었다. 샤흐리야르(1605~1628년) 등 첩실에게서 태어난 아들들도 왕자 지위를 가지고 잠재적인 후계자로 대우받았다. 자항기르가 너무 일찍 노쇠해 감에 따라 그를 장악하고 임박한 계승 경쟁에서 우위를 점하기 위한 파벌 간 술책은 치열해졌다.

누르 자한과 샤 자한의 계승 분쟁

자항기르 재위 후반의 특징은 이티마드 알다울라 가문의 지배력이 커졌다는 점이다. 사파비 왕조 궁정에서 이주해 온 가난한 페르시아인 이민자 기야스 베이 테헤라니는 악바르 아래로 들어와 행정 분야에서 전문성을 인정받아 이티마드 알다울라 칭호를 얻는 등 승승장구했다. 경력 초반에 그는 무굴로 이주하던 중 칸다하르에서 태어난 열일곱 살짜리 딸 미흐르 알니사를 시르 아프간 칸이라는 칭호를 가진 페르시아인 이민자와 결혼시켰다. 하급 만사브를 받고 벵골에 파견된 시르 아프간 칸은 총독과 격렬하게 다투었는데, 이는 1607년 두 사람 모두 사망하는 결과를 불러왔다. 이티마드 알다울라는 과부가 된 딸과 그녀의 딸 라들리를 불러들여 자항기르의 계모 가문에 들여보냈다.[39]

모든 왕족의 결혼에는 황제의 승인이 필요했다. 1607년 자항기르는 당시 열다섯 살이던 셋째 아들 후람을 이티마드 알다울라의 손녀이고 미흐르 알니사에게는 조카인 열네 살 난 아르주만드 바누와 약혼시켰다. 그 당시 훨씬 더 중대한 사건은 자항기르가 1610년 후람

제7장 자항기르 황제와 무굴 궁정의 개화

을 또 다른 페르시아인 이민자이고 사파비 왕조의 왕족인 미르자 무자파르 후사인*의 딸과 결혼시킨 일이다.

새로 즉위한 자항기르에 대한 후스라우의 쿠데타 시도를 지지한 탓에 이티마드 알다울라는 잠시 총애를 잃었고 그의 장남은 처형당했다. 그러나 이티마드 알다울라의 복종과 능력은 곧 그에게 자항기르의 호의를 돌려주었다. 1611년 이후 이티마드 알다울라의 만사브는 빠르게 올라갔다. 게다가 서른다섯 살 난 미망인 딸 미흐르 알니사는 마흔두 살인 자항기르의 눈길을 거짓말처럼 사로잡았다. 몇 달 안 가 자항기르는 그녀와 결혼하고 자신의 칭호 누르 알딘Nūr al-Dīn에서 따온 누르 마할(궁전의 빛)이라는 칭호를 내렸다. 이듬해 자항기르는 아들 후람과 누르 마할의 조카로, 후일 뭄타즈 마할(궁전의 탁월함)이라는 이름으로 유명해지는 아르주만드 바누와의 결혼을 허락했다.

악바르의 결혼과 달리 이 두 결혼은 자항기르의 정치적 입지를 키워 주지는 못했지만, 이티마드 알다울라와 살아남은 아들 아사프 칸**을 포함한 그 가문의 영향력을 키워 주었다. 누르 마할은 곧 자항기르의 다른 부인들이 빛을 잃게 만들었는데, 그들이 그녀를 어떻게 여겼는지는 약간의 단서만 남아 있을 뿐이다. 자항기르는

---

* 사파비 왕조를 창건한 이스마일 1세의 아들 바흐람Bahrām b. Ismā'īl의 손자로, 자항기르의 아들 후람(후에 샤 자한)의 장인이다. 1595년 악바르에게 칸다하르를 바친 인물이다.

** 아르주만드 바누 뭄타즈 마할의 아버지이다.

1614년부터 회고록에서 그녀가 헌신적인 동반자이자 뛰어난 사냥꾼, 현명한 정치 고문이라고 칭찬했다.⁴⁰

이티마드 알다울라는 최고의 지위를 얻고 1619년 7천/7천 만사브의 지위에 이르렀다. 그는 펀자브 총독을 지내고 나서 총리와 최고 세무 관리인 디완으로 임명되어 죽을 때까지 자리를 지켰다.⁴¹ 자항기르는 그의 행정적 성과뿐만 아니라 갈수록 호화로워지는 그의 선물과 환대를 높이 평가했다. 자항기르는 "하렘의 여인들에게 이티마드 알다울라 앞에서는 얼굴을 가리지 말라고 지시하여 친밀한 친구"⁴²로서 그를 예우했다고 적었다.

실제로 후대의 역사학자들이 이티마드 알다울라 가문과 대부분 페르시아인으로 구성된 지지자들을 '정권ⱼᵤₙₜₐ'*이라고 부를 정도로 이들은 대단히 번성했다.⁴³ 1621년 페르시아인은 모든 만사브다르 가운데 28퍼센트로 다수가 되었다(최고위 만사브다르만 따지면 그 비중은 더 커진다). 반면 큰 비중을 차지하던 투란인은 20퍼센트로 감소했으며, 인도인 무슬림과 라지푸트는 각각 14퍼센트로 악바르 재위 후반 이후 안정적으로 유지되었다.⁴⁴ 다른 가문들도 세력을 확장했지만 이티마드 알다울라 가문은 분명 자항기르 재위 후반을 지배했다.

자항기르는 1616년 누르 마할의 칭호를 누르 자한(세계의 빛)으로 격상시킬 정도로 그녀에게 헌신했다. 그녀와의 사이에 자식이 태어

---

* 훈타junta는 본래 스페인어로 '위원회'・'모임'을 뜻하지만 19세기에 '정치적・군사적 권력을 가진 집단'이라는 뜻이 강화되었고, 현재는 대개 군부 정권을 가리키는 뜻으로 통용된다.

제7장 자항기르 황제와 무굴 궁정의 개화

그림 13 자항기르 황제의 초상화를 든 누르 자한. 자항기르가 세상을 떠난 해인 1627년경 궁정의 초상화 전문 화가 비샨다스가 그린 것이다. 자항기르는 누르 자한을 일컬어 100가지 아름다움을 가졌다고 칭송하고 그녀의 이름으로 주화를 주조했다. 아편 중독으로 건강이 나쁜 자항기르가 그녀에게 황제의 인장을 내줄 정도로 그녀는 탁월한 지위와 권력을 누렸다.

나지 않았음을 고려하면 무척 이례적인 일이다. 자항기르는 그녀의 어머니가 죽었을 때 그리고 1622년 그녀의 아버지가 죽었을 때 깊은 애도를 표했다.

이슬람과 무굴 모두의 전통에 부합하지는 않지만, 자항기르는 이티마드 알다울라의 막대한 재산을 그의 살아 있는 자식 중 맏아들 아사프 칸과 손주사위이자 자항기르 자신의 아들 후람이 아닌 누르 자한에게 주었다. 아사프 칸은 아버지의 총리 자리를 계승했다. 그 뒤 누르 자한은 자항기르의 허락 아래 개인적 권력을 확대해 나갔다.

무굴 왕조의 여성들은 누르 자한처럼 영묘나 카라반사라이를 건설했다.[45] 누르 자한은 이 무렵에는 드물게도 공적 업무에 적극 개

그림 14　누르 자한의 이름이 새겨진 은화. 자항기르 재위 22년(1627~1628년), 이슬람력 1037년에 비하르의 파트나에서 주조되었다. 쿠트바에서 이름을 낭송하게 하고 이름을 새긴 주화를 주조하는 것은 황제 권위의 상징이었던 만큼 이 은화는 누르 자한의 위치를 말해 준다.

입했다. 그녀는 자항기르와 함께 혹은 단독으로 힐라(명예의 의복)와 영예를 수여하고 파르만(칙령)을 내리고 주화를 발행했으며, 우즈베크 칸국의 태후와 사절을 교환하는 등 외교 업무도 수행했다. 나아가 그녀는 제위 계승을 결정하여 자신의 권력을 영속화하려고 했다. 누르 자한과 오빠 아사프 칸은 자항기르가 총애하는 아들 후람을 지지하며 자항기르의 다른 아들들에 대항했다.

후람은 군사적 업적과 자항기르의 총애, 만사브 등에서 형제들을 능가하며 후계자로서의 입지를 굳혔다. 형 파르비즈가 데칸에서 침몰해 간 1620년, 후람의 군대는 언덕에 위치하여 난공불락으로 악명 높은 캉그라 성채를 1년에 걸친 공성전 끝에 탈환하는 데 성공하여 파르비즈와 동등한 만사브를 얻었다. 자항기르는 골치 아픈 데칸에는 유능한 왕자 사령관이 필요하다는 전략적 판단을 하여 후람에게 그곳을 맡기고 처음에는 샤 술탄, 나중에는 샤 자한(세계의 왕. 후람은 제위 계승 후 이 칭호를 사용했으므로 이하 샤 자한으로 부른다)의 칭호를 내렸다. 샤 자한은 궁정을 떠나 데칸으로 향하기 전 막대한 군사적·재정적 자원과 투옥된 맏형 후스라우의 신병을 요구했다. 이에 자항기르는 "이 아들에 대한 나의 배려는 무한하니 나는 그가 원한다면 어떤 것이든 들어줄 것이다. ……샤 자한은 젊은 시절에 손댄 모든 것을 이루어 내 나를 만족시켰다"[46]라며 들어주었다.

파벌 간 동맹 관계가 변화하는 와중에 살아 있는 자항기르의 아들들은 물론, 누르 자한과 아사프 칸은 동맹을 확보하고 황제 및 무굴 제국의 자원을 손에 넣고자 교묘한 계략을 구사했다. 샤 자한은 처음에는 재기한 아흐마드나가르 술탄국을 다시 정복하여 말리크 암바르를 잠시나마 굴복시키고 골콘다 술탄국과 비자푸르 술탄국에게 조공을 강요하는 등 성공을 거두었다. 자항기르는 만두까지 행차하여 멀리서 데칸 원정을 감독했다. 1617년에는 승전한 샤 자한을 맞이하며 3만/2만(1만 2~3필)이라는 전례 없는 만사브와 옥좌 곁에 앉을 수 있는 특권을 부여했다. 누르 자한은 샤 자한을 위해 연회를 열었다.

자항기르는 오랜 알코올 중독과 약물 중독으로 악화된 병 때문에 점점 쇠약해졌다. 1620년 이후 그는 해마다 봄이면 카슈미르로 여행을 떠나서 여름 동안 인도 북부의 더위와 정치로부터 벗어나 시원한 기후를 즐겼다. 누르 자한은 헌신적으로 자항기르를 돌보았다. 동시대의 어떤 이는 "그녀는 점차 폐하의 마음에 이처럼 무한한 영향력을 행사하여 통치의 고삐를 쥐고 제국의 행정과 재정에서 최고 권력을 누리며, 그분의 재위가 끝날 때까지 절대적인 권위를 가지고 지배했다"[47]라고 비판했다.

누르 자한은 샤 자한을 경쟁자로 인식하기 시작하여 자항기르의 첩실 가운데 한 명이 낳은 아들 샤흐리야르를 새로운 제위 계승 후보로 키웠다. 그녀는 샤흐리야르가 10대일 때 자신의 첫 번째 결혼에서 얻은 딸 라들리 베김과 결혼시켰다. 샤흐리야르는 곧 3만/8천 만사브로 올라갔다(3만이라는 높은 다트는 샤흐리야르의 개인적 지위가 높아졌음을 말해 주지만, 8천이라는 눈에 띄게 낮은 사바르는 그의 군사적 역할에 제한이 있었음을 반영한다).

이때까지 자항기르와 사파비 왕조의 관계는 대체로 전쟁보다는 외교를 통한 경쟁 형태로 지속되었다. 그러나 여전히 상업적·전략적·상징적으로 중요한 칸다하르의 영유권을 두고 다투고 있었는데, 자항기르의 안도감은 1622년 6월 강력한 사파비 원정군이 무능한 무굴 주둔군으로부터 칸다하르를 빼앗으려고 위협하면서 산산이 부서졌다.

자항기르는 즉시 칸다하르를 방어하기 위해 모든 무굴 제국 군대에게 현재 배치된 곳에서 이동하여 대규모 원정을 할 것을 명했고, 도시가 함락되자 재탈환하도록 했다. 자항기르는 사파비 제국의 수도 이스파한을 함락하여 보복하겠다는 꿈을 꾸었다. 자항기르는 샤 자한에게 "승전군과 산처럼 거대한 코끼리, 수많은 대포를 이끌고 가능한 한 빠르게 이동하여 나를 기다리라. ……페르시아 왕이 신의를 깨뜨리고 잘못을 저지른 결과를 깨닫도록 말이다"[48]라며 데칸에서 군대를 이끌고 돌아와 이 원정을 지휘하라고 요구했다. 하지만 샤 자한은 데칸을 버리고 멀리 칸다하르로 이동하기를 꺼려 명령에 따르기를 미루었다. 그의 불복종은 자항기르의 분노를 불러왔고, 자항기르는 샤 자한의 경쟁자들을 통해 그의 불충을 알아차렸다.

그때 샤 자한은 누르 자한과 샤흐리야르에게 할당된 봉토인 자기르 일부를 점령하고 그들의 대리인들을 죽였다. 이를 계기로 자항기르는 "샤 자한은 내가 베푼 모든 총애와 아낌을 받을 자격이 없고, 그의 머리가 잘못되었음을 알았다. ……이제 그들은 그를 비다울라트bi-daulat(몹쓸 놈)라고 부르리라"[49]라고 했다. 자항기르는 샤 자한의 지지자로 의심되는 조신들을 처형했다. 자항기르는 육체적 쇠약과 이런 충격적인 사건들로 더 이상 일기를 적을 수 없게 되자, 믿을 수 있는 조신에게 받아 적도록 했다.

자항기르는 샤 자한을 처벌하려고 5년 전에 샤 자한의 아들이 병에서 회복되기를 바라면서 했던 사냥 금지 서약을 악의적으로 어겼다. 그리고 자항기르는 실패할 게 뻔한 칸다하르 탈환 원정에 샤흐리야르를 지휘관으로 임명했다. 또한 자항기르는 파르비즈에게 샤 자한보다 높은 4만/3만 만사브를 내리고 데칸 방면 원정의 지휘를 맡김으로써 샤 자한을 대체하고 말았다.

황제에게 공개적으로 반기를 든 샤 자한은 뛰어난 군사적 명성에도 불구하고 강력한 무굴 제국군의 손에 잇달아 패배했다. 그는 매번 왕자의 지위와 다음 황제가 될 가능성 덕분에 더 많은 병력을 모았지만 패배를 반복했다. 그는 골콘다, 오리사, 벵골, 비하르, 알라하바드로 피신했다가 아흐마드나가르 술탄국으로 가서 말리크 암바르의 망명객이 되었다. 마침내 샤 자한은 누르 자한에게 아들들을 인질로 보내고 자신은 황제의 궁정으로부터 멀리 떨어진 데칸에 머무르는 데에 동의하는 굴욕적인 항복 협상을 받아들일 수밖에 없었다. 샤 자한은 다급한 나머지 두 조상이 그러했듯 1626년 페르시아로 가서 사파비 왕조의 보호를 받기로 결정했다. 그러나 신드의 무굴 총독이 그의 길을 막아섰고 페르시아의 샤는 어떤 도움도 주지 않았다.[50]

그동안 파르비즈를 지지한 장군 자마나 베이 마하바트 칸이 황제에 대한 통제력을 노리는 또 다른 경쟁자로 등장했다. 이 아프간 출신 전사는 자항기르가 알라하바드에 있을 때부터 그를 모시고 전장에서 많은 경험과 성공을 쌓으며 만사브를 높여 갔다. 1623년 그는 7천/7천 만사브에 이르고 칸 카난(귀족 중의 귀족)과 시파흐살라르(군사령관, 최고 지휘관)라는 명예로운 칭호를 손에 넣었다. 1626년 3월 마하바트 칸은 쿠데타를 일으켜 누르 자한과 아사프 칸의 손에서 자항기르를 빼앗았다. 마하바트 칸은 불안에 떠는 자항기르를 구금한 채 황제를 되찾으려는 무굴 제국군을 물리쳤다. 마하바트 칸은

제7장 자항기르 황제와 무굴 궁정의 개화

자항기르를 처형하고 무굴 왕조를 끝낼 수도, 자신이 원하는 후보 파르비즈를 옹립할 수도 있었다. 그는 그러는 대신 현직 황제의 군주권을 존중했다. 다음 세기에 이 같은 일은 반복되었다. 그는 자항기르를 호위하고 카불로 가서 칸다하르를 탈환하려다가 아무 소득 없이 펀자브로 돌아왔다.

몇 달 뒤 누르 자한은 쿠데타를 진압하기에 충분한 군사를 모았다. 그녀의 충성파는 자마나 베이 마하바트 칸이 자항기르의 신병을 포기하도록 압박했다. 이제 마하바트 칸은 이전에 대립하던 샤 자한의 세력에 투신했다. 게다가 파르비즈가 알코올 중독으로 사망하는 바람에 후보는 줄어들었으나 후계는 여전히 불확실했다.

자항기르의 건강은 날로 악화했다. 그는 카슈미르를 마지막으로 방문한 후 1627년 10월 펀자브로 돌아와 눈을 감았다. 이로써 누르 자한은 자항기르의 이름을 빌려 황제의 권한을 행사할 가장 강력한 근거를 잃어버렸다. 아사프 칸은 여동생 누르 자한을 축출하고 공위기를 메우기 위해 자항기르의 맏아들 후스라우의 살아 있는 아들 가운데 맏이 다와르 바흐시를 옹립(재위 1627~1628년)했다. 이 틈을 타 아사프 칸은 사위이자 자신의 진정한 후보 샤 자한을 멀리 데칸에서 불러왔다. 아사프 칸과 샤 자한은 샤흐리야르를 쳐부수고 투옥한 뒤 장님으로 만들어 동생과 같이 처형했다. 그다음 아사프 칸은 잠시 황제로 재위한 다와르 바흐시와 다니얄 미르자의 두 아들(둘 다 가톨릭으로 개종) 그리고 그들의 추종자들을 죽였다.

이후 제위에 오르는 데 성공하지 못한 잠재적 후보자들을 잔혹하게 제거하는 일은 무굴 제국 계승의 전형이 되었다. 단 한 사람의 황제가 재위한다는 관념이 중앙아시아에서 기원한 가문의 공동 군주권이라는 이전의 전통을 압도한 것이다. 물론 공동 군주권 전통은 무굴 왕조의 종말까지 잠재적인 모델로 존속하기는 했다.[51] 이 관념 때문에 왕자들은 계승 분쟁에서 목숨을 걸고 필사적으로 싸울 수밖에 없었다.

 어떤 학자들은 이와 같이 생명과 자원을 낭비하는 제위 계승을 둘러싼 경쟁을 무굴 제국의 내재적 약점으로 본다. 또 다른 학자들은 패권을 두고 왕자들이 벌이는 치열한 투쟁이 지지자를 모으는 능력을 시험하는 엄격한 방식이고, 궁극적으로는 무굴 제국 전체를 강화하는 결과를 낳았다고 본다.[52]

 승자가 된 샤 자한은 누르 자한을 처형하지 않고 그녀가 무굴 제국의 정치에서 조용히 물러나도록 했다. 그녀는 아그라 근처에 있는 부모님의 영묘를 예술적으로는 혁신적이나 엄청난 비용을 들여 완성했다. 이 영묘의 외관은 정교하게 조각한 하얀 대리석으로 덮여 있다. 내외부 표면은 피에트라 두라라는 유럽의 공예 기법을 구사해 꽃, 사이프러스, 꽃병, 포도주 주전자 등 페르시아식 모티프로 장식했다. 이 특징은 이후 무굴 왕실의 건축에서 두드러지게 나타난다. 누르 자한은 라호르에 있는 자항기르의 영묘 곁에 자신과 남편을 잃은 딸 라들리를 위해 검소한 영묘를 건설했다.[53]

제7장 자항기르 황제와 무굴 궁정의 개화

그림 15 누르 자한의 부모 이티마드 알다울라와 아스마트 베김의 영묘. 아래 왼쪽은 내부 벽이고, 오른쪽은 피에트라 두라 기법으로 꽃과 꽃병이 장식된 외부 벽이다. 누르 자한은 아버지 이티마드 알다울라가 죽은 1622년부터 영묘를 건축하기 시작했으며, 이 영묘는 타지마할의 원형이라고 일컬어진다.

샤 자한이 아그라에 도착하자 아사프 칸은 1628년 그를 황제로 세우고 본인은 8천/8천 만사브와 총리 자리를 차지했다. 샤 자한은 30년에 걸쳐 재위하는 동안 무굴 제국 궁정을 개편했다. 그러나 샤 자한이 무굴 제국에 화려함을 더하는 동안에도 자항기르의 재위를 상징하는 여러 갈등은 지속되었다.

무굴 제국의 역사

A SHORT HISTORY OF THE MUGHAL EMPIRE

제8장

샤 자한 황제와 무굴 제국의 발돋움

"많은 귀한 보석이 제국의 보석 저장고로 왔는데 그 하나하나가 금성의 귀고리나 태양의 띠를 장식할 만한 것들이었다. 황제께서 즉위하자 그의 마음에는…… 획득한 이런 귀한 보석들은…… 오직 한 가지, 제국의 옥좌를 장식하는 데에만 쓰일 수 있다는 생각이 들었다. ……그리하여 보는 사람이 보석들의 장엄함과 혜택을 함께 누릴 수 있도록. 그리고 폐하께서 그 광휘로 말미암아 더욱 빛날 수 있도록."

─샤 자한의 궁정 역사가 셰이흐 압둘하미드 라하우리[1]

6년 동안 무굴 제국군을 피해 도망 다닌 샤 자한은 극적으로 황제 자리를 계승했다. 그는 즉위한 후 공작 옥좌, 타지마할 그리고 완전히 새로운 수도 샤자하나바드 등 제국의 화려함을 상징하는 건축물을 건설하도록 명령했다. 샤 자한은 만사브다르와 지방 지배자 들의 저항을 제압하고 제국의 변경, 특히 남부와 북서부를 확대하기 위해 여러 해 동안 싸움을 치렀다. 이 모든 계획에 필요한 자금을 충당하고자 만사브다르의 명목상 계급은 올려 주면서 실질 임금은 삭감했다. 그러나 그는 제국과 자신의 힘을 과대평가했다. 20년 뒤 샤 자한은 정치적으로도 육체적으로도 약화했으며, 그의 네 아들은 피비린내 나는 내전을 벌였다. 승자는 샤 자한의 옥좌를 차지하고 그가 죽을 때까지 8년 동안 감금했다.

되풀이되는 반란과 데칸에서의 전쟁

서른여섯 살이 된 왕자는 1628년 초 아그라에 도착하여 가장 강력한 만사브다르 아사프 칸에 의해 샤 자한 황제가 되었다. 그리고 8월의 상서로운 날에 화려한 즉위식을 다시 한번 거행했다. 의식을 통해 점차 쇠약해져 간 자항기르 치하의 지난 10년과 대조되는 새로운 정권의 모습을 보이는 것은 새로운 황제와 측근들에게 매우 중요한 일이었다.

자항기르가 무굴 제국의 국고를 탕진했음에도 샤 자한은 제국의 영광을 더없이 호화롭게 과시하기로 마음먹었다. 그는 곧 찬란한 황금빛 공작 옥좌 제작을 의뢰했다. 공작 옥좌는 높이 4.6미터의 캐노피 아래 있는 넓이 6.3제곱미터의 단에 공작 모양 장식을 둘렀는데, 모든 면에 보석을 빼곡하게 박아 넣었다. 샤 자한은 자신의 재위에 걸맞은 옥좌를 제작하기 위해 1천만 루피 상당의 금괴와 귀금속을 모으는 데만 7년이 걸렸다. 그가 공작 옥좌에 처음 오른 때부터 그리고 그다음 세기 동안 이를 본 사람은 누구나 무굴 제국의 장엄함에 경외심을 품었다(무굴 제국의 안정성을 보여 주는 이 옥좌는 황제가 멀리 있을 때인 1739년까지 그대로 존속했으나, 오늘날에는 전설로만 남아 있다).

그는 아버지 자항기르가 내려 준 칭호 샤 자한을 그대로 제호로 삼았다. 하지만 그는 조상 티무르와 천년왕국의 군주를 연상시키는 사히브키란 사니Sāhib-Qirān-i thani, 즉 '두 행성 합일의 군주 2세'*를 포함한 여러 칭호를 추가했다.[2] 젊은 시절부터 샤 자한은 콧수염을 제외한 모든 수염을 면도한 악바르와 자항기르의 관행을 깨뜨리고 수염을 길렀는데, 이는 티무르와 종교적으로 엄격한 순니파 무슬림을 모방한 것이다.

샤 자한은 중앙아시아에서 살았던 순니파 조상들과의 동질감을 깊이 의식했다. 할아버지 악바르는 샤 자한의 양육을 자신의 투란인 아내 루카이야 술탄 베김에게 맡겼다. 샤 자한은 하루 다섯 차례의 기도와 라마단 한 달 동안의 금식을 항상 경건하게 지켰다. 그는 하지(순례를 다녀온 사람)에 대한 황제의 후원을 재개하여 아낌없는 기부금과 함께 순례단을 아홉 번이나 메카로 보냈다. 샤 자한이 스물네 살 때 자항기르가 술을 마시도록 강요했지만, 서른 살에는 이를 거부했다(이는 샤 자한이 알코올 중독자인 다른 친척들과 구별되는 점이다). 그의 재위기에는 만사브다르 가운데 순니파 투란인이 차지

---

* 이슬람 세계에서는 목성과 금성을 '두 행운al-Sa'dān'이라고 불렀고, 이 두 행성이 가까워지는 두 행성 합일Qirān al-Sa'dayn의 순간에 태어난 왕은 세계 정복자 내지 명군의 운명을 타고난 '두 행운 합일의 주인Sāhib-Qirān'이라고 믿었다. 몽골 제국 이래 이슬람 세계의 많은 군주가 이 칭호를 사용했지만, 특히 무굴 황제들의 조상인 티무르는 사히브키란의 대명사처럼 여겨졌다.

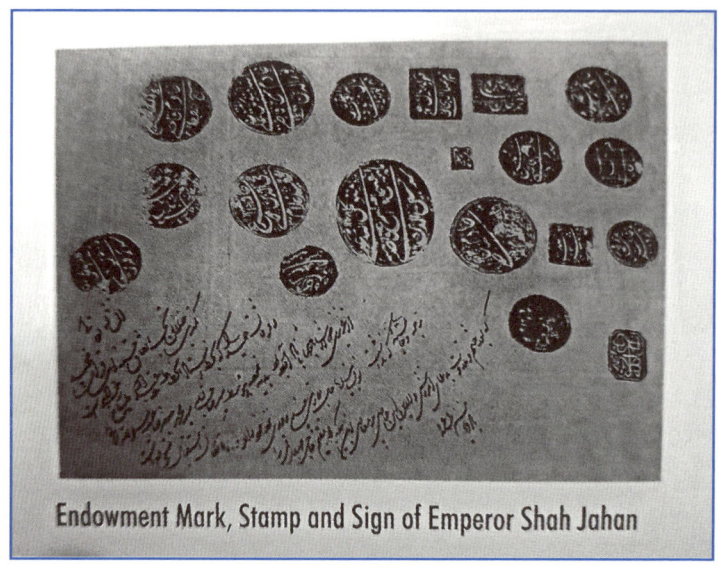

Endowment Mark, Stamp and Sign of Emperor Shah Jahan

그림 16 샤 자한 황제의 도장과 서명. 샤 자한은 부인 아르주만드 바누(뭄타즈 마할)를 신뢰하여 그녀에게 자신의 인장을 맡겼으며, 국가의 중대한 문제에 그녀의 의견을 구하고 공식 문서의 최종안을 검토하도록 하기도 했다.

하는 비중이 커졌다. 그는 전임자들에 비해 정통 순니파 울라마(이슬람 학자)를 총애하고 이슬람 율법 샤리아를 엄격하게 시행했다. 또 정통 순니파 낙슈반드 수피 종단과 교류했다.

샤 자한은 인도에 기반한 순니파 치슈트 수피 종단과 샤타르 수피 종단도 후원했다. 즉위를 앞둔 샤 자한은 아지메르에서 호자 무인 알딘 하산 시즈지 치슈티의 영묘에 한껏 정성 들여 방문했다. 그리고 그곳에 인상적인 하얀 대리석 모스크(1637~1638년 완공)와 궁전을 건설했다. 그는 1636년, 1643년, 1654년 세 차례 이곳을 찾았는데 대부분 걸어서 갔다.[3] 샤 자한은 가장 사랑하는 아내 뭄타즈 마할과 그녀의 아버지 아사프 칸 등 많은 페르시아계 만사브다르가 가진 시아파 신앙을 존중했다.

샤 자한의 생물학적 어머니는 마르와르 왕국의 힌두 라토르 라지푸트였으며, 샤 자한은 라지푸트 가운데 라토르 가문을 좋아했다. 샤 자한은 라지푸트 전사들을 광범위하게 고용해 멀리 중앙아시아로 가는 무굴 제국의 원정들에 참여시켰다. 그러나 단 한 명만 총독으로 임명했을 뿐, 라지푸트들에게 중앙 정부의 고위직을 맡기지는 않았다. 또한 그는 힌두와 결혼한 무슬림이 힌두교로 개종하는 것을 맹렬하게 비난했다. 그의 군대는 패배한 적의 힌두교 사원을 파괴하고 1633년에는 새로운 힌두교 사원의 건설을 금지하기까지 했다. 이는 종교적 이유에서라기보다는 처벌의 성격을 띤 정책이었다.

전반적으로 샤 자한은 궁정을 더욱더 아름다운 곳으로 만들었다. 여러 방문객에게 진지한 질문을 던진 악바르 그리고 그들을 시험한 자항기르와 대조적으로 샤 자한의 태도는 근엄하고 엄숙하며 고상했다. 샤 자한은 사로카를 높이 돋우고 아치 모양 지붕을 씌운 로지아 형태로 만들어 자신과 아래에 모인 군중을 공간적으로, 또 상징적으로 분리했다. 처음에는 조신들이 비를 피할 수 있도록 목재로 임시 덮개를 설치했다가, 나중에는 돌기둥을 세운 복도로 교체했다.[4] 이 복도들은 격식을 갖추고 황제의 자선이 분배되는 장소로도

그림 17 라자스탄 조드푸르에 있는 자로카(왼쪽)와 후마윤 황제 영묘 입구 문에 있는 자로카(오른쪽). 자로카는 이슬람 영향을 받은 무굴 제국의 건축물에서 볼 수 있는 발코니이다. 건축적 아름다움을 위해 벽면에서 돌출한 형태로 만들어졌으며 보통 두 개의 기둥, 난간, 아치 또는 돔 모양의 지붕을 갖추고 있다. 여성은 자로카를 이용해 눈에 띄지 않고 밖을 내다볼 수 있었다.

사용되었다. 샤 자한은 악바르와 자항기르가 황제 숭배의 중심이 되는 요소로 활용한 사즈다sajda(땅에 이마를 대는 동작)와 자민부스zamīn-būs(땅에 입맞추는 동작) 등 깊이 부복(仆伏)하는 관행을 없앴다. 일부 정통 무슬림은 이것들을 황제를 숭배하는 불경스러운 행위로 간주했다. 대신 샤 자한은 조신 등 자신에게 다가오는 사람들에게 품위 있고 정중한 행위인 타슬림taslīm(오른손의 손등을 땅에 댔다가 들어 손바닥을 이마에 대는 동작)을 세 번 행하게끔 했다.[5] 요컨대 샤 자한은 만사브다르를 제자의 신분이 아니라 공식 궁정 의전과 평생에 걸친 충성스러운 봉사의 형태(관리 집안에서 태어난 하나자드 만사브다르가 대표적이다)로 자신에게 결속시켜 두고자 했다.

또한 샤 자한은 재위하는 동안 공식 역사서에 관한 통제권을 주장했다. 회고록을 스스로 저술한 바부르, 자항기르와 달리 샤 자한은 자신의 치세 기간을 담은 방대한 양의 공식 연대기인《파디샤나마*Pādshāhnāma*》를 편찬하도록 명령하고 역사가들을 면밀하게 감독했다.[6] 샤 자한은 정기적으로 초고를 읽고 수정이나 보완을 요구했다. 즉위 10년 뒤 샤 자한은 태양력을 태음력으로 변경했는데(즉 이슬람력을 다시 사용하도록 했다), 이 일로 집필자들은 작성 중이던 원고를 소급하여 다시 적어야 했음은 물론 세금을 비롯한 여러 공적 기록 체계에 혼란이 빚어졌다.

마찬가지로 샤 자한의 철저한 감독 아래 있는 그의 아틀리에는 황제의 권력을 공들여 보여 주는 세련되고 정적인 화풍으로 그의 형식주의적 취향을 반영했다.[7] 그의 의뢰로 제작된 초상화는 후광이 비치는 위엄 있는 모습으로 샤 자한의 전신을 묘사했다. 샤 자한 재위 동안 황제의 후원을 받지 않은 회화에서는 많은 혁신이 일어났지만, 왕실 예술가들은 왕실의 결혼 축하연 같은 축제를 묘사할 때는 안정성과 중대성을 강조했다. 전장을 표현한 그림에서는 악바르보다 자항기르에 가깝게 묘사된 샤 자한은 직접 싸우지 않고 멀리서 장군들에게 명령하여 승리를 거두는 모습이었다. 궁정을 그린 작품에서 각 인물은 정확하게 묘사하되 서로 교류하는 모습은 그리지 못하게 했다. 모든 조신은 공작 옥좌 위의 샤 자한에게 집중하는 모습으로 그려져야 했으며, 이는 그의 궁정에 존재한 엄격한 예절을 반영한다. 조신은 허락 없이는 말하거나 움직이지도 않고 몇 시

그림 18 샤 자한 황제 초상화. 1650~1658년에 편찬된 샤 자한의 화첩에 수록된 이 그림 속 황제는 보석이 달린 깃털 장식을 손에 들고 머리에는 터번을 둘렀으며, 붓꽃 무늬가 있는 바지에 투명한 겉옷과 자수가 놓인 허리띠를 두른 모습이다. 또 루비, 진주 등으로 만들어진 목걸이, 팔찌, 반지 등을 걸치고 있다.

간씩 서 있어야 했으며, 많은 사람이 하루에 두 번 공식적으로 행해지는 알현 동안 의지할 수 있는 우아한 지팡이를 들고 다녔다. 황제의 예술가들은 유럽식 모티프와 기법을 광범위하게 도입하여 황제의 권력이 크리스트교식 도상학보다 우월함을 암시했다.

사파비 제국, 우즈베크 칸국, 오스만 제국 등의 지배자가 보내온 외교 사절단이 그의 궁정을 장식했다. 그들은 문화적으로 중요한 의례에 따라 귀한 선물을 주고받았으며, 많은 정치적 정보를 모으고 퍼뜨렸다. 또한 샤 자한의 궁정에는 패배했거나 조공을 바치려는 인도의 라자(지역 지도자·통치자)들과 자민다르(토지 권리 보유자)들이 찾아왔으며, 그들은 때로는 직접 오거나 때로는 아들 혹은 사절을 보내 굴복하고 용서를 구했다. 물론 드물게는 처벌을 받는 경우도 있었다. 엄숙한 예절이 지켜지는 속에서도 그의 궁정은 한 조신이 다른 조신을 암살하는 장소가 되는가 하면, 심지어는 샤 자한을 노린 시도조차 있었다. 이는 평온한 표면 아래에 늘 긴장감이 감돌았음을 말해 준다.

아사프 칸이 경쟁자들을 제치고 샤 자한을 즉위시켰을 때 고위 만사브다르들은 불만을 품었다. 특히 자항기르가 총애했거나 패배한 다른 황제 후보를 지지했던 이들은 더더욱 그랬다. 게다가 샤 자한은 돈을 절약하기 위해 아버지와 달리 만사브다르 대부분의 다트(개인적 지위)를 아낌없이 올려 주지 않았다. 다만 그는 정권의 안정을 위해 군사력이 중요하다는 실용적인 이유에서 그들이 거느려야 하는 기병의 숫자인 사바르를 낮추지 않았다.[8] 그런 동시에 샤 자한은 만사브다르의 자원을 자신의 것으로 만들었다. 그 결과 공작 옥좌와 여러 건축 계획, 전쟁 등에 막대한 지출을 했음에도 즉위 시점에는 텅 비어 있던 국고가 20년 뒤에는 3,700만 루피 상당에 이르렀다.[9]

샤 자한 즉위 초기에는 그가 왕자 시절에 벌인 모반의 여파와 그의 정책에 대한 반감이 퍼지면서 반란이 여러 차례 일어났다. 그중 하나는 숲이 우거진 곳에서 반독립 상태를 유지하는 왕국들이 난립하는 인도 중부에서 발생했고, 그중 일부는 꽤 부유했다. 오르차의 마하라자(대왕) 비르 싱 데바는 아불파들 알라미 암살 후 줄곧 자항기르를 섬기며 5천/5천 만사브의 지위까지 올라갔다. 그는 자항기르가 세상을 떠난 1627년에 사망했다. 비르 싱의 아들 주자르 싱은 계승을 확인받기 위해 궁정으로 와서 라자 칭호와 4천/4천 만사브를 부여받았다. 그는 새로운 황제 아래에서 맞을 미래에 대한 의구심과, 숲이 울창한 곳에 위치한 자신의 왕국이라면 무굴 제국의 무력 간섭을 격퇴할 수 있으리라는 희망을 품고 샤 자한의 공식적인 즉위식이 열리기 전에 도망쳐 버렸다. 즉위 초반부터 자신의 권위를 노골적으로 거부하는 이런 행태를 허용할 수 없는 샤 자한은 주자르 싱을 복종시킬 제국군을 세 방향으로 보냈다.

그리고 주자르 싱을 위협할 또 다른 무기로 오르차의 왕좌를 주장하는 경쟁자를 데려왔다. 샤 자한은 이를 새로운 정권을 시험하는 심각한 문제로 받아들이고 원정을 지휘하기 위해 아그라를 떠나 괄리오르로 향했다. 파멸을 두려워한 주자르 싱은 용서를 빌고 가혹한 조공을 바치는 조건으로 재복종을 협상했다. 샤 자한 아래로 돌아온 그는 데칸에서 샤 자한을 위해 싸웠고 1년 뒤에는 아버지 비르 싱 데바의 지위였던 5천/5천 만사브에 이르렀다.

그러나 많은 지방 지배자와 마찬가지로 주자르 싱은 탐욕스러운 야망을 간직하고 있었다. 그는 무굴 제국에 조공을 바치는 이웃한 왕국 지배자의 자금과 땅, 가족을 빼앗았다. 샤 자한은 주자르 싱에게 손에 넣은 것들을 무굴 제국에 넘기면 용서해 주겠노라고 했으나 그는 거부했다. 샤 자한은 보복으로 원정군을 보냈는데, 그의 어린 셋째 아들 아우랑제브가 명목상 지휘관이었다. 이 군대는 주자르 싱의 요새를 점령하고 그를 주변의 숲으로 몰아넣었다. 그곳에 있는 곤드와 빌 집단의 경쟁자들이 1635년 그를 살해했다.

무굴 장군들은 주자르 싱의 머리와 그가 가진 1천만 루피를 회수하여 샤 자한에게 보냈다. 또한 징벌의 의미로 오르차의 주요한 사원을 파괴하고 주자르 싱의 손자들을 이슬람으로 개종시켰다. 샤 자한은 승리를 축하하기 위해 몸소 오르차를 방문했다. 하지만 언제나 그러했듯 압도적인 무굴 제국의 군대가 최근에 굴복시킨 지역을 떠나자 다른 지방 지배자와 수령 들이 다시 저항하기 시작했다. 이런 반란은 무굴 제국 안팎의 변경에서 샤 자한 재위 내내 되풀이되었다.

샤 자한은 황제를 섬기기보다는 반란을 일으키는 방식으로 자신의 이익을 챙기려 드는 주요한 만사브다르와 여러 해 동안 투쟁을 벌여야 했다. 초기 도전자 중 한 사람은 인도아프간계 로디 가문 출신 지휘관으로, 6천/6천 만사브에 칸 자한$_{\text{Khan-i Jahan}}$이라는 칭호와 시파흐살라르(군 사령관)라는 지위를 갖고 제국군을 지휘하고 수차례 총독을 지낸 인물이다. 그런데 자항기르의 재위 말기 데칸의 총독 칸 자한이 막대한 뇌물을 받고 아흐마드나가르 술탄국에 제국의 영토를 넘겼다는 이야기가 있다. 사실 계승 전쟁 동안 칸 자한은 샤 자한의 경쟁자들을 지원했으며, 샤 자한은 그의 복종을 얻기 위해 그를 7천/7천 만사브(7천 2~3필)로 승급시켰다.

그러나 새 황제는 칸 자한의 관직 시파흐살라르를 자마나 베이 마하바트 칸에게 주고 임지도 데칸에서 전략적으로 덜 중요한 말와로 옮겨 버렸다. 결국 칸 자한은 1629년 반란을 일으켰다. 추격해 오는 무굴 제국군에 필사적으로 저항한 그는 추종자들과 함께 아흐마드나가르 술탄국에 망명했는데, 그러면서도 자신의 제국을 세우겠다는 허세를 부렸다.

델리 술탄국 시대와 무굴 제국 쇠퇴기에는 이처럼 강력한 군사 지휘관이 실질적인 독립 왕조를 세우는 데 성공하는 경우가 더러 있었다. 이는 반란을 일으킨 지휘관의 군사력이 그가 손에 넣은 지방에 뿌리를 두지 않았다는 점에서 지방 봉기와는 달랐다. 또한 칸 자한이 주변의 동료 아프간인을 규합하기는 했으나 모든 아프간인이 그에게 모여든 것이 아니며, 오히려 일부는 그에 대항하여 싸웠다는 점에서 이를 민족적인 운동으로 해석할 수 없다. 여하튼 샤 자한은 이 반란을 매우 심각한 사태로 받아들여 몸소 남쪽의 부르한푸르로 가서 1631년 칸 자한을 패배시키고 처형할 때까지 1년간 이 원정을 감독했다.

제8장 샤 자한 황제와 무굴 제국의 발돋움

다른 황제들과 마찬가지로 샤 자한은 막대하지만 무한하지는 않은 군사적 자원을 언제 어디에 배치할지를 결정해야 했다. 그리고 다른 곳에서 대규모 원정을 벌이는 동안에는 속국 지배자나 공동체가 저지르는 불복종과 도발을 감내할 수밖에 없었다. 하지만 샤 자한은 핵심적인 지방의 반란에는 처벌의 본보기를 보이기 위해 제국 군대를 보냈다.

예를 들어 포르투갈은 1579년 이래 후글리에 교역·군사 거점을 보유하고 있었다. 1631년 그들이 벵골 총독을 도발하자 총독은 병력을 모으고 샤 자한이 보낸 제국군의 지원을 받아 육지와 강변에서 짧지만 피비린내 진동하는 싸움을 벌였고, 무굴 군대는 포르투갈인과 그 동맹인 아라칸인 군대를 쳐부쉈다. 유럽인 남성은 물론 유럽과 아시아의 생물학적 내지는 문화적 혼혈인 남녀를 포함한 포로 400명이 1633년 샤 자한의 궁정에 도착했다. 그는 이슬람으로 개종한 사람은 풀어 주고 나머지는 투옥하거나 조신들에게 노예로 나누어 주었다.[10] 이 조치는 반反크리스트교적이라기보다 저항에 대한 처벌의 성격이었다.

샤 자한은 왕자 시절 데칸의 전장에서 긴 시간을 보낸 경험이 있어 이 위험한 지역을 익히 알고 있었다. 황제가 된 그는 첫 번째 군사 계획으로 군대를 집중시켜 데칸에 남은 세 술탄국, 즉 아흐마드나가르·비자푸르·골콘다를 완전히 제압하기로 마음먹었다. 샤 자한은 1630~1632년 부르한푸르에 남아 이를 지휘했다. 그는 지휘관으로 둘째 아들 샤 슈자를 임명했지만 능력을 입증한 아사프 칸(1631~1632년)과 마하바트 칸(1633년)에게 실질적인 지휘를 맡겼다.

무굴 원정군은 아흐마드나가르 술탄국의 요새화된 주요 도시들을 점령했으며, 계속 저항하는 마라타인과 데칸인 장군과 수령 들에게 고위 만사브 지위를 제안하여 포섭하려고 시도했으나 그다지 성과를 거두지 못했다. 1630년경 마라타인 장군 샤흐지 본슬레는 5천/5천 만사브를 받아들였다. 하지만 이런 신참자들은 대개 하나자드(관리 집안에서 태어난 사람)의 거들먹거리는 태도 때문에 소외당했는데, 1년 뒤 샤흐지 본슬레는 샤 자한의 궁정에서 달아나 독립을 위한 투쟁을 재개했다.

강력한 무굴 제국 군사들이 데칸에서 차츰 승리를 거두기 시작했다. 그들은 1632년 아흐마드나가르 술탄을 사로잡아 투옥하고 영토 대부분을 병합했다. 1636년 샤 자한은 비자푸르와 골콘다의 술탄들이 제의한 복속 조약을 승인하기 위해 데칸으로 돌아왔다. 두 술탄은 사파비 제국과의 정치적 관계 단절, 궁정에서 이루어지는 시아파 관행의 축소, 무굴 제국의 군주권 인정, 매해 상당량의 조공 지불에 동의했다. 무굴 제국의 동의 아래 두 술탄은 군대를 남쪽으로 돌려 무굴 제국으로부터 멀어지게 했다. 이 위태로운 평화가 20년 동안 지속된 덕에 샤 자한은 군사적 자원을 다른 곳에 투입할 수 있었으며, 그렇게 축적된 부를 자신의 위엄을 물질적·세속적으로 드러내는 데에 아낌없이 사용했다.

중앙아시아를 향한 원대한 야망

샤 자한은 본인의 통치를 영광스럽게 만들고자 하는 굳은 의지로 제국의 주요 건축 프로젝트 대부분을 직접 감독하고 정기적으로 진행 상황을 점검했다. 한 조신은 이렇게 적었다.

> 왕실 건물의 건설 감독관은 경이로운 건축가들과 협의하여 제안된 건축물의 설계를 황제의 예리한 눈앞에 놓았다. 태양처럼 빛나는 황제의 정신은 이 높고 거대한 건물의 설계와 건설에 전적으로 관심을 기울였는데, 이 건물들은…… 앞으로 오랜 세월 건설과 장식, 아름다움에 대한 그의 변치 않는 사랑을 기념하는 역할을 할 것이다. 건물 대부분은 그분이 친히 설계하신 것이며, 숙련된 건축가들이 준비한 계획을 오랜 숙고를 거쳐 그분께서 적절한 수정과 보완을 가했다.[11]

라호르 인근에 지어진 자항기르의 영묘는 샤 자한이 설계하지 않은 것으로 보이나, 사랑하는 아내 뭄타즈 마할을 위해 아그라에 지은 영묘와 델리에 완전히 새롭게 건설하고 자신의 이름을 붙인 수도에는 깊이 관여했음이 분명하다.

샤 자한은 첫 번째 부인과 세 번째 부인에게서 딸을 얻었고, 그 여성들이 하렘에서 영예로운 지위를 가질 수 있도록 했다. 그는 두 번째 부인 뭄타즈 마할에게 결혼할 때부터 죽을 때까지 그리고 그 뒤

로도 헌신했다. 그가 황제로 즉위할 당시 뭄타즈 마할은 이미 그에게 자식 열한 명을 안겨 주었고 아들 넷, 딸 둘이 생존해 있었다. 재위한 지 3년째 되는 1631년 뭄타즈 마할은 열네 번째 자식을 낳다가 서른여덟 살 나이로 죽었다. 그녀는 그때 데칸 원정을 위해 부르한푸르에 있는 샤 자한에게 합류해 있었다. 샤 자한은 그녀의 유해를 800킬로미터 떨어진 아그라로 보내 라우다 무나우와라Rawḍa-i Munawwara (빛나는 영묘)에 매장했다. 라우다 무나우와라는 샤 자한이 바치는 헌사인 동시에 황제의 힘을 상징적으로 드러내는 것이었다. 이 영묘는 타지마할이라는 이름으로 전 세계에 알려져 있다.

아그라성에서 줌나강을 따라 내려온 곳을 부지로 택한 샤 자한은 건축가들에게 타지마할을 무굴 제국의 정원 영묘 가운데 가장 독특하게 건설하라고 지시했다. 정원을 중심에 둔 많은 무굴 영묘 모스크와 달리 타지마할은 아그라의 통례대로 북쪽 끝 강이 내려다보이는 곳에 자리 잡았다. 누르 자한이 부모(뭄타즈 마할에게는 조부모)의 영묘를 위해 고안한 요소들은 5년 뒤 샤 자한의 건축가들에 의해 더욱 거대하고 높은 수준으로 발전했다. 두 영묘 모두 무굴 왕실 구성원과 고위 만사브다르의 영묘에 관례적으로 사용되던 붉은 사암 대신, 이전에는 일반적으로 성자의 성소에만 사용되던 순백색 대리석으로 외관을 감쌌다. 또한 두 영묘 모두 상감 세공을 한 반귀석半貴石을 광범위하게 사용했다.

샤 자한은 돔과 서로 떨어져 서 있는 첨탑 네 개를 가진 거대한 영

제8장 샤 자한 황제와 무굴 제국의 발돋움

그림19 타지마할과 타지마할의 주인 뭄타즈 마할 초상화. 이른 아침 햇살을 받는 타지마할 사진은 미국의 사진작가 헬렌 메싱어 머독이 1914년에 찍은 것이며, 정면의 네 첨탑은 '뭄타즈 마할을 모시는 네 시녀'에 비유된다. 샤 자한이 죽자 둘 사이에서 태어난 아들이자 황제가 된 아우랑제브는 아버지를 뭄타즈 마할 곁에 묻었다.

묘라는 완전히 색다른 설계를 의뢰했다. 그리고 내벽과 외벽 곳곳에 우아한 글씨로《코란》구절을 새겨 넣었다. 그는 건설이 진행되는 10년 동안 뭄타즈 마할의 기일을 기념하고 진행 상황을 빈틈없이 감독하기 위해 거의 매해 이곳을 찾았다. 이 정원 영묘는 500만 루피나 되는 비용(막대한 금액이지만 공작 옥좌 제작 비용의 절반에 불과하다)을 쏟아붓고 완공되었다. 타지마할은 건축 기술뿐만 아니라 장인들의 우수한 기량, 형태의 절묘한 균형과 비율 때문에 4세기 가까이 전 세계적으로 유명한 건축 걸작으로서 자리 잡았다.[12]

타지마할이 완성된 뒤인 1639년 샤 자한은 이 숙련된 건축가와 장인 들을 델리로 이주시켜 이번에는 황제의 도시 샤자하나바드 건설을 맡겼다.[13] 악바르의 파테푸르시크리와 달리 이 새로운 수도에는

600만 루피를 들여 지은 칼라 무알라 Qal'a-i mu'allā(고귀한 성. 흔히 '붉은 요새'라고 부른다)라는 붉은 사암으로 지은 훌륭한 성채가 있었다. 줌나강을 내려다보는 이 성채는 아그라의 성채와 마찬가지로 방어를 위한 목적을 지녔지만, 황궁 단지의 울타리 기능도 아울러 가졌다.

단지를 가로지르며 수로를 흐르는 향수 섞은 물은 색색의 돌로 장식된 인공 폭포로 흘러내렸다. 주거와 행정, 오락을 위한 별도 구조물의 내외벽 대부분은 순백색 대리석 또는 대리석처럼 보이게 광택을 낸 벽토로 지어졌고, 반귀석을 상감하여 매우 화려하게 장식했다. 유약을 발라 구운 타일 일부에는 《코란》과 《성경》에 등장하는 인물과 천사를 함께 묘사하는 유럽식 이미지가 그려졌다. 샤 자한은 반란을 일으켰을 때 본 적 있는 벵골 지역의 깊게 경사진 지붕을 이따금 활용했으며, 더러는 금도금한 금속으로 씌웠다. 샤 자한은 일반적으로 왕실 건물에만 사용되는 주전자처럼 볼록한 발러스터 기둥을 폭넓게 사용한 최초의 황제로, 아마도 유럽 회화에서 영감을 받은 것으로 보인다. 1650~1656년 붉은 요새 인근에 마찬가지로 붉은 사암으로 지은 자마 마스지드(대모스크)는 당시 인도의 모스크 중 가장 큰 규모였고 건설 비용은 100만 루피가 소요되었다. 1653년에는 벽돌과 진흙으로 지은 샤자하나바드의 성벽을 붉은 사암으로 덧씌웠다.

성벽 안에는 고위 만사브다르가 공방과 수행원의 집으로 둘러싸인 저택을 지어 독특한 지구를 형성했다. 조신과 비중 있는 왕실 여인은 도시 내외에 모스크와 정원을 추가 건설하는 일을 후원했다. 붉은 요새에서 서쪽으로 샤자하나바드의 라호르 대문까지 뻗어 나간 주요 시장 대로인 찬드니차우크Chāndnī Chawk의 좌우에는 점포들이 늘어서 있고 중앙에는 운하가 흘렀다. 무굴 제국의 수리학자水理學者들은 성채와 도시 전체에 걸쳐 정교하고 효율적인 상하수도 시스템을 구축했다. 각 지역의 우물이나 줌나강으로부터 페르시아식 수차로 끌어올리거나 상류에서 운하를 통해 수로를 연결하여 얻은 물로 풍부한 식수를 제공했다. 또한 이 시스템은 하수를 줌나강 하류로 흘러보냈다. 쓰레기 대부분이 유기물이고 도시 주민도 수만 명에 불과했기 때문에 줌나강은 이를 건강하게 흡수할 수 있었다. 주변의 시장 정원은 인간과 동물이 생산해 내는 오물을 공급받아 도시민을 위한 야채를 생산했다.

샤 자한은 샤자하나바드의 건설을 통해 안정된 수도에서 통치하는 전능한 지도자라는 새로운 모델을, 이동하는 황제라는 중앙아시아의 전통과 융합하고자 했다. 9년 동안 이어진 붉은 요새 건설이 1648년 마침내 완료된 뒤 그는 샤자하나바드를 여섯 번 방문하여 그곳에서 총 5년 반 거주했다. 나머지 기간 동안 그는 각지를 돌아다니며 영토와 군사 원정을 감독하고 라호르를 한 차례, 카슈미르를 1634년과 1645년·1651년 세 차례 방문했다.[14]

한편 무굴 제국은 도전에 직면했다. 제국 안팎의 변경을 따라 존재한 여러 지방 지배자와 지주는 강제하에서만 조공을 바치거나 세

그림 20 샤자하나바드 궁전 단지의 향수를 섞은 물이 흐르는 폭포(왼쪽)와 유약을 발라 구운 타일(오른쪽). 지금은 올드 델리로 불리는 샤자하나바드는 무굴 제국 이전부터 정치적 중심지였다. 샤 자한은 1639~1648년 이곳을 성벽 도시로 새롭게 건설하면서 붉은 요새, 자마 마스지드(대모스크)를 건설했다.

그림 21 샤자하나바드의 자마 마스지드 동문. 이 문은 샤자하나바드의 찬드니차우크 동쪽에 메카를 향해 세워졌다. 정식 명칭은 마스지드 자한 누마인데 '세계를 바라보는 모스크'라는 의미다.

금을 냈다. 제국군이 다른 곳으로 배치되면 대규모 반란이 터졌다. 그중에서 주목을 끄는 반란자들은 제국의 우월한 군사력에 의해 처벌받았지만, 대개는 용서를 간청해 샤 자한에게 관대한 사면과 복직을 얻어 냈다. 이 같은 처사는 종종 도덕적 해이를 낳아 반란과 복종을 반복하는 양상이 일반적이 되었다.

샤 자한은 왕자 시절인 1620년 부하들이 반란을 거듭하던 캉그라를 제압하여 명성을 얻었다. 황제가 된 뒤에는 히말라야에 있는 왕국의 지배자 라자 자가트 싱의 진압을 명령했다. 자가트 싱은 오랫동안 무굴 제국을 섬기면서 3천/2천 만사브에 이르렀다. 하지만 1640~1642년 더 큰 자치권을 얻으려 반란을 일으켜 완강하게 저항했으나 결국 무굴 제국군에 패배했다. 그 후 그는 직접 샤 자한에게 겸허하게 복종하고 자비로운 용서를 받고 그의 왕국과 만사브를 되찾았으며, 후일에 중앙아시아에서 우즈베크인과 싸우던 중 전사했다.[15] 하지만 그의 후계자들은 자치를 되찾고자 또다시 투쟁할 기회만 노렸다.

샤 자한은 문화적으로, 정치적으로 중앙아시아를 지향했다. 왕자 시절 벵골 전역을 도망 다녔지만 황제가 된 그는 영토의 서쪽 절반에만 머물렀다. 1636년 비자푸르 술탄국 및 골콘다 술탄국과 협상하여 상대적으로 평화로운 상태로 만든 뒤 북서부로 눈길을 돌렸다. 중앙아시아의 경제적 가치는 높지 않아 그가 원정에 쏟아부은 막대한 지출을 정당화할 수 없으나, 그는 사파비 제국과 우즈베크 칸국을 격파하여 티무르의 고향을 되찾음으로써 손에 쥘 명성을 탐냈다.

샤 자한이 즉위할 무렵부터 카불 주변에는 갈등이 끊이지 않았다. 가장 먼저 발생한 분쟁은 계승을 둘러싸고 격렬하게 싸우는 중이던 우즈베크인이 카불을 점령한 것으로, 얼마 안 가 무굴 제국군이 그들을 몰아냈다. 그 후에는 아프간계 집단이 자치를 위해 들고일어났지만 하나하나 진압당했다. 1636년 샤 자한은 오스만 제국의 술탄 무라드 4세와 우즈베크 칸국에게 세 방향에서 사파비 제국을 협공하자고 제의했지만 아무 일도 일어나지 않았다. 샤 자한은 1639년, 1646년, 1647년, 1649년, 1652년, 이렇게 다섯 차례나 카불을 친히 방문했는데 이는 사냥 여행 겸 전쟁 준비의 일환이었다.

전략적 요충지 칸다하르는 무굴 제국과 사파비 제국이 끊임없이 충돌하는 곳이었다. 1638년 사파비 측 총독 알리 마르단 칸이 무굴 제국에 투항하며 샤 자한에게 칸다하르를 안겨 주었다. 샤 자한은 그를 5천/5천 만사브, 병사와 군마를 위한 장비를 주며 환영했다.[16] 분노한 사파비 왕조의 샤 사피 1세(재위 1629~1642년)는 1642년 칸다하르를 탈환하고자 원정을 시작했다. 샤 자한은 가장 총애하는 맏아들 다라 슈코흐*를 지원군과 함께 보냈으나 샤 사피 1세가 죽으면서 전쟁은 중단되었다.

동시에 샤 자한은 우즈베크 칸국으로부터 탄압받는 무슬림을 보

---

* 고전 문어체 아랍어 독음으로는 다라 시쿠흐Dārā Shikūh로 표기해야 하고 흔히 다라 슈코로 표기하지만 본문에서는 '다라 슈코흐'로 표기한다.

호하고자 개입했으며, 그를 지지하는 낙슈반드 수피 종단의 피르들이 때때로 이에 동참했다.[17] 1646년 샤 자한은 둘째 아들 무라드 바흐시에게 많은 군사를 주어 "당연히 자신의 세습 영토"[18]로 여기던 바다흐샨과 발흐를 점령하게 했다. 샤 자한은 티무르의 수도 사마르칸트를 점령하겠다는 원대한 야망을 품었다. 하지만 이 세대 무굴 군인들, 특히 다수를 차지하는 라지푸트(왕의 아들)와 힌두스탄인 병력에게 험난한 지형과 원주민들은 호의적이지 않았다. 무라드 바흐시가 갑자기 철수를 주장하자 격노한 샤 자한은 그를 강등시켜 버렸다. 이번에는 셋째 아들 아우랑제브에게 지휘권을 넘겨주었다. 아우랑제브는 1647년 우즈베크인의 상징적인 복속을 받아 내고 겉으로 보기에는 명예로운 퇴각을 협상했다. 이 원정으로 무굴 제국은 얻은 것 없이 4천만 루피라는 어마어마한 자금과 인명을 잃고 명성에 상처를 입었다.

1648~1649년 겨울 재기한 사파비 군대에게 칸다하르를 빼앗겼다. 샤 자한은 칸다하르를 되찾으려고 1649년과 1652년에는 아우랑제브의 지휘 아래에, 그다음 1653년에는 다라 슈코흐의 지휘 아래에 끈질기게, 그러나 헛되이 원정대를 보냈다. 이 원정은 아무 소득 없이 3,500만 루피와 많은 인명을 잃었고 사기는 크게 떨어졌다. 1656년 샤 자한은 고집스럽게 탈환을 위한 원정군을 또다시 준비했지만 실현하지 못했다.

이러한 비생산적인 대규모 원정은 만사브(계급)·자기르(봉토) 제도 내에 오랫동안 지속되어 온 긴장을 심화했다. 이 원정에 대대적인 건축 프로젝트에 들인 총 2,900만 루피의 두 배가 넘는 비용을 소모했다.[19] 만사브다르 대부분은 공식 자기르 수입과 실제 지출 사이의 격차가 커지면서 자신들에게 지정된 기병의 숫자인 사바르를 지탱할 수 없었다. 따라서 무굴 정부는 군마로 쓸 말을 검사하고 낙인을 찍는 제도를 엄격하게 시행할 수 없게 되어 사바르의 일부만 유지하는 것을 허용했다. 1642년에는 이 같은 일탈 행위가 제도화되었다. 즉 힌두스탄에 자기르를 지닌 만사브다르는 그곳에서 근무하는 동안 사바르 숫자의 3분의 1, 다른 지방에 배치된 경우에는 4분의 1, 북서부 원정에 종군하는 경우에는 5분의 1만 갖추면 되었다.[20] 또한 샤 자한은 중앙아시아에 파견된 하급 만사브다르들에게 일시적으로 사바르를 늘려 주고 실제로 그곳에 있는 병사들에게는 상당한 현금을 지급하여 사기 진작에 힘썼다.

1647년 샤 자한의 평가 세입은 2억 2천만 루피였다. 이는 아버지 자항기르의 최고 세입과 비교하면 1.25배, 할아버지 악바르와 비교하면 2배 이상이 된다.[21] 이러한 증가는 데칸 등 새로 정복한 영토와 전반적인 경제 성장, 인플레이션(특히 유럽 상인을 통한 지속적인 은의 유입)이 복합적으로 작용한 결과였다. 동시에 공식 평가 세입과 징수된 실제 금액 사이의 격차는 더욱 벌어졌다.

만사브다르의 구매력 상실을 인정하면서도 명목 수입을 낮추어 그들이 수치스러하는 일은 없도록 각 자기르의 공식 가치는 매달 조정된 비율에 따라 재검토되었다(명목 세금 수입의 12분의 11에서 12분의 4 사이로 변동되었으며, 대체로 12분의 6에서 12분의 8 사이로 설정되었다). 그렇지만 샤 자한 재위 말기 이후 무굴 제국의 자원이 데칸의 전쟁터로 지속적으로 투입되면서 이러한 압박은 한층 더 심각해졌다.

샤 자한의 투옥으로 끝난 계승 분쟁

1636년 비자푸르와 골콘다 술탄국과 복속 조약을 맺은 후 20년 동안 무굴 제국의 데칸 방면 변경은 비교적 안정되었다. 샤 자한이 보낸 데칸 지방 총독들의 외교적 감시하에 살아남은 두 술탄국은 더 남쪽으로 진출하여 농경과 교역으로 풍족한 영토를 차지하고 확장 중인 마라타인 세력과 싸웠다. 동시에 무굴 제국의 총독들은 만사브(계급)로 데칸의 지휘관과 관리를 유혹했다.

가장 눈에 띄는 사건은 1655년 골콘다 술탄국의 페르시아 출신 이민자 총리 무함마드 사이드 미르 줌라라는 영향력 있는 인물이 투항한 일이다. 샤 자한은 미르 줌라의 명성에 걸맞게 세입과 재정을 관장하는 장관인 디완 쿨로 임명하고 5천/5천 만사브 등 영예를 주었다. 골콘다의 술탄 압둘라 이븐 무함마드 쿠트브 샤가 미르 줌라의 재산을 압수하고 아들을 억류하자, 데칸에 있는 무굴 제국의 부왕(副王) 아우랑제브는 골콘다를 포위했다. 아우랑제브는 골콘다 술탄의 어머니가 자비를 빈 데다가 압둘라 이븐 무함마드 쿠트브 샤가 딸을 샤 자한의 손자이자 아우랑제브의 아들에게 신부로 주고 배상금 200만 루피를 지불하며 상당량의 연공을 바치겠다고 약속한 뒤에야 약간 누그러진 태도를 보였다.[22]

1657년 아우랑제브는 왕위 계승 다툼을 벌이는 동안 비자푸르 술탄국을 거세게 압박하며 새로운 술탄에게 비다르를 비롯한 영토를 양도하고 1천만 루피의 조공을 바치도록 강요했다. 아우랑제브를 군사적으로 강력하게 만들고 위신을 높여 준 데칸에서 거둔 승리는 부진한 다른 세 형제에 비하면 무척 대조적인 성과였다.

전임자들과 마찬가지로 샤 자한은 자신이 죽은 후 계승 분쟁이 일어나기를 원했을 뿐만 아니라 자신의 상속 재산을 통제하려 했으나 실패했다. 그는 무굴 제국을 맏아들 다라 슈코흐에게 넘겨주고 다른 세 아들을 보호하려고 했다. 황제는 가끔 다라 슈코흐를 알라하바드, 구자라트, 라호르의 총독이나 중요한 원정의 사령관에 앉혔지만 대체로 궁정 가까이에 두려 했다. 샤 자한은 다라 슈코흐에게 1642년 '고귀한 은총'을 뜻하는 불란드 이크발 Buland Iqbāl을, 1655년에는 샤 불란드 이크발 Shāh Buland Iqbāl을 칭호로 수여하고 옥좌 옆에 앉히는 등 위엄을 더해 주었다. 샤 자한은 후계자로 지명된 인물에게 하사하는 히사르피루자*를 다라 슈코흐의 자기르에 포함시켰다.

---

* 오늘날 인도 뉴델리 서쪽 하리아나주의 히사르 Hisar. 1356년 델리 술탄 피루즈 샤 투글룩 Firūz Shāh Tughluq이 만들었기 때문에 그의 이름을 따서 히사르피루자라 불리게 되었다. 무굴 제국 시대에는 후계자의 자기르로 여겨졌다.

나아가 1658년에는 전례 없이 다라 슈코흐를 6만/4만 만사브(3만 2~3필)로 승급시키는 조치를 취했다.[23]

샤 자한은 자식 중 가장 맏이이자 사랑하는 딸 자하나라 베김을 늘 곁에 두었다.[24] 자하나라 베김의 어머니 뭄타즈 마할이 죽자 샤 자한은 열일곱 살 난 딸에게 뭄타즈 마할 소유 1천만 루피 상당 재산의 절반을 주었다(나머지 절반은 자하나라의 형제자매가 받았다). 샤 자한에게 부인이 둘이나 있있음에도 자하나라 베김은 독신으로 있으면서 하렘을 이끌고 가문을 통솔했다. 1644년 자하나라 베김의 우아하고 향기로운 옷에 불이 붙는 사고가 났다. 하녀 둘이 불을 끄려다 사망하고 자하나라 베김은 생명이 위태로운 화상을 입었다. 샤 자한은 맏딸을 몸소 간호하고 딸이 회복하자 그녀의 몸무게를 재어 그만큼의 금을 자선으로 나누어 주었다.[25]

자하나라 베김은 자신의 재산으로 샤자하나바드와 카슈미르에 정원과 모스크를 짓는 등 후원 활동을 펼쳤다. 또한 카드르 수피 종단에 입문한 그녀는 종교적 헌신과 문학적 열정으로 카드르 수피 종단의 피르 물라 샤 무함마드 바다흐시의 삶을 다룬《사히비야 Sāhibiyya》라는 책을 집필하고 자작시 12편을 실었다. 치슈트 수피 종단에도 깊은 헌신을 품어 호자 무인 알딘 하산 시즈지 치슈티의 전기인《영혼들의 친구 Muʾnis al-Arwāh》를 저술했다. 자하나라 베김은 샤 자한이 그리는 것처럼 자신과 가장 나이 차이가 적고 어머니가 같으며 성향도 비슷한 다라 슈코흐를 열렬하게 지지했다.

다라 슈코흐는 누나 자하나라 베김과 마찬가지로 1640년 물라 샤 무함마드 바다흐시에 의해 카드르 수피 종단에 입문하고 1640~1653년에 걸쳐 수피즘에 대한 책 다섯 권을 저술했다. 또 그는 밀교 성격을 띤 인도 종교들을 통해 이슬람의 보편 진리를 추구했으며,[26] 이슬람과 인도 밀교를 비교한 책 《두 바다의 만남 Majma' al-Baḥrayn》을 저술했다. 그리고 왕자는 동료 구도자들을 자신의 가문으로 불러모아 50권이 넘는 인도의 종교 서적을 페르시아어로 번역하는 일을 감독했다. 《바가바드 기타 Bagavad Gītā》와 브라만교 문헌 약간을 포함하는 이 문헌들의 페르시아어 번역본은 《위대한 비밀 Sirr-i akbar》에 수록되었다. 이 《위대한 비밀》과 이슬람 전통뿐만 아니라 진지하게 영적 탐구를 한 다라 슈코흐의 행보 때문에 논평가들은 그를 위대한 증조할아버지 악바르에 비견한다. 그러나 샤 자한도 다라 슈코흐도 형제들과의 지독한 경쟁에서 계승을 확보하지 못했다.

샤 자한은 다른 세 아들을 제국 각지의 총독과 지휘관으로 파견했다. 세 왕자는 이로써 행정적·군사적 경험을 쌓고 독자적인 파당을 형성할 수 있었다. 둘째 아들 샤 슈자는 열일곱 살에 처음 1만/5천 만사브를 수여받았고 차츰 지위가 올라갔다. 1638년부터는 무굴 제국에서 부유한 농업·상업 지역이자 오랜 자치의 역사를 지닌 벵골과 오리사의 총독으로 많은 시간을 보내며 권력 기반을 쌓았다. 넷째 아들 무라드 바흐시는 그보다 이른 열네 살의 나이로 처음 1만/5천 만사브를 부여받았다. 샤 자한은 무라드 바흐시를 물탄·카슈미르·데칸·카불·말와·구자라트 총독과 지휘관으로 임명했지만, 이 왕자는 계속된 오판으로 무능을 드러내 질책을 받곤 했다. 이런 실망스러운 결과에도 무라드 바흐시는 언제나 또 다른 고위직으로 임명되었다.

시간이 지날수록 샤 자한의 셋째 아들 아우랑제브는 데칸 지방과 북서부를 거치며 유능한 행정가이자 지휘관임을 증명했다. 그러나 이러한 성과에도 제대로 된 평가를 받지 못해 그가 받은 가장 높은 만사브는 2만/1만 5천으로, 다라 슈코흐에 비하면 한참 뒤졌다. 그렇지만 아우랑제브는 데칸 지방을 다스리면서 무굴 제국에서 전투로 단련된 가장 강력한 군대를 모아 지휘했다.

실질적인 계승 위기는 1657년 9월 샤 자한이 심각한 장 질환을 앓으면서 뜻밖에 일찍 시작되었다. 몸이 불편한 황제는 다라 슈코흐에게 통치를 위임했다. 샤 자한은 11월에 회복되었으나 다라 슈코흐의 세 동생이 이미 다라 슈코흐에 대항하기 위해 동맹을 맺기로 합의한 뒤였다. 고위 만사브다르 다수만이 다라 슈코흐와 황제의 뜻을 지지했으므로 세 형제는 힘을 합쳐 충분히 이들을 압도할 수 있었다.

샤 슈자는 황제임을 자칭하면서 오랜 거점인 벵골을 떠나 갠지스 강을 따라 올라갔다. 1658년 바나라스 인근에서 다라 슈코흐가 지휘하는 동부군은 샤 슈자의 군대를 물리쳤다. 샤 슈자가 벵골로 퇴각한 동안 다라 슈코흐의 서부군은 무라드 바흐시와 아우랑제브가 동원한 군대와 맞닥뜨렸다.

 말와와 구자라트에 기반을 둔 무라드 바흐시 역시 스스로 황제임을 선언하고 데칸에 있는 아우랑제브와 그 군대의 지원을 받아 아그라로 진군했다. 이번에는 다라 슈코흐의 제국군이 크게 패했다. 아우랑제브는 기세를 몰아 아그라에 있는 샤 자한을 가두었다. 그러고는 1658년 7월 서둘러 황제 즉위식을 거행하고 무굴 제국 전체가 자신의 것이라고 선언했다. 절망한 샤 자한은 제국을 네 아들에게 분할하여 계승 전쟁을 끝내자고 제안했다. 하지만 아우랑제브의 군대는 불어나고 의기양양해졌다. 아우랑제브는 무라드 바흐시를 사로잡아 1661년 처형했다.

 1659년 초 아우랑제브는 진격해 오는 샤 슈자 군대를 궤멸시켰다. 샤 슈자는 처음에는 벵골로, 그다음에는 그 너머로 도망쳤으나 자신은 물론 추종자 대부분이 결국 아라칸인 왕에게 죽임을 당했다. 아우랑제브는 심지어 자신의 맏아들인 무함마드 술탄마저 장인인 샤 슈자를 지지했다는 이유로 가두었다.

 그러는 사이 다라 슈코흐는 펀자브와 신드·구자라트·라지스탄 등지로 도망 다녔고, 그때마다 아우랑제브의 군대가 그를 격파했다. 자포자기에 빠진 다라 슈코흐는 사파비 제국에 망명하려 다시 신드로 달아났다가 마침내 아우랑제브의 사람들에게 사로잡혔다. 이단에 대한 재판으로 사형을 선고받은 다라 슈코흐는 1659년 아우랑제브의 명령으로 처형되었다. 다라 슈코흐의 맏아들 술라이만 시코도 1662년 같은 운명을 맞이했다. 샤 자한의 즉위로 시작된 유혈 계승 전쟁에서 단 한 명의 왕자만이 살아남는 패턴은 샤 자한의 재위가 끝날 때 되풀이된 셈이다. 하지만 이번에는 전임 황제가 살아남았다.

아우랑제브는 거의 8년 동안 샤 자한을 아그라 성채에 단단히 유폐했다. 샤 자한은 만사브다르나 다른 신민으로부터 어떤 지원도 받지 못했다. 자하나라 베김만이 1666년 1월 샤 자한이 자연사할 때까지 곁을 지켰을 따름이다. 심지어 아우랑제브는 샤 자한의 유해를 뭄타즈 마할 곁에 묻는 보잘것없는 의식만 겨우 허락했다. 이미 황제 자리를 굳히고 통제력을 손에 넣은 아우랑제브는 1707년 아흔 살에 세상을 떠날 때까지 50년 동안 무굴 제국을 통치했다.

무굴 제국의 역사

A SHORT
HISTORY OF
THE MUGHAL
EMPIRE

제9장

무굴 제국의 정점이자 쇠퇴의 시작, 알람기르 황제

"나와 같은 제왕이 이 자리에서 얻을 수 있는 유일한 이익이라고는 명성을 얻는 것뿐이다. 나는 나의 아들 가운데 한 사람이 이를 얻기를 바랐다. 그러나 그렇게 되지 않았다. 따라서 내가 직접 나서기로 했다."
―알람기르 황제[1]

아우랑제브는 형제들을 차례로 물리치고 제거하며 샤 자한의 네 아들 가운데 최고의 지휘관임을 증명했다. 부황에 대한 전례 없는 쿠데타 이후 알람기르 황제가 된 아우랑제브는 전임자들보다 한층 철지힌 자신의 신념에 따라 정권을 개혁했다. 그는 인도 아대륙 도처에 있는 적들에게 황제의 권위를 주장하며 끊임없이 원정에 나섰다. 알람기르는 자신에게 엄격했으며 종종 부하들이 자신이 제시한 목표를 달성하지 못하는 모습을 지켜보았다. 황제의 지도 아래 무굴 제국은 영토 확장의 한계에 도달하고, 제국에서 정말로 중요한 시스템들은 과도한 부담을 안게 되었다. 반세기에 이르는 알람기르의 재위는 무굴 제국의 정점인 동시에 심각한 쇠퇴를 의미했다.

✳ 알람기르의 즉위와 통치 면모

데칸에서 북쪽으로 돌진한 왕자 아우랑제브는 1658~1659년 전광석화 같은 군사 작전을 펼쳐 옥좌에 올랐다. 어느 조신은 이 엄청난 위업에 찬사를 보냈다.

> 이렇듯 많은 제왕과 전투를 치르고 또 군주들과 교전하고 즉위한 제왕은 거의 없었는데…… 하느님의 은총으로 그분께서는 강한 팔과 날카로운 검으로 모든 곳에서 승리를 거두었다. 그러나…… 그분의 겸손은 너무 커서 이 승리들을 자신의 힘이 아니라 하느님께서 행한 기적이라고 말씀하시고, 창조주께서 내려 주신 이 위대한 은총에 감사드리고자 신을 숭배하며 예언자의 거룩한 법을 세워 모든 불법과 금지된 관행의 흔적을 없애셨다. ……그분은 단 한 순간도 몸을 쉬거나 게으름을 피우지 않았다.[2]

실제로 알람기르가 거둔 군사상 승리와 그의 경건함은 많은 만사브다르(만사브(계급) 보유자)에게 깊은 인상을 남겼다. 하지만 이 영광스러운 기록에서 그의 승리가 형제들에게 거둔 승리라는 사실,

아버지 샤 자한 황제를 폐위하고 투옥했다는 사실은 생략되었다.

자항기르와 샤 자한을 포함하여 무굴 왕조 구성원 가운데 많은 이가 재위 중인 황제에게 반란을 일으켰다. 하지만 실제로 황제를 폐위하고 투옥한 예는 없었다. 따라서 아우랑제브가 1658년 서둘러 즉위한 뒤 1666년 샤 자한이 사망할 때까지 이어진 가혹한 유폐 기간에는 정통성에 의심이 제기될 수밖에 없었다.

계승 전쟁과 그 후 아우랑제브는 무능한 형제들이나 나약해진 아버지에 비해 자신이 황제가 되면 만사부다르들의 경력과 제국이 발전할 것이라고 납득시키려 애썼다. 새 황제가 대체로 성공을 거두어 만사브다르 대부분은 결국 그를 지지하여, 그의 아버지 샤 자한을 복위시키려는 심각한 움직임은 없었다. 1659년 6월 공작 옥좌에 앉는 두 번째 의식을 성대하게 치르고 '세계 정복자'라는 의미를 가진 알람기르를 제호로 택함으로써 자신의 정치적 목표를 천명했다 (그는 알람기르 황제로 보다는 흔히 왕자 시절의 이름인 아우랑제브로 알려져 있으나, 이 책에서는 그 자신이 택한 알람기르로 부르겠다).

알람기르는 재위 내내 주요 순니파 울라마(학자)와 낙슈반드 수피 종단의 피르를 통해 민중의 지지를 모았다. 수석 카디(재판관)는 알람기르의 불효와 불법적 찬탈은 이슬람과 무굴 제국을 위한 일이었다고 정당화해 주는 파트와(이슬람 학자 즉 울라마의 견해나 결정)를 내렸다. 알람기르는 곧 이슬람 도덕률에 따라 주민의 생활을 관리·감독하는 관리인 무흐타시브를 임명했다.

알람기르는 정통 순니파 신앙에 따라 일관되게 행동하고 통치하고자 부단히 노력했다. 이 황제는 자신의 신앙심이 신이 제국에 내릴 축복을 지키고 제국과 이슬람의 적들에 대한 승리를 보장하리라고 믿었다. 사실 그는 왕자 시절에 이미 신실한 무슬림으로서 의식주를 엄격하게 지키기로 널리 알려졌고, 치열한 전투 중에도 시간이 되면 싸움을 멈추고 기도를 올렸다. 또한 라마단 기간에는 철저하게 금식하고, 많은 친지를 병들게 한 술과 아편에는 손도 대지 않았다. 스물여섯 살의 왕자는 데칸의 총독직을 그만두고 종교에 평생을 바치겠다며 허락을 구해 아버지를 실망시켰다. 6개월 뒤 샤자한은 왕자의 의무를 다하라고 명령했다. 황제로 즉위한 후에도 동무나 충성스러운 신하가 죽으면 알람기르는 이맘이 되어 추모 기도를 올리고 상여를 따라갔다.[3] 노년에는 손수 짠 기도할 때 쓰는 모자와 필사한 《코란》을 판매하여 그 수익금을 소박한 개인적인 용도에 사용했다.

알람기르는 공식 즉위 후 전임 황제들이 비정통적이고 비이슬람적이라는 혐의를 씌운 관행을 자신의 궁정 문화와 의례로 정화하기 시작했다. 첫 개혁은 새해를 맞아 열리는 나우루즈Nawrūz 축제 폐지였다. 악바르 재위기부터 기념되기 시작한 나우루즈는 이슬람이 전파되기 이전 페르시아의 전통으로, 순수 태음력인 이슬람력이 아닌 태양력에 따른 것이었다. 알람기르는 혹시 모를 무례를 피하기 위해 이슬람의 신앙 고백을 주화에서 삭제했다. 또한 메카를 다스리는 샤리프(예언자 무함마드의 후손)에게 선물을 잔뜩 짊어진 사절단을 보내 자신의 통치를 비준해 달라고 청했다. 첫 번째 사절단은 실패했지만 다시 보낸 사절단은 마침내 샤리프의 지지를 얻어 냈다.[4]

또한 알람기르는 아비시니아·발흐·부하라·페르시아의 지배자들과 사절을 교환하는가 하면, 유리한 입지를 두고 다투었다. 예를 들어 1666년 사파비 제국의 샤 압바스 2세가 거들먹거리는 편지를 보내자, 알람기르는 이를 모욕이자 침략의 위협으로 받아들였다. 알람기르는 예상되는 페르시아 측 공세에 대비했지만 페르시아의 내부 정쟁 덕분에 전쟁은 일어나지 않았다.

계승 전쟁으로 인도 북부 대부분이 황폐해진 데다가 몬순도 예전 같지 않은 탓에 기근이 빈번하게 발생하여 알람기르는 공식적으로 일부 세금을 중단하거나 아예 폐지했다. 그리고 황제 소유 자선 기관의 식량 배급을 늘려 군주로서 자선의 의무를 다했다. 이는 빈곤한 사람들에게는 일시적으로 도움이 되었으나, 알람기르는 신민들의 상황을 장기적으로 개선할 기반 시설에는 투자하지 않았다. 실제로 이 황제는 신민 다수의 사랑을 받지는 못했다. 재위 내내 알람기르의 행렬에 무례한 욕설과 막대기 등이 날아든 일은 민중의 감정을 보여 준다. 공식 역사가들은 이러한 행동을 한 사람들을 하찮은 불량배, 불만을 품은 비열한 자들, 미치광이 등으로 묘사하면서도 이를 기록했다.[5]

즉위 이후 알람기르는 자신의 정권이 무굴 제국을 오랫동안 괴롭

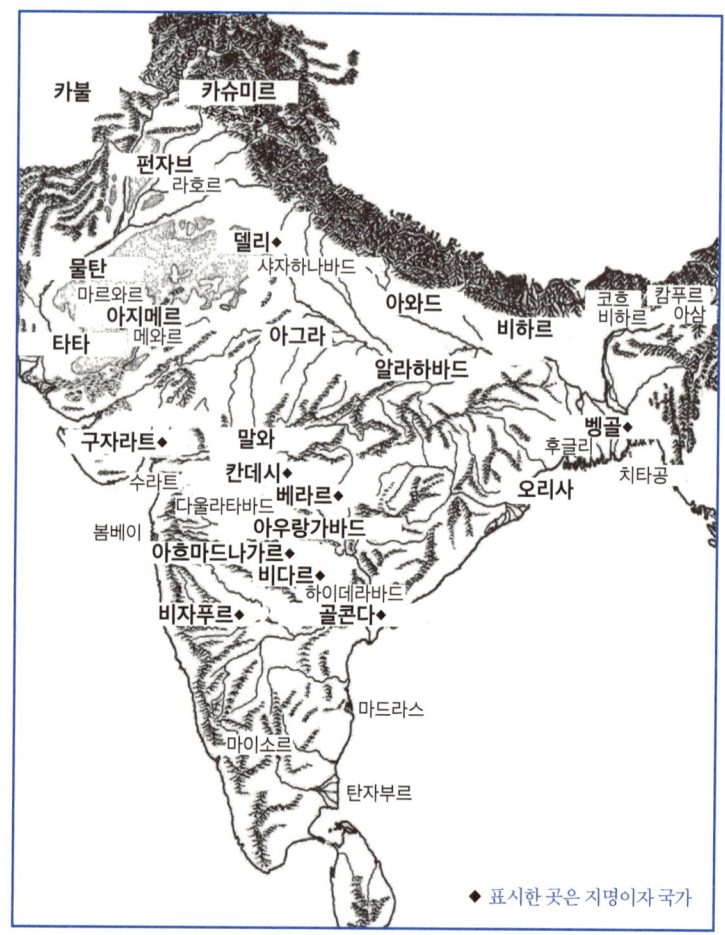

지도 6　알람기르 황제 재위기의 주요 국가와 지방

혀 온 변경을 통제하고 그 너머까지 정복할 힘을 가지고 있음을 보여 주고자 했다. 1661년 이 황제는 비하르 총독에게 비하르 남쪽 숲이 우거진 곳에서 끈질기게 맞서는 체로Čero 왕조의 라자 메디니 라이(재위 1662~1674년)의 저항을 끝내라고 명한 일이 한 예이다. 메디니 라이는 한때 샤 자한을 모시다가 반란을 일으켰는데, 무굴 군대는 그를 정글로 몰아넣고 그가 다스리던 땅을 합병했다. 동시에 알람기르는 벵골 총독에게 언덕이 많은 쿠치베하르와 캄루프도 합병할 것을 명했다. 값비싼 대가를 치른 7년에 걸친 원정 끝에 무굴군은 아삼의 아홉 왕국 지배자에게 굴복하여 서쪽 영토의 할양하고 딸을 알람기르의 셋째 아들 아잠에게 시집보내도록 강요했다. 또 1663년에는 구자라트 총독에게 나와나가르 왕국과 람나가르 왕국을 합병하라고 명령하고, 1665년에는 카슈미르 총독에게 티베트의 자민다르 달라이에게 공물을 받아 내라고 지시했다.[6] 이듬해 무굴 군대는 포르투갈인과 아라칸인 해적들로부터 치타공을 빼앗았다.[7]

그러나 정권 초기에 어렵게 거둔 이 성공들은 예상하지 못한 어마어마한 재정적·인적 자원을 치른 결과였다. 게다가 얼마 안 가 무굴 제국의 행정이 흔들리고 많은 지배자가 영토와 독립을 되찾음으로써 거의 모든 성과가 일시적이었음이 드러났다.

샤 자한이 오랜 투옥 생활 끝에 일흔네 살로 사망하자 알람기르는 아버지에 대한 공적 기억과 민중의 기억 모두를 통제하고자 했다. 아들은 어떤 의식도 치르지 않고 아버지의 시신을 배를 이용해 아그라성의 감옥에서 타지마할에 있는 무덤으로 옮기도록 명했다. 알람기르는 아들들에게는 샤 자한이 청렴의 상징이고 자신은 자식으로서 헌신 자체라고 가르쳤다. 한 아들이 반란을 일으켰을 때, 알람기르는 "인도 황제의 자손 가운데 어떤 아들이 아버지에 맞서 싸우고…… 왕관과 옥좌를 얻으려 아버지를 향해 손에 칼을 들었단 말이냐?"[8]라는 과장된 질문을 던졌다. 알람기르는 아들이 자신에게 저지른 불복종에 그런 전례의 존재 자체를 부인했다.

비록 전통에 따라 하렘 내에서 활동했으나 공적인 명성이나 정치적 영향력, 예술계 후원에서 존재감을 나타낸 전임자들 가문의 여성과 대조적으로 알람기르 가문 여성들은 그렇지 못했다.[9] 알람기르는 아내를 여럿 두었음에도 결혼하지 않은 누이들과 맏딸을 유난히 총애했다. 가장 나이 차이가 적은 누나 라우샤나라 베김은 계승 경쟁에서 그의 편에 서서 움직였으며 알람기르 황제가 된 후에도 영향을 끼쳤다. 하지만 알람기르는 나중에 이 누나가 도를 넘는다고 느끼고는 밀어냈다. 그다음에는 큰누나 자하나라 베김을 하렘의 수장으로 임명하고 신앙심을 존중했다. 또한 황제는 맏딸 지브 알니사를 사랑했다. 그러나 지브 알니사가 동생 악바르가 반란을 일으키도록 부추긴 탓에 알람기르는 딸이 죽을 때까지 20년 동안 유폐시켰다. 말년의 알람기르는 부인들을 멀리하고 둘째 딸 지나트 알니사와 비천한 태생의 첩실 우다이푸리 마할이 그 곁을 지켰다.

알람기르는 불경하다고 여겨지는 전임 황제들의 조치들을 폐지하여 자신의 신앙심을 드러냈다. 앞선 황제들이 자신들을 신격화하려 한 행동을 부도덕하다고 여긴 알람기르는 조신들이 자신 앞에 엎드려 절하지 못하게 했다. 새로 즉위한 라지푸트 지배자의 이마에 틸라카*를 그리는 관행도 중지시켰다. 힌두교 사원처럼 아그라성 정문에 장식된 실물 크기의 코끼리 석상 두 개를 제거하라고 명했다. 매일 민중 앞에 자신의 모습을 보이는 의식인 다르샨도 그만두었다.

알람기르는 이슬람식 예절을 더욱 깊이 받아들이게 하려고 궁정의 겉치레를 억제했다. 독실한 무슬림이라면 부적절하다고 여기는 금색이나 붉은색 옷 등 화려한 차림을 조신에게 금지했다. 만사브다르들이 가마나 배에 '유럽식 리본 장식'을 하는 것 역시 금지했다.[10] 이전 황제들은 태양력과 음력으로 즉위일과 탄생일이 되면 금과 귀금속을 이용해 몸무게를 쟀다.**

하지만 알람기르는 1668년 자신의 궁전에서 더 이상 이 관행을 지키지 않았다. 다만 총애하는 아들이 병에서 회복하면 이 의식을 치르도록 허락하고 그 재물은 자선 활동에 사용했다. 나중에는 자신의 즉위 기념일에 나누어 주는 선물과 의식의 규모마저 축소했다. 그리고 선대 황제들이 후원한 여러 종교 전통의 옹호자 간 논쟁을 종식시켰다. 대신 오로지 정통 순니파 울라마나 낙슈반드 수피 종단 피르의 조언만 들었다.

---

* 틸라카tilaka는 '틸라tila(참깨)처럼 작은 것'이라는 뜻이다. 인도에서 틸라카를 비롯한 얼굴에 새기는 다양한 문양은 종교를 가리지 않고 정체성을 드러내는 도구로 사용되었다. 특히 구루가 이마에 그려 주는 점 내지 선은 구루에게 헌신한다는 의미를 담았다. 인도의 일부 종파는 틸라카 등 표식이 영적인 힘을 통제하는 중심일 여섯 번째 차크라ajña chakra, 즉 지혜의 '눈'이 있는 이마에 위치해야 한다고 믿었다.

** 이렇게 무게를 단 금이나 귀금속은 자선금으로 분배되었다.

알람기르는 자신의 통치에 관한 공식 역사서인 《알람기르나마 'Ālamgīrnāma》의 저술을 의뢰했다. 하지만 재위 10년째 되는 해에 중단을 명령했는데, 학자들이 비공식적으로 연대기나 명사들의 전기를 집필하는 데에는 반대하지 않았다.[11] 그리고 처음에는 점성술 책력을 용인했으나, 1675년 이슬람에 맞지 않는다며 금지했다. 대신 알람기르는 휘하 최고의 순니파 울라마(학자)에게 가장 권위 있는 하나피 법학파의 판결들을 페르시아어로 편집한 《알람기르 교령집 Al-Fatāwā al-'Ālamgīriyya》을 펴내도록 명령했으며, 이 책은 오늘날에도 널리 참고로 쓰인다. 이와 같이 이슬람 학문은 언제나 알람기르의 후원을 받았다.

경건한 무슬림이자 황제인 알람기르는 종교인으로서의 의무와 황제로서의 의무를 진지하게 수행하는 데 방해가 되는 과거의 개인적 쾌락을 포기했다. 젊은 시절에는 자주 사냥에 빠져 지냈으나 이러한 취미조차 그만두었다. 황제는 아들에게 "사냥은 한가한 사람들이나 하는 일이다. 세속적인 일에 몰두하여 종교적인 일을 소홀히 하는 행태는 매우 비난받을 만하다"[12]라고 조언했다. 알람기르는 음악에 관한 권위자였지만 음악이 감정을 흥분시킨다고 믿어 음악을 피했다. 자신이 거느린 최고의 가수, 무용수, 연주자 들이 궁정과 왕실에서 공연하지 못하도록 명령하고 급여는 계속 지급했다. 그렇다고 조신과 관리에게까지 음악을 금하지는 않았다. 오히려 그의 재위기에 후원에 준하는 지원을 받아 힌두스탄 음악의 중요한

제9장 무굴 제국의 정점이자 쇠퇴의 시작, 알람기르 황제

그림 22 샤자하바드의 모티 마스지드. 샤자하나바드의 붉은 요새 인근에 샤 자한이 세운 자마 마스지드가 있을 뿐 요새 내에는 모스크가 없어 알람기르는 자신의 개인 비용을 들여 흰색 대리석의 아름다운 이 모스크를 건설했다. 지붕 위 돔은 본디 금박을 입힌 구리 돔이었으나 1857년 영국군에 의해 손상되어 지금의 하얀 대리석 돔이 되었다.

이론서들이 등장했다.[13] 이 황제는 황제의 도착과 궁정 의식을 알릴 때 연주되던 나우바nawba(북의 합주)마저 축소했다. 여기에서 그치지 않고 황제의 회화 아틀리에를 폐쇄하는가 하면, 궁정에서의 시 낭송을 중단시켰다. 하지만 조신과 황제 가문에 속한 여인, 특히 황제의 딸 지브 알니사는 이런 예술을 후원하고 즐겼다.

알람기르는 여러 모스크를 짓거나 복원·확장했지만 아버지 샤자한과 달리 기념비적 건물의 건축은 거의 의뢰하지 않았다. 재위 초기에 오로지 가문과 궁정을 위해 건설한 모티(진주) 마스지드(1658~1663년)는 샤자하나바드의 붉은 요새 내에 지어졌고 섬세한

그림 23   라호르성의 정문 알람기리 다르자와(위)와 디완 하스(아래). 1674년 알람기르의 명령으로 세워진 이 문은 코끼리도 지나갈 수 있도록 넓고 높게 지어졌다. 샤 자한이 사용하던 특별 알현실 디완 하스는 조신과 사절이 황제를 알현할 때 사용한 공간이다. 황제가 대중을 접견할 때는 디완 암이라는 별개의 공간을 사용했다.

장식이 특징이다. 가장 유명한 건축 프로젝트는 라호르성 근처에 위치한 바드샤히 모스크(1673~1674년)로, 막상 황제는 거의 방문하지 않았다.[14]

알람기르는 웅장한 영묘를 건설하지 않았다. 1657년에 죽은 첫 아내 딜라스 바누 베김을 위해 아우랑가바드에 지은 영묘는 왕자 시절 지어졌을뿐더러 직접 지시한 것도 아니었다.* 이 영묘는 주요한 왕실 영묘로는 사실상 마지막이 되었다.[15] 다울라타바드 인근에 위치하고 지붕조차 없는 단순한 구조를 가진 알람기르의 무덤은 14세기 활동한 치슈트 수피 종단의 셰이흐 자인 알딘 다우드 시라지 영묘의 정원에 있다. 말하자면 알람기르는 최고의 취향 결정자이자 최대의 예술 후원자라는 황제 역할에서 물러난 것이다. 대신 만사브다르와 지방 지배자 들이 그 자리를 차지하여 각자의 미적 취향을 발전시켜 나갔다.

알람기르가 과시와 사치스러움을 억제한 이유 중 하나는 무굴 제국 예산의 불균형이다. 직접 회계를 면밀하게 검토하면서 지출을 줄이려 애쓴 황제는 1670년 다음과 같은 명령을 내렸다.

> 디완(최고 세무 관리)은…… 연말에 황제에게 수입과 지출을 보고하고 구살하나(사적 알현실)에 매주 수요일 장부를 제출해야 한다. ……샤 자한의 재위 이후 공공 지출은 수입을 1,400만 루피나 초과했다. 황제의 개인 수입〔힐리사(황세 직할지)〕은 4천만 루피로 고정하고 지출도 같아야 한다고 정해졌다. 지출 내역을 살펴본 후 폐하께서는 황제와 왕자, 베김 들의 지출 항목 가운데 많은 항목을 삭제했다.[16]

---

* 흔히 '비비 카 마크바라'로 불리는데, 건설을 의뢰한 사람은 아우랑제브의 셋째 아들이자 딜라스 바누에게는 맏아들인 아잠이다.

알람기르는 만사브다르들의 개인적 지위를 나타내는 다트를 일괄적으로 늘리지 않으려 노력했다. 그러나 계속되는 전쟁의 압박은 거느려야 하는 기병의 숫자인 사바르의 상승으로 이어져 때로는 관례와 달리 다트를 상회하는 수준까지 올라갔으며, 원정에 종군한 만사브다르에게는 말 2~3필의 보조금을 지급하는 조치가 만연했다.

알람기르 재위기 역시 간간이 대규모 민중 봉기가 발생했다. 알람기르는 반란을 진압하는 지방관들을 지원하기 위해 제국군을 보냈는데, 가끔은 몸소 지휘했다. 아프간인은 다시 반란을 일으켰다. 1667년부터 아프간계 유수프자이부部, 아프리디부, 하타크부가 각각 무굴 관리를 쫓아냈다. 1674년과 1675년 이들을 진압하기 위해 파견된 제국군은 도리어 대패했다. 알람기르가 봉기를 진압하고자 지휘에 나서서 군대와 보조금(보호금)을 투입한 뒤에야 1676년 카불로 가는 길이 확보되었다.

무굴 제국 심장부에 거주하는 농민 공동체들 또한 끊임없이 들고일어났다. 1660년대 말 마투라 주변의 힌두 자트인(농민 카스트)은 인기 있는 지도자 라자 고쿨라를 중심으로 모여들었다. 결국 1670년 일시적이나마 무굴 군대가 이 반란을 진압하고 고쿨라의 자식들을 포로로 사로잡았다. 알람기르는 마투라를 이슬라마바드로 이름을 바꾸고 비르 싱 데바가 그곳에 지은 대규모 사원을 파괴하라고 명령했다. 여기에서 나온 석재는 아그라 인근의 모스크 건설에 재활용되었다. 알람기르는 라자 고쿨라의 아들딸을 이슬람으로 개종시

제9장 무굴 제국의 정점이자 쇠퇴의 시작, 알람기르 황제

키고 각각 《코란》 암송자와 왕실 시종의 아내로 만들어 버렸다. 그럼에도 자트인은 1680년대 말 또다시 봉기를 일으켰다.

1672년 이번에는 펀자브 동부의 사트나미* 종교운동가들이 반란을 일으켰다. 무굴 제국의 기록자는 그들을 "금세공쟁이, 목수, 청소부, 무두질쟁이와 비천한 직업에 종사하는 하층민으로 구성된 반란자 무리"17라고 폄하했다. 어쨌거나 알람기르는 제국군을 직접 지휘하며 그들을 차츰차츰 제압해 나갔다.

펀자브에서는 또 다른 인기 있는 종교인 시크교를 믿는 사람들이 구루 아래에서 무굴 제국의 지배에 반란을 일으키기를 되풀이하며 진압에 나선 제국군을 여러 차례 패퇴시켰다.18 알람기르가 아니라 다라 슈코흐를 도운 제7대 구루 하리 라이Har Rai(재위 1644~1661년)가 죽은 뒤 알람기르는 무굴 황제들이 다른 왕조에게 그러했듯 시크교 구루의 계승에 중재하려 들었다. 시크교 공동체가 선택한 하르 크리샨Har Krishan(재위 1661~1664년)은 아주 어린 나이에 델리에서 사망했다. 그 뒤 시크들은 펀자브의 자트인에게 선교 활동을 펼친 구루 테그 바하두르Tegh Bahādur(재위 1664~1675년)를 지도자로 받들었는데, 알람기르는 그를 체포하여 처형했다. 그럼에도 제10대 구루 고빈드 싱Gobind Singh(재위 1675~1708년)은 수십 년간 무굴 당국에 군사 저항을 했다. 여러 자트인 공동체와 지역에 기반을 둔 집단의 봉기는 알

---

* 인도 하리아나주 나르나울을 중심으로 1672년 알람기르에 대항하는 반란을 일으킨 종교 공동체이다.

람기르 이후에도 끊이지 않았다.

 데칸 지방 서부의 마라타인은 무굴 제국의 군대와 유혹에 가장 강력하게 저항한 공동체이다. 많은 마라타인이 카리스마 넘치는 지도자 시바지 본슬레(재위 1674~1680년) 아래 결집하여 데칸 지방의 술탄과 무굴 총독에 맞서 싸웠다. 알람기르는 휘하 최고의 지휘관들과 군대로 하여금 시바지를 토벌하게 했지만 거듭 실패했다. 시바지는 1664년 경제적으로 풍요롭고 전략적으로 중요한 항구 도시 수라트를 약탈하여 수익을 쏠쏠히 챙기고 정치적으로도 파장을 불러일으킨 대담한 원정을 성공시킴으로써 무굴 정부가 이를 지킬 능력이 없음을 만천하에 보였다. 시바지 본슬레를 저지하지 못한 무굴의 장군들은 1665~1666년 외려 시바지와 동맹을 맺고 비자푸르를 공격했으나 무굴 제국이 얻은 바는 형편없었다. 1666년 알람기르는 시바지의 일곱 살 난 아들 삼바지 본슬레에게 5천 만사브를 부여하고 두 사람을 아그라의 황궁으로 초대하여 시바지를 포섭하려 했다.

 궁정의 많은 외부인과 마찬가지로 시바지 본슬레는 동화되기보다는 소외당했다. 한 조신은 시바지와 다른 신참자들에게 거들먹거리는 태도를 보였다.

 왕실의 예절을 알지도 못하는 이 무지한 황야의 야만스러운 동물은 구석으로 가서 부적절한 불만과 불평을 늘어놓았다. ……뇌가 없는 그의 머리는 그를 소란으로 밀어 넣었다. 황제께서는 그에게 숙소로 돌아가라고 명령했는데…… 이 무지막지한 사기꾼의 흉악한 사기와 농간을 알아차렸기 때문이다.[19]

시바지 본슬레는 경비병들을 속이고 극적으로 탈출하여 고향으로 돌아가 추종자들을 규합했다.

비자푸르와 골콘다 술탄국을 비롯한 여러 지배자와 무굴 정부 내부의 경쟁 파당들이 데칸에서 다각적인 갈등에 말려들자, 시바지는 그들 사이를 오가며 누군가를 지지하는가 하면 누군가를 반대했다. 1670년 시바지는 수라트를 재차 약탈하여 부와 명성을 쌓고 무굴 제국을 방어하는 자들에게 굴욕을 안겼다. 그리고 1674년 화려한 브라만교식 즉위식을 치러 마하라자 차트라파티Mahārāja Chatrapati('세계의 황제'라는 의미의 산스크리트어)로서 자신의 지위를 더욱 강화했다. 알람기르 정권과 정책에 대항하여 일어난 여러 반란과 마찬가지로, 시바지 본슬레는 힌두 문화의 상징을 이용하여 마라타 연맹을 데칸에서 가장 강력한 세력으로 만들었다.

샤 자한이 죽은 뒤 알람기르는 개혁 정책을 한층 단호하게 시행했다. 특히 만사브다르나 다른 관리, 개종자를 포함한 신민을 총애함으로써 순니파 이슬람에 대한 깊은 헌신을 표현했다. 하지만 알람기르는 갈수록 순니파 이슬람 세계의 경쟁 지도자들에 분개했다. 메카를 다스리는 샤리프(예언자 무함마드의 후손)에게 여러 차례 선물과 함께 사절을 보냈는데도 더 많은 공물을 요구하는 사절이 몇 차례 방문하자, 알람기르는 샤리프에게 보내는 편지에서 "샤리프 마카Sharīf-i Makka(메카의 샤리프)께서 인도의 엄청난 부에 대해 들으시고는 해마다 제게 사절을 보내어 이득을 취하고자 하시나 봅니다. 제가 보내는 이 돈은 가난한 사람들을 위한 것입니다. 우리는 이 돈이 빈민들에게 분배되는지, 샤리프에 의해 낭비되는지 잘 살피도록 하겠습니다"[20]라며 불만을 드러냈다.

1690년 가장 권위 있는 순니파 지배자인 오스만 술탄에게 보내는 사절단을 통해 알람기르는, 오스만 술탄들이 1517년 이후 스스로 칼리프임을 주장하고 메카를 오랫동안 지배했음에도 그들을 칼리프가 아니라 로마의 카이사르로만 인정했다. 심지어 알람기르는 잇따라 오스만 제국을 배신하고 이주해 오는 바스라의 오스만 총독들에게 고위 만사브 지위를 안겨 주었다.[21]

알람기르는 점차 비무슬림에게 가하는 제약을 강화했다. 비무슬림 이념은 수많은 반대자에게 동기를 제공한다는 점에서뿐만 아니라 무슬림 공동체의 지도자라는 자신의 정체성을 뒤흔든다는 점에서 그에게 모욕적으로 다가왔다. 알람기르는 다양한 정책 가운데 비무슬림 종교 축제에 부과하는 순례세를 되살리고 축제를 축소하고자 했다. 일부 힌두교 사원에 대한 재정적 지원을 멈추지는 않았으나 부여했던 수조권을 거두어들였다. 그는 특히 반란과 관련된 사원들을 파괴하라고 명령했다. 1679년 알람기르가 오래전에 폐지된 비무슬림에게 부과되던 인두세인 지즈야를 부활시키는 바람에 샤자하나바드의 거리에서 시위가 일어났다. 시바지 본슬레가 알람기르에게 지즈야의 재부과는 비무슬림에게 정의롭지 못한 부담을 안기는 일이라고 항의하는 편지를 보냈다는 이야기가 있을 정도다. 이 세금은 이론상으로 무슬림의 지배하에 살아가되 그 정권을 섬기지 않는 특권에 대한 대가였으므로, 무굴 제국을 위해 일하는 많은 라지푸트와 힌두 관리에게는 면제되었다.

계승 전쟁 동안 꽤 많은 라지푸트 만사브다르가 다라 슈코흐를 비롯한 다른 왕자들이 아니라 아우랑제브 즉 알람기르를 지지했다.[22] 그럼에도 알람기르는 라지푸트들에게 부담이 되는 정책들을 실시해 나갔다. 자기르(봉토) 제도가 받는 과중한 압박을 덜고자 황제는 라지푸트 만사브다르들이 고향에서 자기르를 부여받는 것에 제한을 두어 그들의 실질 소득을 줄였다. 또한 라지푸트들은 덜 명예로운 직책으로 임명되는 경향이 있었다. 1678년 1천 이상의 만사브를 부여받은 라지푸트의 비율은 15퍼센트에 불과했고, 그나마 감소하는 실정이었다. 실제로 고위 만사브다르에서 라지푸트의 비율은 새로 이주해 온 사람들보다 낮았다.[23]

알람기르가 상당한 인력과 재정적 자원을 투입했는데도 재위 초기 12년 동안은 그에게나, 무굴 제국의 핵심을 형성하는 하나자드(관리 집안에서 태어난 사람) 만사브다르에게나 실망스러웠다. 또한 문화적으로 열등하다고 여겨지는 과거의 적들에게 높은 만사브를 안겨 주는 데 불만을 품은 사람이 많았다. 그리고 이용할 수 있는 자기르가 부족할뿐더러 심지어 이 자기르들마저 명목 소득을 제대로 창출해 내지 못해 불만은 한층 심각해졌다. 알람기르는 "짐이 가진 돈은 얼마 안 되는데 그마저도 많은 사람이 요구했다"[24]라고 인정했다. 이 모든 요소가 무굴 제국 안팎의 사람들이 알람기르의 권위를 의심하고 각자 자신의 이익을 위해 행동하게 만들었다.

✳ 데칸 원정과 어두운 미래

알람기르는 1679년 샤자하나바드를 떠나 다시는 이 도시는 물론이고 힌두스탄으로도 돌아오지 않았다. 그때까지 이 황제는 주로 샤자하나바드에서 통치했고 그 바깥으로 여행을 떠나는 일이 드물었다. 아프가니스탄에서의 원정을 감독하고 아그라나 알라하바드를 방문했으며 몹시 지쳤을 때 한 차례 카슈미르에서 휴식을 취했을 뿐이다. 1679년의 출발은 남은 40여 년의 재위를 지배할 양상의 시작이었다. 알람기르는 군대 야영지와 지방 중심지를 오가며 무굴 제국의 위기들을 직접 처리하고 가끔은 전투를 친히 지휘했다.

악바르 황제가 라지푸트를 무굴 제국의 핵심 세력에 받아들인 후, 그들은 무굴 제국 군사 인력의 대부분을 제공하고 출세의 대가로 신부와 봉직을 받았다. 제국군은 거의 모두 상당 규모의 라지푸트 부대를 보유했다. 예컨대 마르와르의 마하라자(대왕) 자스반트 싱 라토르는 샤 자한 재위기에 7천/7천 만사브(5천 2~3필)까지 올라 갔다. 계승 전쟁 동안 자스반트 싱은 알람기르의 형제들을 지지했 으나 알람기르 측에 합류할 때마다 용서를 받았다. 1678년 자스반 트 싱은 멀리 하이베르고개에서 복무하는 중 사망했는데, 살아 있 는 아들은 없고 임신한 아내가 두 명 있었고 태어난 아기 중 하나만 살아남았다. 황제들이 복속한 왕조들에게 으레 그러했듯 알람기르 는 마르와르 계승을 직접 결정하기로 했다. 하지만 알람기르는 이 례적으로 자스반트 싱 라토르의 아들이라고 알려진 갓 태어난 아이 를 황제의 가문으로 데려와 이슬람으로 개종시키고 무함마디 라즈 라는 이름을 주었다. 그러고는 알람기르는 마르와르의 지배자로 평 판이 좋지는 않지만 고분고분한 자스반트 싱의 조카를 택했다.[25]

많은 라토르인이 이 같은 노골적인 간섭에 반발했다. 일부는 자 신들이 새로 태어난 자스반트 싱 라토르의 진짜 아이를 데리고 있 다고 주장하며 반란을 일으켰다. 이 봉기를 진압하려고 알람기르는 마르와르의 병합을 직접 감독하며 라지푸트의 오랜 와탄 자기르(고 향 자기르)를 당장 필요한 황제 직할지인 할리사로 전환했다. 이웃한 메와르의 시소디아 라나는 자기 영토와 권리가 이런 식으로 침해당 할까 우려하여 반란에 가담했다. 라지푸트들의 경제와 정신을 붕괴 시키기 위해 알람기르는 무굴 군대가 마르와르와 메와르를 유린하 여 곡물을 빼앗고 도시를 약탈하고 사원을 파괴하는 것을 감독했다.

알람기르는 가장 총애하는 넷째 아들 악바르에게 제국군의 지휘를 맡았다. 초전에서 승리를 거둔 악바르 왕자는 1681년 갑자기 마르와르 측으로 돌아서더니 스스로 황제라고 선언했다. 악바르에게 사로잡힐뻔한 알람기르는 악바르의 동맹인 라토르군에게 악바르 왕자를 배신하도록 설득하여 겨우 이 위기를 극복했다. 악바르는 아버지에게 항복하여 용서를 빌기를 거부했다. 대신 남쪽으로 도망쳐, 세상을 떠난 시바지 본슬레의 맏아들이자 주요 계승자이며 마라타의 지도자인 마하라자 삼바지 본슬레에게 의탁했다. 알람기르는 반란을 일으킨 동생을 부추겼다는 이유로 맏딸이자 사랑하는 딸 지브 알니사를 평생 가두어 두었다.

메와르의 시소디아 라나가 죽자 알람기르는 새로 즉위한 후계자에게 지즈야 대신 영토를 양도하라고 강요했다. 하지만 마르와르에서는 게릴라전이 수십 년 동안 계속되었다(알람기르가 죽고 2년 뒤인 1709년에 끝났다). 이러한 분쟁들은 무굴 제국과 라지푸트 라토르·시소디아 간에 오래 지속되어 오고 서로에게 유익했던 동맹에 깊은 상처를 남겼다. 데칸에서의 사태 전개 역시 알람기르와 다른 많은 라지푸트 만사브다르 사이를 흔들었다.

1681년 알람기르는 왕자 시절이던 1636~1644년, 1652~1658년 도합 15년 동안 통치한 데칸으로 돌아왔다. 황제에게는 잘못을 저지른 악바르 왕자의 처벌, 계승 전쟁으로 중단된 비자푸르와 골콘다 술탄국 정복의 완료, 악바르의 마라타 군대를 진압한다는 세 가지 목표가 있었다. 알람기르는 그곳에서 보낸 첫 10년 동안 세 가지

제9장 무굴 제국의 정점이자 쇠퇴의 시작, 알람기르 황제

를 거의 완수하는 것처럼 보였다.

알람기르는 반역한 아들에게 복종하면 용서하겠노라 제의했지만, 악바르는 계속 도전하기를 택하고 힌두스탄으로 약탈에 나섰지만 성과를 올리지 못했다. 왕자는 아버지 황제를 힐책하는 편지를 보냈다.

> 폐하께서 통치하시는 동안 장관들은 권력을 가지지 못하고, 귀족들은 신뢰를 누리지 못하고, 군인들은 비참할 정도로 가난하고, 작가들은 일자리를 얻지 못하고, 상인들은 수입이 없고, 농민들은 짓밟혔습니다. ……고대로부터 이어져 온 가문에 속하여 순수한 혈통을 지닌 사람들은 사라졌고, 관리와 관청은…… 직조공·비누 상인·재단사 같은 저급하고 사악한 사람들의 손에 맡겨졌고…… 금으로 관직을 사고 수치스러운 대가를 받고 팔아치웁니다.[26]

악바르는 알람기르에게 은퇴하여 하즈(순례)에 나서라고 역설하면서 알람기르가 아버지 샤 자한을 폐위한 일을 조롱했다. 그러나 악바르는 데칸인과 만사브다르(만사브(계급) 보유자)에게서 충분한 지지를 얻어 내지 못했다. 1683년 이 왕자는 무굴 왕조의 몇몇 왕자가 그랬던 것처럼 사파비 궁정으로 도망쳤다. 그런데 바부르나 후마윤과는 달리 승리를 거두어 인도의 정복자로 돌아오기는커녕 망명지에서 아버지보다 먼저 죽고 말았다.

그림 24 비자푸르 요새에 있는 대포(1865년 사진). 아흐마드나가르 술탄국의 부르한 니잠 샤가 페르시아인에게 의뢰하고 1549년 주조하여 사위인 비자푸르의 술탄에게 선물했다. 길이가 4.5미터가량 되는 이 대포를 동인도 회사가 영국으로 가져가려 했으나, 당시로서는 엄청난 크기의 이 대포를 운송할 수 없었다고 한다.

알람기르가 데칸에 머무름으로써 비자푸르, 골콘다, 마라타 그리고 더 남쪽의 왕국들과 싸우는 군대의 사기가 오르고 물자가 풍부해졌다. 먼저 알람기르는 왕자 시절 싸운 경험이 있는 약소 술탄국인 비자푸르에 휘하 군대를 집중시켰다. 셋째 아들 아잠이 이끄는 제국군은 비자푸르를 포위했다. 알람기르는 1686년 최후의 승리를 몸소 지휘하고자 나섰다. 승리한 황제는 비자푸르를 무굴 제국에 합병하고 젊은 술탄을 평생 감금했으며, 정복당한 정권의 조신·장군 가운데 일부를 만사브다르로 등용했다.

다음으로 알람기르는 여전히 부유한 골콘다 술탄국 방면에 군세를 집중시켰다. 둘째 아들 무아잠은 1685년 도시 하이데라바드를 점령했지만, 술탄은 인근에 있는 난공불락으로 보이는 골콘다성으로 후퇴했다. 역시 알람기르가 직접 지휘에 나섰다. 술탄이 무아잠

제9장 무굴 제국의 정점이자 쇠퇴의 시작, 알람기르 황제

을 매수했다고 확신한 황제는 무아잠과 아내, 아들들을 1687년 투옥하여 1695년까지 잡아 두었다. 희생이 큰 8개월간의 공성전 끝에 성채는 떨어졌다. 알람기르는 6천만 루피 상당의 재화를 압수하고 술탄을 영원히 감옥에 가두었으며 술탄국을 합병했다. 알람기르는 골콘다 궁정의 구성원 일부를 만사브다르로 임명했다. 술탄의 양아들을 포함한 무슬림 24명이 1천 만사브 이상의 계급을 받았다. 하지만 힌두 가운데 알람기르에게 만사브를 받은 사람은 고작 두 명으로, 한 사람은 브라만 출신이고 다른 한 사람은 텔루구인 나야크*였다. 이 두 공동체 모두 골콘다 술탄국의 행정에서 중요한 지위를 차지했다.

이후 15년 동안 골콘다의 지방관 대부분은 본래 자리를 지켰기 때문에 자민다르(토지 권리 보유자)와 무굴 제국의 관리 사이의 관계는 당연히 약해졌다.27 더욱이 데칸 지방 동부는 대단히 파괴적인 전쟁과 기근 그리고 전염병으로 커다란 고통을 겪었다. 그 결과 그곳에 자기르(봉토)를 부여받은 만사브다르 다수가 정해진 세금을 거두지 못했다. 게다가 적은 수의 제국군이 각지의 성채에 분산되어 수둔했으므로 원주민의 봉기와 마라타 제국의 약탈을 진압하는 데 어려움을 겪었다.

그다음 알람기르는 병력 대부분을 데칸 지방 서부의 마라타인을

---

* 나야크Nayak는 남인도 지방에서 군주 내지 수령이 사용한 칭호이다.

대상으로 투입했다. 시바지 본슬레의 계승자 중 가장 핵심적인 인물인 삼바지 본슬레는 한때 황제의 궁정에 거주하며 처음에는 5천 만사브를 받고 나중에는 7천 만사브로 승급했다. 그러나 무굴 제국에 동화하지 못한 삼바지는 이제 마라타인을 이끌며 제국에 맞섰다.

알람기르가 비자푸르 술탄국과 골콘다 술탄국 방면으로 병력을 이동하자 가볍고 기동성이 뛰어난 마라타 군대가 이들을 괴롭히며 인명과 재산을 빼앗았다. 1689년 알람기르에 합류한 골콘다 출신 지휘관이 급습하여 이윽고 삼바지를 사로잡았다. 알람기르는 삼바지에게 공개적으로 망신을 준 뒤 장님으로 만들고 처형했으며 마라타 제국의 수도 라이가르를 점령했다. 많은 마라타인은 이후 시바지 본슬레의 막내아들 라자람 본슬레를 무굴 제국에 대항하는 자신들의 지도자로 인정했다. 하지만 알람기르는 마라타 제국의 계승에 개입하기 위해 아홉 살 난 삼바지의 아들 샤후 본슬레(1749년 사망)를 지배자인 라자로 인정하여 7천/7천 만사브를 수여하고 왕실에서 양육했다.

실제로 알람기르는 꽤 많은 수의 마라타인에게 만사브를 수여하여 마침내 라지푸트를 앞질렀다. 이로 인해 힌두 만사브다르의 비중이 높아졌는데, 이는 알람기르가 힌두를 무턱대고 배제하지 않았음을 말해 준다. 그렇지만 새로운 마라타 만사브다르가 행정 분야에서 비중 있는 지위에 오른 경우는 드물고 대체로 무굴 제국의 문화에서도 소외된 까닭에 무굴 제국에 그다지 헌신하지 않았다. 여하튼 1689년 알람기르는 데칸에서 주요한 목표 세 가지를 모두 이룬 것으로 보였고, 그의 정권은 표면상으로는 모든 방면에서 안정적이었다.

확대되는 전쟁과 무굴 제국의 퇴보

이 같은 성과에도 불구하고 무굴 제국은 수면 아래에서 재정 불균형, 과도한 영토 확장, 알람기르와 만사브다르 파당들, 출신이 다양한 신하들, 여러 경쟁 세력 그리고 알람기르의 후계자 후보 사이의 이해 다툼으로 인한 구조적 압박 때문에 효율성을 잃어 갔다. 무굴 제국은 적의 재화를 빼앗고 생산적인 땅을 확보하기 위해 항상 영토를 확대해야만 했다. 이렇게 얻은 수입은 팽창을 가능하게 해 주는 군대와 세금을 징수하는 행정에 투입되었다. 그러나 알람기르의 마지막 20년 동안 많은 만사브다르와 관리에게 돌아가는 이익보다 제국을 유지하는 비용이 커졌다. 제국의 중심부도 군대도 정부도 방대하게 확장된 영토 그리고 여러 지역에 기반을 둔 지배자와 공동체를 통제할 만한 정책, 기술, 인력을 갖추지 못했다.

70~80대를 지나는 동안 알람기르 황제는 무굴 제국을 통합된 하나로서 관리하는 데 난항을 겪었다. 제국의 장군들은 1690년대 초 남쪽 탄자부르까지 진격하여 그 지역 지배자들을 명목상 속국으로 만들었다. 하지만 무굴 제국의 행정력은 남쪽은커녕 이전에 정복한

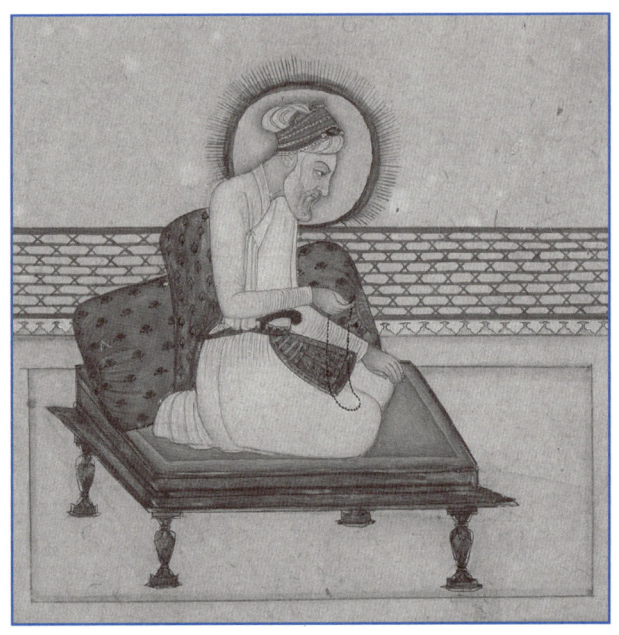

그림 25 사람들이 회상한 알람기르 황제의 모습(1725년경 그림). 알람기르 황제는 생애 마지막 2년가량 병에 시달리면서도 기도에 많은 시간을 할애했다. 그래서인지 죽기 몇 년 전 혹은 사후에 그려진 초상화들은 주로 이 초상화와 같이 기도하는 모습이나 《쿠란》을 읽는 모습으로 묘사했다.

데칸에조차 제대로 미치지 못하는 형편이었다.[28] 진두지휘하지 않으면 목표를 달성할 수 없음을 깨달은 알람기르는 무굴 제국의 세금 수입과 인력을 자신의 수중에 집중시켰다. 황제는 만사브다르와 불신하는 아들들에게 일시적으로만 자원을 배분하고 가장 생산력이 좋은 토지는 황제 직할지인 할리사로 지정하여 그 수입을 자신의 가문으로 몰리게 했다.

재위하는 동안 알람기르는 결코 몸을 아끼지 않았다. 격파한 데칸 지배자들의 수도를 이따금 방문하기는 했지만 그들이 세운 호화로운 궁전에 살지는 않았다. 1699~1706년 알람기르는 오히려 데칸 지방 서부의 제국군 숙영지를 고집스레 옮겨 다니며 각지의 언덕 위에 위치한 마라타인과 그 동맹들이 소유한 산악 성채 열둘을 공격했다.

결국 황제는 오랜 시간이 걸리고 많은 비용이 소모되는 공성전 끝에 하나하나 점령했지만, 자신에게는 이득이 거의 없고 방어한 측에는 손해가 거의 없는 항복 협상을 해야 하는 경우조차 있었다. 게다가 지나치게 광대한 영역에 분산된 무굴 제국군은 이러한 요새와 인근 지역을 한때 차지할 수 있었을 뿐, 대개는 얼마 안 가 마라타인의 손안으로 돌아갔다. 무굴 제국의 한 관리는 "부족한 것이라고는 없는 알람기르는 돌무더기(즉 언덕 위의 요새)에 대한 갈망과 열정에 사로잡혀 있다"[29]라고 통탄했다.

알람기르가 죽기 10년쯤 전 주요한 만사브다르들은 서로 적대하는 강력한 파당을 형성하여 종종 각자의 이익을 좇느라 무굴 제국에 손실을 안겼다. 여러 종족이 뒤섞인 파당 가운데 가장 강력한 두 세력은 시아파 페르시아인과 순니파 투란인의 것이었다. 만사브다르의 지출은 대체로 자기르에서 산출되는 실제 수입을 크게 웃도는 경우가 많았으므로, 만사브다르들은 자신의 이익을 지켜 줄 강력한 후원자를 필요로 했다. 물론 자기르를 받을 수 있을 정도로 영향력이 있거나 운이 좋은 사람들의 이야기였다. 일부는 자기르를 받기 위해 5년이나 기다려야 했다. 그 결과 많은 만사브다르가 휘하 군인과 부하 들에게 오랫동안 임금을 지급하지 않아 불충한 행동을 조장했다. 또한 만사브다르들은 지급받은 자기르에서 합법, 불법을 가리지 않고 조금이라도 더 이익을 뽑아내기에 바빴고 다음 사람에게 양도하기를 거부했다. 무굴 제국의 중앙 정부가 지방 행정에 대한 통제력을 상실했기 때문에 마침내 몇몇 만사브다르는 자신들의 봉토인 자기르를 세습 왕국으로 만들었다.

무굴 제국 북부와 남부 간 세금의 흐름과 소통망은 도적과 군벌, 심지어 제국의 중간 관리들의 약탈로 주기적으로 중단되면서 분열되기 시작했다. 인도 북부의 만사브다르는 데칸에 있는 알람기르로부터 병력 증원과 재정적 지원을 거의 기대하지 못한 채 지방의 봉기와 마주해야 했다. 또한 멀리 떨어져 있는 만사브다르들은 이전처럼 충성의 표시로 건네는 선물인 나드르와 명예의 예복인 힐라 교환 같은 직접적인 교류를 통해 황제와 유대를 맺지 않았다. 한편 제국 중심부로부터 감시를 받지 않는 총독들은 세금을 착복했다. 알람기르가 사망할 무렵 인도 북부의 어느 지방에서도 상당한 금액의 세금을 황제에게 보내지 않았다. 다만 유능한 최고 세무 관리 디완(나중에는 수바다르(총독)가 되었다) 무르시드 쿨르 칸이 농업 기반을 확장하고 수공업을 발달시킨 덕분에 수출이 성장하여 번영한 벵골 만이 예외였다.

데칸에 있는 인도 북부 출신 만사브다르 다수는 라지푸트 혹은 정착한 지 오래된 무슬림으로, 지역민의 반란과 마라타인의 노략질로 인한 괴로움을 견디며 타향에서 복무했다. 어느 관리는 끝이 보이지 않는 실망스러운 데칸 원정에 관해 "황제 폐하께서…… 이 모든 전쟁과 고된 여정을 받아들인 이후…… 오랜 이별에 지친 군영의 사람들은 가족을 불러왔고…… 그리하여…… 새로운 세대가 원정지에서 태어났다"[30]라고 탄식했다. 제국군 사령관 대부분은 반란군을 물리칠 가능성이 낮거나, 그렇게 할 수 있다고 해도 무굴 제국이나 본인에게 이로울 게 없다고 생각했다. 따라서 이들은 알람기르가 여러 차례에 걸쳐 명백하게 금지했음에도 적과 개인적으로 협상하여 자신들의 재정 자원과 인력을 지켰다.

그리고 이렇게 복속하게 된 새로운 데칸인 만사브다르들은 무굴 제국에 대한 충성심이 거의 없었다. 그들은 무굴 제국을 섬기기보다 자신의 왕국을 세우거나 왕국을 세우려는 자기 공동체 출신 지도자에게 합류하는 편이 낫다고 판단했다. 마라타인을 비롯하여 다른 지역에 뿌리를 둔 여러 군벌도 그런 생각을 했다.

인도 북부와 데칸 지방에 있는 여러 속국 지배자와 지주 그리고 농민·장인·상인·은행가를 포함한 신민은 무굴 제국으로부터 세금 납부를 요구받았지만, 이를 지불할 만한 가치가 있는지 의구심을 품었다. 제국의 관리들은 정의와 법, 질서를 제공하고 납세를 강제할 능력을 잃었다. 반면에 그 지역의 지배자나 자민다르는 원주민과 강력한 유대감을 지니고 있어 자신의 권력을 다지는 데 쓰일 세금을 확보할 수 있었다. 특히 데칸의 경제는 수십 년간의 전쟁과 교역 중단으로 황폐화했다. 점점 많은 지역이 손실이 훨씬 큰 약탈을 피하기 위해 마라타인이 이끄는 전사 집단들에게 차우트chauth(평가된 수입의 4분의 1이 부과되는 세금)를 비롯한 이런저런 공물을 연공으로 바쳤다. 제국의 관리들은 종종 이 같은 강제 징수를 묵인하면서 그들에게 맞서지 못했다.

인도에서 유럽의 영향력은 알람기르 사후 한참 뒤에 두각을 나타내지만, 유럽인의 진출 자체는 이미 꽤 높은 수준에서 이루어지고 있었다. 인도 경제 일부는 유럽 선박을 통해 직물, 초석硝石, 향신료 등의 상품을 수출하는 데 참여했다. 영국·네덜란드·프랑스 동인도 회사는 포르투갈을 몰아내고 인도양 교역과 메카로 가는 해로를 장악했다. 이 세 주식회사는 인도 서부와 동부 해안 그리고 내륙에 무역 거점을 확보하고 이익이 될 만한 것을 찾는 한편, 세금 감면을 위해 현지 관리나 알람기르와 협상했다. 협상이 결렬되면 폭력 사태가 벌어지기도 했는데, 예를 들어 제국 관리와 영국인은 후글리(1686~1690년)·봄베이(1688~1689년)·수라트(1695~1699년)·마드라스(1702년)에서 충돌했다.

독립적 행보를 보이는 유럽인 선장들은 해적이 되거나 사나포선私拿捕船의 선장이 되어 교역선을 먹잇감으로 삼았지만, 무굴 관리들은 이를 막지 못했다. 알람기르는 구자라트의 총독 아잠을 이렇게 책망했다.

제9장 무굴 제국의 정점이자 쇠퇴의 시작, 알람기르 황제

배는 프랑크인Firangi*(유럽인)의 허락 없이는 항해에 나설 수 없다. 무슬림 공동체는 너무 무능해져서 제국의 선박조차 순항할 수 없다. 최근 20년 동안 수라트 상인들과 성지로 가는 사람들은 공해상에서 약탈에 시달렸다. 만사브다르들이 이를 해결하고자 취한 조치는 헛된 것으로 드러났다. 이 문제에 대한 부주의, 나태, 무관심은 이슬람의 명예 의식에 위배되는 바이다. ……프랑크인에 대한 양보와 호의는 이루 말할 수 없을 정도다. 관용은 효과가 없다. 엄격함과 가혹함이 필요하다.[31]

알람기르는 영국과 네덜란드의 대사들에게 각국의 동인도 회사가 인도 상선을 보호하든지, 그렇지 않으면 압류하는 일을 중지하도록 강력하게 요구했으나 아무 소용이 없었다.[32] 무굴 제국에는 원양으로 진출할 해군이 없을 뿐만 아니라 자기 이익을 도모하는 항구 도시의 제국 관리들은 유럽인과 실용적으로 협력했으므로 인도 교역선과 화물, 순례자가 겪는 불안은 계속되었다.

알람기르는 잠재적인 후계 후보자들의 능력을 의심하여 왕조의 미래를 염려했고, 아들들은 아버지의 뒤를 잇기를 열망하는 반면에 자신감을 잃고 고통을 겪었다. 알람기르는 아들들과 이미 장성한 손자들이 황제 자신의 자금과 군사적·행정적 인력에 의존하게 하

---

* 전근대 무슬림들은 유럽인의 통칭으로 프랑크인(아랍어 이프란지Ifranj 또는 피란지Firani)이라는 표현을 사용했다. 프랑크인이라는 표현은 비잔티움 시대 그리스어 프랑기Frankoi를 경유하여 아랍어로 유입된 것으로 추정된다. 따라서 프랑크인들의 땅인 유럽은 이프란자Ifranja(혹은 페르시아어로 피랑기스탄Firangistan)이라고 불렸다.

려고, 그들에게 생산력이 떨어지거나 부적절한 자기르를 할당해 주었다. 왕자들은 피할 수 없는 계승 전쟁이 다가오는 상황에서 자금을 아끼려 병력을 축소했는데, 이는 각자 맡은 임무를 수행할 능력 역시 작아졌음을 의미했다. 따라서 알람기르가 죽었을 때 아들 가운데 누구도 세력 있는 제국의 장군과 총독에 비해 특출나게 강력하지 못했다. 두 아들 무함마드 술탄과 악바르는 진작에 황제의 감옥과 망명지 페르시아에서 사망한 뒤였다.

남은 세 아들 가운데 둘째 아들 무아잠은 알람기르가 사망할 당시 이미 예순세 살이었다. 무아잠과 그 가족은 반란 혐의로 알람기르에 의해 7년 동안 투옥되어 있었다. 무아잠은 풀려난 뒤에도 총애를 받지 못하여 1700년 이후 궁정에서 멀리 떨어진 카불과 라호르의 총독으로 임명되었다. 하지만 이 왕자는 다가오는 계승 전쟁에 대비하여 그곳의 만사브다르들을 지지자로 포섭했다.

쉰네 살의 셋째 아들 아잠 왕자 역시 종종 알람기르의 노여움을 샀다. 1692년 지방 수령으로부터 뇌물을 받고 공성전을 포기했다고 전해진 때는 더욱 그랬다. 알람기르는 아잠이 거부했음에도 이 왕자를 궁정에서 멀리 떨어진 말와의 총독으로 임명했다가 1701~1705년에는 다시 구자라트 총독으로 보냈다. 죽어 가는 알람기르가 마침내 귀환을 허락했으나 얼마 안 가 또다시 추방했다. 그러나 아잠은 무굴 제국 전체를 손에 넣겠다는 계획의 첫 단계로 알람기르가 죽으면 즉시 그의 재물과 행정 기구를 장악하기 위해 출발을 늦추었다.

막내아들 캄 바흐시는 황제가 노년에 접어든 뒤 출생이 비천한 첩실 우다이푸리 마할에게서 태어났다. 알람기르는 언제나 캄 바흐시를 가까이 두고 단 한 차례만 전쟁 지휘를 맡겼다. 하지만 1693년 제국의 장군들이 캄 바흐시가 마라타 제국의 지배자 라자람 본슬레와 음모를 꾸몄다는 혐의로 체포하면서 유감스럽게 끝이 났다. 알람기르는 말년에 캄 바흐시를 골콘다의 이름뿐인 총독으로 임명하여 더 높은 지위의 어머니에게서 태어난 이복형제들로부터 보호하려 했다. 알람기르는 "네게 총명함과 능력이 부족한 게 안타깝다만 이제 무슨 소용이 있겠느냐?"[33]라고 회한에 찬 편지를 막내아들에게 보냈다. 알람기르는 후계자가 될 만한 아들을 찾지 못하자 이번에는 손자 아홉 명을 총애했다. 그 가운데 장손은 알람기르가 죽을 때 마흔여섯 살이었다.

1705년 병환으로 노쇠해진 알람기르는 계속된 원정을 그만두고 아흐마드나가르로 물러나 쉴 수밖에 없었다. 앞선 황제들이 그러했듯 알람기르 역시 두 가지 일, 말하자면 강력한 제국을 남기는 일과 모든 아들의 목숨을 보존하는 일 사이에서 균형을 잡아야 하는 고뇌에 빠졌다.

결국 그가 남긴 최후의 유언장에서 황제는 자신이 죽은 뒤 제국을 분할하라고 명령했다.[34] 그는 오래전 골콘다와 비자푸르를 캄 바흐시에게 할당해 두었으니, 다른 두 아들에게 이를 존중하라고 지시했다. 그리고 무굴 제국의 나머지 부분을 무아잠과 아잠이 나누되, 한 사람은 파디샤(황제)의 칭호와 델리에서 가까운 지역인 아그라·아지메르·아우랑가바드·베라르·비다르·구자라트·칸데시·말와를 가지고, 다른 한 사람은 델리에서 멀리 떨어진 알라하바드·아와드·벵골·비하르·카불·카슈미르·물탄·오리사·펀자브·타타를 가지라는 실현 가능성이 없는 뜻을 밝혔다. 과거 중앙아시아의 분봉 전통을 상기시키는 알람기르 최후의 유언은 상황을 통제할 수 없었다. 무굴 제국은 얼마 가지 않아 유약한 황제들의 잇따른 등극 아래 분해되고 말았다.

제4부

무굴 제국의 해체와 기억

1707년부터 현재까지

무굴 제국의 역사

A SHORT HISTORY OF THE MUGHAL EMPIRE

제10장

무굴 제국의 소멸

"하늘이 우리를 향해 무너져 내리니,
더 이상 쉬거나 잠들 수 없다.
내 마지막 여정이 이제 확실해졌으니,
아침이든 밤이든 무슨 상관이란 말인가."

─바하두르 샤 2세(재위 1837~1857년), 필명 자파르 [1]

알람기르가 죽은 1707년에서 1857년까지 무굴 제국의 후반 150년 동안 유약한 황제들이 잇달아 등장했으며, 그나마 실제로 지배한 사람은 몇 안 된다. 어떤 황제도 사태를 통제하지 못했지만 그들은 권력을 되찾고 주변의 정치 세계와 문화 세계에 참여하고자 노력했다. 그러나 무굴 제국이 인도를 지배한다는 이미지는 오래도록 지속되어 군벌과 지방의 지배자 그리고 인도인과 유럽인은 이 왕조를 표면상으로라도 존중했다. 1857~1858년에 일어난 무굴 제국 최후의 대격변은 무굴 제국이 아직은 중요하다는 사실을 보여 줌과 동시에 무굴 제국에 종말을 불러왔다.

❊
바하두르 샤와 어지러운 계승

일부 역사학자는 알람기르가 세상을 떠난 1707년 사실상 무굴 제국은 끝났다고 생각한다.[2] 그 직후 일어난 계승 투쟁은 겉으로 보기에는 이전과 다름없었다. 살아남은 아들들 무아잠, 아잠, 캄 바흐시는 각자 지지자를 규합하고 스스로 황제라고 선언한 뒤 형제들을 물리치고 처형하려 했다. 하지만 처음으로 왕자들 가운데 누구도 자신의 군대를 거느리지 못했다는 점이 달랐다. 왕자들에게 높은 만사브(계급)는 부여하되 자기르(봉토)는 충분히 지급하지 않은 알람기르의 정책 때문이었다. 한편 강력한 만사브다르들은 무굴 황제 가문의 통치 정당성을 인정하여 노골적으로 불복종하는 일은 피하되, 황제를 자칭하는 왕자 중 누구 한 사람을 위해 싸우지 않음으로써 자신들의 이해를 지켰다. 또한 제위 주장자들은 나이가 들 만큼 든 데다 그들의 아들들은 이미 정치적으로나 군사적으로 활발하게 활동하고 있었기에, 황제 한 사람이 안정적으로 오래 재위하지 못하고 계승 분쟁이 장기화할 가능성이 농후했다.

서로 경쟁하는 알람기르의 아들들은 아버지가 아흐마드나가르에서 오랫동안 예상해 온 죽음을 맞았다는 소식을 듣자마자 일제히 행동에 나섰다. 가장 어리고 약한 후보인 막내아들 캄 바흐시는 알람기르가 할당해 준 골콘다에서 지위를 굳히고자 했다. 좀 더 공격적인 셋째 아들 아잠은 아흐마드나가르 인근에 전략적으로 진영을 세우고 알람기르의 유해와 그 가문, 당장 지니고 있는 자금, 함께한 조신 그리고 데칸에 배치된 군단을 강제로 장악하고 북쪽으로 진군하여 무굴 왕조의 막대한 주화와 보석, 보물 대부분이 보관된 샤자하나바드와 아그라를 손에 넣고자 했다. 살아 있는 아들 중에서는 맏이이자 실제로는 둘째 아들인 무아잠은 총독을 지낸 북서부에서 만사브다르들을 모아 서둘러 펀자브를 가로질러 샤자하나바드와 아그라에 먼저 도착한 다음 바하두르 샤(재위 1707~1712년)라는 제호를 취했다. 일설에 따르면 바하두르 샤는 아잠에게 복종한다면 데칸과 구자라트, 아지메르를 분봉지로 주겠다고 제의했다. 하지만 두 형제는 알람기르가 죽고 불과 몇 달 후 아그라 근처에서 전투를 벌였다. 이 싸움은 아잠과 그의 두 아들, 지지자들의 죽음으로 막을 내렸다. 그 뒤 1709년 초 바하두르 샤는 데칸에서 캄 바흐시를 공격하고 죽였다.

바하두르 샤는 즉위했을 때 이미 노인이었다. 황제는 제국군을 지휘하고 지방을 통치하는 영향력 있는 만사브다르들의 지지를 얻고자 많은 이를 승급시키고 칭호와 관직을 아낌없이 뿌려댔다. 그러나 만사브다르들은 다음 계승 전쟁이 머지않았다고 판단하여 자원을 아꼈다. 데칸의 니잠 알물크와 벵골의 무르시드 쿨르 칸 등은 자신들이 다스리는 지방에서 입지를 굳혔다.[3] 지방의 지배자와 공

그림 26 바하두르 샤 황제의 왕자 시절인 1675년경 모습. 그림 속 왕자는 머리에는 진주와 루비가 박힌 터번을, 목에는 진주와 루비가 있는 목걸이를, 팔에는 역시 진주와 루비로 장식된 팔찌를 하고 있다. 그리고 인물 뒤에 가려져 있으나 검과 방패를 들고 있다. 바하두르 샤는 햇수로 고작 6년간 황제 자리에 머물다 라호르에서 사망했는데, 그의 죽음은 무굴 제국이 내리막길을 걷게 된 출발점이었다.

동체 들은 차츰 무굴 황제를 안정적이고 정의로운 통치의 근원으로 여기지 않게 되었다.

바하두르 샤에게는 무엇보다 자금이 필요했다. 당장 긴요한 현금을 조달하기 위해 황제는 전임자들보다 훨씬 광범위하게 조세 징수 도급을 도입했다. 또한 자신에게 남은 땅의 상당 부분을 실권을 가진 만사브다르들에게 자기르로 분배하는 방식으로 보상했다. 바하두르 샤 자신은 무굴 제국의 핵심 지역 내 반란, 특히 라자스탄 라지푸트들과 펀자브 시크의 완강한 저항을 진압하기 위해 쉬지 않고 원정에 나서야 했다. 그리하여 바하두르 샤는 재위 4년간 황제와 만사브다르, 신민 사이의 유대 관계를 복구하는 데 분투하며 보내야 했다. 바로 이때 기나긴 '제국의 위기'가 시작되었다.[4]

1712년 예고된 바하두르 샤의 죽음은 그의 남성 후손 사이에 여러 차례에 걸친 파괴적인 전쟁을 불러일으켰다. 왕자들은 만사브다르 등 유력자로부터 군사, 재정 등의 지원을 얻고자 필사적으로 노력했다. 바하두르 샤의 네 아들은 각각 황제를 칭했다. 우선 세 아들이 힘을 합쳐 막내아들 아짐 알샨을 무너뜨리고 죽인 다음 무굴 제국을 분할하려는 음모를 꾸몄다. 벵골 총독 자리를 10년 동안 지키면서 막대한 재물을 비축한 아짐 알샨은 가장 강력한 제위 계승 후보였다. 세 형제는 아짐 알샨을 살해한 뒤 서로 등을 돌렸다.

삼파전 끝에 맏이 자한다르 샤(재위 1712~1713년)가 옥좌를 차지하고 나머지 형제와 그들의 아들들, 주요한 장군들을 처형했다. 자한다르 샤는 옥좌를 공고히 하기는커녕 즉위를 자축하며 첩실 랄쿵와르를 전면에 내세웠다. 많은 하나자드(관리 집안에서 태어난 사람)가 황제의 무모한 행동과 궁정의 예인藝人에 불과한 랄 쿵와르의 가족을 고위직에 앉히는 행태에 분개했다.

죽은 아짐 알샨의 스물아홉 살 된 아들 파루흐시야르(재위 1713~

1719년)가 몇 달 뒤 벵골에서 갠지스강을 따라 진군하며 새로 즉위한 삼촌에게 불만을 품은 장군 여럿을 규합했다. 파루흐시야르는 준비가 부족하고 사기는 저하되고 지휘력도 허약한 황제의 군대를 아그라 인근에서 패배시켰다. 파루흐시야르는 도망치는 자한다르 샤와 지지자들을 처형하고 경쟁자가 될지 모를 왕자 셋을 장님으로 만들었다. 황제가 된 파루흐시야르는 그 뒤를 이은 황제들과 마찬가지로 분열된 무굴 제국을 지탱하려는 헛된 노력을 했다.

섭정의 지배를 받는 살라틴과 황제 들

표면적으로 권위는 재위 중인 황제에게 있지만 군사적·정치적 실권은 무굴 제국의 유력한 조신과 장군, 총독과 카리스마 넘치는 지도자 아래 모인 지역 기반 신흥 공동체로 옮겨 갔다. 그럼에도 무굴 군주권이라는 이념이 지닌 힘은 여전했으므로 황제의 칙령, 임명, 고위 작위 수여 등은 섭정의 지시임이 명백하더라도 그 효력을 발휘할 수 있었다. 전만 못할지라도 무굴 가문의 명성이 있기에 어떤 섭정도 황제를 폐위할망정 스스로 황제 자리에 오르거나 무굴 왕조를 끝내지는 못했다.[5]

파루흐시야르는 각각 알라하바드와 비하르의 총독인 사이드 하산 알리 칸과 그 형제인 사이드 후사인 알리 칸의 무력에 힘입어 황제가 되었다. 이들은 바르하(오늘날 인도 북부 우타르프라데시주의 서부에 위치)에 정착한 지 오래되고 여러 세대에 걸쳐 무굴 제국 군대에 용맹한 병사들을 공급한 것으로 이름 높은 사이드(예언자 무함마드의 딸 파티마의 후손) 일족을 이끌었다. 파루흐시야르는 황제가 되어서도 군대를 운영할 세금 수입이 부족했기 때문에 사이드 형제와 대립할 수 없었다. 실제로 사이드 형제는 파루흐시야르가 너무 많은 것을 요구한다 싶으면 다른 왕실 구성원을 옹립하겠다고 협박했다. 따라서 파루흐시야르는 재위 6년 동안 다른 만사브다르들에게 호의를 베풀어 사이드 형제의 권세를 상쇄하려는 책략을 꾸몄다. 그중에서도 특히 투란인 하나자드 가문의 수장으로 니잠 알물크라는 세습 칭호로 널리 알려진 인물에게 의지했다. 니잠 알물크는 주기적으로 데칸 지방의 총독으로 임명되며 그곳에 권력 기반을 세웠다.

파루흐시야르는 즉위한 뒤 라지푸트(왕의 아들) 등 힌두 만사브다르와 지방 지배자에게 지지를 구했는데, 비무슬림에게 부과되던 인두세인 지즈야 폐지는 그 일환이었다. 그럼에도 라자 아지트 싱 라토르는 곧 반란을 일으켰고 메와르와 암베르의 라지푸트 지배자들의 도움을 받아 마르와르와 아지메르에서 무굴 제국의 관리들을 추방했다.[6] 사이드 후사인 알리 칸이 아지트 싱에게 복종을 강요하고 라자스탄에서 무굴 황제의 권위를 되찾은 뒤 1715년 파루흐시야르는 아지트 싱의 딸 바이 인드라 쿵와르를 신부로 맞았다.[7] 상호 존중에 기반한 정략혼으로 주요 라지푸트 가문을 무굴 왕조와 단단히 결속시킨 악바르 황제와 달리 파루흐시야르는 바이 인드라 쿵와르를 이슬람으로 개종시켰다. 파루흐시야르는 강력한 정통 무슬림 조신들의 압력으로 1717년 지즈야를 다시 부과했다. 후일 파루흐시야르가 사망하자 바이 인드라 쿵와르는 정화 의식을 치르고 힌두교와 가족에게 돌아갔다. 이는 황후로서는 전례 없는 일일 뿐 아니라 무굴 문화에 대한 라지푸트의 저항이 커지고 있음을 여실히 보여 주는 일이다.

무굴 제국의 핵심이 되는 지방에서 파루흐시야르와 섭정 사이드 형제는 우위를 차지하려고 농민 카스트인 자트인 공동체들과 싸움을 벌였다. 강력한 지휘관 아래 집결한 황제의 군대는 아직 농민 봉기를 진압할 수 있었다. 하지만 이 공동체들은 무굴 제국의 권위를 더 이상 당연한 것으로 인정하지 않았다. 전략적으로 중요한 펀자브의 자트인 대부분은 시크였는데, 시크교는 한층 호전적이 되어 갔다. 무굴 제국군은 수년에 걸쳐 시크교 지도자 반다 싱 바하두르를 격퇴하기 위한 원정을 벌인 끝에 1716년 구루와 추종자들을 사로잡아 처형했다. 그러나 시크교 반란은 재발했다.

한편 마투라를 중심으로 한 갠지스강 상류의 자트인 대부분은 힌두였다. 이들 역시 주기적으로 무굴 제국에 반기를 들었다. 결국 만사브다르들은 자트인 지도자 라자 추라만에게 복종을 강요했다. 하지만 이 평화는 일시적인 것이었다. 18세기 중반 새로이 떠오르는 자트인 지도자들은 바라트푸르를 주요 세력 기반으로 삼았다.

데칸 지방에서는 독립적 농민 공동체인 마라타인의 지도자들이 오랫동안 무굴 제국과 싸우기도 협력하기도 했다. 18세기 동안 마라타 제국의 강력한 장군들이 반복적으로 군대를 이끌고 북진하여 구자라트·말와·자라스탄·펀자브를 침입했고, 그중 몇 번은 샤자하나바드를 점령했다. 또한 그들은 동쪽으로 나아가 니잠 알물크가 통치하는 데칸과 그 너머 오리사, 비하르 남부, 벵골 남서부까지 진격했다. 각 지역의 마라타인 수령들은 차우트(평가된 수입의 4분의 1이 부과되는 세금), 사르데슈무키 sardeshmukhi(수령의 몫) 등을 징수해 가거나 징수를 협상했다.[8] 마라타 군대는 남쪽으로 탄자부르와 마이소르를 정복했다. 그러나 마라타 제국을 지배하는 왕조의 내분, 피슈바(총리)와 조신, 반독립적인 장군 사이의 분란 그리고 가끔 당하는 전장에서의 패배 때문에 일시적으로 후퇴하는 일이 적지 않았다. 마라타 제국의 정복과 퇴각 양상은 파루흐시야르는 물론 힘없는 후임 무굴 황제들의 재위 내내 되풀이되고 19세기 초까지 이어졌다.

파루흐시야르는 재정적·정치적 통제권을 되찾으려 고군분투했으나 모두 허사였다. 이 황제는 황제에게 세금을 안겨 주는 얼마 남지 않은 영토마저 잠재적 시시자들에게 분배했다. 그리고 이로 인해 황제의 궁정과 군대를 지탱하는 황제 직할지인 할리사는 더욱 줄어들었다.[9] 사태를 통제할 힘이 부족한 파루흐시야르는 사냥을 하고 시를 지으며, 사이드 형제나 그들의 강력한 경쟁자로부터 벗어나는 데 아무 도움이 안 된 음모를 꾸미는 데 많은 시간을 허비했다. 황제는 유력한 만사브다르들을 해임할 수 없자 수차례 독살을 시도하는가 하면, 두 사람에게 같은 직책을 주어 한 사람이 다른 한 사람을 제거하고 그 과정에서 힘을 잃기를 기대했다.[10]

마침내 1719년 4월 사이드 형제는 파루흐시야르를 더 유순한 황제로 교체하는 결정적인 행동을 취했다. 형제는 황제를 하렘에서 끌어내 눈을 멀게 하고 감옥에 집어넣는 등 가혹하게 대하다가 암살해 버렸다. 두 형제는 파루흐시야르의 부계 사촌 라피 알다라자트를 잠시 황제(재위 1719년)에 두었다. 만사브다르에 의해 황제가 폐위당하는 사태는 처음 맞는 일이었다.

이 선례는 무굴 제국의 군주권에 대한 관념을 산산조각 냈으며, 이후 40년 동안 여러 섭정에 의해 무려 일곱 차례나 반복되었다. 그렇지만 무굴 가문의 남성들이 독점하는 공동 군주권 관념은 지속되었다. 많은 반대파가 출현하는 바람에 사이드 형제는 잠시 힘을 모았지만 곧 차례로 죽임을 당했다. 그 후 다른 섭정들이 등장하여 살라틴(왕자들)*이라고 통칭되는 알람기르의 남성 후손 가운데 꼭두각시 황제를 뽑았다.

파루흐시야르 암살 후 수십 년 동안 샤자하나바드나 아그라의 성채에 갇혀 빈곤한 생활을 한 살라틴들은 황제로 즉위할지, 아니면 죽임을 당할지 두려움에 떨었다. 때로는 킹메이커가 되고자 하는

---

* 살라틴salāṭīn은 술탄sultān의 복수형이다. 무굴 제국 후기에는 황제pādishāh가 될 수 있는 왕자들을 '술탄'이라 불렀기 때문에 황제가 될 가능성이 있는 알람기르의 남성 후손들은 살라틴으로 통칭했다.

제10장 무굴 제국의 소멸

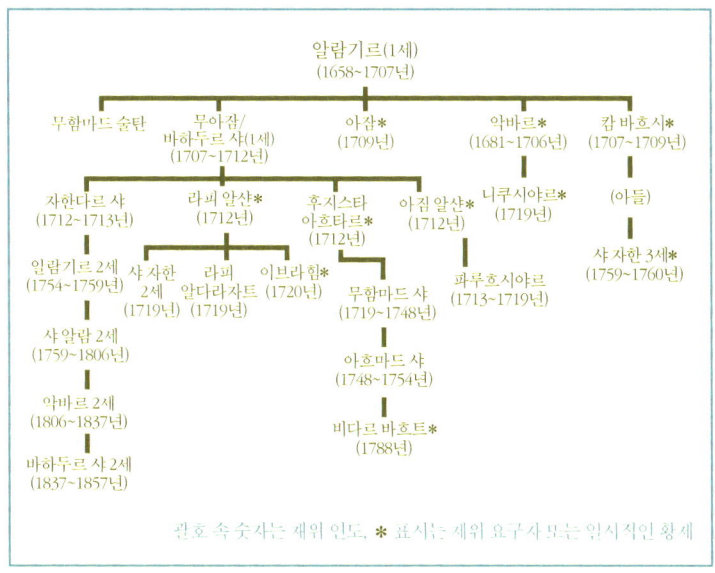

계보도 2 후기 무굴 제국의 황제들

경쟁자들이 서로 다른 왕자를 동시에 즉위시키는 일마저 있었다. 그 후 50년 동안 섭정의 손에 이끌려 황제가 된 술라틴 열 명 중 셋은 옥좌에서 암살당했고, 넷은 살아남은 행운에 감사하며 퇴위하여 술라틴으로 돌아갔다. 이 황제들 절반은 고작 몇 달 제위에 머물렀으나, 단 한 사람은 미약한 권력이나마 옥좌를 지키면서 30년 동안 버텨 냈는데 그가 바로 무함마드 샤(재위 1719~1748년)이다. 여하튼 이 황제들은 모두 행정도 전쟁도 경험해 보지 못한 채 섭정들의 선택을 받아 즉위하고 그들의 손 위에서 놀아났다.

권력을 움켜쥐고자 분투한 섭정들 역시 황제 못지않게 살아남고 권력을 유지하는 일이 험난하다는 사실을 깨달았다. 일부 섭정은 파견된 지방에서 입지를 단단히 굳힌 총독들이었는데, 그들은 원주민과는 특별한 관계를 맺지 않았다. 이러한 후계 국가들의 지배자는 더러 실질적인 세습 왕국을 세우기도 했다. 하이데라바드의 투란인 순니파 니잠 알물크 왕조나 아와드의 페르시아인 시아파 나와브와지르 왕조 등은 표면상으로는 황제의 신하이지만, 실질적으로는 황제나 다름없었다. 로힐라 아프간인이나 마라타인 같은 지방의 우세한 공동체를 이끈 섭정들도 있었다. 그러나 이 섭정들도 황제와 황제의 권위를 주된 자원으로 삼아 끊임없이 파당 연합을 협상했다. 몇몇 섭정은 황제의 재물과 궁전을 약탈하고 하렘 여인들의 귀중품을 빼앗고 겁탈했으며, 한 섭정은 황제의 눈을 도려내는 일까지 저질렀다.

무굴 제국의 중심부는 거의 모든 국경 지대에 대한 통제력을 상실했으며, 북서쪽 변경 또한 예외는 아니었다. 그곳의 만사브다르들은 반란을 일으킨 아프간인을 진압하기에도, 서쪽에서 오는 침략자들을 물리치기에도 자금과 인력이 부족했다. 처음 나타난 중요한 침략자는 페르시아화한 튀르크인인 튀르크멘으로 미천한 출생을 극복하고 페르시아의 황제로 즉위한 나디르 샤(재위 1736~1747년)였다.

무굴 제국과 비슷하게 사파비 제국 역시 서로 경쟁하는 여러 군벌의 손에 분해되었다. 나디르 샤는 약탈을 원하는 중앙아시아와 페르시아의 전사 무리를 끌어모았다. 그는 노략질에 굶주린 군대를 이끌고 오스만 제국이 있는 서쪽으로 갔다가 이제는 동쪽으로 관심을 돌렸다. 1738년 나디르 샤는 1519년 바부르가 정복한 이래 무굴 제국의 수중에 있으나 방비가 형편없는 카불을 점령했다. 나디르 샤는 무굴 황제 무함마드 샤에게 사절단을 여러 차례 보냈지만, 실질적인 조치는 없이 공허한 약속만 할 뿐이었다. 나디르 샤는 압도적인 군대를 이끌고 펀자브를 가로질러 샤자하나바드로 향했다.

서로 경쟁하는 무굴 제국의 장군들은 마침내 나디르 샤에 대적하기 위해 각각 군사를 모아 명목상 무함마드 샤의 지휘하에 파니파트에서 30킬로미터 떨어진 카르날에 집결했다. 그러나 통제하기 힘들 정도로 거대한 군영은 전투 경험이 풍부한 나디르 샤의 기병에게 포위되었다. 바부르와 후마윤이 2세기 전에 증명했듯 기동력이 탁월한 중앙아시아의 기마병들은 숫자만 많고 움직임은 굼뜬 인도 군대의 보급선을 끊었다. 아와드 총독(나와브nawāb) 사아다트 알리 칸*(페르시아에서 이민 온 인물로, 황제를 위해 봉사하며 빠르게 승진했다)이 지휘하는 군대는 뒤늦게 도착해 전투에 뛰어들었다. 다른 무굴 제국 장군들의 효과적인 지원을 받지 못한 채 나디르 샤 측의 우월한

---

* 나우와브nawwāb라고도 한다. '대리인'을 뜻하는 아랍어 나이브nā'ib의 복수형 누우와브nuwwāb에서 나온 페르시아어식 칭호로, 무굴 제국에서는 지방 총독을 뜻했다. 사아다트 칸의 후계자 사프다르 장Safdar Jang은 1748년 무굴 제국의 총리(와지르)로 임명되었고, 이후 이 왕조들이 아와드 총독(나와브)과 무굴 제국 총리 직위를 대대로 이어받았기 때문에 사아다트 칸이 세운 왕조를 '나와브와지르 왕조'라고 부른다.

경포輕砲와 조총 화력에 맞선 사아다트 칸의 군대는 완패하고 사아다트 칸 자신은 포로가 되었다.

나디르 샤가 델리를 공격하지 않고 물러나게 하려면 얼마나 조공을 바쳐야 할지 협상이 이어졌다. 하지만 무굴 제국 측에서는 사아다트 칸과 투란인 파당에 속한 경쟁자 니잠 알물크가 서로 다른 목적을 갖고 사아다드 칸이 갑자기 죽을 때까지 움직였다. 나디르 샤는 오만한 태도로 무함마드 샤를 소환하여 겉보기에는 황제로 대우하는 척하며 실제로는 인질로 감금해 버렸다. 황제와 나란히 샤자하나바드에 입성하여 의기양양한 나디르 샤는 자신이 군주임을 나타내는 쿠트바(군주에 대한 축복의 기도가 포함된 금요 예배 전 설교)와 주화 발행을 진행했다.

그 후 긴박한 며칠 동안 나디르 샤의 탐욕스러운 군대는 분노한 샤자하나바드 주민들과 충돌했다. 나디르 샤는 보복으로 여섯 시간 동안의 대학살을 선포했다. 나디르 샤의 장령들은 각 마을과 살아남은 유명 인사들의 몸값을 셈하여 수천만 루피를 거두었다. 무함마드 샤는 왕실의 공주를 나디르 샤의 아들에게 신부로 보내고 공작 옥좌, 코흐누르 다이아몬드, 1억 루피가 넘는 돈과 카슈미르, 인더스강 서쪽 영토 그리고 펀자브에서 나오는 연간 세금을 넘겨주었다. 나디르 샤는 인도에 왕조를 세우지 않은 티무르처럼, 그러나 바부르와 후마윤과는 달리 인도에 자신의 정권을 세우지 않았다. 두 달 뒤 나디르 샤는 불운한 무함마드 샤를 복위시키고 샤자하나바드와 황제의 금고에서 빼앗은 물건을 가득 싣고 페르시아로 돌아갔다.

샤자하나바드에는 아직 인도의 섭정과 군벌 들이 약탈할 부가 남아 있었다. 무함마드 샤는 1748년 자연사할 때까지 황제 자리에 머물렀으나 그의 권력은 고작 수도와 그 부근에만 미쳤다. '흥겨운 사람'을 의미하는 그의 필명 랑길라는 자주 광적인 쾌락을 추구한 그의 성향을 보여 준다.[11]

무굴 제국 질서의 붕괴는 진취적이면서도 운이 좋은 사람들에게 새로운 기회의 창을 열어 주었다. 일부 서기 엘리트(대개 힌두 카트리와 카야스트 카스트에 해당한다)는 행정 전문 지식을 활용해 권력을 잡았다.[12] 마라타 연맹이나 영국을 비롯한 유럽 각국의 동인도 회사는 인도 내 세력과 동맹을 맺고 때로는 싸움을 통해, 때로는 흥정을 통해 세력을 확대했다. 노예 출신이나 아시아 및 유럽인 용병, 군벌도 마찬가지였다.[13]

나디르 샤를 모시며 부상한 아프간인 아흐마드 샤 두라니(재위 1747~1772년)는 이미 고인이 된 주군과 마찬가지로, 인도 북부를 탐욕스러운 병사들을 위한 약탈의 땅으로 여겼지 지배해야 할 곳으로 간주하지는 않았다.[14] 1747년부터 아흐마드 샤는 거의 매해 펀자브와 카슈미르로 원정에 나서서 도시들에서 몸값을 요구하고 노략질을 벌였다. 1757년에는 샤자하나바드를 점령했다. 과거에 그득하게 쌓여 있던 보물들은 진작에 약탈당한 뒤였으므로 아흐마드 샤

그림 27 봄맞이 홀리 축제의 무함마드 샤 황제. 열렬한 예술 후원자였던 무함마드 샤는 세련된 스타일의 부활을 가져왔다. 사람들은 봄이 찾아오고 겨울이 끝났음을 알리는 이 축제에서 서로에게 붉은 물감을 뿌리고 악기 연주에 맞추어 노래하며 춤추었다.

는 붉은 요새에서 자신과 아들을 위한 몫으로 무굴 공주를 포함해 뜯어낼 수 있는 모든 것을 챙겼다. 아흐마드 샤 두라니의 병사들은 그동안 샤자하나바드를 약탈했다.

만족하지 못한 아흐마드 샤 두라니는 1759~1760년 샤자하나바드를 다시 침략하여 점령했다. 마라타 군대가 샤자하나바드를 탈환한 후 1760년 두 군대는 파니파트에서 전투를 벌였다. 이 싸움은 인도 역사상 가장 유혈이 낭자한 전투였다. 산산조각 난 마라타 군대는 10년간 인도 북부에 모습을 드러내지 못했다. 타격을 입은 아흐마드 샤 두라니의 군대는 샤자하나바드에 재진입해 더 많은 전리품을 챙겨 아프가니스탄으로 물러났다. 물론 그 뒤 10년 동안 이전보다 덜하긴 했지만 펀자브 침략을 계속했다.[15] 그러나 재위 중인 무굴 제국 황제 샤 알람 2세(재위 1759~1806년)는 무굴 제국의 동부에 머무르며 그곳에서 황제의 정권을 재건하려고 시도했다.

최후의 무굴 황제들

샤 알람 2세가 오랜 재위 동안 떠돌아다닌 사실은 여러 전선에 걸친 충돌 지역이 된 무굴 제국의 변화를 보여 준다. 다른 무굴 왕자들과 달리 샤 알람 2세는 샤자하나바드의 붉은 요새에 갇혀 가난하게 지내던 생활에서 벗어났다. 마라타 제국의 장군들이 간헐적으로 도움을 주기는 했지만, 델리 인근에서 무굴 제국의 권위를 살리려던 초반의 노력은 실패했다. 그래서 이 왕자는 갠지스강을 따라 더 동쪽으로 이동했다. 1758년 이 왕자는 아와드의 세습 총독이자 무굴 제국의 이름뿐인 총리인 나와브와지르 왕조의 수자 알다울라에게 피신했다.

1759년 섭정은 샤자하나바드에서 샤 알람 2세의 부황을 살해한 후 한 차례 폐위당한 경험이 있는 왕자의 팔촌 샤 자한 3세(재위 1759~1760년)를 즉위시켰다. 샤 알람 2세는 슈자 알다울라의 지원을 받아 즉시 본인이 진정한 황제라고 선언했다. 1760년 파괴적인 파니파트 전투가 일어나기 전 마라타 군대가 샤자하나바드를 되찾고 불운한 황제 샤 자한 3세를 처형한 다음 샤 알람 2세를 황제로 인정했다.

동시에 샤 알람 2세는 슈자 알다울라가 수장이 된 연합을 구성하여 비하르와 벵골에 대한 지배를 확립하려고 시도했다. 1759년 이 황제는 명목상으로는 자신의 아래에 있는 벵골의 꼭두각시 총독과 보호자 격인 영국 동인도 회사에 복종을 명령하면서 순행巡幸에 나섰다.16 벵골 총독과 영국 동인도 회사가 반발하자 3만 명가량의 무굴 제국군(대부분 슈자 알다울라가 제공했다)은 세 차례나 비하르에 진입했으나 점령에는 실패했다. 영국인을 몰아내지 못한 황제는 1760년 오히려 그들에게 의탁하는 처지가 되었다.

영국 동인도 회사는 단순한 합자 교역 회사를 넘어 점차 광대한 인도 영토의 정복자이자 지배자로 진화했다. 런던에 있는 이 회사의 이사회는 주주들에 의해 선출되어 사업을 관리하고 매해 배당금을 창출해 냈다. 그러나 인도에 주재하는 영국인 직원들은 유럽식으로 훈련받고 무장한 인도인 보병대인 세포이를 고용하여 그들을

제10장 무굴 제국의 소멸

그림 28 1820년대 세포이. 18세기에 인도에 들어온 영국 동인도 회사가 처음으로 세포이를 모집하기 시작했는데, 비교적 급여가 높아 상위 카스트인 크샤트리아와 브라만에 속하는 이들도 세포이가 되었다. 돼지를 불결하게 여기는 무슬림 세포이와 소를 신성시하는 힌두 세포이에게 동물성 지방을 입힌 탄약통을 지급하면서 빚어진 갈등은 세포이 항쟁으로 이어졌다.

지휘하며 싸움을 벌였다. 프랑스 동인도 회사의 직원들도 세포이 부대를 고용했고, 통찰력 있는 인도의 지배자들은 유럽인 용병을 고용했다.

유럽인이 지휘하고 기술적으로 진보된 화기를 지닌 세포이 부대는, 무굴식 기병과 잡다한 보병을 합친 규모가 큰 군대도 격파할 수 있는 신식 군대의 핵심이 되었다. 자금도 충분하고 보급도 양호한 영국인이 고립된 프랑스인을 차츰 몰아붙였다. 1757년 플라시에서 영국 동인도 회사의 상인 출신 장교 로버트 클라이브는 세포이 군대를 이끌고 젊은 벵골 총독이 지휘하는 규모는 크지만 분열된 군대를 쳐부쉈다. 간접 통치를 선호한 영국 동인도 회사는 꼭두각시 총독을 차례로 세우면서 여전히 번영을 누리는 벵골과 비하르의 군사, 경제, 정치의 실권을 틀어쥐고 이권을 누렸다. 1760년 샤 알람 2세의 신병마저 손에 넣은 일은 영국의 사실상 통치에 정당성을 안겨 주었다.

1764년 야심을 품고 영국의 연금에서 벗어난 샤 알람 2세는 재차 비하르를 침공한 슈자 알다울라와 재회했다. 하지만 무굴 제국군은 영국 동인도 회사의 세포이 부대에 1764년 북사르 전투에서, 1765년 코라 전투에서 패했다. 이후 황제는 다시 영국 동인도 회사를 섭정으로 인정하고 협상에 응했다. 영국은 알라하바드 지방을 황제에게 돌려주고 공식적으로 황제의 군주권을 인정하며 260만 루피(오늘날의 구매력 기준 4천만 파운드)를 매년 바치겠다고 약속했다. 황제는 그 대가로 영국 동인도 회사의 꼭두각시가 계속 벵골과 비하르의 총독으로 있을 수 있게 자비롭게 허락했다. 그뿐 아니라 황제는 영국 동인도 회사를 벵골과 비하르의 최고 세무 관리 디완으로 임명했다. 영국 동인도 회사의 대리인들은 곧장 벵골과 비하르에서 세금을 징수하기 시작했으나, 이사회가 공식적으로 무굴 제국의 관직을 받아들인 것은 1772년의 일이다.

영국 왕을 무굴 제국 측으로 끌어들이기 위해 1765년 샤 알람 2세는 런던에 사절단을 보냈다. 황제는 조지 3세에게 10만 루피를 비롯한 갖가지 선물과 함께 편지를 보냈다.

> 폐하께서 전쟁에 능한 젊은이 5천이나 6천을 캘커타로 보내시어…… 저를 제 수도 샤자하나바드로 보내 힌두스탄 제국의 옥좌에 굳건히 앉혀 주십시오. 그것은 의심할 여지 없는 저의 권리입니다. ……폐하께서 제 자리를 되찾게 해주신다면 사람이 사는 모든 세상이 무너질 때까지 찬양될 것이며, 저는 살아 있는 동안 폐하께 감사드릴 것입니다.[17]

샤 알람 2세는 영국 동인도 회사 출신 퇴역 군인 아치볼드 스윈턴 대령이 사절단을 이끌도록 하고 페르시아풍 외교에 익숙한 인도인 전문가 셰이흐 이티삼 알딘이 그를 보좌하게 했다.

교역 회사이자 인도 영토의 지배자라는 모순된 지위를 놓고 영국 의회와 복잡한 협상에 임한 영국 동인도 회사는 이 무굴 제국의 사절단이 영국 군주와 접촉하는 것을 사실상 저지했다. 영국에서 많은 고난을 겪은 셰이흐 이티삼 알딘은 1769년 정치적으로는 별 성과를 거두지 못했으나, 눈으로 보고 체험하여 얻은 영국에 대한 많은 정보를 가지고 돌아왔다. 무굴 황제에게 구두로 보고한 것 외에 셰이흐 이티삼 알딘은 인도인 최초로 쓴 영국에 관한 페르시아어 여행기 《외국 기행기 *Shigarfnāma-yi Wilāyat*》를 남겼다.[18]

한편 샤 알람 2세는 불안한 영국의 보호 아래 알라하바드에 남아 있었다. 영국 동인도 회사는 조공 의무를 회피했는데 예를 들어

1770년에는 약속한 조공의 18퍼센트만, 1772년에는 23퍼센트만 지불했다.¹⁹ 또한 황제는 의례에서의 우선순위를 두고 상주하는 영국의 정치 고문과 갈등을 빚었다. 그럼에도 영국 동인도 회사의 조공과 알라하바드의 세수 덕분에 샤 알람 2세는 최근 몇십 년 동안의 어떤 황제보다 많은 수입을 올렸고, 영국은 과거와 미래의 어떤 섭정보다 황제를 비교적 존중했다.

샤 알람 2세는 영국 동인도 회사에 궁정과 가문 대부분이 남아 있는 샤자하나바드를 탈환하고 무굴 제국을 복원하라는 명령을 내렸다가 거부당하자, 다른 후원자를 찾아야 했다. 1771년 샤 알람 2세는 마라타 지휘관들에게 샤자하나바드의 옥좌를 되찾아 달라고 애원하며 그 대가로 400만 루피와 알라하바드를 비롯한 무굴 제국의 남은 영토에서 나올 모든 세금을 주겠노라고 약속했다. 그때부터 인도 북부 전역이 전쟁의 수렁에 빠져들면서 샤 알람 2세는 30년간 자신들의 목적을 위해 황제를 이용하는 섭정, 군벌, 지방의 강자 사이의 연맹을 오가면서 상황을 통제하기 위해 악전고투했다.

섭정 가운데 한 사람인 굴람 카디르 로힐라는 약탈할 것이 거의 남아 있지 않은 데 분노하여 1788년 샤 알람 2세를 폐위하고 직접 황제의 눈알을 뽑아 장님으로 만들어 투옥한 뒤 살라틴 가운데 먼 친척인 비다르 바흐트(재위 1788년)를 옹립했다. 그러나 5개월 뒤 마라타인이 지휘하는 군대가 샤자하나바드를 탈환하고 장님이 된 샤 알람 2세를 복위시켰다. 이렇듯 노골적인 몰락과 실권의 부재에도

제10장 무굴 제국의 소멸

그림 29 장님이 되었지만 공작 옥좌에 다시 앉은 샤 알람 2세(1801년 그림). 본디 공작 옥좌는 자항기르의 의뢰로 만들어졌지만 1739년 나디르 샤가 델리를 약탈할 때 페르시아로 가져가 그 후 다시 만들어진 것이다.

불구하고 무굴 군주권이 이름뿐으로나마 살아남았다는 사실이 놀라울 따름이다.

1803년 영국 동인도 회사는 샤자하나바드와 주변 지역을 점령하면서 샤 알람 2세를 군주로 인정했다. 게다가 황제에게 인근의 얼마 안 되는 할당된 영토(무굴 제국 영토의 흔적에 불과했다)에서 나오는 세금으로 115만 루피를 연금으로 지급했다. 그러는 한편 영국 동인도 회사는 노쇠하고 눈먼 샤 알람 2세가 더 이상 적극적으로 정치에 관여하는 일을 금지했을뿐더러 후계자를 정하는 일을 중재했다.

1806년 샤 알람 2세가 사망하자 아들 악바르 2세(재위 1806~1837년)

가 계승했다. 그러나 그는 샤자하나바드에 갇힌 채 영국 동인도 회사의 상주 정치 고문의 면밀한 감시하에 있었다. 그렇지만 황제가 무굴 제국의 칭호와 명예의 예복인 힐라를 내리고 궁정에 들어올 수 있게 하는 일은 인도인과 영국인에게 여전히 무척 매력적이었다.[20]

그런 중에도 샤자하나바드는 페르시아풍 고급 문화의 중심지로 빛을 발했다. 무굴의 마지막 황제 세 사람은 존경받는 시인이었고, 페르시아와 힌두스탄 세계 최고의 시인 가운데 일부는 무굴 왕실의 스승 내지 명인으로 임명받는 일을 영예로 여겼다. 샤 알람 2세의 순행을 흉내 내 왕자들은 인도 북부를 떠돌아다녔는데 거의 모든 곳에서 극진한 환영을 받았다.[21] 당대 인도 내 저명한 진보주의자 다수는 무굴 제국의 권위를 인정했다. 예컨대 벵골의 대표적 사회개혁가 람 모한 로이는 황제가 내려 준 라자(지역 지도자, 통치자) 칭호를 받고 대사 자격으로 1831~1833년 런던에 가서 황제의 연금을 늘리는 문제를 영국 동인도 회사 이사회와 협상했다.[22] 영국 동인도 회사 역시 무굴 제국의 주권을 인정한다는 의례적 표시로 황제의 이름이 새겨진 기념 주화를 1843년까지 발행하고 공식적으로 나드르(충성의 표시로 윗사람에게 건네는 선물)를 바치며 힐라를 하사받았다.

그러나 영국인과 인도인 모두 무굴 왕조가 얼마나 쇠락했는지 잘 알고 있었다. 영국 동인도 회사의 상주 정치 고문은 황제의 명령과 정책을 공공연하게 검토하고 할당된 영토를 관리하며 황제의 행보를 통제할 힘을 가졌다. 1819년 무굴 황제의 명목상 총리이자 아와드 총독은 영국의 지지를 받아 자신이 독립적인 '세계의 황제'라고 선언했다.[23] 지방 지배자들은 방문하는 무굴 왕자들에게 나드르를 헌납하면서도 속으로는 왕자들이 구걸 원정을 다닌다고 생각했다.[24] 많은 영국인 여행자가 황제를 방문하는 일은 이국적이고 설레는 즐거움인 동시에, '현대' 영국 정부가 역동적으로 제국을 확장하는 상황과는 대조적으로 퇴락하고 있는 황제를 부각시키는 일이었다.

악바르 2세가 사망하자 영국은 살아 있는 아들 가운데 맏이인 바하두르 샤 2세(재위 1837~1857년)를 옹립했는데, 이미 예순둘의 노인인 그가 정치에 관여하지 않겠다고 합의한 뒤였다. 1850년대 영국의 정책권자들은 바하두르 샤 2세가 마지막 황제가 될 것을 진작에 결정한 터였다. 영국은 바하두르 샤 2세의 후계자를 연금 수령자로만 인정하고 무굴 왕조에게 샤자하나바드를 비우고 시골로 떠나도록 강요할 계획이었다. 그러나 바하두르 샤 2세가 여든두 살 되던 해 황제의 통제를 벗어난 사태가 벌어져 이 황제를 영국의 지배에 저항하는 대규모 봉기의 구심점으로 만들었다.

1857년 5월 세포이, 축출당한 지배자, 지주, 크리스트교도 영국의 지배에 반대하는 무슬림과 힌두가 포함된 인도 북부 사람들은 다양한 원인에 촉발되어 봉기를 일으켰다(세포이 항쟁). 영국에 저항하는 전사들은 마지못해 바하두르 샤 2세를 중심으로 결집하여 무굴 황제의 통치가 복원되었다고 선언하고는 영국인을 샤자하나바드와 인도 북부 대부분 지역에서 몰아냈다.

그림 30 무굴 제국 최후의 영토 샤자하나바드의 공성전 전 모습. 세계 최초로 삽화가 포함된 주간 뉴스 잡지인 《일러스트레이티드 런던 뉴스The Illustrated London News》 1858년 1월 16일자에 실린 그림이다.

그림 31 붉은 요새에 있는 황제의 특별 알현실인 디완 하스. 샤 마할이라고도 불린 이 방의 문은 궁전의 가장 깊은 곳에 있는 정원으로 이어졌다. 대리석 기둥의 아랫부분은 꽃을 상감하고 윗부분은 금박을 입혔다. 1857년 세포이 항쟁 당시 옥좌, 카펫 등 내부에 있던 물건들은 모두 약탈당했다.

하지만 4개월에 걸친 피비린내 나는 전쟁 끝에 영국인과 그들에게 복속한 인도인 병사들은 샤자하나바드를 탈환하고 바하두르 샤 2세를 투옥했다. 복수심에 불타는 영국 장교들은 바하두르 샤 2세의 아들들을 처형하고 바하두르 샤 2세를 영국에 대한 반역 혐의로 재판정에 세웠다. 또한 영국 장교들은 샤자하나바드에서 모든 인도인을 추방하고 자마 마스지드(대모스크)를 훼손했으며, 붉은 요새에서 크리스트교의 추수감사절 예배를 올린 뒤 주변을 모조리 불태워 버렸다.

영국은 이윽고 바하두르 샤 2세를 버마로 추방함으로써 무굴 제국을 멸망시켰다. 바하두르 샤 2세는 버마(지금의 미얀마)에서 1862년 사망했다. 그럼에도 역사학자와 논평가 들은 무굴 제국이 탄생한 순간부터 오늘날까지 무굴 제국의 중요성을 강조한다.

무굴 제국의 역사

A SHORT
HISTORY OF
THE MUGHAL
EMPIRE

제11장

무굴 제국의 의미에 대한 논쟁들

"대무굴 황제……는 매년 12만 파운드를 지급받는다. ……쌀을 먹고 살며 가장 필요한 생활필수품을 박탈당한 인민에게는 매우 무거운 부담이다. ……그의 권력은 그의 궁전 벽 너머에 미치지 못하며, 궁 내에서 이 어리석은 종족은 누구의 간섭도 받지 않고 토끼처럼 거리낌 없이 번식한다. ……약간 주름진 황색 피부의 이 노인은 델리에서 인도 무희의 옷같이…… 수놓은 연극 의상을 입고 왕위에 앉아 있다. 어떤 국가 행사에는 금은사로 가린 이 인형이 행차하며…… 외국인은…… 입장료를 지불해야 한다. 어딘가 곡예사의 공연을 보는 것과 같다. 그는 자기 차례가 되면 그들에게 터번, 다이아몬드 등을 하사한다. ……이 다이아몬드라는 것은 조잡하게 칠해진 평범한 유리구슬이며…… 생강 과자처럼 손안에서 부서진다."

—카를 마르크스(1853년)[1]

역사 시술은 대개 역사가의 이념과 개인적 관점은 물론 중요한 사료를 반영한다. 무굴 제국의 황제와 관리는 남아시아의 어떤 국가보다 방대하고 논란의 여지가 있는 역사 서술과 문헌뿐 아니라 예술 작품, 건축, 주화 등 풍부한 1차 자료를 남겼다. 또한 무굴 제국이 남아시아와 이슬람 세계, 서구 모두에게 의미 있는 영향을 미친 존재였던 만큼 역사가들은 제국의 초기부터 오늘날까지를 다룬 많은 저술을 남겼다. 그리고 각자의 방법론에 따라 무굴 제국을 명쾌하게 혹은 함축적으로 거대한 맥락 속에 위치시켰다. 이러한 역사를 무굴 제국의 대두와 분열, 영국의 식민 통치, 독립 이후의 인도·파키스탄·방글라데시(세 나라 모두 무굴 제국의 영토 내에 위치한다) 등 시대의 흐름에 따라 살펴보도록 하겠다.

17세기의 무굴 제국에 관한 다양한 시선

무굴 황제와 조신들은 인류 역사에서 차지하는 자신들의 중대성을 표현한 여러 가지를 만들어 냈다. 실제로 그들은 책과 비문·주화 등 가능한 모든 방식을 이용해 칭기스 칸과 티무르로부터 내려오는 무굴 황제의 군주권, 정복과 그 밖의 업적을 입증하고 기록했다. 공식 선전가들은 무굴 제국을 신민이 가진 우주론 속에 위치시켰다. 이러한 역사적 검증은 다양한 종족으로 이루어진 인도인으로 하여금 무굴 왕조를 지지하고 섬기도록 설득하는 데 도움이 되었다.

무굴 황제는 공식 궁정 사가를 임명하여 해마다 기록과 서사를 작성하게 하고 감독했다. 황제 가운데 세 사람은 솔직함과 객관성에는 차이가 있지만 직접 상세한 회고록을 저술했다. 문맹이었던 악바르 황제는 자신의 조상과 알고 지낸 이라면 궁정 사람이든 가문 사람이든 가리지 않고 조상에 대해 기록하거나 구술하도록 지시했다. 많은 비공식 역사가는 자신들이 살아간 시기에 무굴 제국에서 발생한 일을 기록하고 분석했다.

무굴 제국의 역사가들은 대개 오랜 역사를 지닌 페르시아풍 역사 기록 전통 위에 서 있었다. 특히 이들은 와카이와 타리흐 장르를 애용했다.[2] 와카이 장르는 연대순으로 사건을 나열하는 방식이다. 해석이 끼어들 여지가 많은 타리흐 장르를 활용한 저자들은 신의 의지가 결과를 결정한다는 사실은 인정하면서도, 오늘날의 전통적인 정치사 서술처럼 사건을 일어난 정확한 날짜에 따라 순차적으로 배열하여 서술했다. 독특하게도 무굴 제국의 타리흐 장르는 신에게 축복을 비는 데에서 시작하여 예언자 무함마드(혹은 과거의 중요한 무슬림 지배자)로부터 티무르를 거쳐 당대의 황제에 이르는 정치적 계보가 이어진다. 일부 계보는 무굴 왕조 가문이 신성한 빛에 의해 임신한 몽골인 여성 조상*에게서 탄생했다고 서술했다.

악바르 통치기의 혁신은 악바르를 아담 또는 힌두교 신격에서 시작된 인류의 정점으로 규정함으로써 이슬람의 범주를 뛰어넘는 것이었다.[3] 세상을 떠난 무굴 황제들은 존경의 대상이 되어 사후에도 하늘에 계속 존재한다는 의미를 가진 시호諡號를 가졌다.** 동시대

---

* 《몽골 비사》에 따르면, 알란 미인Alan Go'a은 남편을 잃은 뒤 빛이 배에 스며들어 세 아들을 낳았는데 그중 막내인 보돈차르Bodončar가 칭기스 칸과 티무르의 조상이다. 무굴 황제들이 처녀로서 예수를 잉태했다는 마리아의 이야기에 관심을 보인 것은 알란 미인의 이야기 때문이었다고 한다.
** 예컨대 바부르는 피르다우스 마카니Firdaws Makāni(천국에 속하신 분), 후마윤은 잔나트 아시야니Jannat Āshyāni(낙원에 사시는 분), 악바르는 아르시 아시야니Arsh Āshyāni(신의 옥좌에 사시는 분), 자항기르는 잔나트 마카니Jannāt Makāni(낙원에 속하신 분)라는 시호를 가졌다.

유럽 역사가들과 마찬가지로 무굴 제국의 저술가들은 역사의 목적은 과거 사건을 통해 도덕적 교훈을 가르치는 일이라고 생각했다. 어떤 역사가들은 황제에게 자신의 업적을 알리려는 의도로 자신이 살았던 지방이나 개인적인 경험을 구체적으로 서술하여 황제에게 바쳤다.[4]

무굴 제국의 역사 서술 활동이 이렇듯 풍성했기에 종종 역사가 사이에 모순되는 설명이 있었다. 악바르 황제의 가장 탁월한 대변인 아불파들 알라미와 그의 경쟁자 조신 압둘카디르 바다우니가 가장 유명한 예라고 할 수 있다. 아불파들은 저작에서 악바르 황제의 재위를 찬미하는 태도를 보인 반면, 바다우니는 악바르가 죽을 때까지 공개하지 않은 비사秘史에서 비판적 태도로 사실을 서술하고 분석했다.[5] 무굴 제국의 역사서들은 주로 모든 결정과 중대한 행보가 의도한 것이든 실수이든 전능한 황제에 의해 이루어졌다고 묘사한다. 따라서 이 서술만 본다면 무굴 제국은 고도로 중앙집권화된 정치체이다.

무굴 왕조는 다양한 전통에서 나온 사본을 수집하고 제작하는 일을 후원했다. 황제들은 아랍어와 페르시아어로 쓰인 이슬람 학자 울라마의 견해인 파트와와 이슬람 종교 문헌을 수집하도록 함으로써 자신들을 모범적인 무슬림 통치자의 계보 속에 자리매김하고자 했다. 악바르를 위시한 여러 무굴 황제는 조신들에게 이티하사와 푸라나 장르 등 산스크리트어 작품을 번역하라고 명령했다. 이티하사는 인간과 인간으로 육화한 신들이 지상에서 행한 바를 연대기적으로 서술하는 방식이고, 푸라나는 우주의 탄생에서 창조와 파괴에 이르는 우주적 순환 그리고 신들의 삶을 거쳐 인간 왕조에 이르는 영겁의 세월을 순차적으로 서술하는 방식이다. 포르투갈인을 시작으로 무굴 궁정에 유럽인이 도착하자, 악바르는 그들에게 예수 그리스도의 전기를 페르시아어로 쓰고 《성경》을 번역하는 일을 도우라고 지시했다.[6]

무굴 황제들은 한 지역을 정복하면 그 지역의 역사를 수집했다. 또 황제와 왕자들은 많은 사람이 공유하는 지방 언어를 사용하는 작품 활동을 후원했고, 군주권을 단단하게 뒷받침하기 위해 이슬람·힌두교·크리스트교의 성스러운 역사에서 취사선택한 모티브와 이미지를 시각 예술을 이용해 융합했다.

무굴 황제들은 연대기는 물론 종교 서적, 고급 문학, 왕자와 조신을 위한 '거울'(간언 문학), 방대한 문학 선집 그리고 대부분 역사적 혹은 기록적 목적을 갖고 그려진 회화 등의 수집품이 보관된 왕실 도서관을 소중하게 여겼다. 제국의 궁정은 건축, 궁정 소식지, 주화 등을 통해 황제의 칭호와 이념을 널리 알렸다. 그리고 중앙과 지방의 기록관들은 궁중과 무굴 제국 전역에서 일어나는 일상적인 사건에 관한 엄청난 양의 서면 기록과 칙령, 판결, 재무 부처에 지불한 세금과 받은 지원금 등의 내역서를 작성하고 보관했다. 이 모든 것은 무굴 제국의 역사가는 물론 오늘날의 역사학자에게도 중요한 사료이다.

 그뿐 아니라 무굴 제국의 많은 신민, 인접 지역의 주민, 외국인 방문객은 다양한 역사 서술 장르와 언어를 이용해서 각자 기록을 남겼다. 예컨대 자이나 보석상 바나라시다스는 힌두어 시의 형식을 갖춘 흥미로운 자서전에 자신의 삶과 감정, 무굴 관리와 황제의 관계를 기록했다.[7] 인도 북부·중부 전역에 분포한 아프간인과 마라타인·라지푸트·시크 등의 지배자와 지주는 역사적 사건을 구두와 문헌으로 서술하는 일을 후원했는데, 때로는 무굴 제국과 적대 관계에 있었음에도 무굴 제국의 장르와 자기네 지방 특유의 장르, 무굴 제국식 권위의 개념을 차용했다.[8] 데칸의 술탄국과 서아시아 및 중앙아시아에서 온 방문자들은 대개 페르시아풍 장르에 따라 각자의 관점을 보여 주는 역사서를 만들어 냈다.[9]

 다른 지역의 기록은 역사 서술의 본질과 목적에 대한 그들만의 개념을 반영했다.[10] 예를 들어 라지푸트 라자들은 산스크리트어, 라자스탄어, 브라즈바샤어와 기타 언어 전통을 이용해 구술이나 문헌으로 기록하는 역사가들을 오랫동안 후원해 왔다. 역사가들의 목표는 후원자 가문의 기원과 업적을 돋보이게 하는 것이었다. 라지푸트 왕조의 역사서들은 저자들이 무굴 제국의 역사서를 모방하면서 신성한 혈통보다는 인간적인 혈통과 후원자의 개인적 업적을 부각시켰다.[11] 후원자가 무굴 제국에 합류하면 그가 고용한 역사가는 무굴 황제를 역사 서술에 포함했다. 무굴 황제가 위대해지면 그를 섬기는 라지푸트 후원자 역시 위대해지는 법이었다. 자의에 의해서든 타의에 의해서든 라지푸트 공주를 황제의 아내로 내준 이야기는 기록하지 않았다.

외부에서 무굴 제국을 바라본 사람들은 여러 가지 이미지를 만들어 냈다. 사파비 제국·우즈베크 칸국·오스만 제국 등의 무슬림 관리와 역사가는 무굴 제국과 무굴 제국의 기원을 자기 나라와 연관 짓고, 대체로 자신들이 우월하다고 서술했다. 몇몇 아시아인 무슬림 방문자는 무굴 제국 내에서의 여행과 모험을 글로 남겼다. 그리고 그들과 무굴 제국 사람들은 같은 사건에 대해서조차 다르게 설명하는 일이 종종 있었다.[12]

선교사, 상인, 외교관, 모험가 등 유럽 크리스트교도들은 무굴 제국 건국 초기부터 직간접적 증거를 바탕으로 무굴 제국에 관해 방대한 기록을 펴냈다. 많은 유럽인의 시각은 유럽의 크리스트교도와 동유럽·지중해 지역의 무슬림이 맺어 온 오랜 적대 관계의 영향을 받았다. 일부 유럽 가톨릭교도와 프로테스탄트교도는 이슬람이나 인도의 종교들에 호감을 가졌지만, 유럽 크리스트교도는 대체로 무굴 제국의 이슬람 특성과 무굴 제국 신민 대부분을 차지하는 힌두교 특성을 크리스트교와 비판적으로 대비시키며 서술했다. 특히 선교사들은 기록에서 이슬람에는 반박하고 힌두교는 비하하는 데 중점을 두었는데, 남아시아인을 개종시키고 크리스트교도로 하여금 자신들의 우월성에 확신을 갖게 하려는 의도였다.[13]

무굴 제국을 다룬 초기 유럽인의 기록에 반복적으로 등장하는 또 다른 주제는 압도적으로 풍부한 천연자원과 인적 자원 등 매력적인 이국성이다. 인도는 향신료 · 곡물 · 광물을 생산하는 광활한 영토를 지닌, 유럽을 뛰어넘는 엄청난 부의 땅으로 비쳤다. 군인과 장인으로 구성된 무굴 제국군은 유럽 지배자들의 군대를 왜소해 보이게 했다.

또한 무굴 제국으로 모험을 떠난 유럽인의 절대 다수는 청년이었던 만큼 무굴을 지나치게 성적인 시선으로 인식했다. 황제의 무제한적인 성적 방종과 사랑받지 못하는 여성들이 있는 거대한 하렘에 대한 모순된 환상(유럽인 작가들은 영리하게도 그들을 목격했다고 주장했다) 때문이었다. 게다가 유럽인의 눈에는 일부 인도 여성이 공공장소에서 입는 입은 듯 만 듯한 옷은 충격 내지 자극, 혹은 둘 다를 안겨 주었다. 또한 유럽인은 인도인 남성이 여성, 특히 세상을 떠난 남편이 화장될 때 같이 불타 죽는 아내인 사티에게 가해지는 학대에 주목했으며, 그 반응은 경이로움부터 혐오와 공포까지 다양했다. 유럽 내 많은 극작가, 시인, 소설가와 사회 논평가가 유럽인 여행가의 기록을 어설프게 읽고 해석하여 무굴 제국에 대한 강력한 환상을 만들어 냈다.

그러나 무굴 제국에 대한 유럽인의 태도는 17세기 들어 유럽의 경제적 · 군사적 · 정치적 힘이 인도를 비롯한 전 세계에서 상대적으로 성장하면서 부정적으로 바뀌었다. 동방의 전제정치와 도덕적

제11장 무굴 제국의 의미에 대한 논쟁들

타락이라는 관념은 점차 유럽인의 저술에 영향을 미쳤으며, 무굴 제국의 이미지를 이용하여 동시대 유럽 왕국의 상황과 정책을 논평할 때 더욱 그러했다. 예를 들어 17세기 프랑스인 프랑수아 베르니에*는 조세 징수 도급과 국왕의 사유 재산 몰수를 중단하도록 정부에 영향을 미치려고 노력했는데, 이때 무굴 제국의 무분별한 행태를 그 근거로 들었다.[14] 또 17세기 초 베네치아의 모험가 니콜라오 마누치**처럼 인도에 정치적 야망을 갖지 않은 나라 출신 유럽 작가들은 자신들의 모험담을 작품의 소재로 삼았다.[15]

한편 영국, 프랑스, 네덜란드 같은 나라의 작가들은 돈벌이와 정치적 이득을 위해 무굴 제국에 대한 정보를 찾았다.[16] 이 같은 유럽인 여행자들의 기록이 출판을 통해 널리 퍼져 나가 동양에 대한 고정관념이 확산되면서 더 많은 유럽인이 동양으로 모험을 떠나기를 갈망했다.[17] 18세기 초 이후 무굴 제국과 그 주변에서 쓰이는 역사 서술은 무굴 제국의 해체와 남아시아 및 유럽 경쟁 국가들의 대두로 크게 변화한다.

---

* 프랑수아 베르니에François Bernier(1620~1688년)는 프랑스의 의사이자 철학자, 여행가이다. 아우랑제브(알람기르)와 다라 슈코흐 사이의 계승 분쟁이 절정에 달한 1659년 무굴 제국에 처음 발을 내디뎠다. 알람기르에게 의사로 고용된 뒤 1668년까지 무굴 제국에 머물렀으며, 이 경험을 토대로 1670년 《프랑수아 베르니에 여행기Voyages de François Bernier》를 출판했다. 동시대 여행기 작가들이 상인이나 선교사, 외교관이던 것과 달리 의사이자 철학자로서 무굴 제국의 정치상과 종교상을 비교적 정확하고 객관적으로 기록했다는 평가를 받는다.

** 니콜라오 마누치Niccolao Manucci(1638~1717년)는 베네치아 출신 모험가이다. 1656년 열여덟 살에 첫발을 디딘 후 사망할 때까지 인도 각지를 떠돌며 살았다. 독학으로 의술을 익혀 1663년 처음 의사로 취업했다. 마누치는 어떤 동시대 유럽인보다 오래 인도에 머물렀고, 또 여러 언어를 구사했기 때문에 그가 남긴 《무굴 제국의 역사Storia do Mogor》는 유럽인의 인도에 대한 저작 가운데 신뢰할 수 있는 작품이라는 평가를 받는다.

18세기 이후의 무굴 제국 역사 서술과 중요성

18세기로 접어들면서 무굴 궁정에 관심을 가진 사람들은 역사와 문학 작품을 빌려 무굴이 쇠퇴하는 상황과 그에 대한 대응책을 설명했다. 인도와 페르시아·힌두스탄 문학에서 이런 장르는 '도시의 불행'이라는 의미를 가진 샤흐라슈브라 불렸는데, 대체로 샤자하나바드 등 무굴 제국의 옛 중심지에서 경험한 명백하고 가속화하는 쇠락을 한탄하는 내용이었다. 이 작가들은 대개 궁정의 조신이나 무굴 제국의 행정 관리 엘리트 가문 출신으로 퇴락한 현재와 대조를 이루는 과거를 음미했다. 하지만 황제의 궁정과 겨우 명맥을 유지하고 있는 무굴 행정부에서 수입을 얻는 일부 사람은 문화적 성과에 대한 보상을 강조했다.[18]

샤 왈리울라 알디흘라위 같은 뛰어난 무슬림 신학자들은 무굴 제국이 당면한 문제는 사파비 제국이나 우즈베크 칸국과 마찬가지로 이슬람에서 이탈한 탓으로 여겼다. 이런 개혁가와 학자 들은 무슬림 공동체의 도덕적 역사를 깊이 이해하고자 했다. 전 세계, 특히 무굴 제국 내에서 이슬람을 정화하여 이슬람의 강점이 회복되기를 바랐기 때문이다.[19] 보다 진보적이던 사이드 아흐마드 칸은 무슬림 동료와 영국인에게 고용되어 1846~1847년 델리에 있는 무슬림의 건축 업적을 체계적으로 문서화하는 작업을 했으며, 이때 과학적인 유럽식 고고학 방법을 채용했다.[20]

실제로는 무굴 제국에서 떨어져 나왔으나 표면상으로는 무굴 제국에 속한 지방 계승국가의 후원을 받는 인도인 저술가들은 무굴의 역사를 서술했다.[21] 이 인도 역사가 가운데 어떤 이들은 유럽식 역사학을 부분적으로 도입하여 영국 지배가 급속하게 확장한 원인을 진단했다. 유럽의 군사적·기술적 발전을 강조하는 동시에 무굴 사회의 도덕적 핵심을 보존하고자 한 그들은 독자들을 인도, 이슬람, 유럽의 크리스트교 문화를 융합하는 쪽으로 이끌었다.[22] 또한 서로 맞서다 마침내 정복한 지배자와 사회에 관해 잘 아는 내부자의 지식이 필요해진 영국 관리들로부터 직접 지원을 받는 인도 역사가가 점차 많아졌다.[23]

18세기 후반 인도 저술가들은 유럽에 관한 항간의 소문이나 작가 개인이 유럽에서 겪은 경험에 근거하여 유럽을 인도사에 포함시키기 시작했다. 유럽 배들이 인도와의 직접 해상로를 만들자마자 인도의 여행자들은 유럽으로 모험을 떠났다. 첫 250여 년 동안 인도로 돌아온 사람들은 유럽의 역사와 지리, 사회에 대해 구두로만 증언했다. 무굴 제국의 사질로 영국에 다녀온 셰이흐 이티삼 알딘이 1784년 영국에 관한 자전적 여행기를 저술한 뒤 인도인 저술가 수십 명이 페르시아어, 아랍어, 영어와 힌두스탄어로 유럽에서의 경험을 글로 썼다.[24] 어떤 사람들은 도덕적 교훈과 시적 인용을 곁들인 페르시아어 문학의 리흘라_rihla_ 장르로 자전적 여행기를 집필했다. 또 어떤 사람들은 영국식 저널리즘 장르를 빌렸다. 저술가들은 자신이 의도한 대상 독자에 적합하다고 생각되는 언어와 장르를 선택했으며, 더러는 한 작가가 다른 독자층을 위해 다른 내용의 글을 썼다.[25]

반면 영국의 초기 오리엔탈리스트들은 인도에서든 영국에서든 페르시아어·산스크리트어와 여러 인도 언어로 쓰인 서적을 연구했다. 그들은 인도인 학자들을 고용하여 도움을 받고 그들에게 번역을 맡겼다. 그를 통해 무굴 제국에 대한 지배력을 얻고, 나아가 인도와 이슬람 문화를 폭넓게 이해하기 위해서였다. 몇몇 유럽인은 동시대의 정치와 전쟁을 직접 겪으면서 얻은 통찰을 바탕으로 저술 활동을 펼쳤다.[26]

또 다른 오리엔탈리스트들은 인도와 그 역사에 관한 저술에 유럽 중심적 시각을 투영했다. 제임스 밀은 인도에 방문한 적이 없으면서도 《영국령 인도의 역사 The History of British India》(1803~1818년)에서 18세기의 혼란이 영국으로 하여금 인도를 지배하게 만들었다고 강조했다.[27] 이 연구는 인도의 역사를 '힌두교의 고대', '이슬람의 중세', '영국의 근대'로 구분하는 양상이 굳어지는 데 공헌할 만큼 영향력이 지대했다(심지어 오늘날에도 인도의 주요 대학들은 '중세사'로 델리 술탄국과 무굴 제국 시대를 가르친다).

황제와 그 궁정은 샤자하나바드에 갇혀 있음에도 많은 유럽인에게 이국적이고 퇴폐적인 매력이 결합된 존재였다. 수많은 유럽인 여행자는 황제를 보고(여성들은 황제의 하렘도 방문했다) 정치적 중요성은 대수롭지 않게 생각하면서 충성의 표시로 건네는 선물인 나드르를 바치고 명예의 예복인 힐라를 받는 의례를 동방의 진귀한 경험으로 여겼다. 그러나 영국 식민 당국에게 있어 무굴 황제와 그 가족에게 지출하는 많은 연금은 여전히 부담스러운 데 반해, '근대화'하는 영국의 지배와 대조적으로 '쇠퇴한 유물'인 무굴 황제의 가치는 점점 하락했다.

이 장의 맨 처음에 있는 인용문에서 보았듯이 1853년 카를 마르크스는 미국의 신문 독자들에게, 영국 정부가 보호하는 무굴 황제를 인도의 발전을 가로막는 나약하고 퇴폐적인 기생충으로 생생하게 묘사했다.[28] 좀 더 포괄적으로 보면 마르크스에게 '아시아적 생산 양식'은, 인도가 세계사에 편입되기 전 자본주의로 대체되어야 할 정체된 단계였다. 이 때문에 마르크스는 무굴 황제라는 유물을 보존하고 인도의 여러 지역을 제국주의적으로 병합한 영국 제국의 행위를 비판했다.

많은 영어권 역사학자는 팽창하는 영국 정권에게 무굴 왕조의 계승자가 될 정신적·기술적 자격이 있다고 보았다. 무굴 제국 연구는 영국이 어떻게 해야 무굴 제국의 실수를 피하면서 제국을 건설할 수 있느냐에 관해 유익한 교훈을 얻을 수 있는 분야였다. 1854년 윌리엄 어스킨은 무굴 제국 역사를 연구하게 된 동기를, "영국과 같이 인도에서 제국을 보유한 나라는 그 이전에 존재한 여러 왕조의 변동에 대해 풍부한 기록을 가지고 있어야 한다. ······티무르 가문은 당연히 인도 근대사의 토대이다"[29]라고 설명했다. 무굴 제국이 최후를 맞이한 해와 그 후, 많은 사람이 서로 다른 이유로 무굴 제국의 중요성을 인정했다.

영국 식민 통치 시대, 1857~1947년

1857년 많은 인도 북부 사람이 영국에 대항하여 봉기를 일으켰을 때 무굴 황제는 이 집단행동에서 가장 주목받는 구심점이 되었다. 영국은 이 유혈 분쟁으로 힌두스탄에서 쫓겨날 뻔했고, 영국과 인도가 서로에게 자행한 학살은 양측의 역사에 깊은 영향을 주었다. 20세기 초 일부 인도 민족주의자들은 이 사건을 '제1차 인도 독립 전쟁'으로 불러야 한다고 주장한 반면, 영국에서는 오랫동안 '세포이 반란'으로 표현해 왔다.[30] 일련의 사건이 무굴 왕조를 종식시킨 동시에 무굴 제국의 문화적 중요성을 더욱 강화했다는 사실은 의미심장하다. 무굴 제국의 범위와 복잡성 그리고 방대한 자료를 고려해 볼 때, 사람들은 각자의 이해와 관심에 따라 무굴 제국을 해석하고 묘사했다.

1857년과 그 직후 영국인 대다수는 무굴 제국 황제를 사악한 음모의 중심으로 상상했다. 그들은 자신들이 노쇠한 80대 노인으로 일축한 사람이 어떻게 광분한 추종자들에게 영감을 불어넣을 수 있는지 의문스러워했다. 많은 영국인은 무굴 제국 역사를 분석하면

제11장 무굴 제국의 의미에 대한 논쟁들

인도의 깊은 인종적 광신주의와 동양의 전제주의를 만든 문화적 요인을 찾아낼 수 있으리라는 결론에 이르렀다. 무굴 역사에 관한 이러한 시각은 지배하는 제국이 활발하게 움직이는 반면, 지배당하는 사회는 영원히 정체될 수밖에 없음을 보여 주었다. 따라서 영국인들은 1858년 영국 동인도 회사를 대신하여 영국 제국British Rāj*이 지배하고 인도인 신민들은 수동적인 상태에 머물러야 한다고 믿었다.

영국의 식민지 관리들은 자신들의 간접 지배하에 남은 수많은 인도의 '봉건' 군주를 대할 때 필요한 거창한 의식을 위해 무굴 제국의 의례를 연구하고 채택했다. 예를 들어 황제 칭호를 고리타분하게 여기는 영국 내부에서는 여왕으로만 불리던 빅토리아 여왕은 1877년 자신이 카이사르 힌드Qaysar-i Hind(인도의 카이사르, 즉 인도의 여제)라고 선언했다.[31] 인도에 있는 빅토리아 여왕의 부왕剛 F, 즉 총독은 무굴과 영국의 의례가 결합된 황제 즉위식을 공들여 거행했고, 이후 영국 왕 두 명의 대관식이 인도에서 치러졌다. 영국은 1911~1931년 의도적으로 무굴 제국의 샤자하나바드 인근에 자신들의 제국 수도로 뉴델리를 건설했다. 이에 따라 영국인은 자신들이 무굴 제국의 근대적 계승자라고 여겼다.

1857년 무굴 황제를 중심으로 일어난 반영운동은 무슬림과 힌두를 하나로 묶었다. 영국 식민 당국은 이런 집단행동이 재발하지 않

---

* 힌두스탄어 단어 라지rāj는 '지배·국가·제국' 등으로 해석된다. 따라서 British Rāj를 '영국의 지배'로 새길 수도 있다.

도록 분할과 통치 정책을 펼쳤고, 다수인 힌두에 비해 소수인 무슬림을 보호했다. 영국의 그러한 정책은 중산층 고위 카스트 힌두들이 이끄는 인도 민족주의의 등장으로 한층 강력해졌다.

영국 식민지 관리들은 무굴 제국의 원사료를 영어로 번역하고 출판하는 데 열심이었다. 영국령 인도 제국에 직접적인 도움이 되리라는 기대 때문이었지만, 대영 제국 전체를 위해 폭넓게 쓰일 교훈을 확보한다는 목적도 아울러 갖고 있었다.[32] 헨리 마이어스 엘리엇이 페르시아어 문헌에서 가려 뽑아 전 8권의 방대한 분량으로 편찬한 《인도 역사가들이 이야기하는 인도사 The History of India, as Told by Its Own Historians》가 대표적 출판물이다.[33] 전 8권 가운데 절반 이상을 무굴 제국 시대에 할애하여 무굴 제국의 이슬람적 정체성을 강조하고 무슬림와 힌두 간 갈등을 집중적으로 다루었다. 이 같은 작업은 영국령 인도 제국이 종교 간 폭력을 막기 위해 필요한 존재로 보이게 하려는 시도였다.

그러나 영국의 학자와 관리 들은 원사료가 어떤 전통 속에서 작성되고 저자의 목적이 무엇이었는지는 전혀 고려하지 않았다. 이러한 실증주의적 접근 방식은 랑케식 역사학 방법론을 반영했다. 즉 바부르와 후마윤의 전기를 집필한 윌리엄 어스킨의 표현을 빌리자면, "그들이 스스로 말하게 하는 사실에 충실한 진술"[34]이다. 카를 마르크스와 막스 베버를 필두로 유럽 학자들은 이런 저작에 근거하여 무굴 인도를 자신들의 보편적 모델에 끼워 넣었다.

제11장 무굴 제국의 의미에 대한 논쟁들

　19세기 후반부터 인도 민족주의자들은 인도사 서술이 영국인의 전유물이 되어서는 안 된다는 사실을 자각하기에 이르렀다. 따라서 많은 인도 학자가 무굴 제국을 주요 주제로 삼아 식민 시대 이전의 역사에 관한 연구와 서술 활동에 나섰다. 일부는 무굴 제국이 나약해지고 결국 영국 식민주의의 먹이가 된 원인을 이해하고자 탐구했다. 이 같은 접근은 알람기르 이후의 혼란과 공동체 사이의 적대감을 강조하기 마련이었다. 특히 1차 자료를 광범위하게 활용하는 분석법을 개발하여 무굴 제국의 최후와 힌두 마라타 연맹의 대두를 강조한 야두나트 사르카르*의 영향력이 컸다.

　무슬림 민족주의자들은 사이드 아흐마드 칸을 따라서 무슬림을 영국에 충성하는 공동체라고 강조하면서 힌두와는 구분 지었는데, 이는 '두 국가' 모델로 발전했다. 사이드 아흐마드 칸은 무슬림 공동체를 영국화하여 발전시키는 동시에 남아시아에서도 독특한 무슬림 역사를 보전하고자 1877년 알리가르에 이슬람·영국 오리엔트 대학Muhammadan-Anglo Oriental College(오늘날의 알리가르 무슬림 대학교)을 설립했다. 알리가르의 학자들은 무굴 제국이 어떻게 작동했는지를 보여주는 페르시아어 사료를 수집하고 분석했다. 어떤 학자들은 무굴 제국의 심장부가 하나로 뭉치면 강하지만 분열되면 약해진다고 주

---

* 야두나트 사르카르Jadunath Sarkar는 알람기르 이전 무굴 황제들이 발전시킨 관용과 다문화주의를 거꾸로 되돌리고 데칸의 원정에 집착하여 경제적 파멸을 초래함으로써 무굴 제국을 몰락으로 이끌었다고 주장했다.

장하며, 이는 동시대 무슬림 공동체에 교훈을 준다고 했다.[35]

자유주의적 민족주의 인도 역사학자들 역시 무굴 제국의 역사가 당대에 주는 의미를 찾고자 했다. 그들은 대개 영국에서 공부했으므로 영국의 전제를 공유하는 한편 인도 민족국가를 지향했다. 가장 영향력이 지대한 사람은 당연히 자와할랄 네루(독립 후 1947~1964년 인도공화국의 초대 총리를 지냈다)였지만, 전문 역사학자들 역시 무굴 제국을 중앙집권화된 인도 국가로서 그리고 복합적인 인도 문화를 지닌 모델로서 제시함으로써 공적 담론에서 의미 있는 목소리를 냈다.[36]

많은 학자가 대개 악바르의 인도적 융합을 훌륭한 세속주의로 부각시켰으며, 이는 알람기르의 종교적 분열과 대비되는 점이었다. 그러나 그들은 봉건적 성격의 무굴 제국을 인도의 국가 재통합에 방해가 되는 존재로 여겼다.

악바르와 알람기르로 상징되는 무굴 제국에 대한 상반된 해석은 무슬림 민족주의자들에게 도움이 되었다. 무슬림 민족주의자들은, 이단 악바르가 힌두교 관습을 채용하여 무굴 제국을 이슬람과 분리시킴으로써 생겨난 치명적 약점을 알람기르가 뒤늦게 되돌리고자 노력했으나 완전히 되돌릴 수 없었다고 주장했다. 따라서 이 역사학자와 정치인 들은 1947년 인도 분할로 탄생한 파키스탄이라는 국가를 통해 무굴 제국의 붕괴로 잠시 잃어버린 무슬림 공동체에 의한 통치를 복구해야 한다고 주장했다.

제11장 무굴 제국의 의미에 대한 논쟁들

독립 이후 무굴 제국 역사의 의미 모색

1947년에 있은 인도로부터의 파키스탄 분할은 무굴 제국의 역사에 대한 다양한 접근 방식을 강화하고 재구성했다. 이때 대규모 폭력 사태가 빚어져 수백만 명이 사망하고 1천만 명 이상의 난민이 발생했다. 힌두와 시크 대부분이 파키스탄을, 많은 무슬림이 인도를 떠났다. 독립 직후 무굴 제국이 얼마나 무슬림적 또는 인도적이었느냐, 그리고 무굴 제국을 구성했던 모든 사람의 관점을 어떻게 반영하고 회복할 수 있느냐 하는 문제는 뜨거운 감자였다.

파키스탄 건국의 근거가 된 가장 중요한 이념적 주장은 무슬림 공동체가 역사적으로 독특한 정체성을 지녔고 인도아대륙을 오랫동안 지배해 왔다는 것이다. 학술서든 대중서든 정부의 지원을 받는 교과서든 파키스탄의 역사서들은 파키스탄을 무굴 제국의 후계 국가로 보았다. 무굴 제국은 북아프리카를 가로질러 서쪽으로 확장되는 이슬람계 국가들의 동쪽 보루였기 때문이다.[37] 또한 크리스트교도와 힌두가 무굴 제국을 무너뜨리려 애썼다는 사실은 오늘날 파키스탄에 소중한 교훈이 되었다. 1971년 분리 독립하기 전에는 동파키스탄이라 불리던 방글라데시는 사실상 독립된 무굴 제국령 벵골이었으며, 18세기 후반에는 영국 제국주의에 굴복한 지역이다.[38]

인도에서 무굴 제국은 폭넓은 대중적 논쟁의 대상이자 다양한 관점을 반영하는 학술 연구의 주제이다. 인도의 국민의용단_{Rashtriya}

그림 32 붉은 요새의 라호르 대문과 그곳에서 대국민 연설을 하는 네루 총리. 샤 자한 재위기에 건설된 붉은 요새는 1739년에는 침략해 온 나디르 샤에게, 1857년에는 봉기한 인도 북부인에게 약탈당했다. 인도가 주권 국가가 된 1947년 8월 15일 네루 총리는 라호르 대문 위에 인도 국기를 게양하고 국민 앞에서 연설을 했다. 해마다 독립 기념일에는 총리가 요새의 정문에 인도 국기를 게양하고 연설을 한다.

Swayamsevak Sangh, RSS과 그 문화 관련 분과인 세계힌두협회Vishva Hindu Parishad, VHP가 정치적 의도를 가지고 일으킨 힌두트와(힌두다움)운동은 분할되지 않은 인도를 힌두의 고향으로, 무굴 제국을 약탈과 억압을 행한 이방인 침략자로 여긴다. 힌두트와운동의 슬로건은 오늘날 인도에 사는 모든 무슬림을 실제 혈통과 관계없이 이방인 '바부르의 후손'으로 규정한다.

1992년 세계힌두협회는 아요디아에 있는 바브리 마스지드(힌두교 신 라마가 태어났다는 장소에 1527년 세워진 모스크)를 여러 차례 공격해 파괴했다. 반면 마라타 황제 시바지 본슬레는 힌두교에 기반을 두고 무굴 제국주의에 대항한 인도 민족주의의 투사로 여겨진다. 국민의용단이 지지하는 인도인민당Bharatiya Janata Party, BJP이 집권하는 동안 정부는 자신들이 생각하는 무굴 제국상을 강화하고자 정부 승인 교과서와 공식 역사서를 개정했다.

이와는 대조적으로 세속주의를 지향하는 인도 정치인과 문화계 지도자는 무굴 제국을 인도 역사의 중요한 부분으로 통합하기 위해 노력했다. 독립 직후 몇십 년 동안 새로운 국가를 위해 토착적이지만 힌두교 부흥주의적이지 않은 방향을 모색한 진보 성향 문화 비평가들은 무굴 제국의 예술과 건축에서 '현대' 인도를 위한 정신을 제공하려 했으나, 적확한 모델과 모티프를 찾아내지 못했다.[39] 자와할랄 네루는 독립 기념일마다 샤자하나바드의 붉은 요새에서 수상이 연설하는 관례를 만들었다. 무굴 제국에서 지은 다른 성채, 영묘, 모스크 등 건축은 인도 전역에서 삶의 일부로 남아 있다.[40] 인도 고고조사국, 인도국립문서보관소, 인도국립박물관은 모두 무굴 제국의 자료를 인도의 문화유산으로서 전문적으로 보존하고 있다.

무굴 제국에 대한 학술 연구와 서적은 대부분 인도의 주요 대학교에서 만들어졌다. 그 가운데 알리가르 무슬림 대학교의 고등역사학연구소 Centre of Advanced Study in History는 페르시아어 자료에 정통하고 권위 있는 역사학자를 다수 배출했는데, 가장 대표적인 인물은 이르판 하비브이다.[41] 알리가르에서 교육받은 학자들은 대개 마르크스주의의 영향을 받아 종교적 정체성보다는 경제학에 초점을 맞춘 분석을 진행한다. 그리하여 과중한 부담을 떠안은 농민과 억압적인 무굴 제국 정부 사이의 계급 투쟁과 농업 생산성 감소를 무굴 제국 쇠락의 주요 원인으로 꼽는다. 무굴 제국에서 작성된 페르시아어 문헌에 주로 의존하는 학자들은 무굴 제국 중심부와 그 기관, 이념을 강조하는 경향이 있다.

남아시아와 전 세계의 주요 학자들 또한 다양한 1차 자료와 역사학적 접근법 및 방법론을 활용하여 무굴 제국 연구와 분석에 공헌해 왔으며, 강조하는 요소나 해석에 이견을 보이는 경우가 적지 않다.[42] 경제사 학자들은 지방 시장 가격의 동향에서 세계 교역과 귀금속의 흐름에 이르기까지 여러 문제를 강조한다. 예술과 건축 사학자들은 여러 황제, 조신, 귀족 여성 등이 제작을 의뢰한 회화, 건축, 장식에서 후원자와 제작자의 영향력과 목표를 읽어 내고자 한다. 일부 학자들은 페르시아어 사료를 이용하여 무굴 제국과 아시아의 다른 무슬림 제국들, 특히 우즈베크 칸국·사파비 제국 사이에서 교역·문화 그리고 이주가 지속되었음을 밝히고자 한다. 이는 무굴 황제들이 투란인 이주자와 그 후예들을 환대하고 만사브다르의 상당 부분을 이들로 유지했으며, 티무르 왕조의 고향을 회복하고자 막대한 비용을 치렀지만 아무 소득이 없는 군사적 원정을 지속한 까닭을 설명하는 데 도움이 된다. 마찬가지로 사파비 제국과의 외교적·군사적 경쟁은 두 왕조가 유지되는 내내 계속되었지만, 페르시아 출신 이주자들은 언제나 고위 만사브다르에서 커다란 비중을 차지했다.

사회·문화 연구자들은 무굴 제국 내에 존재한 다양한 사람과 이념의 상호 작용에 주목한다. 어떤 학자들은 인도인의 불균등한 동화가 무굴 제국의 운명을 결정지었다고 강조한다. 라지푸트와 소수 엘리트, 상위 카스트 힌두는 초기에 무굴 제국의 핵심부에 동화되었다. 그러나 하위 카스트 힌두나 하층 계급 무슬림은 거의 통합되지 않다시피 했고, 데칸 지방 사람들은 대체로 소외되었다.[43]

또 다른 학자는 무굴 세국에 주기적으로 도입된 반힌두교 차별 정책에 관심을 갖는다.[44] 반면 어떤 역사학자는 무굴 왕실의 라지푸트와의 통혼, 궁정 의례와 제국 이념의 진화, 황제의 가문·정부·군대에 진입한 수많은 인도인 등을 통해 무굴 제국의 인도로서의 성격을 집중 조명한다.[45] 황제와 만사브다르에 초점을 맞추는 종래의 시각에서 벗어나 인도인 서기와 상인이 비중 있는 역할을 해내고 제국 안팎으로 다양한 사람과 사상이 들어오고 나간 모습을 통해 무굴 제국의 투과성을 보는 것이다.[46]

지방 언어로 작성된 지방 사료를 들여다보면 무굴 제국의 분권화 측면이 보인다. 지방의 자료에 집중하는 학자들은 무굴 제국이 하급 관리와 지방 거물과 상인, 유력자 사이에서 실용적 타협과 협력이 이루어진 장이었음을 제시한다.[47] 이 관점에서 볼 때 지방들은 무굴 제국을 구성하는 동시에 제국 바깥에도 존재하며 그들만의 역사를 가지고 있었다. 일부 학자는 민중의 구전이나 토착어 기록을 분석하여 무굴 제국이 지배한 사람들을 살펴보고 그들의 주체성과 시각의 특징에 주목한다.[48] 신마르크스주의자 안토니오 그람시의 영향을 받은 서발턴 연구*는 대체로 영국 식민 시대에 집중되어 있으나, 고탐 바드라는 곡물과 관련된 무굴 제국의 문서를 분석하여 민중의 시각을 추정해 볼 수 있음을 보여 주었다.[49] 문화사 연구자들은 엘리트들이 작성한 문헌도 해체하면 해당 문헌이 어떻게, 왜 만들어졌으며 그 장르에 내재된 전제는 무엇인지, 저자가 무엇을

---

* 안토니오 그람시Antonio Gramsci는 농민과 노동자를 포함하여 지배 계급의 헤게모니에 종속된 모든 사회 집단을 가리키는 말로서 '서발턴'이라는 표현을 고안했다. 여기에서 영향을 받은 인도의 서발턴 연구 집단의 역사학자들은 엘리트의 지배에 종속되어 있지만, 엘리트 정치에서 기원하거나 그것에 의존하지 않은 '서발턴(민중) 정치'의 영역이 존재했음을 강조하기 위해 그람시의 서발턴 개념을 식민지 인도의 역사적 맥락에서 차용했다. 서발턴 연구 집단은 공식적인 주류 역사학에서 주변화되거나 삭제되어 온 서발턴들의 '서발턴적 역사'를 지배 담론의 '내부의 외부'를 모색하는 기획으로 전유하고자 한다.

표현할 수 있고 무엇을 표현할 수 없었는지 그리고 문헌은 어떻게 얻어지고 보존되었는지, 비밀스레 읽혔는지, 아니면 공개적으로 읽혔는지 등 문헌 자체의 역사를 복원할 수 있음을 제시했다.[50]

영국 식민 시대를 연구하는 학자들은 무굴 제국을 회고적으로 보는 경향이 있다. 그들은 1498년 바스코 다가마가 인도에 도착한 이후(바부르는 그 뒤에 인도에 침입했다) 세계 대부분의 지역이 점차 통합된 경제적·정치적·문화적 네트워크로 연결되기 시작한 과정을 보여 준다. 영국 식민주의에 집중하는 학자들은 18세기를, 다양한 인도인이 무굴 제국에서 벗어나 다가오는 유럽인에게로 방향을 바꾸고 그 과정에서 변화와 연속성이 있었던 중대한 전환기로 평가했다.[51] 또한 비교사적 시각을 가진 학자들은 동시대 유럽과 아시아의 국가들에 비교할 때 무굴 제국의 근대성은 무엇인가, 유럽과 아시아의 경제는 왜 이처럼 극적으로 상이한 방향으로 발전했는가 하는 의문을 제기했다.[52]

전 세계 학자들이 무굴 역사에 대한 담론을 논의하는 공동체를 형성하고 의견을 교환하며 서로 논쟁을 벌이고 있다는 사실은 매우 의미심장하다. 특히 제2차 세계대전 이후 미국에 기반을 둔 학자들의 참여가 돋보이는데, 이는 인도에서 복무한 사람들에 의해 촉발된 측면도, 남아시아가 세계에서 차지하는 경제적·정치적·문화적 중요성에 대한 인식이 높아진 측면도 있다.[53] 남아시아의 주요한 학자 상당수는 유럽이나 미국의 대학으로 소속을 옮겼다. 무굴 제국에서 작성되어 풍부하고 방대한 정보를 담고 있는 사료는 환경, 젠더, 문화, 군사, 기술, 세계사와 같은 새롭고 흥미로운 분야를 연구하는 국제적 학자들을 끌어들이고 있다. 이 모든 분야에서 얻은 새로운 통찰력은 무굴 제국이 과거에 의미했던 바와 현재 의미하는 바에 대한 우리의 이해에 지속적으로 수정을 가하고 깊이를 더해 가고 있다.

전문 역사학자는 이 책이 다양한 접근법을 지닌 많은 연구에서 도움을 받았음을 한눈에 알아보았으리라 생각한다. 주와 참고문헌은 독자들이 특정 주제를 심도 있게 탐구할 수 있도록 도와줄 것이다. 역사라는 역동적인 장은 새로운 접근법과 혁신적인 역사 연구에 의해 풍성해진다. 이 책을 읽은 독자가 무굴 제국에 흥미를 느끼고 각자의 연구에 나선다면 더 바랄 것이 없겠다.

그림 · 지도 · 계보도 목록

그림 1(108쪽)   바부르 황제 영묘. PUBLIC DOMAIN
그림 2(132쪽)   후마윤 황제가 시체로 사용한 시르 만달. ⓘⓒⓒ, Author Russ Bowling
그림 3(139쪽)   델리에 있는 마함 아나가와 아드함 칸의 영묘. ⓘⓒⓒ, Author Varun Shiv Kapur from Berkeley, United States
그림 4(200쪽)   아그라를 묘사한 19세기 목판화. PUBLIC DOMAIN
그림 5(200쪽)   후마윤 황제 영묘. ⓘⓒⓒ, Author User : Eatcha and thanks to W. Carter, for the editing
그림 6(213쪽)   치슈트 수피 종단의 수피 세이흐 살림 치슈티의 무덤. PUBLIC DOMAIN
그림 7(217쪽)   파테푸르시크리에 있는 자마 마스지드 입구의 천장화. ⓘⓒⓒ, Author Diego Delso
그림 8(220쪽)   아누프 탈라오. ⓘⓒⓒ, Author Ankur Panchbudhe
그림 9(226쪽)   악바르 황제 시대 주화. ⓘⓒⓒ, Author Drnsreedhar1959
그림 10(259쪽)   1600~1604년 알라하바드를 지배하던 때 사냥에 나선 살림 미르자. 로스앤젤레스 주립미술관 제공(M.83.137) www.LACMA.org
그림 11(263쪽)   악바르 황제 영묘의 1905년 모습. PUBLIC DOMAIN
그림 12(267쪽)   자항기르 황제가 발행한 별자리가 새겨진 주화. PUBLIC DOMAIN
그림 13(285쪽)   자항기르 황제의 초상화를 든 누르 자한. PUBLIC DOMAIN
그림 14(286쪽)   누르 자한의 이름이 새겨진 은화. Auther Drnsreedhar1959
그림 15(293쪽)   누르 자한의 부모 이티미드 알다울라와 아스마트 베깜의 영묘. ⓘⓒⓒ, Author Amaninder(위) / ⓘⓒⓒ, Author Royroydeb(아래 왼쪽 · 오른쪽)
그림 16(298쪽)   샤 자한 황제의 도장과 서명. ⓘⓒⓒ, Author Masafi Mustafa Haider
그림 17(300쪽)   라자스탄 조드푸르에 있는 자로카(왼쪽)와 후마윤 황제 영묘 입구문에 있는 자로카(오른쪽). ⓘⓒⓒ, Author Wolfgang Sauber(왼쪽) / ⓘⓒⓒ, Author Varunshiv(오른쪽)
그림 18(302쪽)   샤 자한 황제 초상화. 로스앤젤레스 주립미술관 제공(M.83.1.3)

	www.LACMA.org
그림 19(311쪽)	타지마할과 타지마할의 주인 뭄타즈 마할 초상화, (PUBLIC DOMAIN)
그림 20(314쪽)	샤자하나바드 궁전 단지의 향수를 섞은 물이 흐르는 폭포(왼쪽)와 유약을 발라 구운 타일(오른쪽)
그림 21(314쪽)	샤자하나바드의 자마 마스지드 동문, (PUBLIC DOMAIN)
그림 22(337쪽)	샤자하나바드의 모티 마스지드, (PUBLIC DOMAIN)
그림 23(338쪽)	라호르성의 정문 알람기리 다르자와(위)와 디완 하스(아래), (PUBLIC DOMAIN)(위)/(CC) , Author Muhammad Ashar(아래)
그림 24(350쪽)	비자푸르 요새에 있는 대포(1865년 사진), (PUBLIC DOMAIN)
그림 25(354쪽)	사람들이 회상한 알람기르 황제의 모습(1725년경 그림), 로스앤젤레스 주립미술관 제공(M.72.88.1) www.LACMA.org
그림 26(368쪽)	바하두르 샤 황제의 왕자 시절인 1675년경 모습, 로스앤젤레스 주립미술관 제공(M.74.123.5) www.LACMA.org
그림 27(380쪽)	봄맞이 홀리 축제의 무함마드 샤 황제, 로스앤젤레스 주립미술관 제공(M.76.149.2) www.LACMA.org
그림 28(383쪽)	1820년대 세포이, (PUBLIC DOMAIN)
그림 29(387쪽)	장님이 되었지만 공작 옥좌에 다시 앉은 샤 알람 2세(1801년 그림), 로스앤젤레스 주립미술관 제공(M.77.78) www.LACMA.org
그림 30(390쪽)	무굴 제국 최후의 영토 샤자하나바드의 공성전 전 모습, (PUBLIC DOMAIN)
그림 31(390쪽)	붉은 요새에 있는 황제의 특별 알현실인 디완 하스, (PUBLIC DOMAIN)
그림 32(412쪽)	붉은 요새의 라호르 대문과 그곳에서 대국민 연설을 하는 네루 총리, (PUBLIC DOMAIN)

지도 1(40쪽)	바부르의 세계(1526년 이전)
지도 2(74쪽)	남아시아의 거대 지역과 주요 특징
지도 3(93쪽)	1526년 주요 국가와 지방
지도 4(118쪽)	인도 재위기 후마윤 황제의 세계
지도 5(140쪽)	1556년 악바르 황제 즉위 당시의 세계
지도 6(332쪽)	알람기르 황제 재위기의 주요 국가와 지방

계보도 1(30쪽)	무굴 황제들과 왕자들(1526~1707년)
계보도 2(375쪽)	후기 무굴 제국의 황제들

주

들어가며 : 시간과 공간에 따라 변화한 무굴 제국

1   Maddison, Angus, *Contours of the World Economy 1–2030 AD* (Oxford : Oxford University Press, 2007), Appendix I-A.

2   Moin, Ahmed Azfar, *The Millennial Sovereign : Sacred Kingship and Sainthood in Islam* (New York : Columbia University Press, 2012).

3   Subrahmanyam, Sanjay, "The Mughal State : Structure or Process?—Reflections on Recent Western Historiography," *Indian Economic and Social History Review*, 29/3 (1992), pp. 291–321.

4   Abu'l-Fażl ʿAllāmī, *Mukātabāt-i ʿAllāmī*, Mansura Haidar, tr. (Delhi : Munshiram Manoharlal, 1998), 서신 (1586년 9월 3일), p. 33.

제1장 인도 북부 정복 이전의 바부르

1   Babur, *The Baburnama : Memoirs of Babur, Prince and Emperor*, W. M. Thackston, tr. (New York : Modern Library, 2002), p. 332(pp. 32–3 ; バーブル, 《バーブル・ナーマ : ムガル帝国創設者の回想録 第3巻》, 間野英二 訳, 平凡社, 2015, p. 69).*

2   Babur, 앞의 책, p. 279(p. 275 ; バーブル, 《バーブル・ナーマ : ムガル帝国創設者の回想録 第2巻》, 間野英二 訳, 平凡社, 2014, p. 283).

3   바부르의 생애에 대해서는 Anooshahr, Ali, "Author of One's Fate : Fatalism and Agency in Indo-Persian Histories," *Journal of the Economic and Social History of the Orient*, 49/2 (2012), pp. 197–224 ; Dale, Stephen F., *The Garden of the Eight Paradises : Bābur and*

---

* 저자가 밝힌 *The Baburnama*의 해당 페이지는 2002년 Modern Library판이 아니라 같은 번역자의 1996년 Oxford University Press판이다. 2002년 Modern Library판에서 이 내용은 pp. 32–3에 해당한다. 이하 *The Baburnama* 인용에는 대괄호 안에 2002년판의 해당 페이지를 밝혀 두었다. *The Baburnama* 인용문의 한국어 번역은 마노 에이지의 일본어 번역을 참고했으므로 아울러 적었다.

the Culture of Empire in Central Asia, Afghanistan and India (1483-1530) (Leiden : Brill, 2004) ; Erskine, William, *A History of India under the Two First Sovereigns of the House of Taimur, Báber and Humáyun*, 2 vols (London : Longman, Brown, Green, and Longmans, 1854) ; Hasan, Mohibbul, *Babur, Founder of the Mughal Empire in India* (Delhi : Manohar, 1985) ; Moin, Ahmed Azfar, *The Millennial Sovereign : Sacred Kingship and Sainthood in Islam* (New York : Columbia University Press, 2012) ; Moin, Ahmed Azfar, "Peering through the Cracks in the Baburnama : The Textured Lives of Mughal Sovereigns," *Indian Economic and Social History Review*, 49/4 (2012), pp. 493-526 ; Williams, L. F. Rushbrook, *An Empire Builder of the Sixteenth Century* (London : Longmans, Green, 1918) 참고.

4   Babur, 앞의 책, p. 102(p. 77 ; バーブル, 《バーブル・ナーマ：ムガル帝国創設者の回想録 第1巻》, 間野英二 訳, 平凡社, 2014, p. 160).
5   Babur, 앞의 책, p. 59(p. 29 ; バーブル, 앞의 책, p. 72).
6   Balabanlilar, Lisa, "The Begims of the Mystic Feast : Turco-Mongol Tradition in the Mughal Harem," *Journal of Asian Studies*, 69/1 (2010), pp. 123-47 ; Gulbadan, *The History of Humāyūn (Humāyūn-nāma)*, Annette Beveridge, tr. (London : Royal Asiatic Society, 1902)[グルバダン・ベギム, 《フマーユーン・ナーマ：ムガル朝皇帝バーブルとフマーユーンに関する回想録》, 間野英二 訳, 平凡社, 2014~2015) ; Lal, Ruby, *Domesticity and Power in the Early Mughal World* (Cambridge : Cambridge University Press, 2005) ; Lal, Ruby, "Historicizing the Harem : The Challenge of a Princess's Memoir," *Feminist Studies*, 30/3 (2004), pp. 590-616 참고.
7   Babur, 앞의 책, p. 35(p. 4 ; バーブル, 앞의 책, p. 8).
8   Babur, 앞의 책, p. 39(p. 7 ; バーブル, 앞의 책, p. 27).
9   Babur, 앞의 책 p. 93(p. 67 ; バーブル, 앞의 책, p. 142).
10 Dale, Stephen F., "The Poetry and Autobiography of the *Bâbur-nâma*," *Journal of Asian Studies*, 55/3 (1996), pp. 635-64.
11 Babur, 앞의 책, p. 38(p. 118 ; バーブル, 앞의 책, pp. 234-5).
12 Babur, 앞의 책, p. 169, p. 180(p. 152, p. 164 ; バーブル, 《バーブル・ナーマ：ムガル帝国創設者の回想録 第2巻》, 間野英二 訳, 平凡社, 2014, p. 35, p. 61).
13 Babur, 앞의 책, p. 414(p. 424 ; バーブル, 《バーブル・ナーマ：ムガル帝国創設者の回想録 第3巻》, 間野英二 訳, 平凡社, 2015, p. 247).
14 Babur, 앞의 책, p. 62, p. 414*(p. 24, pp. 32-3 ; バーブル, 《バーブル・ナーマ：ムガル帝国創設者の回想録 第1巻》, 間野英二 訳, 平凡社, 2014, p. 61, p. 78) ; Gulbadan, *The History of Humāyūn (Humāyūn-nāma)*, Annette Beveridge, tr. (London : Royal Asiatic Society, 1902), p. 89[グルバダン・ベギム, 앞의 책, p. 32].

* p. 54, p. 62를 잘못 적은 것으로 보인다.

주

15　Babur, 앞의 책, p. 54, p. 239, p. 257, p. 263(p. 24, p. 231, p. 250, p. 257 ; バーブル, 앞의 책, p. 61 ; バーブル, 《バーブル・ナーマ：ムガル帝国創設者の回想録 第2巻》, 間野英二 訳, 平凡社, 2014, p. 196, p. 234, p. 247) ; Gulbadan, 앞의 책, p. 90, p. 276(グルバダン・ベギム, 앞의 책, p. 32. p. 276).*

16　Babur, 앞의 책, p. 273(p. 268) ; Gulbadan, 앞의 책, p. 9, pp. 266-7.

17　Gulbadan, 앞의 책, p. 97(グルバダン・ベギム, 앞의 책, p.43).

18　Babur, 앞의 책, p. 302(p. 300 ; バーブル, 앞의 책, p. 332).

19　Streusand, Douglas, *Islamic Gunpowder Empires : Ottomans, Safavids, and Mughals* (Boulder : Westview, 2011).

20　Babur, 앞의 책, p. 372(p. 379 ; バーブル, 《バーブル・ナーマ：ムガル帝国創設者の回想録 第3巻》, 間野英二 訳, 平凡社, 2015, p. 157).

21　Babur, 앞의 책, p. 186 (p. 171 ; バーブル, 《バーブル・ナーマ：ムガル帝国創設者の回想録 第2巻》, 間野英二 訳, 平凡社, 2014, p. 76).

22　Babur, 앞의 책, p. 329 (p. 330 ; バーブル, 《バーブル・ナーマ：ムガル帝国創設者の回想録 第3巻》, 間野英二 訳, 平凡社, 2015, p. 62).

23　Babur, 앞의 책, p. 320(p. 320 ; バーブル, 앞의 책, pp. 38-9).

24　Babur, 앞의 책, p. 324(p. 324 ; バーブル, 앞의 책, p. 48).

25　Babur, 앞의 책, p. 314, p. 323(p. 312, p. 323 ; バーブル, 앞의 책, pp. 23-4, p. 46).

26　Babur, 앞의 책, p. 322(pp. 321-2 ; バーブル, 앞의 책, p. 44).

27　Babur, 앞의 책, p. 327(p. 328 ; バーブル, 앞의 책, p. 57).

28　Babur, 앞의 책, p. 328(p. 328 ; バーブル, 앞의 책, pp. 58-9).

29　Babur, 앞의 책, p. 353(p. 356 ; バーブル, 앞의 책, pp. 116-7) ; Gulbadan, 앞의 책, pp. 95-6.

30　Satyal, Amita, "The Mughal Empire, Overland Trade, and Merchants of Northern India, 1526-1707," *Ph.D. Thesis, University of California, Berkeley* (2008), p. 50.

31　Babur, 앞의 책, pp. 353-4(pp. 356-7 ; バーブル, 앞의 책, pp. 117-9).

제2장 바부르 황제의 무굴 제국 만들기

1　Jahangir, *The Tuzuk-i-Jahāngīrī or Memoirs of Jahāngīr Vol. 2 : From the Thirteenth to the Beginning of the Nineteenth Year of His Reign*, Alexander Rogers, tr., Henry Beveridge, ed. (London : Royal Asiatic Society, 1914), p. 141.

2　Talbot, Cynthia, "Becoming Turk the Rajput Way : Conversion and Identity in an Indian Warrior Narrative," *Modern Asian Studies*, 43/1 (2009), pp. 211-43.

3　Oberoi, Harjot Singh, *The Construction of Religious Boundaries : Culture, Identity, and*

---

* 이 인용의 내용은 굴바단의 서술이 아니라 영역본 번역자 에넷 베버리지Annette Beveridge가 바부르와 관계있는 여성들을 정리한 부분이다.

Diversity in the Sikh Tradition (Chicago : University of Chicago Press, 1994), p. 174.

4   Singh, Chetan, "Forests, Pastoralists and Agrarian Society in Mughal India," in David Arnold and Ramachandra Guha, eds., *Nature, Culture, Imperialism : Essays on the Environmental History of South Asia*, (Delhi : Oxford University Press, 1995), pp. 21-48.

5   Babur, *The Baburnama : Memoirs of Babur, Prince and Emperor*, W. M. Thackston, tr. (New York : Modern Library, 2002), p. 334(p. 335 ; バーブル,《バーブル・ナーマ : ムガル帝国創設者の回想録 第3巻》, 間野英二 訳, 平凡社, 2015, p. 74).

6   Babur, 앞의 책, pp. 373-80, p. 383(pp. 380-7, pp. 389-90 ; バーブル, 앞의 책, pp. 158-71, p. 177) ; Williams, L. F. Rushbrook, *An Empire Builder of the Sixteenth Century* (London : Longmans, Green, 1918), p. 152.

7   Babur, 앞의 책, p. 387, p. 397(p. 394, p. 409 ; バーブル, 앞의 책, pp. 187-8, p. 216) ; Williams, L. F. Rushbrook, 앞의 책, p. 152.

8   Anooshahr, Ali, "The King Who Would Be Man : The Gender Roles of the Warrior King in Early Mughal History," *Journal of the Royal Asiatic Society*, 18 (2008), pp. 324-40.[*]

9   Jahangir, *The Tuzuk-i-Jahāngīrī or Memoirs of Jahāngīr Vol. 1 : From the First to the Twelfth Year of His Reign*, Alexander Rogers, tr., Henry Beveridge, ed. (London : Royal Asiatic Society, 1909), p. 55.

10 Babur, 앞의 책, p. 363, p. 372(pp. 368-9, p. 379 ; バーブル, 앞의 책, p. 137).

11 Babur, 앞의 책, p. 395, p. 397(p. 403, p. 406 ; バーブル, 앞의 책, p. 203).

12 Babur, 앞의 책, p. 396(p. 404 ; バーブル, 앞의 책, p. 207).

13 Babur, 앞의 책, p. 409(p. 419 ; バーブル, 앞의 책, pp. 235-6).

14 Eaton, Richard, "'Kiss My Foot,' Said the King : Firearms, Diplomacy, and the Battle for Raichur, 1520," *Modern Asian Studies*, 43/1 (2009), pp. 289-313.

15 Babur, 앞의 책, p. 410, p. 425(p. 420, p. 436 ; バーブル, 앞의 책, pp. 237-8, p. 272) ; Dale, Stephen F. and Alam Paynd, "The Ahrārī Waqf in Kābul in the Year 1546 and the Mughūl Naqshbandiyya," *Journal of the American Oriental Society*, 119/2 (1999), pp. 218-33 ; Foltz, Richard, "The Central Asian Naqshbandī Connections of the Mughal Emperors," *Journal of Islamic Studies*, 7/2 (1996), pp. 229-39 ; Moin, Ahmed Azfar, "Peering through the Cracks in *the Baburnama* : The Textured Lives of Mughal Sovereigns," *Indian Economic and Social History Review*, 49/4 (2012), pp. 493-526.

16 Asher, Catherine, *Architecture of Mughal India* (Cambridge : Cambridge University Press, 1992), p. 37 ; Babur, 앞의 책, pp. 359-60, pp. 416-8(pp. 363-4, pp. 426-8 ; バーブル, 앞의 책, pp. 130-2, pp. 251-6) ; Dale, Stephen F., *The Garden of the Eight Paradises : Bābur and*

---

[*] 본문의 논의에 관해서는 알리 아누샤흐르Ali Anooshahr의 *The Ghazi Sultans and the Frontiers of Islam : A Comparative Study of the Late Medieval and Early Modern Periods* (New York : Routledge, 2009)가 도움이 될 것이다.

the Culture of Empire in Central Asia, Afghanistan and India (1483-1530) (Leiden : Brill, 2004), pp. 426-7.

17 Babur, 앞의 책, p. 351(p. 353 ; バーブル, 앞의 책, p. 113).

18 Dale, Stephen F., "Steppe Humanism : The Autobiographical Writings of Zahir al-Din Muhammad Babur, 1483-1530," *International Journal of Middle East Studies*, 22/1 (1990), p. 49.

19 Dale, Stephen F., 앞의 책, p. 429, p. 431.

20 Babur, 앞의 책, p. 351(p. 353 ; バーブル, 앞의 책, p. 113).

제3장 후마윤 황제와 인도인

1 Dughlat, Mirza Muhammad Haidar, *Mirza Haydar Dughlat's Tarikh-i-Rashidi : A History of the Khans of Moghulistan*, W. M. Thackson, tr. (Cambridge : Harvard University Press, 1996), p. 283b.

2 Gulbadan, *The History of Humāyūn (Humāyūn-nāma)*, Annette Beveridge, tr. (London : Royal Asiatic Society, 1902)(グルバダン・ベギム,《フマーユーン・ナーマ：ムガル朝皇帝バーブルとフマーユーンに関する回想録》, 間野英二 訳, 平凡社, 2014~2015)) ; Lal, Ruby, *Domesticity and Power in the Early Mughal World* (Cambridge : Cambridge University Press, 2005) ; Mukhia, Harbans, *The Mughals of India* (Oxford : Blackwell, 2004), pp. 113-55.

3 Moin, Ahmed Azfar, "Peering through the Cracks in *the Baburnama* : The Textured Lives of Mughal Sovereigns," *Indian Economic and Social History Review*, 49/4 (2012), pp. 493-526

4 Abu'l-Faẕl 'Āllamī, *Akbarnama*, Vol. 1, H. Beveridge, tr. (Calcutta : Asiatic Society of Bengal, 1907), p. 314, pp. 644-51.

5 Khwandamir, *Qanun-i Humayuni (also known as Humayun Nama)*, M. Hidayat Hosain, tr. (Calcutta : Royal Asiatic Society of Bengal, 1940).

6 Prasad, Ishwari, *The Life and Times of Humayun* (Allahabad : Central Book Depot, 1976), pp. 52-3.

7 Babur, *The Baburnama : Memoirs of Babur, Prince and Emperor*, W. M. Thackston, tr. (New York : Modern Library, 2002), p. 362(p. 367 ; バーブル,《バーブル・ナーマ：ムガル帝国創設者の回想録 第3巻》, 間野英二 訳, 平凡社, 2015, p. 113).

8 Desoulières, Alain, "Mughal Diplomacy in Gujarat (1533-1534) in Correia's 'Lendas da India'," *Modern Asian Studies*, 22/3 (1988), pp. 433-54.

9 Dughlat, Mirza Muhammad Haidar, 앞의 책, p. 284a.

10 Aftabachi, Jawhar, "Tadhkiratu'l-Wāqi'āt," in W. M. Thackston, ed. and tr., *Three Memoirs of Humayun* (Costa Mesa : Mazda, 2009), p. 81.

11　Aftabachi, Jawhar, 앞의 논문 ; Prasad, Ishwari, 앞의 책, p. 177.

12　Dughlat, Mirza Muhammad Haidar, 앞의 책, pp. 286b–7b.

13　Dughlat, Mirza Muhammad Haidar, 앞의 책, pp. 283b–4a ; Mushtaqi, Shaikh Rizqullah, "The Waqi'ati-Mushtaqi," in Iqtidar Siddiqui, ed., *Mughal Relations with the Indian Ruling Elite* (Delhi : Munshiram Manoharlal, 1983), p. 73.

14　Jahangir, *The Tuzuk-i-Jahāngīrī or Memoirs of Jahāngīr Vol. 2 : From the Thirteenth to the Beginning of the Nineteenth Year of His Reign*, Alexander Rogers, tr., Henry Beveridge, ed. (London : Royal Asiatic Society, 1914), pp. 62–3.

15　Sarwani, Abbas Khan, "Tarikh-i Sher Shahi," in H. M. Elliott, ed., *The History of India as Told by Its Own Historians*, Vol. 4 (London : Trubner, 1873–7), pp. 331–2 ; Babur, 앞의 책, p. 427, p. 430(p. 438, p. 441).

16　Sarwani, Abbas Khan, 앞의 논문, p. 330 ; Aḥmad, Khwājah Niẓāmuddīn, *The Ṭabakāt-i Akbarī, Vol. 2 : A History of India from the Early Musalmān Invasions to the Thirty-Sixth Year of the Reign of Akbar*, B. De, tr. (Delhi : Low Price, 1992), pp. 150–2.

17　Husain, Afzal, *The Nobility under Akbar and Jahāngīr : A Study of Family Groups* (Delhi : Manohar, 1999), pp. 11–44 ; Roy, Sukumar, *Bairam Khan*, M. H. A. Beg, ed. (Karachi : University of Karachi, 1992).

18　Gulbadan, 앞의 책, pp. 149–51(グルバダン・ベギム, 앞의 책, p. 105).

19　Bayáts, Báyazid, "Táríkh-i Humáyún," in W. M. Thackston, ed. and tr, *Three Memoirs of Humayun*, Vol. 2 (Costa Mesa : Mazda, 2009), pp. 50–1 ; Gulbadan, 앞의 책, p. 168(グルバダン・ベギム, 앞의 책, p. 129) ; Monshi, Estakdar Beg, *History of Shah 'Abbas the Great (Tārīḵ-e 'Ālamārā-ye 'Abbāsī)*, Vol. 1, Roger M. Savory, tr. (Boulder : Westview, 1978), p. 162.

20　Monshi, Estakdar Beg, 앞의 책, p. 163.

21　Roy, Sukumar, *Humāyūn in Persia* (Calcutta : Royal Asiatic Society, 1948).

22　Sarwani, Abbas Khan, 앞의 논문 ; Kolff, D. H. A., *Naukar, Rajput, and Sepoy : The Ethnohistory of the Military Labour Market of Hindustan, 1450–1850* (Cambridge : Cambridge University Press, 1990).

23　Abu'l-Fażl 'Āllamī, 앞의 책, pp. 642–4.

제4장 무굴 제국의 중심이 된 악바르 황제

1　Jahangir, *The Tuzuk-i-Jahāngīrī or Memoirs of Jahāngīr Vol. 1 : From the First to the Twelfth Year of His Reign*, Alexander Rogers, tr., Henry Beveridge, ed. (London : Royal Asiatic Society, 1909), pp. 33–4.

2　Abu'l-Fażl 'Āllamī, *Akbarnama*, Vol. 2, H. Beveridge, tr. (Calcutta : Asiatic Society of Bengal, 1907), pp. 70–2.

주

3   Khan, Iqtidar Alam, "The Nobility under Akbar and the Development of His Religious Policy, 1560-80," *Journal of the Royal Asiatic Society*, 1/2 (1968), Appendix I ; Naqvi, H. K., *Urbanisation and Urban Centers under the Great Mughals, 1556–1707 : An Essay in Interpretation* (Shimla : Indian Institute of Advanced Study, 1972), pp. 160–86.

4   Reis, Sidi Ali, *The Travels and Adventures of the Turkish Admiral Sidi Ali Reïs in India, Afghanistan, Central Asia, and Persia, during the Years 1553–1556*, Ármin Vámbéry, tr. (London : Luzac Co., 1899), pp. 55–7.

5   Faruqui, Munis, "The Forgotten Prince : Mirza Hakim and the Formation of the Mughal Empire in India," *Journal of the Economic and Social History of the Orient*, 48/4 (2005), pp. 487–523.

6   Abu'l-Fażl 'Allāmī, *'Ain-i Ākbarī*, Vol. 3, Colonel H. S. Jarret, tr. (Calcutta : Asiatic Society of Bengal, 1894), p. 383.

7   Bayáts, Báyazid, "Táríkh-i Humáyún," in W. M. Thackston, ed. and tr, *Three Memoirs of Humayun*, Vol. 2 (Costa Mesa : Mazda, 2009), pp. 95–101.

8   Aḥmad, Khwājah Niẓāmuddīn, *The Ṭabakāt-i Akbarī, Vol. 2 : A History of India from the Early Musalmān Invasions to the Thirty-Sixth Year of the Reign of Akbar*, B. De, tr. (Delhi : Low Price, 1992), p. 198, p. 204 ; Smith, Vincent, "The Death of Hēmū in 1556, after the Battle of Pānīpat," *Journal of the Royal Asiatic Society*, 48/3 (1916), pp. 527–35.

9   Smith, Vincent, 앞의 논문.

10   Siddiqui, Iqtidar, *Mughal Relations with the Indian Ruling Elite* (Delhi : Munshiram Manoharlal, 1983), pp. 90–105.

11   Nizami, Khaliq Ahmad, *Akbar & Religion* (Delhi : IAD Oriental, 1989), p. 185 ; O'Hanlon, Rosalind, "Kingdom, Household and Body History, Gender and Imperial Service under Akbar," *Modern Asian Studies*, 41/5 (2007), pp. 889–923 ; Pandian, A. S., "Predatory Care : The Imperial Hunt in Mughal and British India," *Journal of Historical Sociology*, 14/1 (2001), pp. 79–107.

12   Abu'l-Fażl 'Allāmī, 앞의 책(주 2), pp. 70–2, pp. 253–4.

13   Husain, Afzal, *The Nobility under Akbar and Jahāngīr : A Study of Family Groups* (Delhi : Manohar, 1999), Chapter 2.

14   Badā'ūnī, 'Abd al-Qādir, *Muntakhab-ut-tawārīkh*, Vol. 2, W. H. Lowe, tr. (Calcutta : The Asiatic Society, 1884), pp. 29–30.

15   Hasan, Ibn, *The Central Structure of the Mughal Empire and Its Practical Working up to the Year 1657* (Oxford : Oxford University Press, 1936), pp. 350–1 ; Sharma, Gauri, *Prime Ministers under the Mughals, 1526–1707* (Delhi : Kanishka, 2006), pp. 30–3.

16   Abu'l-Fażl 'Allāmī, 앞의 책(주 2), p. 307.

17   Taft, F. H., "Honor and Alliance : Reconsidering Mughal-Rajput Marriages," in Karine Schomer, et al., eds., *Idea of Rajasthan Vol. 2 : Explorations in Regional Identity* (New

Delhi : Manohar, 1994), pp. 217–41 ; Ziegler, Norman, "Marvari Historical Chronicles : Sources for the Social and Cultural History of Rajasthan," *Indian Economic and Social History Review*, 13/2 (1976), pp. 219–50 ; Ziegler, Norman, "Some Notes on Rajput Loyalties during the Mughal Period," in John Richards, ed., *Kingship and Authority in South Asia* (Madison : University of Wisconsin-Madison Press, 1978), pp. 242–84.

18 Abu'l-Fażl 'Allamī, 앞의 책(주 2), p. 242.
19 Badā'ūnī, 'Abd al-Qādir, 앞의 책, p. 352.
20 Khan, Ahsan Raza, *Chieftains in the Mughal Empire during the Reign of Akbar* (Simla : Indian Institute of Advanced Study, 1977), p. 207.
21 Busch, Allison, "Portrait of a Raja in a Badshah's World : Amrit Rai's Biography of Man Singh (1585)," *Journal of the Economic and Social History of the Orient*, 55/2–3 (2012), p. 294 ; Pauwels, Heidi, "The Saint, the Warlord, and the Emperor : Discourses of Braj Bhakti and Bundelā Loyalty," *Journal of the Economic and Social History of the Orient*, 52/2 (2009), pp. 187–228 참고 ; Talbot, Cynthia, "Becoming Turk the Rajput Way : Conversion and Identity in an Indian Warrior Narrative," *Modern Asian Studies*, 43/1 (2009), pp. 211–43 ; Talbot, Cynthia, "Justifying Defeat : A Rajput Perspective on the Age of Akbar," *Journal of the Economic and Social History of the Orient*, 55/2–3 (2012), pp. 329–68 ; Vanina, Eugenia, "Mādhavānal-kāmakandalā : A Hindi Poem of Akbar's Epoch," *Indian Historical Review*, 20/1–2 (1993–4), pp. 66–77.
22 Busch, Allison, 앞의 논문, p. 310.
23 Asher, Catherine, "The Architecture of Raja Man Singh," in Monica Juneja, *Architecture in Medieval India : Forms, Contexts, Histories* (Delhi : Permanent Black, 2001) ; Ziegler, Norman, 앞의 논문.
24 Taft, F. H., 앞의 논문, p. 223, p. 235n6.
25 Jahangir, *The Tuzuk-i-Jahāngīrī or Memoirs of Jahāngīr Vol. 2 : From the Thirteenth to the Beginning of the Nineteenth Year of His Reign*, Alexander Rogers, tr., Henry Beveridge, ed. (London : Royal Asiatic Society, 1914), p. 181.
26 Bilgrami, Fatima Zehra, "The Mughal Annexation of Sind : A Diplomatic and Military History," in Irfan Habib, ed., *Akbar and His India* (Delhi : Oxford University Press, 2000), pp. 33–54 ; Zaidi, Sunita, "Akbar's Annexation of Sind : An Interpretation," in Irfan Habib, ed., *Akbar and His India* (Delhi : Oxford University Press, 1997), pp. 25–32.

제5장 악바르 황제와 무굴 제국의 제도

1 Abu'l-Fażl 'Allamī, *Akbarnama*, Vol. 2, H. Beveridge, tr. (Calcutta : Asiatic Society of Bengal, 1907), p. 198.
2 Fox, Richard, *Kin, Clan, Raja, and Rule* (Berkeley : University of California Press, 1971) ;

주

Grover, B. R., *Collected Works of Professor B. R. Grover Vol. 4 : Land and Taxation System during the Mughal Age*, Amrita Grover, et al. eds. (Delhi : D. K., 2005) ; Grover, B. R., *Collected Works of Professor B. R. Grover Vol. 5 : Mughal Land Revenue Apparatus*, Amrita Grover, et al. eds. (Delhi : D. K., 2005) ; Hasan, S. Nurul, "The Position of the Zamindars in the Mughal Empire," *Indian Economic and Social History Review*, 1/4 (1964), pp. 107-19.

3   Naqvi, H. K., *Urbanisation and Urban Centers under the Great Mughals, 1556-1707 : An Essay in Interpretation* (Shimla : Indian Institute of Advanced Study, 1972), pp. 160-86.

4   Badā'ūnī, 'Abd al-Qādir, *Muntakhab-ut-tawārīkh*, Vol. 2, W. H. Lowe, tr. (Calcutta : The Asiatic Society, 1884), pp. 193-4 ; Aḥmad, Khwājah Niẓāmuddīn, *The Ṭabaḳāt-i Akbarī, Vol. 2 : A History of India from the Early Musalmān Invasions to the Thirty-Sixth Year of the Reign of Akbar*, B. De, tr. (Delhi : Low Price, 1992), p. 456 ; Qandhari, Muhammad Arif, *Tarikh-i-Akbari*, Tasneem Ahmad, tr. (Delhi : Pragati, 1993), p. 231 ; Siddiqi, Noman, "The Classification of Villages under the Mughals," *Indian Economic and Social History Review*, 1/1 (1964), pp. 73-83.

5   Banārasīdās, *Ardhakathānaka : The Half Tale—A Study in the Interrelationship and History*, Mukund Lath, tr. (Jaipur : Rajasthan Prakrit Bharati Sansthan, 1981), p. 48, p. 177n.

6   Shivram, Balkrishan, *Jagirdars in the Mughal Empire during the Reign of Akbar* (Delhi : Manohar, 2008), p. 15.

7   Moosvi, Shireen, "Share of the Nobility in the Revenues of Akbar's Empire 1595-96," *Indian Economic and Social History Review*, 17/3 (1980), pp. 329-41 ; Moosvi, Shireen, "The Zamindars' Share in the Peasant Surplus in the Mughal Empire : Evidence of the Ain-i-Akbari Statistics," *Indian Economic and Social History Review*, 15/3 (1978), pp. 359-73 ; Siddiqi, Noman, 앞의 논문 ; Wee, Maarten van der, "Semi-Imperial Polity and Service Aristocracy : The Mansabdars in Mughal India (ca. 1550 to ca. 1750)," *Dialectical Anthropology*, 13/3 (1988), pp. 209-25.

8   Bayly, C. A., *Empire and Information : Intelligence Gathering and Social Communication in India, 1780-1870* (Cambridge : Cambridge University Press, 1996), Chapter 1.

9   Raychaudhuri, Tapan, *Bengal under Akbar and Jahangir : An Introductory Study in Social History* (Delhi : Munshiram Manoharlal, 1966) ; Siddiqi, Noman, "The Faujdar and Faujdari under the Mughals," in Muzaffar Alam and Sanjay Subrahmanyam, eds., *The Mughal State, 1526-1750* (Delhi : Oxford University Press, 1998), pp. 234-51.

10   Badā'ūnī, 'Abd al-Qādir, 앞의 책, p. 388.

11   Richards, John F., *Document Forms for Official Orders of Appointment in the Mughal Empire* (Cambridge : F. J. W. Gibb Memorial, 1986).

12   Alam, Muzaffar, *Languages of Political Islam* (Chicago : University of Chicago Press,

2004) ; Guha, Sumit, "Serving the Barbarian to Preserve the Dharma," *Indian Economic and Social History Review*, 47/4 (2010), pp. 497-525.

13 Richards, John F., *The Mughal Empire* (Cambridge : Cambridge University Press, 1993), p. 284.
14 Blake, Stephen, "Patrimonial-Bureaucratic Empire of the Mughals," *Journal of Asian Studies*, 39/1 (1979), pp. 77-94 ; Subrahmanyam, Sanjay, "The Mughal State-Structure or Process? : Reflections on Recent Western Historiography," *Indian Economic and Social History Review*, 29/3 (1992), pp. 291-321 참고.
15 Gordon, Stewart, ed., *Robes and Honor : The Medieval World of Investiture* (New York : Palgrave, 2001) ; Gordon, Stewart, ed., *Robes of Honour : Khil'at in Pre-Colonial and Colonial India* (Delhi : Oxford University Press, 2003) ; O'Hanlon, Rosalind, "Manliness and Imperial Service in Mughal North India," *Journal of the Economic and Social History of the Orient*, 42/1 (1999), pp. 47-93.
16 Shivram, Balkrishan, 앞의 책, pp. 57-8.
17 Badā'ūnī, 'Abd al-Qādir, 앞의 책, pp. 190-1.
18 Koch, Ebba, *The Complete Taj Mahal* (London : Thames and Hudson, 2006) ; Dale, Stephen F., *The Muslim Empires of the Ottomans, Safavids, and Mughals* (Cambridge : Cambridge University Press 2010).
19 Abu'l-Fażl 'Āllamī, *Ain-i Ākbari*, Vol. 3, Colonel H. S. Jarret, tr. (Calcutta : Baptist Mission Press, 1894), p. 399.
20 Abu'l-Fażl 'Āllamī, 앞의 책(주 1), pp. 70-2, p.282.
21 Sinha, Parmeshwar Prasad, *Raja Birbal, Life and Times* (Patna : Janaki Prakashan, 1980).
22 Das, Kumudranjan, *Raja Todar Mal* (Calcutta : Saraswat Library, 1979).
23 Chandra, Satish, "Some Aspects of the Growth of a Money Economy in India during the Seventeenth Century," *Indian Economic and Social History Review*, 3/4 (1966), pp. 321-31 ; Subrahmanyam, Sanjay, 앞의 논문 ; Subrahmanyam, Sanjay and C. A. Bayly, "Portfolio Capitalists and the Political Economy of Early Modern India," *Indian Economic and Social History Review*, 25/4 (1988), pp. 401-24.
24 Badā'ūnī, 'Abd al-Qādir, 앞의 책, p. 65.
25 Banārasīdās, 앞의 책, pp. 7-10.
26 Satyal, Amita, "The Mughal Empire, Overland Trade, and Merchants of Northern India, 1526-1707," Ph. D. Thesis, University of California, Berkeley (2008), pp. 69-70.

제6장 수도에 따른 악바르 황제 재위기의 변화

1 Monserrate, Antonio, *The Commentary of Father Monserrate, S. J. : On His Journey to the Court of Akbar*, J. S. Hoyland, tr., S. N. Banerjee, ed. (Delhi : Asian Educational Services,

주

1992), p. 132.

2   Ansari, Muhammad Azhar, *Social Life of the Mughal Emperors, 1526–1707* (Allahabad : Shanti Prakashan, 1974) ; Blake, Stephen, *Shahjahanabad : The Sovereign City in Mughal India 1639–1739* (Cambridge : Cambridge University Press, 1993) ; Rezavi, Syed Ali Nadeem, ed., *Fathpur Sikri Revisited* (Delhi : Oxford University Press, 2013), pp. 29ff.

3   Naqvi, H. K., *Urbanisation and Urban Centers under the Great Mughals, 1556–1707 : An Essay in Interpretation* (Shimla : Indian Institute of Advanced Study, 1972), pp. 160–86, p. 286.

4   Delvoye, François 'Nalini,' "The Image of Akbar as a Patron of Music in Indo-Persian and Vernacular Sources," in Irfan Habib, ed,. *Akbar and His India* (Delhi : Oxford University Press, 2000), pp. 188–214 ; Wade, Bonnie, *Imaging Sound : An Ethnomusicological Study of Music, Art, and Culture in Mughal India* (Chicago : University of Chicago Press, 1998).

5   Abu'l-Fażl 'Āllamī, *Akbarnama*, Vol. 2, H. Beveridge, tr. (Calcutta : Asiatic Soc, 1907), p. 445.

6   Beach, Milo Cleveland, *Early Mughal Paintings* (Cambridge : Harvard University Press, 1987) ; Seyller, John, *Workshop and Patron in Mughal India : The Freer Rāmāyaṇa and Other Illustrated Manuscripts of 'Abd al-Raḥīm*, Vol. 42 (Zurich : Artibus Asiae Publishers, 1999) ; Verma, Som Prakash, *Aspects of Mughal Painters*, Vol. 1 (Delhi : Abhinav, 2009), pp. 50ff.

7   Badā'ūnī, 'Abd al-Qādir, *Muntakhab-ut-tawárikh*, Vol. 2, W. H. Lowe, tr. (Calcutta : The Asiatic Society, 1884), p. 165.

8   Brand, Michael and Glenn D. Lowry, eds., *Fatehpur Sikri : A Sourcebook* (Bombay : Marg Publications, 1987) ; Nath, Ram, *Fatehpur Sikri and Its Monuments* (Agra : Historical Research Documentation Programme, 2000) ; Rezavi, Syed Ali Nadeem, ed., 앞의 책 ; Rizvi, Saiyid Athar Abbas and Vincent John Adams Flynn, *Fathpūr-Sīkrī* (Bombay : D. B. Taraporevala Sons, 1975) ; Sharma, D. V., *Archaeology of Fatehpur Sikri : New Discoveries* (Delhi : Aryan, 2008).

9   Badā'ūnī, 'Abd al-Qādir, 앞의 책, pp. 168–9.

10 Farooqi, Naim, "Moguls, Ottomans, and Pilgrims : Protecting the Routes to Mecca in the Sixteenth and Seventeenth Centuries," *International History Review*, 10/2 (1988), pp. 198–220 ; Farooqi, Naim, "Six Ottoman Documents on Mughal-Ottoman Relations during the Reign of Akbar," *Journal of Islamic Studies*, 7/1 (1996), pp. 32–48.

11 Haider, Najaf, "Prices and Wages in India (1200–1800) : Source Material, Historiography and New Directions," in *Towards a Global History of Prices and Wages* (Utrecht : International Institute of Social History, 2004), pp. 1–3.

12 Abu'l-Fażl 'Āllamī, *'Ain-i Ākbari*, Vol. 1, H. Blochmann, tr. (Calcutta : The Asiatic Society of Bengal, 1873), p. 165.

13　Aḥmad, Khwājah Niẓāmuddīn, *The Ṭabaḳāt-i-Akbarī*, Vol. 3, B. De, tr. (Delhi : Low Price, 1992), pp. 470-2 ; Badā'ūnī, 'Abd al-Qādir, 앞의 책, pp. 200-4 ; Rezavi, Syed Ali Nadeem, "Religious Disputations and Imperial Ideology : The Purpose and Location of Akbar's Ibadatkhana," *Studies in History*, 24 (2008), pp. 195-209.

14　Badā'ūnī, 'Abd al-Qādir, 앞의 책, pp. 260-1 ; Aḥmad, Khwājah Niẓāmuddīn, 앞의 책, pp. 511-2 ; Qandhari, Muhammad Arif, *Tarikh-i-Akbari*, Tasneem Ahmad, tr. (Delhi : Pragati, 1993), p. 272 참고.

15　Khan, Iqtidar Alam, "Akbar's Personality Traits and World Outlook : A Critical Reappraisal," *Social Scientist*, 20/9-10 (1992), pp. 16-30 ; O'Hanlon, Rosalind, "Kingdom, Household and Body History, Gender and Imperial Service under Akbar," *Modern Asian Studies*, 41/5 (2007), pp. 889-923.

16　Aḥmad, Khwājah Niẓāmuddīn, 앞의 책, pp. 520-1 ; Abu'l-Fażl 'Allāmī, *Akbarnama*, Vol. 3, H. Beveridge, tr. (Calcutta : Asiatic Society of Bengal, 1907), pp. 395-6.

17　Badā'ūnī, 'Abd al-Qādir, 앞의 책, pp. 276-7.

18　Aḥmad, Khwājah Niẓāmuddīn, 앞의 책, pp. 523-4 ; Badā'ūnī, 'Abd al-Qādir, 앞의 책, pp. 279-80.

19　Abu'l-Fażl 'Allāmī, 앞의 책(주 12), pp. 168-87.

20　Hasan, Ibn, *The Central Structure of the Mughal Empire and Its Practical Working up to the Year 1657* (Oxford : Oxford University Press, 1936) ; Hasan, S. Nurul, *Religion, State, and Society in Medieval India*, Satish Chandra, ed. (Delhi : Oxford University Press, 2005) ; Moin, Ahmed Azfar, *The Millennial Sovereign : Sacred Kingship and Sainthood in Islam* (New York : Columbia University Press, 2012).

21　Athar Ali, M., *Apparatus of Empire : Awards of Ranks, Offices and Titles to the Mughal Nobility, 1574-1658* (Delhi : Oxford University Press, 1985) ; Naqvi, H. K., 앞의 책, Appendices A-B.

22　Mehta, Shirin, "Akbar as Reflected in the Contemporary Jain Literature in Gujarat," *Social Scientist*, 20/9-10 (1992), pp. 54-60 ; Pollock, Sheldon, "New Intellectuals in Seventeenth-Century India," *Indian Economic and Social History Review*, 38/1 (2001), pp. 3-31 ; Prasad, Pushpa, "Akbar and the Jains," in Irfan Habib, ed., *Akbar and His India* (Delhi : Oxford University Press, 2000), pp. 97-108.

23　Abu'l-Fażl 'Allāmī, *'Ain-i Ākbari*, Vol. 3, Colonel H. S. Jarret, tr. (Calcutta : Asiatic Society of Bengal, 1894), pp. 394-6 ; Khan, Iqtidar Alam, "The Mughal Assignment System during Akbar's Early Years, 1556-57," in Irfan Habib, ed. *Medieval India*, Vol. 1 (Delhi : Oxford University Press, 1992), pp. 62-128.

24　Richards, John F., *The Mughal Empire* (Cambridge : Cambridge University Press, 1993), p. 47.

25　Alam, Muzaffar and Sanjay Subrahmanyam, "Frank Disputations : Catholics and Muslims in the Court of Jahangir (1608-11)," *Indian Economic and Social History Review*, 46/4

(2009), p. 463 ; Maclagan, Edward, *The Jesuits and the Great Mogul* (Gurgaon : Vintage, 1990), p. 24 ; Monserrate, Antonio, 앞의 책, p. 2.

26 Monserrate, Antonio, 앞의 책, p. 28.
27 Koch, Ebba, "The Symbolic Possession of the World : European Cartography in Mughal Allegory and History Painting," *Journal of the Economic and Social History of the Orient*, 55/2-3 (2012), pp. 547-80 ; Monserrate, Antonio, 앞의 책, p. 126.
28 Abu'l-Fażl ʿĀllamī, 앞의 책(주 23), p. 42.
29 Carvalho, Pedro Moura, *Mirʾāt al-quds (Mirror of Holiness)* : *A Life of Christ for Emperor Akbar*, Wheeler M. Thackston, tr. (Leiden : Brill, 2012).
30 Abu'l-Fażl ʿĀllamī, *Mukātabāt-i ʿAllāmī*, Mansura Haidar, tr. (Delhi : Munshiram Manoharlal, 1998), pp. 8-11 ; Maclagan, Edward, 앞의 책, p. 37 ; Monserrate, Antonio, 앞의 책, p. 159, pp. 163-4.
31 Digby, Simon, "Bāyazīd Beg Turkmān's Pilgrimage to Makka and Return to Gujarat : A Sixteenth Century Narrative," *Iran*, 42 (2004), pp. 159-77 ; Farooqi, Naim, 앞의 논문 ; Monserrate, Antonio, 앞의 책, pp. 166-90.
32 Abu'l-Fażl ʿĀllamī, 앞의 책(주 23), p. 394 ; Badāʾūnī, ʾAbd al-Qādir, 앞의 책, pp. 296.
33 Anooshahr, Ali, "Dialogism and Territoriality in a Mughal History of the Islamic Millennium," *Journal of the Economic and Social History of the Orient*, 55/2-3 (2012), pp. 220-54 ; Moin, Ahmed Azfar, 앞의 책, pp. 493-526.
34 Abu'l-Fażl ʿĀllamī, 앞의 책(주 30), pp. 33-6 ; Badāʾūnī, ʾAbd al-Qādir, 앞의 책, p. 319.
35 Bilgrami, Fatima Zehra, "The Mughal Annexation of Sind : A Diplomatic and Military History," in Irfan Habib, ed., *Akbar and His India* (Delhi : Oxford University Press, 2000) ; Zaidi, Sunita, "Akbar's Annexation of Sind : An Interpretation," in Irfan Habib, ed., *Akbar and His India* (Delhi : Oxford University Press, 1997), pp. 25-32.
36 Asher, Catherine, *Architecture of Mughal India* (Cambridge : Cambridge University Press, 1992) ; Bailey, Alexander, "Lahore Mirat al-Quds and the Impact of Jesuit Theatre on Mughal Painting," *South Asian Studies*, 13/1 (1997), pp. 31-44 ; Latif, Syad Muhammad, *Lahore : Its History, Architectural Remains and Antiquities* (Lahore : New Imperial Press, 1892).
37 Bailey, Alexander, "The Indian Conquest of Catholic Art : The Mughals, the Jesuits, and Imperial Mural Painting," *Art Journal*, 57/1 (1998), pp. 24-30 ; Seyller, John, 앞의 책.
38 Truschke, Audrey, "The Mughal Book of War : A Persian Translation of the Sanskrit Mahabharata," *Comparative Studies of South Asia, Africa and the Middle East*, 31 (2011), pp. 506-20.
39 Badāʾūnī, ʾAbd al-Qādir, 앞의 책, pp. 413-4.
40 Kalhana, *Kalhana's Rajatarangini* : *A Chronicle of the Kings of Kashmir*, 4 vols, tr. M. A. Stein (Delhi : Motilal Banarsidas, 1989).

41 Ernst, Carl W., "Muslim Studies of Hinduism? : A Reconsideration of Arabic and Persian Translations from Indian Languages," *Iranian Studies*, 36/2 (2003), pp. 180-2.

42 Busch, Allison, "Hidden in Plain View : Brajbhasha Poets at the Mughal Court," *Modern Asian Studies*, 44/2 (2010), pp. 267-309.

43 Chandra, Satish, et. al., "Akbar and His Age : A Symposium," *Social Scientist*, 20/9-10 (1992), pp. 61-72.

44 Badā'ūnī, 'Abd al-Qādir, 앞의 책, pp. 335-6.

45 Steingass, Francis, *A Comprehensive Persian-English Dictionary, Including the Arabic Words and Phrases to Be Met with in Persian Literature* (London : Routledge and Kegan Paul, 1892), "Tauhid".

46 Khan, Iqtidar Alam, 앞의 논문(주 15) ; O'Hanlon, Rosalind, 앞의 논문.

47 Badā'ūnī, 'Abd al-Qādir, 앞의 책, p. 336 ; Richards, John F., 앞의 책, p. 48 ; Rizvi, Saiyid Athar Abbas, *Religious and Intellectual History of the Muslims in Akbar's Reign* (Delhi : Munshiram Manoharlal, 1975).

48 Badā'ūnī, 'Abd al-Qādir, 앞의 책, p. 299.

49 Badā'ūnī, 'Abd al-Qādir, 앞의 책, p. 375.

50 Badā'ūnī, 'Abd al-Qādir, 앞의 책, p. 336.

51 Alvi, Sajida Sultana, *Perspectives on Mughal India : Rulers, Historians, 'Ulamā' and Sufis* (New York : Oxford University Press, 2012), p. 13.

52 Moosvi, Shireen, *The Economy of the Mughal Empire, c. 1595 : A Statistical Study* (Delhi : Oxford University Press, 1987), pp. 214-9 ; Athar Ali, M., 앞의 책, p. xiii.

53 Moosvi, Shireen, "An Estimate of Revenues of the Deccan Kingdoms, 1591," in Irfan Habib, ed., *Akbar and His India* (Delhi : Oxford University Press, 1997), pp. 288-93.

54 Alam, Muzaffar and Sanjay Subrahmanyam, "Deccan Frontier and Mughal Expansion, c. 1600," *Journal of the Economic and Social History of the Orient*, 47/3 (2004), pp. 357-89 ; M. Anwar, M. Siraj, *Mughals and the Deccan : Political Relations with Ahmadnagar Kingdom* (Delhi : BR, 2007) ; Firishta, *Ferishta's History of Dekkan from the First Mahummedan Conquests*, Vol. 1, Jonathan Scott, tr. (London : John Stockdale, 1794), p. 385.

55 Eaton, Richard, *A Social History of The Deccan, 1300-1761 : Eight Indian Lives* (Cambridge : Cambridge University Press, 2005), pp. 231-81 ; Shyam, Radhey, *Life and Times of Malik Ambar* (Delhi : Munshiram Manoharlal, 1968) ; Tamaskar, B. G., *The Life and Work of Malik Ambar* (Delhi : Idarh-i Adabiyat-i Dilli, 1978).

56 Banārasīdās, *Ardhakathānaka : The Half Tale—A Study in the Interrelationship and History*, Mukund Lath, tr. (Jaipur : Rajasthan Prakrit Bharati Sansthan, 1981), pp. 38-40.

주

제7장 자항기르 황제와 무굴 궁정의 개화

1. Jahangir, *The Tuzuk-i-Jahāngīrī or Memoirs of Jahāngīr Vol. 1 : From the First to the Twelfth Year of His Reign*, Alexander Rogers, tr., Henry Beveridge, ed. (London : Royal Asiatic Society, 1909), p. 68.
2. Badā'ūnī, 'Abd al-Qādir, *Muntakhab-ut-tawárikh*, Vol. 2, W. H. Lowe, tr. (Calcutta : The Asiatic Society, 1884), p. 391.
3. Banārasīdās, *Ardhakathānaka : The Half Tale—A Study in the Interrelationship and History*, Mukund Lath, tr. (Jaipur : Rajasthan Prakrit Bharati Sansthan, 1981), p. 391.
4. Badā'ūnī, 'Abd al-Qādir, 앞의 책, p. 390.
5. Beveridge, Henry, "Sultan Khusrau," *Journal of the Royal Asiatic Society*, 39 (1907), pp. 597–609 ; Faruqui, Munis, *The Princes of the Mughal Empire, 1504–1719* (Cambridge : Cambridge University Press, 2012), pp. 30–1.
6. Beach, Milo Cleveland, *Early Mughal Paintings* (Cambridge : Harvard University Press, 1987), pp. 70–8 ; Faruqui, Munis, 앞의 책, pp. 158–62 ; Seyller, John, *Workshop and Patron in Mughal India : The Freer Rāmāyaṇa and Other Illustrated Manuscripts of 'Abd al-Raḥīm*, Vol. 42 (Zurich : Artibus Asiae Publishers, 1999) ; Verma, Som Prakash, *Aspects of Mughal Painters*, Vol. 1 (Delhi : Abhinav, 2009), pp. 49–50.
7. Jahangir, 앞의 책, pp. 24–5.
8. Jahangir, 앞의 책, pp. 65ff.
9. Fenech, Louis, "Martyrdom and the Execution of Guru Arjan in Early Sikh Sources," *Journal of the American Oriental Society*, 121/1 (2001), pp. 20–31.
10. Jahangir, 앞의 책, p. 22.
11. Moosvi, Shireen, *The Economy of the Mughal Empire, c. 1595 : A Statistical Study* (Delhi : Oxford University Press, 1987), pp. 195–200.
12. Athar Ali, M., *Apparatus of Empire : Awards of Ranks, Offices and Titles to the Mughal Nobility, 1574–1658* (Delhi : Oxford University Press, 1985), p. xiv.
13. Shivram, Balkrishan, *Jagirdars in the Mughal Empire during the Reign of Akbar* (Delhi : Manohar, 2008), p. 15.
14. Siddiqi, Noman, *Land Revenue Administration under the Mughals (1700–1750)* (London : Asia, 1930).
15. Lefèvre, Corinne, "Recovering a Missing Voice from Mughal India : The Imperial Discourse of Jahāngīr (r. 1605–1627) in His Memoirs," *Journal of the Economic and Social History of the Orient*, 50/4 (2007), pp. 452–89.
16. Jahangir, *The Tuzuk-i-Jahāngīrī or Memoirs of Jahāngīr Vol. 2 : From the Thirteenth to the Beginning of the Nineteenth Year of His Reign*, Alexander Rogers, tr., Henry Beveridge, ed. (London : Royal Asiatic Society, 1914), pp. 6–7.
17. Wright, H. Nelson, *Catalogue of the Coins in the Indian Museum Calcutta*, Vol. 1

(Oxford : Clarendon, 1906), pp. 306-10.
18　Mukhia, Harbans, *The Mughals of India* (Oxford : Blackwell, 2004), pp. 72-111 ; Najm-i Ṣānī, Muḥammad Bāqir, *Advice on the Art of Governance (Mau'iẓah-i Jahāngīrī) : An Indo-Islamic Mirror for Princes*, Sajida Sultana Alvi, tr. (Albany : State University of New York Press, 1989).
19　Lefèvre, Corinne, 앞의 논문, p. 461.
20　Jahangir, 앞의 책(주 1), pp. 306-10.
21　Beach, Milo Cleveland, 앞의 책, pp. 78-110.
22　Seyller, John, 앞의 책, p. 24.
23　Jahangir, 앞의 책(주 16), pp. 20-1.
24　Roe, Thomas, *The Embassy of Sir Thomas Roe to the Court of the Great Mogul, 1615-1619 : As Narrated in His Journal and Correspondence*, Vol. 1, William Foster, ed. (London : Hakluyt Society, 1899), pp. 224-6.
25　Seyller, John, "Mughal Code of Connoisseurship," *Muqarnas*, 17 (2000), pp. 177-202.
26　Lefèvre, Corinne, "The Majālis-i Jahāngīrī (1608-11) : Dialogue and Asiatic Otherness at the Mughal Court," *Journal of the Economic and Social History of the Orient*, 55/2-3 (2012), p. 274.
27　Jahangir, 앞의 책(주 16), pp. 98-9.
28　Lefèvre, Corinne, 앞의 논문(주 26).
29　Asher, Catherine, *Architecture of Mughal India* (Cambridge : Cambridge University Press, 1992), p. 126.
30　Jahangir, 앞의 책(주 16), pp. 91-2 ; Hasan, S. Nurul, *Religion, State, and Society in Medieval India*, Satish Chandra, ed. (Delhi : Oxford University Press, 2005).
31　Jahangir, 앞의 책(주 1), pp. 267-8, p. 279.
32　Nathan, Mīrzā, *Bahāristān-i-Ghaybī : A History of the Mughal Wars in Assam, Cooch Behar, Bengal, Bihar and Orissa during the Reigns of Jahāngīr and Shāhjahān*, Vol. 1, M. I. Borah, tr. (Gauhati : Narayani Handiqui Historical Institute, 1936), p. 25.
33　Moosvi, Shireen, "The Mughal Encounter with Vedanta," *Social Scientist*, 30/7-8 (2002), pp. 13-23.
34　Gokhale, B. G., "Tobacco in Seventeenth-Century India," *Agricultural History*, 48/4 (1974), pp. 484-92.
35　Jahangir, 앞의 책(주 16), p. 369.
36　Nathan, Mīrzā, 앞의 책 ; Bhadra, Gautam, "Two Frontier Uprisings in Mughal India," in Ranajit Guha, ed., *Subaltern Studies II* (Delhi : Oxford University Press, 1983), pp. 43-59 참고.
37　Jahangir, 앞의 책(주 1), p. 236.
38　Jahangir, 앞의 책(주 1), pp. 137-8, pp. 144-5.

39 Findly, Ellison, *Nur Jahan : Empress of Mughal India* (New York : Oxford University Press, 1993) ; Lal, Ruby, *Empress : The Astonishing Reign of Nur Jahan* (Gurgaon : Penguin Random House, 2018).

40 Jahangir, 앞의 책(주 16), pp. 348ff.

41 Athar Ali, M., 앞의 책.

42 Jahangir, 앞의 책(주 16), p. 351.

43 Hasan, S. Nurul, 앞의 책.

44 Athar Ali, M., 앞의 책, p. xx.

45 Asher, Catherine, 앞의 책, pp. 127–33 ; Begley, Wayne, "Four Mughal Caravanserais Built during the Reigns of Jahangir and Shāh Jahan," *Muqarnas*, 1 (1983), pp. 167–79.

46 Jahangir, 앞의 책(주 1), pp. 435–6.

47 Khan, Inayat, *The Shah Jahan Nama of 'Inayat Khan : An Abridged History of the Mughal Emperor Shah*, A. R. Fuller, tr., W. E. Begley and Z. A. Desai, eds. (Delhi : Oxford University Press, 1990), pp. 333–4.

48 Jahangir, 앞의 책(주 16), p. 234.

49 Jahangir, 앞의 책(주 16), p. 236.

50 Monshi, Estakdar Beg, *History of Shah 'Abbas the Great (Tārīk-e 'Ālamārā-ye 'Abbāsī)*, Vol. 1, Roger M. Savory, tr. (Boulder : Westview, 1978), p. 1237, pp. 1290–3.

51 Alam, Muzaffar and Sanjay Subrahmanyam, "Envisioning Power : The Political Thought of a Late Eighteenth-Century Mughal Prince," *Indian Economic and Social History Review*, 43/2 (2006), pp. 131–61.

52 Chandra, Satish, *Medieval India : From Sultanat to the Mughals*, Part 2 (Delhi : Har Anand, 2009), pp. 244–5 ; Richards, John F., *The Mughal Empire* (Cambridge : Cambridge University Press, 1993), p. 115 ; Faruqui, Munis, 앞의 책.

53 Asher, Catherine, 앞의 책, pp. 127–33.

제8장 샤 자한 황제와 무굴 제국의 발돋움

1 Elliot, H. M., *The History of India, as Told by Its Own Historians*, Vol. 7, John Dowson, ed. (London : Trubner, 1873–77), p. 45.

2 Chann, Naindeep Singh, "Lord of the Auspicious Conjunction : Origins of the Sāhib-Qirān," *Iran and the Caucasus*, 13/1 (2009), pp. 93–110 ; Moin, Ahmed Azfar, *The Millennial Sovereign : Sacred Kingship and Sainthood in Islam* (New York : Columbia University Press, 2012).

3 Asher, Catherine, *Architecture of Mughal India* (Cambridge : Cambridge University Press, 1992), pp. 175–8.

4 Beach, Milo Cleveland and Ebba Koch, eds., *King of the World : The Padshahnama—An*

  Imperial Mughal Manuscript from the Royal Library, Wheeler Thackston, tr. (London : Azimuth Editions, 1997), p. 135.

5 Khan, Inayat, *The Shah Jahan Nama of 'Inayat Khan : An Abridged History of the Mughal Emperor Shah*, A. R. Fuller, tr., W. E. Begley and Z. A. Desai, eds. (Delhi : Oxford University Press, 1990), p. 203.

6 Khan, Inayat, 앞의 책, p. 203 ; Beach, Milo Cleveland and Ebba Koch, eds., 앞의 책.

7 Beach, Milo Cleveland and Ebba Koch, eds., 앞의 책.

8 Athar Ali, M., *Apparatus of Empire : Awards of Ranks, Offices and Titles to the Mughal Nobility, 1574–1658* (Delhi : Oxford University Press, 1985), p. xvi.

9 Haider, Najaf, "Prices and Wages in India (1200–1800) : Source Material, Historiography and New Directions," in *Towards a Global History of Prices and Wages* (Utrecht : International Institute of Social History, 2004) ; Moosvi, Shireen, "Expenditure on Buildings under Shahjahan : A Chapter of Imperial Financial History," *Proceedings of Indian History Congress*, 46 (1985), pp. 285–99.

10 Khan, Inayat, 앞의 책, pp. 84–7, p.117.

11 Khan, Inayat, 앞의 책, p. 570.

12 Asher, Catherine, 앞의 책, pp. 209–15 ; Begley, W. E. and and Ziyaud-Din A. Desai, *Taj Mahal : The Illuminated Tomb* (Seattle : University of Washington Press, 1989) ; Koch, Ebba, *The Complete Taj Mahal* (London : Thames and Hudson, 2006).

13 Asher, Catherine, 앞의 책, pp. 191–204 ; Blake, Stephen, *Shahjahanabad : The Sovereign City in Mughal India 1639–1739* (Cambridge : Cambridge University Press, 1993).

14 Anwar, Firdos, *Nobility under the Mughals (1628–1658)* (Delhi : Manohar, 2001), pp. 188–9 ; Beach, Milo Cleveland and Ebba Koch, eds., 앞의 책, p. 11.

15 Khan, Inayat, 앞의 책, pp. 278–89.

16 Athar Ali, M., 앞의 책, pp. 221–32 ; Khan, Inayat, 앞의 책, pp. 278–89.

17 Foltz, Richard, "The Central Asian Naqshbandī Connections of the Mughal Emperors," *Journal of Islamic Studies*, 7/2 (1996), pp. 229–39 ; Foltz, Richard, "The Mughal Occupation of Balkh 1646–1647," *Journal of Islamic Studies*, 7/1 (1996), pp. 49–61.

18 Khan, Inayat, 앞의 책, p. 335 ; Foltz, Richard, 앞의 논문(주 17 후자).

19 Moosvi, Shireen, "Expenditure on Buildings under Shahjahan," *Proceedings of Indian History Congress*, 46 (1985), pp. 285–99.

20 Athar Ali, M., 앞의 책, p. xvi, p. xx ; Anwar, Firdos, 앞의 책 ; Khan, Inayat, 앞의 책, pp. 339–40 ; Richards, John F., *The Mughal Empire* (Cambridge : Cambridge University Press, 1993), pp. 143–5.

21 Moosvi, Shireen, "An Estimate of Revenues of the Deccan Kingdoms, 1591," in Irfan Habib, ed., *Akbar and His India* (Delhi : Oxford University Press, 1997).

22 Khan, Inayat, 앞의 책, pp. 510ff.

23   Athar Ali, M., 앞의 책, p. 322 ; Hasrat, Bikrama Jit, *Dara Shikuh : Life and Works*, 2nd ed. (Delhi : Munshiram Manoharlal, 1982) ; Khan, Inayat, 앞의 책, p. 297, pp. 505–6.
24   Begam, Q. J., *Princess Jahān Ārā Begam : Her Life and Works* (Karachi : S. M. Hamid Ali, 1991).
25   Khan, Inayat, 앞의 책, pp. 309–14.
26   Ernst, Carl W., "Muslim Studies of Hinduism? : A Reconsideration of Arabic and Persian Translations from Indian Languages," *Iranian Studies*, 36/2 (2003), pp. 173–95 ; Hasrat, Bikrama Jit, 앞의 책 ; Kinra, Rajeev, "Infantilizing Bābā Dārā : The Cultural Memory of Dārā Shekuh and the Mughal Public Sphere," *Journal of Persianate Studies*, 2/2 (2009), pp. 165–93.

제9장 무굴 제국의 정점이자 쇠퇴의 시작, 알람기르

1   Khān, Sāqīī Mustʻaid, *Maāsir-i ʻĀlamgiri : A History of the Emperor Aurangzib-ʻĀlamgir*, Jadunath Sarkar, tr. (Calcutta : Royal Asiatic Society of Bengal, 1947), p. 169.
2   Khān, Sāqīī Mustʻaid, 앞의 책, p. 11.
3   Khān, Sāqīī Mustʻaid, 앞의 책, p. 155.
4   Khān, Sāqīī Mustʻaid, 앞의 책, p. 17.
5   예컨대 Khān, Sāqīī Mustʻaid, 앞의 책, p. 78.
6   Khān, Sāqīī Mustʻaid, 앞의 책, p. 144.
7   Sarkar, Jadunath, *Studies in Mughal India* (Calcutta : M. C. Sarkar, 1919), pp. 118–52.
8   ʻĀlamgīr, *Rukaʻat-i-ʻAlamgiri*, Jamshid H. Bilimoria, tr. (London : Luzac, 1908), pp. 14–9 ; Sarkar, Jadunath, 앞의 책, p. 107.
9   Bokhari, Afshan, *Imperial Women in Mughal India : The Piety and Patronage of Jahanara Begum* (London : I. B. Tauris, 2015).
10   Khān, Sāqīī Mustʻaid, 앞의 책, p. 66.
11   Sarkar, Jadunath, *History Of Aurangzib*, Vol. 1 (Calcutta : M. C. Sarkar, 1912), Introduction.
12   ʻĀlamgīr, 앞의 책, pp. 14–9.
13   Brown, Katherine, "Did Aurangzeb Ban Music? : Questions for the Historiography of His Reign," *Modern Asian Studies*, 41/1 (2007), pp. 77–120 ; Schofield, Katherine Butler, "The Courtesan Tale : Female Musicians and Dancers in Mughal Historical Chronicles, c. 1556–1748," *Gender and History*, 24/1 (2012), pp. 150–71 ; Schofield, Katherine Butler, "Reviving the Golden Age Again : 'Classicization,' Hindustani Music, and the Mughals," *Ethnomusicology*, 54/3 (2010), pp. 484–517 ; Khān, Sāqīī Mustʻaid, 앞의 책, p. 45.
14   Asher, Catherine, *Architecture of Mughal India* (Cambridge : Cambridge University Press, 1992), pp. 257–9.
15   Parodi, Laura, "The Bibi-ka Maqbara in Aurangabad : A Landmark of Mughal Power in

the Deccan?," *East and West*, 48/3-4 (1998), pp. 349-83.
16 Khān, Sāqiī Mustʿaid, 앞의 책, p. 62.
17 Khān, Sāqiī Mustʿaid, 앞의 책, pp. 71-2.
18 Syan, Hardip Singh, *Sikh Militancy in the Seventeenth Century : Religious Violence in Mughal and Early Modern India* (London : I. B. Tauris, 2012).
19 Sāqiī Mustʿaid Khān, 앞의 책, pp. 36-7 ; Pearson, M. N., "Shivaji and the Decline of the Mughal Empire," *Journal of Asian Studies*, 35/2 (1976), pp. 221-35.
20 ʿĀlamgīr, 앞의 책, pp. 166-8.
21 Khān, Sāqiī Mustʿaid, 앞의 책, p. 53.
22 Athar Ali, M., *Apparatus of Empire : Awards of Ranks, Offices and Titles to the Mughal Nobility, 1574-1658* (Delhi : Oxford University Press, 1985), p. 96.
23 Athar Ali, M., *Mughal Nobility under Aurangzeb* (New York : Oxford University Press, 2001), pp. 17-25.
24 ʿĀlamgīr, 앞의 책, p. 23.
25 Hallissey, Robert C., *The Rajput Rebellion against Aurangzeb : A Study of the Mughal Empire in Seventeenth-Century India* (Columbia : University of Missouri Press, 1977).
26 Sarkar, Jadunath, *History Of Aurangzib*, Vol. 3, 3rd ed. (Calcutta : M. C. Sarkar & Sons, 1920), pp. 156-7 ; Sarkar, Jadunath, 앞의 책(주 7), pp. 91-110.
27 Richards, John F., *Mughal Administration in Golconda* (Oxford : Clarendon, 1975) ; Richards, John F., "Imperial Crisis in the Deccan," *Journal of Asian Studies*, 35/2 (1976), pp. 237-56.
28 Richards, John F., and V. N. Rao, "Banditry in Mughal India : Historical and Folk Perceptions," *Indian Economic and Social History Review*, 17/1 (1980), pp. 95-120.
29 Richards, John F., "Norms of Comportment for Mughal Officers," in Barbara Daly Metcalf, ed., *Moral Conduct and Authority : The Place of Adab in South Asian Islam* (Berkeley : University of California Press, 1984), p. 286 ; Bhimsen, *English Translation of Tarikh-i-Dilkusha : Memoirs of Bhimsen Relating to Aurangzib's Deccan Campaigns*, Jadunath Sarkar, tr. (Bombay : Department of Archives, 1972).
30 Bhimsen, 앞의 책, p. 233.
31 Farooqi, Naim, "Moguls, Ottomans, and Pilgrims : Protecting the Routes to Mecca in the Sixteenth and Seventeenth Centuries," *International History Review*, 10/2 (1988), p. 198.
32 Das, Harihar, *The Norris Embassy to Aurangzib, 1699-1702*, S. C. Sarkar, ed. (Calcutta : Firma K. L. Mukhopadhyay, 1959).
33 ʿĀlamgīr, 앞의 책, pp. 73-4 ; Faruqui, Munis, *The Princes of the Mughal Empire, 1504-1719* (Cambridge : Cambridge University Press, 2012), pp. 281-308.
34 Sarkar, Jadunath, *A Short History of Aurangzib, 1618-1707* (Calcutta : M. C. Sarkar, 1962), pp. 366-8.

주

제10장 무굴 제국의 소멸

1. Dalrymple, William, *The Last Mughal : The Fall of a Dynasty, Delhi, 1857* (London : Bloomsbury, 2006), p. 300에서 재인용.
2. Alavi, Seema, *The Eighteenth Century in India* (Delhi : Oxford University Press, 2002) ; Pearson, M. N., "Shivaji and the Decline of the Mughal Empire," *Journal of Asian Studies*, 35/2 (1976), pp. 221-35 ; Richards, John F., "Imperial Crisis in the Deccan," *Journal of Asian Studies*, 35/2 (1976), pp. 237-56 ; Sarkar, Jagdish Narayan, *A Study of Eighteenth Century India : Political History, 1707-1761* (Calcutta : Saraswat Library, 1976) ; Subrahmanyam, Sanjay, "Making Sense of Indian Historiography," *Indian Economic and Social History Review*, 39/2-3 (2002), pp. 121-30.
3. Calkins, Philip, "The Formation of a Regionally Oriented Ruling Group in Bengal, 1700-1740," *Journal of Asian Studies*, 29/4 (1970), pp. 799-806.
4. Alam, Muzaffar, *Crisis of Empire in Mughal North India* (Delhi : Oxford University Press, 2013).
5. Bhargava, Meena, ed., *Decline of the Mughal Empire* (Delhi : Oxford University Press, 2014) ; Cheema, G. S., *The Forgotten Mughals : A History of the Later Emperors of the House of Babar, 1707-1857* (Delhi : Manohar, 2002) ; Irvine, William, *Later Mughals*, Jadunath Sarkar, ed. (Delhi : Oriental, 1971).
6. Sangwan, R. S., *Jodhpur and the Later Mughals, AD 1707-1752* (Delhi : Pragati, 2006).
7. Lakhnawi, Shiv Das, *Shahnama Munawwar Kalam*, Syed Hasan Askari, tr. (Patna : Janaki Prakashan, 1980), pp. 5-6.
8. Nayeem, M. A., "The Working of the Chauth and Sardeshmukhi System in the Mughal Provinces of the Deccan (1707-1803 A. D.)," *Indian Economic and Social History Review*, 14/2 (1977), pp. 153-91.
9. Chatterji, A. K., "Mughal Administration under Siyar, Farrukh," *Journal of Historical Research*, 24/1 (1989), pp. 9-39 ; Malik, Zahiruddin, "Financial Problems of the Mughal Government during Farrukh Siyar's Reign," *Indian Economic and Social History Review*, 4/3 (1967), pp. 265-75.
10. Lakhnawi, Shiv Das, 앞의 책 ; Malik, Zahiruddin, *A Mughal Statesman of the Eighteenth Century, Khan-i-Dauran, Mir Bakshi of Muhammad Shah, 1719-1739* (Aligarh : Aligarh Muslim University, 1973).
11. Malik, Zahiruddin, *The Reign of Muhammad Shah, 1719-1748* (Delhi : Icon, 2006).
12. Alam, Muzaffar and Sanjay Subrahmanyam, "Envisioning Power : The Political Thought of a Late Eighteenth-Century Mughal Prince," *Indian Economic and Social History Review*, 43/2 (2006), pp. 131-61 ; Alam, Muzaffar and Sanjay Subrahmanyam, "Witnesses and Agents of Empire : Eighteenth-Century Historiography and the World of the Mughal Munshī," *Journal of the Economic and Social History of the Orient*, 53/1 (2010), pp.

393–423.

13　Bayly, C. A., *Indian Society and the Making of the British Empire* (Cambridge : Cambridge University Press, 1987) ; Chandra, Satish, *The 18th Century in India : Its Economy and the Role of the Marathas, the Jats, the Sikhs, and the Afghans* (Calcutta : K. P. Bagchi, 1986) ; Chatterjee, Indrani, "A Slave's Quest for Selfhood in Eighteenth-Century Hindustan," *Indian Economic and Social History Review*, 37/1 (2000), pp. 53–86 ; Datta, Kalikinkar, *The Dutch in Bengal and Bihar, 1740–1825 A. D.* (Delhi : Motilal Banarsidas, 1968) ; Datta, Kalikinkar, *Survey of India's Social Life and Economic Condition in the Eighteenth Century*, 2nd ed. (Delhi : Munshiram Manoharlal, 1978) ; Prakash, Om, "The Dutch East India Company in Bengal : Trade Privileges and Problems, 1633–1712," *Indian Economic and Social History Review*, 9/3 (1972), pp. 258–87.

14　Ullah, Neamet, *History of the Afghans*, Bernhard Dorn, tr. (Delhi : Bhavana, 2000) ; Singh, Ganda, *Ahmad Shah Durrani : Father of Modern Afghanistan* (Bombay : Asia, 1959).

15　Nur Muhammad, Qazi, *Jang Nama*, Ganda Singh, tr. (Amritsar : Khalsa College, 1939).

16　Datta, Kalikinkar, *Shah Alam II and the East India Company* (Calcutta : World Press, 1965) ; Polier, Antonie Louis Henri, *Shah Alam II and His Court*, Pratul C. Gipta, ed. (Calcutta : S. C. Sarcar, 1947).

17　Shah Alam II, "Letter to King of Great Britain," Sutton Court Collection, MSS EUR F.128/111, ff. 100–2, British Library, London ; Buckler, W. F., *Legitimacy and Symbols : The South Asian Writings*, M. N. Pearson ed. (Ann Arbor : University of Michigan Press, 1985) ; Fisher, Michael H., *Counterflows to Colonialism : Indian Travellers and Settlers in Britain* (Delhi : Permanent Black, 2004), pp. 86–90 참고.

18　I'tesamuddin, Mirza Sheikh, *The Wonders of Vilayet : Being the Memoir, Originally in Persian, of a Visit to France and Britain in 1765*, Kaisar Haq, tr. (Leeds : Peepal Tree, 2002) ; Khan, Gulfishan, *Indian Muslim Perceptions of the West during the Eighteenth Century* (Karachi : Oxford University Press, 1998), pp. 72–8.

19　National Archives of India, *Calendar of Persian Correspondence*, Vol. 3 (Delhi : Government of India, 2013), pp. 84–5, p. 271.

20　Pernau, Margrit and Yunus Jaffe, eds., *Information and the Public Sphere : Persian Newsletters from Mughal Delhi* (Oxford : Oxford University Press, 2009).

21　Alam, Muzaffar and Sanjay Subrahmanyam, 앞의 논문.

22　Fisher, Michael H., 앞의 책, pp. 250–9.

23　Fisher, Michael H., "The Imperial Coronation of 1819 : Awadh, the British, and the Mughals," *Modern Asian Studies*, 19/2 (1985), pp. 113–51.

24　Fisher, Michael H., *The Inordinately Strange Life of Dyce Sombre* (New York : Oxford University Press, 2013), p. 61.

주

제11장 무굴 제국의 의미에 대한 논쟁들

1. Marx, Karl, "The East India Question," *New York Daily Tribune* (25 July 1853)[카를 마르크스, "동인도 문제," 마르크스・엥겔스, 주익종 옮김, 《식민지론》(서울 : 도서출판 녹두, 1989), 76-77쪽].

2. 관련 연구들은 Das, Kamal Kishore, *Economic History of Moghul India* (Calcutta : Shantiniketan, 1991) ; Elliot, H. M., *The History of India, as Told by Its Own Historians*, Vols. 4-8, John Dowson, ed. (London : Trubner, 1867-77) ; Marshall, D. N., *Mughals in India : A Bibliographical Survey* (Bombay : Asia, 1967) ; Robinson, Francis, *The Mughal Emperors and the Islamic Dynasties of India, Iran and Central Asia, 1206-1925* (New York : Thames and Hudson, 2007).

3. Mukhia, Harbans, "Time in Abu'l Fażl's Historiography," *Studies in History*, 25 (2009), pp. 1-12.

4. Nathan, Mīrzā, *Bahāristān-i-Ghaybī : A History of the Mughal Wars in Assam, Cooch Behar, Bengal, Bihar and Orissa during the Reigns of Jahāngīr and Shāhjahān*, Vol. 1, M. I. Borah, tr. (Gauhati : Narayani Handiqui Historical Institute, 1936).

5. Abu'l-Fażl 'Allamī, *'Ain-i Ākbari*, 3 vols, H. Blochmann and Colonel H. S. Jarret, tr. (Calcutta : Asiatic Society of Bengal, 1873-94) ; Abu'l-Fażl 'Allamī, *Akbarnama*, 3 vols., H. Beveridge, tr. (Calcutta : Asiatic Society of Bengal, 1907) ; Badā'ūnī, 'Abd al-Qādir, *Muntakhab-ut-tawárikh*, Vol. 2, W. H. Lowe, tr. (Calcutta : The Asiatic Society, 1884).

6. Carvalho, Pedro Moura, *Mir'āt al-quds (Mirror of Holiness) : A Life of Christ for Emperor Akbar*, Wheeler M. Thackston, tr. (Leiden : Brill, 2012).

7. Banārasīdās, *Ardhakathānaka : The Half Tale—A Study in the Interrelationship and History*, Mukund Lath, tr. (Jaipur : Rajasthan Prakrit Bharati Sansthan, 1981).

8. Alam, Muzaffar and Sanjay Subrahmanyam, *Indo-Persian Travels in the Age of Discoveries, 1400-1800* (Cambridge : Cambridge University Press, 2007) ; Chatterjee, Kumkum, *The Cultures of History in Early Modern India : Persianization and Mughal Culture in Bengal* (Delhi : Oxford University Press, 2009) ; Curley, David, *Poetry and History : Bengali Maṅgal-kābya and Social Change in Precolonial Bengal* (Delhi : Chronicle, 2008) ; Gordon, Stewart, *The Marathas 1600-1818* (Cambridge : Cambridge University Press, 1993) ; Guha, Sumit, "Serving the Barbarian to Preserve the Dharma," *Indian Economic and Social History Review*, 47/4 (2010), pp. 497-525 ; Wink, Andre, *Land and Sovereignty in India : Agrarian Society and Politics under the Eighteenth Century* (Cambridge : Cambridge University Press, 1986).

9. Alam, Muzaffar and Sanjay Subrahmanyam, "Deccan Frontier and Mughal Expansion, c. 1600," *Journal of the Economic and Social History of the Orient*, 47/3 (2004), pp. 357-89 ; Sarkar, Jadu Nath, *Bengal Nawabs* (Calcutta : Asiatic Society of Bengal, 1952).

10. Narayana Rao, Velcheru, et al., *Textures of Time : Writing History in South India 1600-*

1800 (Delhi : Permanent Black, 2001).

11 Busch, Allison, "Hidden in Plain View : Brajbhasha Poets at the Mughal Court," *Modern Asian Studies*, 44/2 (2010), pp. 267-309 ; Pauwels, Heidi, "The Saint, the Warlord, and the Emperor : Discourses of Braj Bhakti and Bund elā Loyalty," *Journal of the Economic and Social History of the Orient*, 52/2 (2009), pp. 187-228 ; Talbot, Cynthia, "Justifying Defeat : A Rajput Perspective on the Age of Akbar," *Journal of the Economic and Social History of the Orient*, 55/2-3 (2012), pp. 329-68.

12 Alam, Muzaffar and Sanjay Subrahmanyam, 앞의 책 ; Reis, Sidi Ali, *The Travels and Adventures of the Turkish Admiral Sidi Ali Reïs in India, Afghanistan, Central Asia, and Persia, during the Years 1553-1556*, Ármin Vámbéry, tr. (London : Luzac Co., 1899).

13 Correia-Alfonso, John, *Jesuit Letters and Indian History, 1542-1773* (Bombay : Oxford University Press, 1969) ; Correia-Alfonso, John, *Letters from the Mughal Court : The First Jesuit Mission to Akbar* (Bombay : Heras Institute, 1980) ; Guerreiro, Father Fernão, *Jahangir and the Jesuits Account of the Travels of Benedict Goes*, C. H. Payne, tr. (Delhi : Munshiram Manoharlal, 1997) ; Jarric, Pierre Du, *Akbar and the Jesuits, an Account of the Jesuit Missions to the Court of Akbar*, C. H. Payne, tr. (London : George Routledge, 1926) ; Maclagan, Edward, *The Jesuits and the Great Mogul* (Gurgaon : Vintage, 1990).

14 Bernier, François, *Travels in the Mogul Empire, A. D. 1656-1668*, Archibald Constable, tr. (New York : Oxford University Press, 1914-6).

15 Manucci, Niccolao, *Storia do Mogor : Or, Mogul India, 1653-1708*, 4 vols, William Irvine, tr. (London : John Murray, 1907-8).

16 Pelsaert, Francisco, *Jahangir's India : The Remonstrantie of Francisco Pelsaert*, W. H. Moreland and Peter Geyl, trs. (Cambridge : W. Heffer and Sons, 1925) ; Roe, Thomas, *The Embassy of Sir Thomas Roe to the Court of the Great Mogul, 1615-1619 : As Narrated in His Journal and Correspondence*, Vol. 1, William Foster, ed. (London : Hakluyt Society, 1899) ; Tavernier, Jean-Baptiste, *Travels in India*, 2 vols, V. Ball, tr. (London : Oxford University Press, 1925).

17 Hakluyt, Richard, *Hakluyt's Voyages*, Irwin R. Blacker, ed. (New York : The Viking Press, 1965) ; Purchas, Samuel, *Hakluytus Posthumus or, Purchas His Pilgrimes*, 20 vols (New York : AMS, 1965).

18 Mukhliṣ, Ānand Rām, *Encyclopaedic Dictionary of Medieval India : Mirat-ul-istilah*, Tasneem Ahmad, tr. (Delhi : Sundeep Prakashan, 1993).

19 Rizvi, Saiyid Athar Abbas, *Shah Wali-Allah and His Times* (Canberra : Ma'rifat, 1980) ; Syros, Vasileios, "An Early Modern South Asian Thinker on the Rise and Decline of Empires : Shāh Walī Allāh of Delhi, the Mughals, and the Byzantines," *Journal of World History*, 23/4 (2013), pp. 793-840.

20 Naim, C. M., "Syed Ahmad and His Two Books Called 'Asar-al-Sanadid'," *Modern Asian*

주

     Studies, 45/3 (2011), pp. 669–708.
21 Sarkar, Jadu Nath, 앞의 책.
22 Khan, Seid Gholam Hossein, *Seir Mutaqherin*, 4 vols, M. Raymond, tr. (Calcutta : T. D. Chatterjee, 1902).
23 Khan, Abu Talib, *History of Asafud Daulah, Nawab Wazir of Oudh*, W. Hoey, tr. (Lucknow : Pustak Kendra, 1971).
24 Fisher, Michael H., "From India to England and Back : Early Indian Travel Narratives for Indian Readers," *Huntington Library Quarterly*, 70/1 (2007), pp. 153–72.
25 Khan, Abu Talib, "Masir-i Talibi" (1804), Persian Add. 8145–47, British Library, London ; Khan, Abu Talib, "Vindication of the Liberties of Asiatic Women," in *Asiatic Annual Register, 1801* (London : Printed for J. Debrett, 1802), pp. 100–7.
26 Francklin, William, *The History of the Reign of Shah-Aulum, the Present Emperor of Hindostaun* (London : The Author, 1798).
27 Mill, James, *The History of British India*, Vol. 1 (London : Baldwin, Cradock and Joy, 1817).
28 Marx, Karl, 앞의 논문.
29 Erskine, William, *A History of India under the Two First Sovereigns of the House of Taimur, Bâber and Humáyun*, Vol. 1 (London : Longman, Brown, Green, and Longmans, 1854), p. vii.
30 Savarkar, V. D., *The Indian War of Independence, 1857* (Bombay : Phoenix, 1947).
31 Cohn, Bernard, *Colonialism and Its Forms of Knowledge : The British in India* (Princeton : Princeton University Press, 1996).
32 Beveridge, Henry, "Sultan Khusrau," *Journal of the Royal Asiatic Society*, 39 (1907), pp. 597–609 ; Irvine, William, *The Army of the Indian Moghals : Its Organization and Administration* (Delhi : Eurasia, 1962) ; Irvine, William, *Later Mughals*, Jadunath Sarkar, ed. (Delhi : Oriental, 1971) ; Moreland, W. H., *The Agrarian System of Moslem India : A Historical Essay with Appendices* (London : W. Heffer & Sons, 1929) ; Moreland, W. H., *From Akbar to Aurangzeb : A Study in Indian Economic History* (London : Macmillan, 1923) ; Smith, Vincent, *Akbar the Great Mogul, 1542–1605* (Oxford : Oxford University Press, 1919) ; Smith, Vincent, "The Death of Hēmū in 1556, after the Battle of Pānīpat," *Journal of the Royal Asiatic Society,* 48/3 (1916), pp. 527–35 ; Smith, Vincent, *A History of Fine Art in India and Ceylon* (Oxford : Clarendon, 1911) ; Williams, L. F. Rushbrook, *An Empire Builder of the Sixteenth Century* (London : Longmans, Green, 1918).
33 Elliot, H. M., 앞의 책.
34 Erskine, William, 앞의 책, p. vii.
35 Siddiqi, Noman, *Land Revenue Administration under the Mughals (1700–1750)* (London : Asia, 1930).

36 Saran, Paratma, *The Provincial Government of the Mughals, 1526-1658* (Allahabad : Central Book Depot, 1941) ; Tripathi, R. P., *Some Aspects of Mughal Administration* (Allahabad : Central Book Depot, 1936) ; Hasan, Ibn, *The Central Structure of the Mughal Empire and Its Practical Working up to the Year 1657* (Oxford : Oxford University Press, 1936).

37 Qureshi, I. H., *The Administration of the Mughal Empire* (Karachi : Oxford University Press, 1966).

38 Arshad, Mohammad, *Advanced History of Muslim Rule in Indo-Pakistan* (Dacca : Ideal Publications, 1967), pp. 132-7.

39 Singh, Devika, "Approaching the Mughal Past in Indian Art Criticism," *Modern Asian Studies*, 47/1 (2013), pp. 167-203.

40 Kavuri-Bauer, Santhi, *Monumental Matters : The Power, Subjectivity, and Space of India's Mughal Architecture* (Durham : Duke University Press, 2011).

41 Habib, Irfan, *The Agrarian System of Mughal India 1556-1707* (Delhi : Oxford University Press, 1999) ; Habib, Irfan, *An Atlas of the Mughal Empire : Political and Economic Maps* (Delhi : Oxford University Press, 1982).

42 Alam, Muzaffar and Sanjay Subrahmanyam, ed., *Mughal State, 1526-1750* (Delhi : Oxford University Press, 1998) ; Khan, Iqtidar Alam, "State in the Mughal India : Re-Examining the Myths of a Counter-Vision," *Social Scientist*, 30/1-2 (2001), pp. 16-45 ; Subrahmanyam, Sanjay, "The Mughal State : Structure or Process?—Reflections on Recent Western Historiography," *Indian Economic and Social History Review*, 29/3 (1992), pp. 291-321.

43 Khan, Iqtidar Alam, 앞의 논문 ; Pearson, M. N., "Shivaji and the Decline of the Mughal Empire," *Journal of Asian Studies*, 35/2 (1976), pp. 221-35 ; Richards, John F., "Imperial Crisis in the Deccan," *Journal of Asian Studies*, 35/2 (1976), pp. 237-56.

44 Sharma, Sri Ram, *Mughal Government and Administration* (Bombay : Hind Kitabs, 1951) ; Sharma, Sri Ram, *The Religious Policy of the Mughal Emperors* (London : Asia, 1962).

45 Alam, Muzaffar, "Mughals, the Sufi Shaikhs and the Formation of the Akbari Dispensation," *Modern Asian Studies*, 43/1 (2009), pp. 135-74 ; Dalrymple, William, *The Last Mughal : The Fall of a Dynasty, Delhi, 1857* (London : Bloomsbury, 2006) ; Eaton, Richard, *The Rise of Islam and the Bengal Frontier, 1204-1760* (Berkeley : University of California Press, 1996) ; Gilmartin, David and Bruce Lawrence, eds., *Beyond Turk and Hindu : Rethinking Religious Identities in Islamicate South Asia* (Gainesville : University Press of Florida, 2000).

46 Haider, Najaf, "Norms of Professional Excellence and Good Conduct in Accountancy Manuals of the Mughal Empire," *International Review of Social History*, 56 (2011), pp.

263-74 ; Kinra, Rajeev, "Master and Munshī : A Brahman Secretary's Guide to Mughal Governance," *Indian Economic and Social History Review*, 47/4 (2010), pp. 527-61 ; Schofield, Katherine Butler, "The Courtesan Tale : Female Musicians and Dancers in Mughal Historical Chronicles, c.1556-1748," *Gender and History*, 24/1 (2012), pp. 150-71 ; Schofield, Katherine Butler, "Reviving the Golden Age Again : 'Classicization,' Hindustani Music, and the Mughals," *Ethnomusicology*, 54/3 (2010), pp. 484-517

47 Alam, Muzaffar, *Crisis of Empire in Mughal North India* (Delhi : Oxford University Press, 2013) ; Barnett, Richard B., *North India between Empires : Awadh, the Mughals, and the British, 1720-1801* (Berkeley : University of California Press, 1980) ; Das Gupta, Ashin, *Indian Merchants and the Decline of Surat (c. 1700-1750)* (Delhi : Manohar, 1994) ; Flores, Jorge, "The Sea and the World of the Mutasaddi : A Profile of Port Officials from Mughal Gujarat (c. 1600-1650)," *Journal of the Royal Asiatic Society*, 21 (2011), pp. 55-71 ; Hasan, Farhat, *State and Locality in Mughal India : Power Relations in Western India, c. 1572-1730* (Cambridge : Cambridge University Press, 2004) ; Mukhia, Harbans, "Illegal Extortions from Peasants, Artisans and Menials in Eighteenth Century Eastern Rajasthan," *Indian Economic and Social History Review*, 14/2 (1977), pp. 231-45 ; Pearson, M. N., "Political Participation in Mughal India," *Indian Economic and Social History Review*, 9/2 (1972), pp. 113-31 ; Rana, R. P., "A Dominant Class in Upheaval : The Zamindars of a North Indian Region in the Late Seventeenth and Early Eighteenth Centuries," *Indian Economic and Social History Review*, 24/4 (1987), pp. 395-409 ; Shah, A. M., "Political System in Eighteenth Century Gujarat," *Enquiry*, n.s. 1/1 (1964), pp. 83-95 ; Sharma, G. N., *Mewar and the Mughal Emperors : 1526-1707 A. D.* (Agra : Shiva Lal Agarwala, 1962) ; Singh, Chetan, *Region and Empire : Punjab in the Seventeenth Century* (Delhi : Oxford University Press, 1991).

48 Busch, Allison, 앞의 논문 ; Mayaram, Shail, "Mughal State Formation : The Mewati Counter-Perspective," *Indian Economic and Social History Review*, 34/2 (1997), pp. 169-97 ; Pauwels, Heidi, 앞의 논문 ; Phukan, Shantanu, "'Through Throats Where Many Rivers Meet' : The Ecology of Hindi in the World of Persian," *Indian Economic and Social History Review*, 38/1 (2001), pp. 33-58 ; Talbot, Cynthia, 앞의 논문 ; Ziegler, Norman, "Marvari Historical Chronicles : Sources for the Social and Cultural History of Rajasthan," *Indian Economic and Social History Review*, 13/2 (1976), pp. 219-50.

49 Bhadra, Gautam, "Two Frontier Uprisings in Mughal India," in Ranajit Guha, ed., *Subaltern Studies II* (Delhi : Oxford University Press, 1983), pp. 43-59.

50 Anooshahr, Ali, "Mughal Historians and the Memory of the Islamic Conquest of India," *Indian Economic and Social History Review*, 43/3 (2006), pp. 275-300 ; Zutshi, Chitralekha, *Kashmir's Contested Pasts* (Delhi : Oxford University Press, 2014), Chapter 2.

51 Alavi, Seema, *The Eighteenth Century in India* (Delhi : Oxford University Press,

2002) ; Bayly, C. A., *Indian Society and the Making of the British Empire* (Cambridge : Cambridge University Press, 1987) ; Bayly, C. A., *Rulers, Townsmen and Bazaars : North Indian Society in the Age of British Expansion, 1770-1870* (Cambridge: Cambridge University Press, 1988) ; Chandra, Satish, *The 18th Century in India : Its Economy and the Role of the Marathas, the Jats, the Sikhs, and the Afghans* (Calcutta : K. P. Bagchi, 1986) ; Leonard, Karen, "The 'Great Firm' Theory of the Decline of the Mughal Empire," *Comparative Studies in Society and History*, 21/2 (1979), pp. 151-67 ; Marshall, P. J., ed., *The Eighteenth Century in Indian History : Evolution or Revolution?* (Delhi : Oxford University Press, 2003) ; Stein, Burton, "Eighteenth Century India : Another View," *Studies in History*, 5 (1989), pp. 1-26 ; Washbrook, David, "South Asia, the World System, and World Capitalism," *Journal of Asian Studies*, 49/3 (1990), pp. 479-508.

52 Subrahmanyam, Sanjay, *Explorations in Connected History*, 2 vols (Delhi : Oxford University Press, 2005).

53 Eaton, Richard, *A Social History of the Deccan, 1300-1761 : Eight Indian Lives* (Cambridge, UK ; New York : Cambridge University Press, 2005) ; Richards, John F., *The Mughal Empire* (Cambridge : Cambridge University Press, 1993) ; Streusand, Douglas, *The Formation of the Mughal Empire* (Delhi : Oxford University Press, 1999).

참고문헌

A

Abu"l-Fażl ʿĀllamī, *ʾAin-i Ākbari*, 3 vols, H. Blochmann and, Colonel H. S. Jarret, tr. (Calcutta : Asiatic Society of Bengal, 1873–94).

Abu'l-Fażl ʿĀllamī, *Akbarnama*, 3 vols., H. Beveridge, tr. (Calcutta : Asiatic Society of Bengal, 1907).

Abu'l-Fażl ʿĀllamī, *Mukātabāt-i ʾAllāmī*, Mansura Haidar, tr. (Delhi : Munshiram Manoharlal, 1998).

Aftabachi, Jawhar, "Tadhkiratu'l-Wāqiʿāt," in W. M. Thackston, ed. and tr., *Three Memoirs of Humayun* (Costa Mesa : Mazda, 2009).

Aḥmad, Khwājah Niẓāmuddīn, *The Ṭabaḵāt-i Akbarī*, Vol. 2–3, B. De, tr. (Delhi : Low Price, 1992).

Alam, Muzaffar, *Crisis of Empire in Mughal North India* (Delhi : Oxford University Press, 2013).

Alam, Muzaffar, *Languages of Political Islam* (Chicago : University of Chicago Press, 2004).

Alam, Muzaffar, "Mughals, the Sufi Shaikhs and the Formation of the Akbari Dispensation," *Modern Asian Studies*, 43/1 (2009), pp. 135–74.

Alam, Muzaffar and Sanjay Subrahmanyam, "Deccan Frontier and Mughal Expansion, c. 1600," *Journal of the Economic and Social History of the Orient*, 47/3 (2004), pp. 357–89.

Alam, Muzaffar and Sanjay Subrahmanyam, "Envisioning Power : The Political Thought of a Late Eighteenth-Century Mughal Prince," *Indian Economic and Social History Review*, 43/2 (2006), pp. 131–61.

Alam, Muzaffar and Sanjay Subrahmanyam, "Frank Disputations : Catholics and Muslims in the Court of Jahangir (1608–11)," *Indian Economic and Social History Review*, 46/4 (2009), pp. 457–511.

Alam, Muzaffar and Sanjay Subrahmanyam, *Indo-Persian Travels in the Age of Discoveries, 1400–1800* (Cambridge : Cambridge University Press, 2007).

Alam, Muzaffar and Sanjay Subrahmanyam, "Witnesses and Agents of Empire : Eighteenth-Century Historiography and the World of the Mughal Munshī," *Journal of the Economic and Social History of the Orient*, 53/1 (2010), pp. 393–423.

Alam, Muzaffar and Sanjay Subrahmanyam, ed., *Mughal State, 1526–1750* (Delhi : Oxford University Press, 1998).

'Ālamgīr, *Ruka'at-i-'Alamgiri*, Jamshid H. Bilimoria, tr. (London : Luzac, 1908).

Alavi, Seema, *The Eighteenth Century in India* (Delhi : Oxford University Press, 2002).

Alvi, Sajida Sultana, *Perspectives on Mughal India : Rulers, Historians, 'Ulamā' and Sufis* (New York : Oxford University Press, 2012).

Anooshahr, Ali, "Author of One's Fate : Fatalism and Agency in Indo-Persian Histories," *Journal of the Economic and Social History of the Orient*, 49/2 (2012).

Anooshahr, Ali, "Dialogism and Territoriality in a Mughal History of the Islamic Millennium," *Journal of the Economic and Social History of the Orient*, 55/2–3 (2012), pp. 220–54.

Anooshahr, Ali, "Mughal Historians and the Memory of the Islamic Conquest of India," *Indian Economic and Social History Review*, 43/3 (2006), pp. 275–300.

Anooshahr, Ali, "The King Who Would Be Man : The Gender Roles of the Warrior King in Early Mughal History," *Journal of the Royal Asiatic Society*, 18 (2008), pp. 324–40.

Ansari, Muhammad Azhar, *Social Life of the Mughal Emperors, 1526–1707* (Allahabad : Shanti Prakashan, 1974),

Anwar, Firdos, *Nobility under the Mughals (1628–1658)* (Delhi : Manohar, 2001).

Anwar, M. Siraj, *Mughals and the Deccan : Political Relations with Ahmadnagar Kingdom* (Delhi : BR, 2007).

Arshad, Mohammad, *Advanced History of Muslim Rule in Indo-Pakistan* (Dacca : Ideal Publications, 1967).

Asher, Catherine, *Architecture of Mughal India* (Cambridge : Cambridge University Press, 1992).

Asher, Catherine, "The Architecture of Raja Man Singh," in Monica Juneja, *Architecture in Medieval India : Forms, Contexts, Histories* (Delhi : Permanent Black, 2001).

Athar Ali, M., *Apparatus of Empire : Awards of Ranks, Offices and Titles to the Mughal Nobility, 1574–1658* (Delhi : Oxford University Press, 1985).

Athar Ali, M., *Mughal Nobility under Aurangzeb* (New York : Oxford University Press, 2001).

B

Babur, *The Baburnama : Memoirs of Babur, Prince and Emperor*, W. M. Thackston, tr. (New York : Modern Library, 2002).

Badā'ūnī, 'Abd al-Qādir, *Muntakhab-ut-tawáríkh*, Vol. 2, W. H. Lowe, tr. (Calcutta : The

Asiatic Society, 1884).
Bailey, Alexander, "Lahore Mirat al-Quds and the Impact of Jesuit Theatre on Mughal Painting," *South Asian Studies*, 13/1 (1997), pp. 31–44.
Bailey, Alexander, "The Indian Conquest of Catholic Art : The Mughals, the Jesuits, and Imperial Mural Painting," *Art Journal*, 57/1 (1998), pp. 24–30.
Balabanlilar, Lisa, "The Begims of the Mystic Feast : Turco-Mongol Tradition in the Mughal Harem," *Journal of Asian Studies*, 69/1 (2010), pp. 123–47.
Banārasīdās, *Ardhakathānaka : The Half Tale—A Study in the Interrelationship and History*, Mukund Lath, tr. (Jaipur : Rajasthan Prakrit Bharati Sansthan, 1981).
Barnett, Richard B., *North India between Empires : Awadh, the Mughals, and the British, 1720–1801* (Berkeley : University of California Press, 1980).
Bayáts, Báyazid, "Táríkh-i Humáyún," in W. M. Thackston, ed. and tr., *Three Memoirs of Humayun*, Vol. 2 (Costa Mesa : Mazda, 2009).
Bayly, C. A., *Empire and Information : Intelligence Gathering and Social Communication in India, 1780–1870* (Cambridge : Cambridge University Press, 1996).
Bayly, C. A., *Indian Society and the Making of the British Empire* (Cambridge : Cambridge University Press, 1987).
Bayly, C. A., *Rulers, Townsmen and Bazaars : North Indian Society in the Age of British Expansion, 1770–1870* (Cambridge: Cambridge University Press, 1988).
Beach, Milo Cleveland, *Early Mughal Paintings* (Cambridge : Harvard University Press, 1987).
Beach, Milo Cleveland and Ebba Koch, eds., *King of the World : The Padshahnama—An Imperial Mughal Manuscript from the Royal Library*, Wheeler Thackston, tr. (London : Azimuth Editions, 1997).
Begam, Q. J., *Princess Jahān Ārā Begam : Her Life and Works* (Karachi : S. M. Hamid Ali, 1991).
Begley, W. E. and and Ziyaud-Din A. Desai, *Taj Mahal : The Illuminated Tomb* (Seattle : University of Washington Press, 1989).
Begley, Wayne E., "Four Mughal Caravanserais Built during the Reigns of Jahangir and Shāh Jahan," *Muqarnas*, 1 (1983), pp. 167–79.
Bernier, François, *Travels in the Mogul Empire, A. D. 1656–1668*, Archibald Constable, tr. (New York : Oxford University Press, 1914–6).
Beveridge, Henry, "Sultan Khusrau," *Journal of the Royal Asiatic Society*, 39 (1907), pp. 597–609.
Bhadra, Gautam, "Two Frontier Uprisings in Mughal India," in Ranajit Guha, ed., *Subaltern Studies II* (Delhi : Oxford University Press, 1983).
Bhargava, Meena, ed., *Decline of the Mughal Empire* (Delhi : Oxford University Press, 2014).
Bhimsen, *English Translation of Tarikh-i-Dilkusha : Memoirs of Bhimsen Relating to Aurangzib's Deccan Campaigns*, Jadunath Sarkar, tr. (Bombay : Department of Archives,

1972).

Bilgrami, Fatima Zehra, "The Mughal Annexation of Sind : A Diplomatic and Military History," in Irfan Habib, ed., *Akbar and His India* (Delhi : Oxford University Press, 2000).

Blake, Stephen, "Patrimonial-Bureaucratic Empire of the Mughals," *Journal of Asian Studies*, 39/1 (1979).

Blake, Stephen, *Shahjahanabad : The Sovereign City in Mughal India 1639-1739* (Cambridge : Cambridge University Press, 1993).

Bokhari, Afshan, *Imperial Women in Mughal India : The Piety and Patronage of Jahanara Begum* (London : I. B. Tauris, 2015).

Brand, Michael and Glenn D. Lowry, eds., *Fatehpur Sikri : A Sourcebook* (Bombay : Marg Publications, 1987).

Brown, Katherine, "Did Aurangzeb Ban Music? : Questions for the Historiography of His Reign," *Modern Asian Studies*, 41/1 (2007), pp. 77-120.

Buckler, W. F., *Legitimacy and Symbols : The South Asian Writings*, M. N. Pearson ed. (Ann Arbor : University of Michigan Press, 1985).

Busch, Allison, "Hidden in Plain View : Brajbhasha Poets at the Mughal Court," *Modern Asian Studies*, 44/2 (2010), pp. 267-309.

Busch, Allison, "Portrait of a Raja in a Badshah's World : Amrit Rai's Biography of Man Singh (1585)," *Journal of the Economic and Social History of the Orient*, 55/2-3 (2012), pp. 287-328.

C

Calkins, Philip, "The Formation of a Regionally Oriented Ruling Group in Bengal, 1700-1740," *Journal of Asian Studies*, 29/4 (1970), pp. 799-806.

Carvalho, Pedro Moura, *Mir'āt al-quds (Mirror of Holiness) : A Life of Christ for Emperor Akbar*, Wheeler M. Thackston, tr. (Leiden : Brill, 2012).

Chandra, Satish, *Medieval India : From Sultanat to the Mughals*, Part 2 (Delhi : Har Anand, 2009).

Chandra, Satish, "Some Aspects of the Growth of a Money Economy in India during the Seventeenth Century," *Indian Economic and Social History Review*, 3/4 (1966), pp. 321-31.

Chandra, Satish, *The 18th Century in India : Its Economy and the Role of the Marathas, the Jats, the Sikhs, and the Afghans* (Calcutta : K. P. Bagchi, 1986).

Chandra, Satish, et. al., "Akbar and His Age : A Symposium," *Social Scientist*, 20/9-10 (1992), pp. 61-72.

Chann, Naindeep Singh, "Lord of the Auspicious Conjunction : Origins of the Sāhib-Qirān," *Iran and the Caucasus*, 13/1 (2009), pp. 93-110.

Chatterjee, Indrani, "A Slave's Quest for Selfhood in Eighteenth-Century Hindustan," *Indian Economic and Social History Review*, 37/1 (2000), pp. 53–86.

Chatterjee, Kumkum, *The Cultures of History in Early Modern India : Persianization and Mughal Culture in Bengal* (Delhi : Oxford University Press, 2009).

Chatterji, A. K., "Mughal Administration under Siyar, Farrukh," *Journal of Historical Research*, 24/1 (1989), pp. 9–39.

Cheema, G. S., *The Forgotten Mughals : A History of the Later Emperors of the House of Babar, 1707–1857* (Delhi : Manohar, 2002).

Cohn, Bernard, *Colonialism and Its Forms of Knowledge : The British in India* (Princeton : Princeton University Press, 1996).

Correia-Alfonso, John, *Jesuit Letters and Indian History, 1542–1773* (Bombay : Oxford University Press, 1969).

Correia-Alfonso, John, *Letters from the Mughal Court : The First Jesuit Mission to Akbar* (Bombay : Heras Institute, 1980).

Curley, David, *Poetry and History : Bengali Maṅgal-kābya and Social Change in Precolonial Bengal* (Delhi : Chronicle, 2008).

D

Dale, Stephen F., "Steppe Humanism : The Autobiographical Writings of Zahir alDin Muhammad Babur, 1483–1530," *International Journal of Middle East Studies*, 22/1 (1990), pp. 37–58.

Dale, Stephen F., *The Garden of the Eight Paradises : Bābur and the Culture of Empire in Central Asia, Afghanistan and India (1483–1530)* (Leiden : Brill, 2004).

Dale, Stephen F., *The Muslim Empires of the Ottomans, Safavids, and Mughals* (Cambridge : Cambridge University Press 2010).

Dale, Stephen F., "The Poetry and Autobiography of the Bâbur-nâma," *Journal of Asian Studies*, 55/3 (1996), pp. 635–64.

Dale, Stephen F. and Alam Paynd, "The Ahrārī Waqf in Kābul in the Year 1546 and the Mughūl Naqshbandiyyah," *Journal of the American Oriental Society*, 119/2 (1999), pp. 218–33.

Dalrymple, William, *The Last Mughal : The Fall of a Dynasty, Delhi, 1857* (London : Bloomsbury, 2006).

Das Gupta, Ashin, *Indian Merchants and the Decline of Surat (c. 1700–1750)* (Delhi : Manohar, 1994).

Das, Harihar, *The Norris Embassy to Aurangzib, 1699–1702*, S. C. Sarkar, ed. (Calcutta : Firma K. L. Mukhopadhyay, 1959).

Das, Kamal Kishore, *Economic History of Moghul India* (Calcutta : Shantiniketan, 1991).

Das, Kumudranjan, *Raja Todar Mal* (Calcutta : Saraswat Library, 1979).

Datta, Kalikinkar, *Shah Alam II and the East India Company* (Calcutta : World Press, 1965).

Datta, Kalikinkar, *Survey of India's Social Life and Economic Condition in the Eighteenth Century*, 2nd ed. (Delhi : Munshiram Manoharlal, 1978).

Datta, Kalikinkar, *The Dutch in Bengal and Bihar, 1740-1825 A. D.* (Delhi : Motilal Banarsidas, 1968).

Delvoye, François 'Nalini,' "The Image of Akbar as a Patron of Music in Indo-Persian and Vernacular Sources," in Irfan Habib, ed,. *Akbar and His India* (Delhi : Oxford University Press, 2000).

Desoulières, Alain, "Mughal Diplomacy in Gujarat (1533-1534) in Correia's 'Lendas da India'," *Modern Asian Studies*, 22/3 (1988), pp. 433-54.

Digby, Simon, "Bāyazīd Beg Turkmān's Pilgrimage to Makka and Return to Gujarat : A Sixteenth Century Narrative," *Iran*, 42 (2004), pp. 159-77.

Dughlat, Mirza Muhammad Haidar, *Mirza Haydar Dughlat's Tarikh-i-Rashidi : A History of the Khans of Moghulistan*, W. M. Thackson, tr. (Cambridge : Harvard University Press, 1996).

E·F

Eaton, Richard, *A Social History of the Deccan, 1300-1761 : Eight Indian Lives* (Cambridge, UK ; New York : Cambridge University Press, 2005).

Eaton, Richard, "'Kiss My Foot,' Said the King : Firearms, Diplomacy, and the Battle for Raichur, 1520," *Modern Asian Studies*, 43/1 (2009), pp. 289-313.

Eaton, Richard, *The Rise of Islam and the Bengal Frontier, 1204-1760* (Berkeley : University of California Press, 1996).

Elliot, H. M., *The History of India, as Told by Its Own Historians*, Vol. 7, John Dowson, ed. (London : Trubner, 1873-77).

Ernst, Carl W., "Muslim Studies of Hinduism? : A Reconsideration of Arabic and Persian Translations from Indian Languages," *Iranian Studies*, 36/2 (2003), pp. 173-95.

Erskine, William, *A History of India under the Two First Sovereigns of the House of Taimur, Báber and Humáyun*, 2 vols (London : Longman, Brown, Green, and Longmans, 1854).

Farooqi, Naim, "Moguls, Ottomans, and Pilgrims : Protecting the Routes to Mecca in the Sixteenth and Seventeenth Centuries," *International History Review*, 10/2 (1988).

Farooqi, Naim, "Six Ottoman Documents on Mughal-Ottoman Relations during the Reign of Akbar," *Journal of Islamic Studies*, 7/1 (1996), pp. 32-48.

Faruqui, Munis, "The Forgotten Prince : Mirza Hakim and the Formation of the Mughal Empire in India," *Journal of the Economic and Social History of the Orient*, 48/4 (2005),

pp. 487–523.
Faruqui, Munis, *The Princes of the Mughal Empire, 1504–1719* (Cambridge : Cambridge University Press, 2012).
Fenech, Louis, "Martyrdom and the Execution of Guru Arjan in Early Sikh Sources," *Journal of the American Oriental Society*, 121/1 (2001), pp. 20–31.
Findly, Ellison, *Nur Jahan : Empress of Mughal India* (New York : Oxford University Press, 1993).
Firishta, *Ferishta's History of Dekkan from the First Mahummedan Conquests*, Vol. 1, Jonathan Scott, tr. (London : John Stockdale, 1794).
Fisher, Michael H., *Counterflows to Colonialism : Indian Travellers and Settlers in Britain* (Delhi : Permanent Black, 2004).
Fisher, Michael H., "From India to England and Back : Early Indian Travel Narratives for Indian Readers," *Huntington Library Quarterly*, 70/1 (2007), pp. 153–72.
Fisher, Michael H., "The Imperial Coronation of 1819 : Awadh, the British, and the Mughals," *Modern Asian Studies*, 19/2 (1985), pp. 113–51.
Fisher, Michael H., *The Inordinately Strange Life of Dyce Sombre* (New York : Oxford University Press, 2013).
Flores, Jorge, "The Sea and the World of the Mutasaddi : A Profile of Port Officials from Mughal Gujarat (c. 1600–1650)," *Journal of the Royal Asiatic Society*, 21 (2011), pp. 55–71.
Foltz, Richard, "The Central Asian Naqshbandī Connections of the Mughal Emperors," *Journal of Islamic Studies*, 7/2 (1996), pp. 229–39.
Foltz, Richard, "The Mughal Occupation of Balkh 1646–1647," *Journal of Islamic Studies*, 7/1 (1996), pp. 49–61.
Fox, Richard, *Kin, Clan, Raja, and Rule* (Berkeley : University of California Press, 1971).
Francklin, William, *The History of the Reign of Shah-Aulum, the Present Emperor of Hindostaun* (London : The Author, 1798).

G

Gilmartin, David and Bruce Lawrence, eds., *Beyond Turk and Hindu : Rethinking Religious Identities in Islamicate South Asia* (Gainesville : University Press of Florida, 2000).
Gokhale, B. G., "Tobacco in Seventeenth-Century India," *Agricultural History*, 48/4 (1974), pp. 484–92.
Gordon, Stewart, *The Marathas 1600–1818* (Cambridge : Cambridge University Press, 1993).
Gordon, Stewart, ed., *Robes and Honor : The Medieval World of Investiture* (New York : Palgrave, 2001).
Gordon, Stewart, ed., *Robes of Honour : Khil'at in Pre-Colonial and Colonial India* (Delhi :

Oxford University Press, 2003).

Grover, B. R., *Collected Works of Professor B. R. Grover*, Vol. 4-5, Amrita Grover, et al. eds. (Delhi : D. K., 2005).

Guerreiro, Father Fernão, *Jahangir and the Jesuits Account of the Travels of Benedict Goes*, C. H. Payne, tr. (Delhi : Munshiram Manoharlal, 1997).

Guha, Sumit, "Serving the Barbarian to Preserve the Dharma," *Indian Economic and Social History Review*, 47/4 (2010), pp. 497-525.

Gulbadan, *The History of Humāyūn (Humāyūn-nāma)*, Annette Beveridge, tr. (London : Royal Asiatic Society, 1902).

H

Habib, Irfan, *An Atlas of the Mughal Empire : Political and Economic Maps* (Delhi : Oxford University Press, 1982).

Habib, Irfan, *The Agrarian System of Mughal India 1556-1707* (Delhi : Oxford University Press, 1999).

Haider, Najaf, "Norms of Professional Excellence and Good Conduct in Accountancy Manuals of the Mughal Empire," *International Review of Social History*, 56 (2011), pp. 263-74.

Haider, Najaf, "Prices and Wages in India (1200-1800) : Source Material, Historiography and New Directions," in *Towards a Global History of Prices and Wages* (Utrecht : International Institute of Social History, 2004).

Hakluyt, Richard, *Hakluyt's Voyages*, Irwin R. Blacker, ed. (New York : The Viking Press, 1965).

Hallissey, Robert C., *The Rajput Rebellion against Aurangzeb : A Study of the Mughal Empire in Seventeenth-Century India* (Columbia : University of Missouri Press, 1977).

Hasan, Farhat, *State and Locality in Mughal India : Power Relations in Western India, c. 1572-1730* (Cambridge : Cambridge University Press, 2004).

Hasan, Ibn, *The Central Structure of the Mughal Empire and Its Practical Working up to the Year 1657* (Oxford : Oxford University Press, 1936).

Hasan, Mohibbul, *Babur, Founder of the Mughal Empire in India* (Delhi : Manohar, 1985).

Hasan, S. Nurul, *Religion, State, and Society in Medieval India*, Satish Chandra, ed. (Delhi : Oxford University Press, 2005).

Hasan, S. Nurul, "The Position of the Zamindars in the Mughal Empire," *Indian Economic and Social History Review*, 1/4 (1964).

Hasrat, Bikrama Jit, *Dara Shikuh : Life and Works*, 2nd ed. (Delhi : Munshiram Manoharlal, 1982).

Husain, Afzal, *The Nobility under Akbar and Jahāngīr : A Study of Family Groups* (Delhi :

참고문헌

Manohar, 1999).

I · J · K

Irvine, William, *Later Mughals*, Jadunath Sarkar, ed. (Delhi : Oriental, 1971).

Irvine, William, *The Army of the Indian Moghals : Its Organization and Administration* (Delhi : Eurasia, 1962).

I'tesamuddin, Mirza Sheikh, *The Wonders of Vilayet : Being the Memoir, Originally in Persian, of a Visit to France and Britain in 1765*, Kaisar Haq, tr. (Leeds : Peepal Tree, 2002).

Jahangir, *The Tuzuk-i-Jahāngīrī or Memoirs of Jahāngīr*, 2 vols, Alexander Rogers, tr., Henry Beveridge, ed. (London : Royal Asiatic Society, 1909–14).

Jarric, Pierre Du, *Akbar and the Jesuits, an Account of the Jesuit Missions to the Court of Akbar*, C. H. Payne, tr. (London : George Routledge, 1926).

Kalhana, *Kalhana's Rajatarangini : A Chronicle of the Kings of Kashmir*, 4 vols, tr. M. A. Stein (Delhi : Motilal Banarsidas, 1989).

Kavuri-Bauer, Santhi, *Monumental Matters : The Power, Subjectivity, and Space of India's Mughal Architecture* (Durham : Duke University Press, 2011).

Khan, Abu Talib, *History of Asafud Daulah, Nawab Wazir of Oudh*, W. Hoey, tr. (Lucknow : Pustak Kendra, 1971).

Khan, Abu Talib, "Masir-i Talibi" (1804), Persian Add. 8145–47, British Library, London.

Khan, Abu Talib, "Vindication of the Liberties of Asiatic Women," in *Asiatic Annual Register, 1801* (London : Printed for J. Debrett, 1802), pp. 100–7.

Khan, Ahsan Raza, *Chieftains in the Mughal Empire during the Reign of Akbar* (Simla : Indian Institute of Advanced Study, 1977).

Khan, Gulfishan, *Indian Muslim Perceptions of the West during the Eighteenth Century* (Karachi : Oxford University Press, 1998).

Khan, Inayat, *The Shah Jahan Nama of 'Inayat Khan : An Abridged History of the Mughal Emperor Shah*, A. R. Fuller, tr., W. E. Begley and Z. A. Desai, eds. (Delhi : Oxford University Press, 1990).

Khan, Iqtidar Alam, "Akbar's Personality Traits and World Outlook : A Critical Reappraisal," *Social Scientist*, 20/9–10 (1992), pp. 16–30.

Khan, Iqtidar Alam, "State in the Mughal India : Re-Examining the Myths of a Counter-Vision," *Social Scientist*, 30/1–2 (2001), pp. 16–45.

Khan, Iqtidar Alam, "The Mughal Assignment System during Akbar's Early Years, 1556–57," in Irfan Habib, ed. *Medieval India*, Vol. 1 (Delhi : Oxford University Press, 1992).

Khan, Iqtidar Alam, "The Nobility under Akbar and the Development of His Religious Policy, 1560–80," *Journal of the Royal Asiatic Society*, 1/2 (1968), pp. 29–36.

Khān, Sāqiī Mustʿaid, *Maāsir-i ʿĀlamgiri : A History of the Emperor Aurangzib-ʿĀlamgir*, Jadunath Sarkar, tr. (Calcutta : Royal Asiatic Society of Bengal, 1947).

Khan, Seid Gholam Hossein, *Seir Mutaqherin*, 4 vols., M. Raymond, tr. (Calcutta : T. D. Chatterjee, 1902).

Khwandamir, *Qanun-i Humayuni (also known as Humayun Nama)*, M. Hidayat Hosain, tr. (Calcutta : Royal Asiatic Society of Bengal, 1940).

Kinra, Rajeev, "Infantilizing Bābā Dārā : The Cultural Memory of Dārā Shekuh and the Mughal Public Sphere," *Journal of Persianate Studies*, 2/2 (2009), pp. 165–93.

Kinra, Rajeev, "Master and Munshī : A Brahman Secretary's Guide to Mughal Governance," *Indian Economic and Social History Review*, 47/4 (2010), pp. 527–61.

Koch, Ebba, *The Complete Taj Mahal* (London : Thames and Hudson, 2006).

Koch, Ebba, "The Symbolic Possession of the World : European Cartography in Mughal Allegory and History Painting," *Journal of the Economic and Social History of the Orient*, 55/2–3 (2012), pp. 547–80.

Kolff, D. H. A., *Naukar, Rajput, and Sepoy : The Ethnohistory of the Military Labour Market of Hindustan, 1450–1850* (Cambridge : Cambridge University Press, 1990).

L · M

Lakhnawi, Shiv Das, *Shahnama Munawwar Kalam*, Syed Hasan Askari, tr. (Patna : Janaki Prakashan, 1980).

Lal, Ruby, *Domesticity and Power in the Early Mughal World* (Cambridge : Cambridge University Press, 2005).

Lal, Ruby, *Empress : The Astonishing Reign of Nur Jahan* (Gurgaon : Penguin Random House, 2018).

Lal, Ruby, "Historicizing the Harem : The Challenge of a Princess's Memoir," *Feminist Studies*, 30/3 (2004), pp. 590–616.

Latif, Syad Muhammad, *Lahore : Its History, Architectural Remains and Antiquities* (Lahore : New Imperial Press, 1892).

Lefèvre, Corinne, "Recovering a Missing Voice from Mughal India : The Imperial Discourse of Jahāngīr (r. 1605–1627) in His Memoirs," *Journal of the Economic and Social History of the Orient*, 50/4 (2007), pp. 452–89.

Lefèvre, Corinne, "The Majālis-i Jahāngīrī (1608–11) : Dialogue and Asiatic Otherness at the Mughal Court," *Journal of the Economic and Social History of the Orient*, 55/2–3 (2012), p. 255–86.

Leonard, Karen, "The 'Great Firm' Theory of the Decline of the Mughal Empire," *Comparative Studies in Society and History*, 21/2 (1979), pp. 151–67.

참고문헌

Maclagan, Edward, *The Jesuits and the Great Mogul* (Gurgaon : Vintage, 1990).
Maddison, Angus, *Contours of the World Economy 1–2030 AD* (Oxford : Oxford University Press, 2007).
Malik, Zahiruddin, *A Mughal Statesman of the Eighteenth Century, Khan-i-Dauran, Mir Bakshi of Muhammad Shah, 1719–1739* (Aligarh : Aligarh Muslim University, 1973).
Malik, Zahiruddin, "Financial Problems of the Mughal Government during Farrukh Siyar's Reign," *Indian Economic and Social History Review*, 4/3 (1967), pp. 265–75.
Malik, Zahiruddin, *The Reign of Muhammad Shah, 1719–1748* (Delhi : Icon, 2006).
Manucci, Niccolao, *Storia do Mogor : Or, Mogul India, 1653–1708*, 4 vols, William Irvine, tr. (London : John Murray, 1907–8).
Marshall, D. N., *Mughals in India : A Bibliographical Survey* (Bombay : Asia, 1967).
Marshall, P. J., ed., *The Eighteenth Century in Indian History : Evolution or Revolution?* (Delhi : Oxford University Press, 2003).
Marx, Karl, "The East India Question," *New York Daily Tribune* (25 July 1853)[카를 마르크스, "동인도 문제," 마르크스·엥겔스, 주익종 옮김, 《식민지론》(서울 : 도서출판 녹두, 1989)].
Mayaram, Shail, "Mughal State Formation : The Mewati Counter-Perspective," *Indian Economic and Social History Review*, 34/2 (1997), pp. 169–97.
Mehta, Shirin, "Akbar as Reflected in the Contemporary Jain Literature in Gujarat," *Social Scientist*, 20/9–10 (1992), pp. 54–60.
Mill, James, *The History of British India*, Vol. 1 (London : Baldwin, Cradock and Joy, 1817).
Moin, Ahmed Azfar, "Peering through the Cracks in the *Baburnama* : The Textured Lives of Mughal Sovereigns," *Indian Economic and Social History Review*, 49/4 (2012), pp. 493–526.
Moin, Ahmed Azfar, *The Millennial Sovereign : Sacred Kingship and Sainthood in Islam* (New York : Columbia University Press, 2012).
Monserrate, Antonio, *The Commentary of Father Monserrate, S. J. : On His Journey to the Court of Akbar*, J. S. Hoyland, tr., S. N. Banerjee, ed. (Delhi : Asian Educational Services, 1992).
Monshi, Estakdar Beg, *History of Shah 'Abbas the Great (Tārīḵ-e 'Ālamārā-ye 'Abbāsī)*, Vol. 1, Roger M. Savory, tr. (Boulder : Westview, 1978).
Moosvi, Shireen, "An Estimate of Revenues of the Deccan Kingdoms, 1591," in Irfan Habib, ed., *Akbar and His India* (Delhi : Oxford University Press, 1997).
Moosvi, Shireen, "Expenditure on Buildings under Shahjahan : A Chapter of Imperial Financial History," *Proceedings of Indian History Congress*, 46 (1985), pp. 285–99.
Moosvi, Shireen, "Share of the Nobility in the Revenues of Akbar's Empire 1595–96," *Indian Economic and Social History Review*, 17/3 (1980), pp. 329–41.
Moosvi, Shireen, *The Economy of the Mughal Empire, c. 1595 : A Statistical Study* (Delhi :

Oxford University Press, 1987).

Moosvi, Shireen, "The Mughal Encounter with Vedanta," *Social Scientist*, 30/7-8 (2002), pp. 13-23.

Moosvi, Shireen, "The Zamindars' Share in the Peasant Surplus in the Mughal Empire : Evidence of the *Ain-i-Akbari* Statistics," *Indian Economic and Social History Review*, 15/3 (1978), pp. 359-73.

Moreland, W. H., *From Akbar to Aurangzeb : A Study in Indian Economic History* (London : Macmillan, 1923).

Moreland, W. H., *The Agrarian System of Moslem India : A Historical Essay with Appendices* (London : W. Heffer & Sons, 1929).

Mukhia, Harbans, "Illegal Extortions from Peasants, Artisans and Menials in Eighteenth Century Eastern Rajasthan," *Indian Economic and Social History Review*, 14/2 (1977), pp. 231-45.

Mukhia, Harbans, "Time in Abu'l Fażl's Historiography," *Studies in History*, 25 (2009), pp. 1-12.

Mukhia, Harbans, *The Mughals of India* (Oxford : Blackwell, 2004).

Mukhliṣ, Ānand Rām, *Encyclopaedic Dictionary of Medieval India : Mirat-ul-istilah*, Tasneem Ahmad, tr. (Delhi : Sundeep Prakashan, 1993).

Mushtaqi, Shaikh Rizqullah, "The Waqi'ati-Mushtaqi," in Iqtidar Siddiqui, ed., *Mughal Relations with the Indian Ruling Elite* (Delhi : Munshiram Manoharlal, 1983).

N · O · P · Q

Naim, C. M., "Syed Ahmad and His Two Books Called 'Asar-al-Sanadid'," *Modern Asian Studies*, 45/3 (2011), pp. 669-708.

Najm-i Ṣānī, Muḥammad Bāqir, *Advice on the Art of Governance (Mau'iẓah-i Jahāngīrī) : An Indo-Islamic Mirror for Princes*, Sajida Sultana Alvi, tr. (Albany : State University of New York Press, 1989).

Naqvi, H. K., *Urbanisation and Urban Centers under the Great Mughals, 1556-1707 : An Essay in Interpretation* (Shimla : Indian Institute of Advanced Study, 1972).

Narayana Rao, Velcheru, et al., *Textures of Time : Writing History in South India 1600-1800* (Delhi : Permanent Black, 2001).

Nath, Ram, *Fatehpur Sikri and Its Monuments* (Agra : Historical Research Documentation Programme, 2000).

Nathan, Mīrzā, *Bahāristān-i-Ghaybī : A History of the Mughal Wars in Assam, Cooch Behar, Bengal, Bihar and Orissa during the Reigns of Jahāngīr and Shāhjahān*, Vol. 1, M. I. Borah, tr. (Gauhati : Narayani Handiqui Historical Institute, 1936).

National Archives of India, *Calendar of Persian Correspondence*, Vol. 3 (Delhi : Government of India, 2013).

Nayeem, M. A., "The Working of the Chauth and Sardeshmukhi System in the Mughal Provinces of the Deccan (1707–1803 A. D.)," *Indian Economic and Social History Review*, 14/2 (1977), pp. 153–91.

Nizami, Khaliq Ahmad, *Akbar & Religion* (Delhi : IAD Oriental, 1989),

Nur Muhammad, Qazi, *Jang Nama*, Ganda Singh, tr. (Amritsar : Khalsa College, 1939).

Oberoi, Harjot Singh, *The Construction of Religious Boundaries : Culture, Identity, and Diversity in the Sikh Tradition* (Chicago : University of Chicago Press, 1994).

O'Hanlon, Rosalind, "Kingdom, Household and Body History, Gender and Imperial Service under Akbar," *Modern Asian Studies*, 41/5 (2007), pp. 889–923.

O'Hanlon, Rosalind, "Manliness and Imperial Service in Mughal North India," *Journal of the Economic and Social History of the Orient*, 42/1 (1999), pp. 47–93.

Pandian, A. S., "Predatory Care : The Imperial Hunt in Mughal and British India," *Journal of Historical Sociology*, 14/1 (2001), pp. 79–107.

Parodi, Laura, "The Bibi-ka Maqbara in Aurangabad : A Landmark of Mughal Power in the Deccan?," *East and West*, 48/3–4 (1998), pp. 349–83.

Pauwels, Heidi, "The Saint, the Warlord, and the Emperor : Discourses of Braj Bhakti and Bundelā Loyalty," *Journal of the Economic and Social History of the Orient*, 52/2 (2009), pp. 187–228.

Pearson, M. N., "Political Participation in Mughal India," *Indian Economic and Social History Review*, 9/2 (1972), pp. 113–31.

Pearson, M. N., "Shivaji and the Decline of the Mughal Empire," *Journal of Asian Studies*, 35/2 (1976), pp. 221–35.

Pelsaert, Francisco, *Jahangir's India : The Remonstrantie of Francisco Pelsaert*, W. H. Moreland and Peter Geyl, trs. (Cambridge : W. Heffer and Sons, 1925).

Pernau, Margrit and Yunus Jaffe, eds., *Information and the Public Sphere : Persian Newsletters from Mughal Delhi* (Oxford : Oxford University Press, 2009).

Phukan, Shantanu, "'Through Throats Where Many Rivers Meet' : The Ecology of Hindi in the World of Persian," *Indian Economic and Social History Review*, 38/1 (2001), pp. 33–58.

Polier, Antonie Louis Henri, *Shah Alam II and His Court*, Pratul C. Gipta, ed. (Calcutta : S. C. Sarcar, 1947).

Pollock, Sheldon, "New Intellectuals in Seventeenth-Century India," *Indian Economic and Social History Review*, 38/1 (2001), pp. 3–31.

Prakash, Om, "The Dutch East India Company in Bengal : Trade Privileges and Problems, 1633–1712," *Indian Economic and Social History Review*, 9/3 (1972), pp. 258–87.

Prasad, Ishwari, *The Life and Times of Humayun* (Allahabad : Central Book Depot, 1976).

Prasad, Pushpa, "Akbar and the Jains," in Irfan Habib, ed., *Akbar and His India* (Delhi : Oxford University Press, 2000), pp. 97-108.

Purchas, Samuel, *Hakluytus Posthumus or, Purchas His Pilgrimes*, 20 vols (New York : AMS, 1965).

Qandhari, Muhammad Arif, *Tarikh-i-Akbari*, Tasneem Ahmad, tr. (Delhi : Pragati, 1993).

Qureshi, I. H., *The Administration of the Mughal Empire* (Karachi : Oxford University Press, 1966).

R

Rana, R. P., "A Dominant Class in Upheaval : The Zamindars of a North Indian Region in the Late Seventeenth and Early Eighteenth Centuries," *Indian Economic and Social History Review*, 24/4 (1987), pp. 395-409.

Raychaudhuri, Tapan, *Bengal under Akbar and Jahangir : An Introductory Study in Social History* (Delhi : Munshiram Manoharlal, 1966).

Reis, Sidi Ali, *The Travels and Adventures of the Turkish Admiral Sidi Ali Reïs in India, Afghanistan, Central Asia, and Persia, during the Years 1553-1556*, Ármin Vámbéry, tr. (London : Luzac Co., 1899).

Rezavi, Syed Ali Nadeem, "Religious Disputations and Imperial Ideology : The Purpose and Location of Akbar's Ibadatkhana," *Studies in History*, 24 (2008), pp. 195-209.

Rezavi, Syed Ali Nadeem, ed., *Fathpur Sikri Revisited* (Delhi : Oxford University Press, 2013).

Richards, John F., *Document Forms for Official Orders of Appointment in the Mughal Empire* (Cambridge : F. J. W. Gibb Memorial, 1986).

Richards, John F., "Imperial Crisis in the Deccan," *Journal of Asian Studies*, 35/2 (1976), pp. 237-56.

Richards, John F., *Mughal Administration in Golconda* (Oxford : Clarendon, 1975).

Richards, John F., "Norms of Comportment for Mughal Officers," in Barbara Daly Metcalf, ed., *Moral Conduct and Authority : The Place of Adab in South Asian Islam* (Berkeley : University of California Press, 1984).

Richards, John F., *The Mughal Empire* (Cambridge : Cambridge University Press, 1993).

Richards, John F. and V. N. Rao, "Banditry in Mughal India : Historical and Folk Perceptions," *Indian Economic and Social History Review*, 17/1 (1980), pp. 95-120.

Rizvi, Saiyid Athar Abbas, *Shah Wali-Allah and His Times* (Canberra : Ma'rifat, 1980).

Rizvi, Saiyid Athar Abbas and Vincent John Adams Flynn, *Fathpūr-Sīkrī* (Bombay : D. B. Taraporevala Sons, 1975).

Robinson, Francis, *The Mughal Emperors and the Islamic Dynasties of India, Iran and Central Asia, 1206-1925* (New York : Thames and Hudson, 2007).

참고문헌

Roe, Thomas, *The Embassy of Sir Thomas Roe to the Court of the Great Mogul, 1615–1619 : As Narrated in His Journal and Correspondence*, Vol. 1, William Foster, ed. (London : Hakluyt Society, 1899).

Roy, Sukumar, *Bairam Khan*, M. H. A. Beg, ed. (Karachi : University of Karachi, 1992).

Roy, Sukumar, *Humāyūn in Persia* (Calcutta : Royal Asiatic Society, 1948).

S

Sangwan, R. S., *Jodhpur and the Later Mughals*, AD 1707–1752 (Delhi : Pragati, 2006).

Saran, Paratma, *The Provincial Government of the Mughals, 1526–1658* (Allahabad : Central Book Depot, 1941).

Sarkar, Jadu Nath, *Bengal Nawabs* (Calcutta : Asiatic Society, 1952).

Sarkar, Jadunath, *A Short History of Aurangzib, 1618–1707* (Calcutta : M. C. Sarkar, 1962).

Sarkar, Jadunath, *History Of Aurangzib*, 4 vols (Calcutta : M. C. Sarkar & Sons, 1912–20).

Sarkar, Jadunath, *Studies in Mughal India* (Calcutta : M. C. Sarkar, 1919).

Sarkar, Jagdish Narayan, *A Study of Eighteenth Century India : Political History, 1707–1761* (Calcutta : Saraswat Library, 1976).

Sarwani, Abbas Khan, "Tarikh-i Sher Shahi," in H. M. Elliott, ed., *The History of India as Told by Its Own Historians*, Vol. 4 (London : Trubner, 1873–7).

Satyal, Amita, "The Mughal Empire, Overland Trade, and Merchants of Northern India, 1526–1707," Ph. D. Thesis, University of California, Berkeley (2008).

Savarkar, V. D., *The Indian War of Independence, 1857* (Bombay : Phoenix, 1947).

Schofield, Katherine Butler, "Courtesan Tale : Female Musicians and Dancers in Mughal Historical Chronicles, c.1556–1748," *Gender and History*, 24/1 (2012), pp. 150–71.

Schofield, Katherine Butler, "Reviving the Golden Age Again : 'Classicization,' Hindustani Music, and the Mughals," *Ethnomusicology*, 54/3 (2010), pp. 484–517

Schofield, Katherine Butler, "The Courtesan Tale : Female Musicians and Dancers in Mughal Historical Chronicles, c. 1556–1748," *Gender and History*, 24/1 (2012), pp. 150–71.

Seyller, John, "Mughal Code of Connoisseurship," *Muqarnas*, 17 (2000), pp. 177–202.

Seyller, John, *Workshop and Patron in Mughal India : The Freer Rāmāyaṇa and Other Illustrated Manuscripts of 'Abd al-Raḥīm*, Vol. 42 (Zurich : Artibus Asiae Publishers, 1999).

Shah Alam II, "Letter to King of Great Britain," Sutton Court Collection, MSS EUR F.128/111, ff. 100–2, British Library, London.

Shah, A. M., "Political System in Eighteenth Century Gujarat," *Enquiry*, n.s. 1/1 (1964), pp. 83–95.

Sharma, D. V., *Archaeology of Fatehpur Sikri : New Discoveries* (Delhi : Aryan, 2008).

Sharma, G. N., *Mewar and the Mughal Emperors : 1526-1707 A. D.* (Agra : Shiva Lal Agarwala, 1962).
Sharma, Gauri, *Prime Ministers under the Mughals, 1526-1707* (Delhi : Kanishka, 2006).
Sharma, Sri Ram, *Mughal Government and Administration* (Bombay : Hind Kitabs, 1951).
Sharma, Sri Ram, *The Religious Policy of the Mughal Emperors* (London : Asia, 1962).
Shivram, Balkrishan, *Jagirdars in the Mughal Empire during the Reign of Akbar* (Delhi : Manohar, 2008).
Shyam, Radhey, *Life and Times of Malik Ambar* (Delhi : Munshiram Manoharlal, 1968).
Siddiqi, Noman, "The Classification of Villages under the Mughals," *Indian Economic and Social History Review*, 1/1 (1964), pp. 73-83.
Siddiqi, Noman, "The Faujdar and Faujdari under the Mughals," in Muzaffar Alam and Sanjay Subrahmanyam, eds., *The Mughal State, 1526-1750* (Delhi : Oxford University Press, 1998).
Siddiqi, Noman, *Land Revenue Administration under the Mughals (1700-1750)* (London : Asia, 1930).
Siddiqui, Iqtidar, *Mughal Relations with the Indian Ruling Elite* (Delhi : Munshiram Manoharlal, 1983).
Singh, Chetan, "Forests, Pastoralists and Agrarian Society in Mughal India," in David Arnold and Ramachandra Guha, eds., *Nature, Culture, Imperialism : Essays on the Environmental History of South Asia*, (Delhi : Oxford University Press, 1995), pp. 21-48.
Singh, Chetan, *Region and Empire : Punjab in the Seventeenth Century* (Delhi : Oxford University Press, 1991).
Singh, Devika, "Approaching the Mughal Past in Indian Art Criticism," *Modern Asian Studies*, 47/1 (2013), pp. 167-203.
Singh, Ganda, *Ahmad Shah Durrani : Father of Modern Afghanistan* (Bombay : Asia, 1959).
Sinha, Parmeshwar Prasad, *Raja Birbal, Life and Times* (Patna : Janaki Prakashan, 1980).
Smith, Vincent, *A History of Fine Art in India and Ceylon* (Oxford : Clarendon, 1911).
Smith, Vincent, *Akbar the Great Mogul, 1542-1605* (Oxford : Oxford University Press, 1919).
Smith, Vincent, "The Death of Hēmū in 1556, after the Battle of Pānīpat," *Journal of the Royal Asiatic Society*, 48/3 (1916), pp. 527-35.
Stein, Burton, "Eighteenth Century India : Another View," *Studies in History*, 5 (1989), pp. 1-26.
Steingass, Francis, *A Comprehensive Persian-English Dictionary, Including the Arabic Words and Phrases to Be Met with in Persian Literature* (London : Routledge and Kegan Paul, 1892).
Streusand, Douglas, *Islamic Gunpowder Empires : Ottomans, Safavids, and Mughals* (Boulder : Westview, 2011).
Streusand, Douglas, *The Formation of the Mughal Empire* (Delhi : Oxford University Press, 1999).

Subrahmanyam, Sanjay, *Explorations in Connected History*, 2 vols (Delhi : Oxford University Press, 2005).

Subrahmanyam, Sanjay, "Making Sense of Indian Historiography," *Indian Economic and Social History Review*, 39/2–3 (2002), pp. 121–30.

Subrahmanyam, Sanjay, "The Mughal State : Structure or Process?—Reflections on Recent Western Historiography," *Indian Economic and Social History Review*, 29/3 (1992), pp. 291–321.

Subrahmanyam, Sanjay and C. A. Bayly, "Portfolio Capitalists and the Political Economy of Early Modern India," *Indian Economic and Social History Review*, 25/4 (1988), pp. 401–24.

Syan, Hardip Singh, *Sikh Militancy in the Seventeenth Century : Religious Violence in Mughal and Early Modern India* (London : I. B. Tauris, 2012).

Syros, Vasileios, "An Early Modern South Asian Thinker on the Rise and Decline of Empires : Shāh Walī Allāh of Delhi, the Mughals, and the Byzantines," *Journal of World History*, 23/4 (2013), pp. 793–840.

T·U·V

Taft, F. H., "Honor and Alliance : Reconsidering Mughal-Rajput Marriages," in Karine Schomer, et al., eds., *Idea of Rajasthan Vol. 2 : Explorations in Regional Identity* (New Delhi : Manohar, 1994).

Talbot, Cynthia, "Becoming Turk the Rajput Way : Conversion and Identity in an Indian Warrior Narrative," *Modern Asian Studies*, 43/1 (2009), pp. 211–43.

Talbot, Cynthia, "Justifying Defeat : A Rajput Perspective on the Age of Akbar," *Journal of the Economic and Social History of the Orient*, 55/2–3 (2012), pp. 329–68.

Tamaskar, B. G., *The Life and Work of Malik Ambar* (Delhi : Idarh-i Adabiyat-i Dilli, 1978).

Tavernier, Jean-Baptiste, *Travels in India*, 2 vols, V. Ball, tr. (London : Oxford University Press, 1925).

Tripathi, R. P., *Some Aspects of Mughal Administration* (Allahabad : Central Book Depot, 1936).

Truschke, Audrey, "The Mughal Book of War : A Persian Translation of the Sanskrit Mahabharata," *Comparative Studies of South Asia, Africa and the Middle East*, 31 (2011), pp. 506–20.

Ullah, Neamet, *History of the Afghans*, Bernhard Dorn, tr. (Delhi : Bhavana, 2000).

Vanina, Eugenia, "Mādhavānal-kāmakandalā : A Hindi Poem of Akbar's Epoch," *Indian Historical Review*, 20/1–2 (1993–4), pp. 66–77.

Verma, Som Prakash, *Aspects of Mughal Painters*, Vol. 1 (Delhi : Abhinav, 2009).

W · Z

Wade, Bonnie, *Imaging Sound : An Ethnomusicological Study of Music, Art, and Culture in Mughal India* (Chicago : University of Chicago Press, 1998).

Washbrook, David, "South Asia, the World System, and World Capitalism," *Journal of Asian Studies*, 49/3 (1990), pp. 479–508.

Wee, Maarten van der, "Semi-Imperial Polity and Service Aristocracy : The Mansabdars in Mughal India (ca. 1550 to ca. 1750)," *Dialectical Anthropology*, 13/3 (1988), pp. 209–25.

Williams, L. F. Rushbrook, *An Empire Builder of the Sixteenth Century* (London : Longmans, Green, 1918).

Wink, Andre, *Land and Sovereignty in India : Agrarian Society and Politics under the Eighteenth Century* (Cambridge : Cambridge University Press, 1986).

Wright, H. Nelson, *Catalogue of the Coins in the Indian Museum Calcutta*, Vol. 1 (Oxford : Clarendon, 1906).

Zaidi, Sunita, "Akbar's Annexation of Sind : An Interpretation," in Irfan Habib, ed., *Akbar and His India* (Delhi : Oxford University Press, 1997).

Ziegler, Norman, "Marvari Historical Chronicles : Sources for the Social and Cultural History of Rajasthan," *Indian Economic and Social History Review*, 13/2 (1976), pp. 219–50.

Ziegler, Norman, "Some Notes on Rajput Loyalties during the Mughal Period," in John Richards, ed., *Kingship and Authority in South Asia* (Madison : University of Wisconsin-Madison Press, 1978).

Zutshi, Chitralekha, *Kashmir's Contested Pasts* (Delhi : Oxford University Press, 2014).

찾아보기

ㄱ

가르하카탕가 Garhā-Katanga · 207
가산국가 家産國家 · 41, 49, 57, 99, 107, 155
가즈니 · 55
가지 ghāzī · 96, 97, 147, 226
개종 · 30, 45, 82, 85, 102, 132, 157, 163, 203, 204, 230~232, 244, 291, 299, 305, 307, 340, 347, 372, 399
갠지스강 · 31, 32, 75, 78, 91, 117, 120, 122, 124, 323, 370, 372, 381
거대 지역 · 75, 76, 91
건축 · 34, 51, 116, 138, 199, 203, 218, 240, 292, 303, 309, 311, 318, 337, 338, 393, 397, 402, 413, 414
결혼 동맹 · 44, 140, 155, 167
경제 · 27, 33, 73, 76, 77, 87, 88, 90, 94, 130, 131, 169, 172, 173, 175, 179, 180, 217, 224, 239, 267, 276, 318, 347, 358, 384, 417
경제사 · 414
계보학자 · 191
계승 경쟁 / 계승 분쟁 / 계승 전쟁 · 26, 34, 136, 247, 249, 251, 256, 257, 282, 292, 306, 319, 320, 324, 325, 329, 331, 334, 345, 347, 348, 360, 366, 367
고아 · 92, 230, 233, 272
고추 · 276
고쿨라 Gokula · 340
곤드 Gōnd · 206, 207, 305
골콘다 / 골콘다 술탄국 · 91, 248, 287, 290, 307, 308, 315, 319, 343, 348, 350, 351, 361, 367

공작 옥좌 · 295, 296, 301, 303, 311, 329, 378
괄리오르 · 66, 70, 105, 148, 204, 273, 304
교역 · 27, 42, 56, 89, 90, 92, 94, 276, 307, 319, 358, 414, 415
구살하나 ghusal-khāna · 201, 218, 339
구자라트 / 구자라트 술탄국 · 92, 117~119, 168, 213, 214, 217, 230, 232, 249, 257, 320, 323, 324, 333, 358, 360, 362, 367, 373
국민의용단 Rāṣṭrīya Svayaṃsevak Saṅgh · 411, 413
군마 · 131, 316, 318
군사 인력 시장 · 39, 102, 117, 130, 174, 277
군사·재정주의국가 · 171
군주권 · 24, 26, 35, 48, 94, 107, 112, 129, 142~145, 149, 208, 215, 224, 234, 235, 291, 292, 308, 370, 374, 384, 387, 394, 397
굴람 카디르 로힐라 Ghulām Qādir Rohilla · 386
굴루흐 베김 Gulrukh Begim · 61
굴바단 베김 Gulbadan Begim · 45, 61, 108, 113, 216, 247
궁정 문화 · 24, 34, 47, 198, 235
근대성 · 417
금 · 95, 106, 234
기근 · 77, 132, 331, 351
기술 · 27, 67, 100~102, 114, 120, 149, 182, 206, 311
기야스 베이 테헤라니 Ghiyāth Begh Teherānī · 264, 282 → 이티마드 알다울라

ㄴ

나드르 nadhr · 186, 201, 356, 388, 389, 405
나디르 샤 Nādir Shāh · 376~378

467

나시르 미르자 Nāṣir Mīrzā • 57, 58
나와나가르 왕국 • 333
나와브와지르 Nawāb-Wazīr 왕조 • 376, 380
낙슈반드 수피 종단 Naqshbandiyya • 46, 103, 104, 143, 209, 211, 246, 273, 298, 317, 329, 335
네덜란드 • 94, 274, 358, 359, 401
네루, 자와할랄 • 410, 413
노예 • 43, 58, 62, 70, 90, 106, 114, 153, 167, 250, 307, 379
누누 다쿠냐 Nuno da Cunha • 119
누르 마할 / 누르 자한 • 282~292, 316
뉴델리 • 407
니잠 알딘 아울리야 Niẓām al-Dīn Awliyā' • 69
니잠 알물크 Niẓām al-Mulk • 367, 371, 373, 376, 378
니카흐 nikāḥ • 156, 160, 167, 221
니카흐 알무트아 nikāḥ al-mut'a • 222

ㄷ

다가마, 바스쿠 • 417
다니얄 미르자 Dāniyāl Mīrzā • 160, 250, 257, 259, 275, 291
다라 슈코흐 Dārā Shikūh • 316, 317, 319~324, 341, 345
다르샨 darshan • 220, 221, 245, 335
다만 • 92, 275
다와르 바흐시 Dāwar Bakhsh • 291
다울라타바드 • 337
다트 dhāt • 193, 288, 303, 340
담배 • 276
대금업자 • 88
대포 • 63, 64, 68, 97, 100~102, 118, 120, 121, 277, 289
데몬세라트 신부, 안토니 de Montserrat, Fr. Antoni • 197, 232

데칸 / 데칸 지방 • 33~35, 75, 76, 85, 86, 91, 92, 102, 166, 180, 199, 207, 214, 247~249, 251, 258, 280, 286, 287, 289~291, 296, 304, 306~308, 310, 318~320, 323, 324, 328, 330, 342, 343, 346, 347, 350, 351, 353~358, 367, 371~373, 398
델리 / 델리 술탄국 • 29, 39, 40, 43, 64, 65, 69, 71, 85, 91, 94, 96, 98, 101, 103, 125, 131~133, 142, 147, 150, 199, 263, 306, 309, 311, 341, 362, 378, 381, 393, 402, 404, 407
델리 술탄 • 58, 69, 87, 91, 104, 209
도축 • 210, 229
동양의 전제주의 • 407
두르가바티 Durgāvatī • 207
드라비디어 • 86, 92
디완 dīwān • 180, 284, 339, 356, 384
디완 암 dīwān-i 'āmm • 201, 218, 221
디완 하스 dīwān-i khāṣṣ • 201, 218
디우 • 92, 119
딘 일라히 Dīn-i Ilāhī • 243
딜다르 베김 Dildār Begim • 61
딜라스 바누 베김 Dilrās Bānū Begim • 339
딤미 dhimmī • 84, 163

ㄹ

라나 상가 Rāṇā Sāngā • 94~96, 150 → 상가람 싱
라다크 • 34, 280
라들리 Lāḍlī • 282, 288, 292
라우샤나라 베김 Rawshanārā Begim • 334
라우샨 수피 교단 Rawshaniyya • 238
라이가르 • 352
라자 rājā • 66, 70, 147, 150, 158, 161, 162, 164, 168, 175, 192, 193, 207, 210, 211, 214, 215, 234, 237, 238, 244, 258, 260, 262, 281, 303, 304, 315, 332, 340, 343, 352, 371, 372, 388, 398

찾아보기

라자람 본슬레Rājārām Bhōnsle • 352, 361
라자스탄 • 77, 80, 95, 126, 164, 206, 369, 371
라자스탄어 • 162, 398
라지푸트Rājpūt • 80~82, 86, 90, 91, 95, 131,
    141, 147, 149, 150, 153, 157~165, 167,
    173, 188, 190, 191, 203, 205~207,
    209~211, 230, 253, 260, 279~281, 284,
    299, 317, 334~348, 352, 356, 369, 371,
    372, 398, 399, 415
라토르Rāthōr / 라토르 가문 / 라토르 왕
    조 • 81, 205, 206, 299, 347, 348, 371
라피 알다라자트Rāfi' al-Darajāt • 37
라호르 • 40, 65, 131, 133, 199, 236, 237, 240,
    249, 264, 272, 275, 292, 309, 313, 320, 360
락슈미Lakṣmī • 162
랄 쿤와르Lāl Kunwar • 369
람나가르 왕국 • 333
람 모한 로이Rām Mohan Rāy • 388
런던 • 382, 384, 388
로 경, 토머스 • 270
로디 왕조 • 39, 73, 85, 101
로마가톨릭 • 84, 227
로흐타스 요새 • 215, 237
루미 칸Rūmī Khan • 100, 118, 120, 121
루카이야 술탄 베김Ruqayya Sulṭān Begim • 156,
    297

◻

마누치, 니콜라오 • 401
마드라스 • 358
마라타인 • 280, 308, 319, 340, 351, 352, 355,
    357, 358, 372, 373, 376, 386, 398
마라타 제국 • 351, 352, 361, 373, 381
마르와르 • 81, 95, 150, 205, 299, 346~348, 371
마르크스, 카를 • 393, 405, 408, 414
마리얌 알자마니Maryam al-Zamānī • 158 → 하
    르하 바이, 히라 쿵와르
마수마 술탄 베김Ma'ṣūma Sulṭān Begim • 59
마와라알나흐르 • 41, 42, 46, 51, 52, 56, 58,
    71, 129
마준ma'jūn • 51, 106
마투라 • 274, 340, 372
마하라자mahārāja • 261, 304, 343, 346
마하바트 칸, 자마나 베이Mahābat Khān,
    Zamāna Beg • 290, 291, 306, 308
마함 베김Māham Begim • 60
마함 아나가Māham Anaga • 138, 152, 153
마흐다르maḥḍar • 225, 227, 228
마흐무드 가즈나위Maḥmūd-i Ghaznawī • 97
마흐 추차크 베김Māh Chuchak Begim • 143, 145
만두 • 133, 287
만바와티 바이Manbhawati Bai • 160, 258, 261
만사브manṣab • 183~195, 198, 203, 204, 211,
    239, 250, 256~258, 260, 261, 266, 274,
    277, 279, 280, 282~284, 286~290, 293,
    304~306, 308, 315~317, 319, 321~323,
    328, 342, 344, 345, 349, 351, 352, 366
만사브다르manṣabdār • 184~195, 197, 198,
    201~203, 208, 209, 228, 243, 248, 256, 260,
    265, 266, 274, 277~280, 284, 295~297, 299,
    300, 303, 305, 310, 318, 323, 325, 328, 329,
    339, 340, 343, 345, 348~357, 359, 360, 366,
    367, 369, 371, 372, 374, 376
만 싱 • 159, 162, 165, 215, 238, 244, 245,
    258, 262, 281
말 • 71, 90, 102, 105, 131, 155, 161, 188,
    189, 202, 231, 266, 318, 340
말리크 암바르Malik 'Ambar • 250, 271, 280,
    287, 290
말리키 법학파 • 222
말와 • 118, 143, 153, 257, 306, 323, 324, 360,
    362, 373
망명 • 117, 129, 131, 306, 324

메디니 라이Medinī Rāī • 332, 333
메르브 전투 • 52
메와르 • 80, 95, 133, 150, 164, 165, 206, 279, 347, 348, 370
메와트 • 96, 132, 150
메카 • 71, 94, 125, 145, 153, 167, 216, 218, 262, 297, 330, 343, 344, 358
모스크 • 47, 51, 56, 69, 190, 202, 211, 280, 298, 310, 312, 313, 321, 337, 338, 340, 413, 414
모스크바 • 71
모티 마스지드 • 337
목축민 • 50, 52, 81, 89
몬순 • 76, 77, 102, 122, 331
몰수 • 174, 190, 224, 401
몽골인 • 23, 41~43, 49, 52, 54, 66, 68, 395
무라드 4세 • 316
무라드 미르자Murād Mīrzā • 160, 232, 249, 250, 257, 259
무라드 바흐시Murād Bakhsh • 317, 322~324
무르시드 쿨르 칸Murshid Qulī Khān • 356, 367
무슬림 • 22, 23, 25, 27, 30~32, 45, 46, 52, 74, 78, 81, 83~86, 93, 95~97, 103, 104, 140, 143, 157, 158, 160, 163~167, 175, 181, 189, 190, 208~210, 215, 216, 221, 224, 227, 240, 242, 244~246, 268, 279, 281, 299, 300, 316, 330, 336, 344, 345, 351, 372, 396, 399, 402, 407~411, 413~415
무슬림 민족주의자 • 409, 410
무아잠 • 350, 351, 360, 362, 366, 367 → 바하두르 샤 (1세)
무인 알딘 하산 시즈지 치슈티, 호자Muʻīn al-Dīn Ḥasan Sijzī Chishtī, Khwāja • 158, 160, 212, 274, 298, 321
무자파르 칸 투르바티, 호자Muẓaffar Khan Turbatī, Khwāja • 157, 175, 215
무자파르 후사인, 미르자Muẓaffar Ḥusayn, Mīrzā

• 168, 283
무함마드 샤Muḥammad Shāh • 375, 377~379
무함마드 술탄Muḥammad Sulṭān • 324, 360
무함마드 아딜 샤 수르Muḥammad ʻĀdil Shāh Sūr • 131
무함마디 라즈Muḥammadī Rāj • 347
무흐타시브muḥtasib • 329
문임 칸Munʻim Khān • 143, 153
물라 샤 무함마드 바다흐시Mullā Shāh Muḥammad Badakhshī • 321, 322
물탄 • 322, 362
뭄타즈 마할 • 283, 299, 309~311, 321, 325 → 아르주만드 바누
미란 무바라크 샤 2세 • 166
미르 무함마드 마흐디 호자Mīr Muḥammad Mahdī Khwāja • 107
미르 바흐시Mīr Bakhshī • 152
미르자 나산 알라 알딘 이스파하니Mīrzā Nathan ʻAlāʼ al-Dīn Iṣfahānī • 277, 278
미르 줌라, 무함마드 사이드Mīr Jumla, Muḥammad Saʻīd • 319
미흐르 알니사Mihr al-Nisāʼ • 282, 283
밀, 제임스 • 404

ㅂ

바겔라Vāghela 왕조 • 206
바그완트 다스Bhagwant Dās • 159~161
바다우니, 압둘카디르Badāʼūnī, ʻAbd al-Kādir • 199, 225, 227, 241~243, 245, 246, 396
바다흐샨 • 34, 56, 60, 65, 67, 98, 108, 113, 145, 146, 168, 237, 317
바드라, 고탐Bhadra, Gautam • 416
바드샤히 모스크 • 338
바르나varṇa • 79, 80, 84
바부르 • 23, 29, 31, 39~71, 73~76, 78, 80~88, 90~92, 94~109, 111~113, 116, 117, 123, 126,

찾아보기

128, 133, 139, 145, 147, 149, 150, 156, 165, 167, 172, 197, 212, 219, 238, 246, 247, 256, 266, 268, 349, 377, 378, 408, 413, 417
바이람 칸, 무함마드Bayram Khan, Muhammad・126, 129, 134, 142, 144, 146~149, 151~154, 156, 157, 175, 203, 208~210
바이 인드라 쿵와르Bai Indra Kunwar・371, 372
바티Bhaṭṭi 왕조・206
바하두르 샤 (1세)・366~369 → 무아잠
바하두르 샤 2세・265, 389, 391
바하두르 샤(구자라트)・117~119
바하두르 샤(아흐마드나가르의 니잠샤 왕조)・250
바흐만 술탄국 / 바흐만 왕국・91, 248
바흐시 바누 베감Bakhshī Bānū Begim・167
반다 싱 바하두르Bandā Siṅgh Bahādur・372
발루치・66, 99, 127
밭호・56, 65, 97, 98, 129, 317, 331
방글라데시・28, 35, 394, 411
버마・391
베단타 학파・274
베라르・91, 248, 250, 362
베르니에, 프랑수아・401
베버, 막스・408
벵골・31, 34, 75, 76, 92, 99, 117, 120, 122, 124, 144, 208, 213, 215, 230, 262, 277, 278, 282, 290, 307, 312, 315, 322~324, 333, 356, 362, 367, 369, 370, 373, 382, 388, 411
봉건제・190
부르한 샤 2세Burhān Shāh II・249
부르한푸르・250, 306, 307, 310
부왕副王・119, 230, 319, 407
부하라・331
북사르 전투・384
분델라 왕조・260
봉토・61, 152, 153, 177, 190, 199, 211, 239, 265, 289, 345, 351, 356, 366
분봉지・57, 142, 173, 175, 262, 367
불교・42
붉은 요새・312, 313, 337, 380, 381, 391, 413
브라만・74, 79~81, 83, 151, 191, 211, 274, 351
브라즈바사어・162, 192, 242, 398
비다르・91, 248, 320, 362
비다르 바흐트Bīdar Bakht・386
비단길・55, 90
비르발 마헤시 다스Birbal Mahesh Das・192, 211, 238
비르 싱 데바Bir Singh Dēva・260, 261, 304, 340
비무슬림・78, 84, 95, 104, 105, 116, 140, 163~165, 167, 209, 210, 224, 344, 345, 371
비슈누・162
비자푸르 / 비자푸르 술탄국・91, 92, 248, 287, 307, 308, 315, 319, 320, 342, 343, 348, 350, 352, 361
비크라마디티야・66, 70, 147, 150
비하르・123, 208, 215, 261, 290, 332, 362, 370, 373, 382, 384
비하리 말Bihārī Mal・150, 158, 159
빅토리아 여왕・405

ㅅ

사냥・63, 89, 148, 149, 151, 195, 199, 222, 249, 276, 277, 288, 316, 336, 373
사드르ṣadr・148, 180, 209, 223
사르카르sarkār・180
사르카르, 야두나트Sarkar, Jadunath・409
사마르칸트・47~49, 51, 56, 57, 98, 317
사바르sawār・193, 266, 288, 303, 318, 340
사아다트 칸Sa'ādat Khān・378
사원・84, 129, 163, 164, 190, 210~212, 235, 299, 305, 335, 340, 344, 346

사이드sayyid • 85, 144, 191, 211, 319, 370, 371
사이드 아흐마드 칸Sayyid Aḥmad Khān • 402, 409
사이드 형제 • 371~374
사티 • 181, 182, 400
사파비 왕조 / 사파비 제국 • 52, 53, 55, 57, 63, 96, 127~129, 143, 148, 205, 208, 227, 237, 239, 246, 271, 282, 288, 290, 302, 308, 315, 316, 324, 331, 376, 399, 402, 415
산스크리트어 • 79, 86, 162, 192, 220, 230, 240, 241, 343, 396, 398, 404
산스크리트화 • 81
살라틴salāṭīn • 370, 374, 375, 386
살리마 술탄 베김Salīma Sulṭān Begim • 59, 156, 157, 216
살림 / 살림 미르자 • 146, 159, 160, 168, 199, 251, 252, 255~261, 263, 273 → 자항기르
살하 술탄 베김Sālḥa Sulṭān Begim • 59
삼림 • 26, 79, 86, 87, 89, 90, 207, 261
삼바지 본슬레 • 340, 348, 352
상가람 싱Saṅgrāma Siṃha • 95 → 라나 상가
샤라프 알딘 후사인 아흐라리, 미르자Sharaf al-Dīn Ḥusayn Ahrārī, Mīrzā • 167, 168
샤루흐 미르자Shāh Rukh Mīrzā • 146, 168
샤리아 • 46, 298
샤 사피 1세 • 316
샤 슈자Shāh Shujāʻ • 308, 322~324
샤 아부 알마알리Shāh Abu al-Maʻālī • 143~145
샤 알람 2세Shāh ʻĀlam II • 381, 382, 384~388
샤 압바스 2세Shāh ʻAbbās II • 331
샤자하나바드 • 295, 311~313, 321, 337, 345, 346, 367, 373, 374, 377~382, 385~389, 391, 402, 404, 407, 413
샤 자한 (1세) • 33, 34, 271, 282, 287~293, 295~301, 303~313, 315~325, 327~329, 330, 333, 337, 339, 343, 347, 349
샤 자한 3세 • 382

샤카르 알니사 베김Shakar al-Nisāʼ Begim • 168
샤타르 수피 종단Shaṭṭāriyya • 104, 115, 298
샤흐리야르Shahriyār • 281, 288, 289, 291
샤흐지 본슬레 • 308
샴스 알딘 아흐마드 가즈나위Shams al-Dīn Aḥmad Ghaznawī • 125, 138, 151, 152, 154
서발턴 학파 • 416
서예 • 51, 271
세계힌두교도협회Vishva Hindu Parish • 411
세포이 • 382~384, 389
세포이 항쟁 • 389 → 제1차 인도 독립 전쟁
셰이흐shaykh • 60, 85
셰이흐 가다이 캄보Shaykh Gadāʼī Kambō • 132, 148
셰이흐 무바라크Shaykh Mubārak • 204, 225, 227
셰이흐 살림 치슈티Shaykh Salīm Chishtī • 159, 160, 212, 236, 273, 274
셰이흐 아불파이드 파이디Shaykh Abū al-Fayḍ Fayḍī • 204, 205, 224
셰이흐 아흐마드 시르힌디Shaykh Aḥmad Sirhindī • 246, 273
셰이흐 압둘나비Shaykh ʻAbd al-Nabī • 209, 211
셰이흐 이티삼 알딘Shaykh Iʻtiṣām al-Dīn • 385, 403
수드라 • 79
수라트 • 230, 233, 275, 342, 343, 358, 359
수르 왕조 • 131, 147
수바ṣūba • 180
수피ṣūfī • 46, 60
수흐라와르디 수피 종단Suhrawardī • 104, 132, 148
순니파 • 23, 46, 57, 143, 144, 166, 181, 203, 208~212, 214, 216, 221~223, 225, 228, 235, 246, 265, 273, 297, 298, 329, 330, 335, 336, 343, 344, 355, 376
술라이만 미르자Sulaimān Mīrzā • 113, 145, 146
술라이만 시코Sulaimān Shikūh • 324

찾아보기

술탄국 • 86, 91, 166, 180, 214, 248, 307, 350
술히 쿨Sulh-i Kull • 234
슈자 알다울라Shujāʿ al-Dawla • 381, 382, 384
스리나가르 • 240
스와트 • 238
스윈턴, 아치볼드 • 385
스페인 • 233
승가혼婚/家婚 • 158, 167
시 • 51, 62, 96, 103, 104, 106, 162
시르다리야강 • 41, 49
시르 샤 수르 • 120, 122~125, 130, 131, 169, 175, 183
시르 아프간 칸Shir Afgan Khan • 282
시르힌드 • 131, 133, 147
시바니 칸, 무함마드Shibani Khan, Muhammad • 52
시바지 본슬레 • 342, 343, 345, 348, 352, 413
시소디아 • 95, 165, 206, 279, 347, 348
시아파 • 23, 24, 53, 56, 57, 60, 92, 126, 128, 129, 153, 175, 203, 209, 211, 222, 228, 299, 308, 355, 376
시칸다라 • 262
시크 • 83, 341, 369, 372, 398, 411
시크교 • 83, 263, 341, 372
시크리 • 159, 212
시파흐살라르sipahsalār • 230, 305, 306
신드 • 64, 75, 126, 128, 138, 153, 166, 237~239, 247, 290, 324

ㅇ

아그라 • 40, 69~71, 96, 101, 105, 109, 119, 122, 124, 133, 142, 149, 150, 159, 198, 199, 202~204, 208, 212, 218, 247, 248, 251, 255, 258, 260, 261, 275, 279, 292, 293, 296, 304, 309, 310, 312, 324, 325, 335, 340, 342, 346, 362, 367, 372, 374

아누프 탈라오 • 219
아드함 칸 • 137, 138, 153
아디바시 • 79, 81, 89, 90, 206
아라비아 • 23, 45
아라칸인 • 208, 278, 307, 324, 333
아람어 • 76, 83, 221, 222, 233, 243, 244, 396, 403
아랍인 • 70, 84, 243
아르주만드 바누Arjumand Bānū • 282, 283 → 뭄타즈 마할
아마다바드 • 214
아마르 싱 • 279
아메리카 / 아메리카대륙 • 27, 179, 231, 276
아무다리야강 • 41
아불파들 알라미Abū al-Fadl-i ʿAllāmī • 133, 205, 241, 242, 245, 248, 260, 261, 304, 396
아비시니아 • 161, 214, 331
아사프 칸 • 283, 285~287, 290, 291, 293, 296, 299, 303, 308
아삼 • 34, 331
아스카리 미르자Askari Mīrzā • 61, 107, 112, 113, 119, 127, 129, 130
아시르가르 요새 • 250
아와드 • 362, 376, 377, 381, 388
아우랑가바드 • 339, 392
아우랑제브 • 33, 305, 317, 319, 320, 323~325, 327~329, 345 → 알람기르 (1세)
아이샤 술탄 베감Āʿisha Sultān Begim • 58, 59
아잠Aʿzam • 333, 350, 358, 360, 362, 366, 367
아지메르 • 148, 158, 206, 212, 298, 362, 367, 371
아지트 싱 라토르, 라자 • 371
아짐 알샨ʿAzīm al-Shaʾn • 369
아편 • 122, 125, 202, 269, 330
아프가니스탄 • 23, 27, 60, 64, 65, 78, 131, 346, 381
아프간인 • 30, 32, 40, 66, 70, 123, 153, 190,

473

237, 306, 340, 376, 379, 398
아프달 칸Afḍal Khan・261
아홉 왕국・278, 333
아흐라르, 피르 호자 우바이달라Aḥrār, Pīr Khwāja 'Ubaydallāh・46, 103
아흐마드나가르 / 아흐마드나가르 술탄국・91, 248~250, 271, 280, 287, 290, 306~308, 361, 366, 367
아흐마드 샤 두라니Aḥmad Shāh Durrānī・379~381
아흐바르 나위스akhbār nawīs・155, 180
악바르 (1세)・32~34, 61, 127, 129, 133, 134, 137~169, 171, 176, 178, 187, 189, 195, 197, 199, 201, 252, 255, 258, 260~263, 265~267, 269, 270, 273~277, 279, 281~284, 297, 299~301, 311, 318, 330, 371, 395~397, 410
악바르 2세・387, 389
알라하바드・146, 199, 215, 255, 257, 258, 261, 262, 264, 265, 280, 290, 320, 346, 362, 370, 384~386
알람기르 (1세)・33, 35, 327~331, 333~362, 365~367, 374, 409, 410 → 아우랑제브
알리가르 무슬림 대학교・409, 414
알리 마르단 칸'Alī Mardān Khān・316
알리 칸, 라자'Alī Khān, Rājā・168, 370, 371
알코올 중독・58, 144, 237, 287, 291, 297
암베르 / 암베르 왕국・150, 158, 159, 162, 371
압둘라 이븐 무함마드 쿠트브 샤Abd Allāh b. Muḥammad Quṭb Shāh・319
압둘라힘'Abd al-Raḥīm・157
야사yasa・42
어스킨, 윌리엄・405, 408
에티오피아・250, 271
역사가 / 역사학자・35, 48, 115, 129, 159, 178, 205, 261, 284, 295, 301, 331, 366, 391, 393~399, 403, 405, 408, 410, 414,

415, 418
연대 표시명・97, 205
영국 동인도 회사・94, 276, 358, 382~388
영국 식민주의・409, 416
영국 의회・385
예니체리・63
예멘・217
예수회・227, 230~233, 275
예언자 무함마드・84, 85, 144, 191, 221, 232, 246, 331, 343, 371, 395
오르차・260, 304, 305
오리사・208, 215, 290, 322, 362, 373
오리엔탈리스트・404
오스만 왕조 / 오스만 제국・23, 35, 63, 94, 141, 214, 217, 218, 227, 271, 302, 316, 344, 377, 399
오스만인・63, 94, 100~102, 117, 277
옥수수・276
와지르wazīr・153
와카이waqāi'・395
와킬wakīl・154
와탄 자기르waṭan jāgīr・190, 191, 259, 347
와흐다트 알우주드waḥdat al-wujūd・243
외교・155, 233, 246, 286, 288, 313, 385
용병・55, 66, 379, 383
우다이푸리 마할Udaipūrī Maḥal・334, 361
우마르 셰이흐 미르자'Umar Shaykh Mīrzā・49
우즈벡 / 우즈벡 제국 / 우즈벡 칸국・52, 56, 57, 96, 227, 237, 247, 296, 302, 315, 316, 339, 402, 415
우즈벡인・51, 52, 56, 60, 65, 97, 129, 143, 144, 146, 237, 247, 315~317
운하・278, 313
울라마・45, 46, 143, 181, 209, 210, 215, 221~228, 260, 265, 298, 329, 335, 336, 396
유럽인・25, 27, 28, 41, 102, 179, 208, 231, 276, 277, 307, 358, 359, 365, 379, 383, 397,

찾아보기

399, 400, 401, 404, 417
유수프자이 · 61, 192, 237, 238, 340
은 · 179
은 인플레이션 · 180
은행가 · 357
음악 · 51, 62, 204, 242, 336
이맘 · 53, 128, 225, 226, 330
이바다트하나 Ibādat-khāna · 221, 228
이브라힘 로디 · 39, 40, 64, 66, 68~70
이븐 알아라비, 아부압둘라 · 243
이스마일 1세 · 52~57, 128
이스파한 · 288
이슬람 · 23~25, 33, 42, 44~47, 51, 63, 71, 82, 156, 157, 160, 163, 167, 180, 181, 199, 203, 204, 209, 212, 215, 218, 222, 229, 232, 235, 243, 244, 260, 285, 298, 301, 305, 307, 322, 329, 330, 336, 340, 343, 347, 359, 372, 393, 395~397, 399, 402~404, 409, 410
이슬람력 · 97, 235, 246, 301, 330
이주민 · 30, 83, 85
이집트 · 94
이크타 iqṭāʿ · 173, 177, 179, 183
이티마드 알다울라 Iʿtimād al-Dawla · 264, 275, 282~285 → 기야스 베이 테헤라니
이티하사 itihāsa · 396
인더스강 · 39, 64, 75, 77, 78, 91, 237, 238, 378
인도고고조사국 · 414
인도공화국 · 28, 207, 410
인도국립문서보관소 · 414
인도국립박물관 · 414
인도아프간인 · 32, 96, 102, 117, 120, 122, 131, 143, 148, 153, 208
인도양 · 76, 86, 91~94, 102, 117, 217, 358
인도인 무슬림 · 31, 95, 102, 116, 130, 132, 141, 148, 191, 228, 260, 284
인도인민당 · 413
인플레이션 · 318

일라히력 · 235

ㅈ

자가트 싱 · 313
자기르 jāgīr · 177, 178, 183, 187~191, 193, 195, 198, 239, 265, 289, 318, 320, 351, 355, 356, 360, 366
자기르다르 jāgīrdār · 177, 191, 211, 275
자니 베이 타르한 Jānī Beg Tarkhān · 238, 239
자드루프, 고사인 Jadrūp, Gosāīn · 274
자로카 jharokā · 220, 221, 245, 279, 299
자마 마스지드 · 224, 312, 391
자민다르 zamīndār · 87, 88, 172~176, 178, 179, 183, 187, 191, 208, 278, 303, 313, 333, 351, 357
자브트 ẓabṭ · 178, 179, 189
자선 · 77, 217, 219, 299, 321, 334, 335
자스반트 싱 라토르 Jaswant Singh Rāthōr · 346, 347
자운푸르 · 133, 148, 208, 215, 251, 252
자이나 · 82, 83, 163, 177, 193, 229, 251, 398
자이나교 · 82, 228, 229, 276
자이살메르 · 206
자이 찬드 Jay Chand · 210, 211
자트인 Jāt's · 83, 340, 341, 372
자티 jāti · 80, 82~84, 175, 181, 182
자하나라 베굼 Jahānārā Begim · 321, 322, 325, 334
자한다르 샤 Jahāndār Shāh · 369, 370
자항기르 · 33, 34, 73, 98, 137, 159, 165, 252, 255, 256, 261~293, 296, 297, 299~301, 303, 304, 306, 309, 318, 329 → 살림 / 살림 미르자
자항기르 미르자 · 57, 58
잔다 필, 아흐마드 잠 Zhanda Pīl, Aḥmad-i Jām · 60, 126

475

전쟁 • 77, 91, 96, 138, 153, 166, 171, 191, 195, 234, 241, 277, 288, 296, 303, 316, 319, 331, 340, 351, 353, 357, 358, 361, 369, 375, 385, 386, 391, 404
전투 코끼리 • 65, 69
정략혼 • 32, 58, 157, 161, 164, 166, 168, 198, 203, 205, 210, 238, 250, 371 → 정치적 결혼
정원 • 47, 51, 62, 69, 103, 212, 213, 219, 272, 310, 311, 313, 321, 339
정치적 결혼 • 44, 58, 61, 140, 155, 167 → 정략혼
제1차 인도 독립 전쟁 • 406 → 세포이 항쟁
젠더 • 163, 418
조드푸르 • 205
조로아스터교 • 82, 163, 230
조지 3세 • 384
조하르juhar • 206
종교 • 45, 77, 79, 82, 83, 87, 144, 157, 163, 181, 187, 190, 198, 199, 211, 212, 228, 229, 233, 234, 240~243, 245, 265, 272, 273, 275, 278, 322, 330, 335, 344, 396, 397, 399, 408
주자르 싱 • 304, 305
주조 • 63, 100, 101, 259
줌나강 • 199, 258, 310, 312, 313
중국 • 21, 34, 42, 55
중앙아시아인 • 46, 47, 97~99, 102, 111, 116, 119, 121~123, 126, 141, 149, 191, 203, 208
지구본 • 232
지나트 알니사 베김Zīnat al-Nisā' Begim • 334
지도책 • 231, 234
지브 알니사 베김Zīb al-Nisā' Begim • 334, 337, 348
지즈야jizya • 84, 163, 164, 210, 345, 348, 371, 372
지하드 • 96, 209
질병 • 29, 53

ㅊ

차르바그 양식charbāgh style • 51
차우사 전투 • 124
찬드 비비Chānd Bībī • 249
찰디란 전투 • 63
채식 • 82, 229
천년왕국운동 • 131
천년왕국의 군주 • 25, 114, 228, 246, 297
첩실 • 48, 60, 114, 157, 281, 288, 334, 361, 369
초석 • 358
추나르 • 120, 123, 153
추라만, 라자 • 370
춤 • 51
치슈트 수피 종단Chishtiyya • 69, 104, 160, 212, 236, 273, 298, 321, 339
치타공 • 333
치토르 • 118, 165, 206
칭기즈 칸 • 41, 42, 44, 52, 183, 394

ㅋ

카나우지 전투 • 151
카드르 수피 종단Qādiriyya • 321, 322
카디qāḍī • 160, 180, 215, 329
카란 싱Karan Singh • 279
카르하나kārkhāna • 194, 202, 218
카마르가흐qamar-gāh • 148, 222
카불 • 32, 34, 39, 43, 53~65, 70, 90, 105, 107~109, 112, 125, 127, 129, 133, 139, 141~145, 152, 156, 215, 237, 238, 247, 262, 291, 316, 323, 340, 360, 362, 377
카슈미르 • 34, 125, 199, 237, 238, 240, 241, 247, 280, 287, 291, 313, 321, 322, 333, 346, 362, 378, 379
카스바qaṣba • 89, 179, 182, 208

찾아보기

카야스트kāyastha · 182, 379
카츠와하 가문 · 150, 159, 161, 162, 258
카트리khatri · 83, 175, 182
칸다하르 · 34, 56, 65, 112, 127, 129, 148, 199, 237, 239, 247, 282, 288, 289, 291, 316, 317
칸데시 / 칸데시 술탄국 · 166, 168, 207, 248, 250, 258, 360, 362
칸자다 베김Khānzāda Begim · 52, 107
칸 카난Khān-i Khānān · 133, 157, 290
칼란다르qalandar · 125
칼리프 · 166, 227, 344
칼린자르 · 206
칼하나Kalhaṇa · 241
캄라바티Kamlavati · 207
캄란 미르자 · 60, 65, 107, 112, 113, 125, 127, 129, 130
캄루프 · 277, 333
캄 바흐시 · 361, 366, 367
캉그라 · 210, 211, 279, 286, 315
코끼리 · 60, 101, 149, 151, 155, 161, 202, 207, 221, 281, 289
코흐누르 · 70, 378
콘스탄티노폴리스 · 100
쿠치베하르 · 215, 277, 333
쿠트바 · 56, 69, 122, 145, 224, 225, 259, 378
쿠틀루그 니가르 하늠Qutlugh Nigār Khanim · 49
크로리krori · 176, 177
크리스트교 · 22, 25, 27, 93, 391, 397, 399, 403
크샤트리아 · 79~81
크즐바슈 · 53, 55, 63, 129
클라이브, 로버트 · 383

ㅌ

타르디 베이Tardī Beg · 147
타리흐taʾrīkh · 395

타우히디 일라히Tawḥid-i Ilāhī · 243
타지마할 · 295, 310, 311, 333
타타 · 166, 239, 362
타흐마스프 1세 · 127~129
탄센Tānsen · 204
탄자부르 · 353, 373
텔루구인 · 280, 351
토다르 말, 라자 · 175, 192, 193, 214, 215
토마토 · 275
토지세 · 99, 169, 175, 177, 178, 183, 195, 198
톨가마tolghama · 43, 68
퇴레töre · 42
튀르크 · 44, 45, 47, 48, 51, 52, 55, 91
튀르크멘 · 29, 126, 376
튀르크어 · 42, 48, 51, 58, 61, 63, 86, 97, 269
튀르크인 · 41~43, 45, 46, 48, 50, 54, 66, 82, 126, 209, 376
트란스옥시아나Transoxiana · 41
티무르 · 39, 41, 43, 45~49, 51, 52, 56, 58~60, 64, 69, 70, 96, 97, 103, 107, 109, 124, 142, 146, 156, 157, 166~168, 199, 202, 214, 281, 297, 316, 317, 394, 395, 415
티베트 · 333

ㅍ

파니파트 전투 · 68, 69, 93, 100, 382
파디샤 · 56, 107, 111, 121, 125, 142, 146, 226, 259, 362
파루흐시야르 · 369, 374
파르가나pargana · 176, 180, 279, 280
파르비즈Parwiz · 286, 289~291
파르시인Pārsī · 82, 161, 229
파슈툰인 · 61, 65, 192
파우즈다르faujdar · 180
파키스탄 · 28, 35, 395, 410, 411
파테푸르 · 198

477

파테푸르시크리 • 160, 198, 212~214, 216, 218, 219, 221, 224, 230, 235~237, 244, 247, 311
파트나 • 215
파트와 • 215, 329, 396
파흐르 알니사 베김Fakhr al-Nisā' Begim • 145
판차야트panchāyat • 181
펀자브 • 64, 65, 75, 77, 78, 83, 112, 125, 133, 142, 143, 145, 211, 215, 237, 240, 263, 264, 284, 291, 324, 341, 362, 367, 369, 372, 373, 377, 379, 381
페르가나 • 41, 49, 50, 56, 71
페르시아 • 21, 27, 43~45, 52, 55, 56, 86, 129, 148, 153, 182, 199, 204, 205, 289, 290, 330, 360, 376, 377, 379, 388, 402, 414
페르시아어 • 21, 48, 51, 60, 86, 182, 183, 230, 232, 233, 240, 241, 271, 322, 385, 396, 397, 403, 408, 409, 414, 415
페르시아풍 • 32, 51, 53, 86, 161, 164, 242, 385, 388, 395, 398
편찬 • 115, 182, 246, 301, 408
포도주 • 51, 62, 95, 106, 268, 292
포로 • 44, 68, 114, 120, 124, 206, 264, 304, 340, 378
포르투갈 • 84, 92, 94, 119, 214, 216, 217, 230, 231, 233, 240, 275, 358
푸라나purāṇa • 396, 397
프랑스인 • 383, 401
피르pīr • 46, 47, 53, 103, 104, 128, 143, 209, 236, 242, 273, 274, 317, 321, 329, 335
피슈바pīshva • 373
피슈카시pīshkash • 186

ㅎ

하나자드khānazād • 185, 279, 300, 308, 345
하나피 법학파 • 46, 149, 222, 336
하누아 전투 • 68

하다, 라지푸트Hāda, Rājpūt • 206
하디스 • 226, 227
하렘 • 137, 156, 157, 159, 163, 169, 194, 201, 207, 218, 230, 284, 309, 321, 334, 374, 376, 400, 404
하르하 바이Harkha Bai • 153, 159 마리얌 알자마니, 히라 쿤와르
하미다 바누Hamīda Bānū • 126, 127, 152
하비브, 이르판 • 414
하이데라바드 • 350, 376
하이베르고개 • 347
하자라인Hazāra • 70
하즈ḥādj • 216~218, 232, 349
하지ḥājj • 216
하지 베김Ḥājjī Begim • 124, 216
하킴 미르자Ḥakīm Mīrzā • 133, 143~145, 208, 215, 237, 238, 247, 259
하킴 베이Ḥakīm Beg • 275
할리사khāliṣa • 175, 177, 178, 266, 339, 347, 354, 373
함맘ḥammām • 202, 218
해군 • 35, 92, 275, 278, 359
행정 • 22, 25~27, 32~35, 44, 63, 75, 77, 89, 98, 99, 102, 115, 123, 130, 133, 140, 143, 144, 147, 157, 164, 169, 171, 172, 174, 176, 183~185, 190~192, 195, 198, 203, 212, 236, 274, 278, 282, 312, 333, 353, 356, 360, 375, 379
향신료 • 358, 400
헤라트 • 59, 60
헤무, 비크라마디티야Hēmū, Vikramaditya • 147, 150
호자khwāja • 46, 103, 155, 158, 160, 175, 274, 298, 321
혼다미르, 기야스 알딘 무함마드Khʷāndamīr, Ghiyāth al-Dīn Muḥammad • 115
화약 • 67, 68, 100~102, 120, 277

찾아보기

화폐화 • 88, 179
환경 • 33, 68, 73~75, 77, 105, 208, 240, 278, 418
환관 • 137, 169
후글리 • 92, 307
후람 • 154, 264, 279, 280, 282, 283, 285~287
후마윤 • 31, 32, 60, 61, 65, 67, 69, 70, 94, 98, 105, 109, 111~133, 139, 141~153, 156, 167, 172, 198, 199, 203, 213, 239, 240, 245~247, 249, 250, 256, 377, 378, 408
후사인쿨르 칸Husayn-Qulī Khān • 211
후스라우 • 258, 260~264, 281, 283, 287, 291
후원 • 45, 48, 164, 194, 205, 211, 218, 223, 242, 268, 271, 272, 297, 298, 301, 313, 321, 334~337, 396~398, 403
훈디hundī • 179
히라 쿵와르Hirā Kuṃwāri • 158 → 마리얌 알자마니, 하르하 바이
히말라야산맥 • 75~77, 210, 279
히사르피루즈 • 320
힌달 미르자 • 39, 61, 107, 108, 112, 113, 122, 126, 130, 142, 156
힌두 • 22, 27, 66, 70, 78, 79, 81~83, 92, 96, 103, 141, 147, 149, 150, 157, 160, 161, 163~166, 175, 181, 182, 190, 193, 210, 211, 228, 230, 242, 281, 299, 340, 343, 345, 351, 352, 372, 407~409, 411, 413, 415
힌두교 • 25, 30, 74, 78, 81~83, 157, 160, 162~164, 181, 210, 212, 241, 299, 335, 344, 399, 410, 413
힌두스탄 • 39, 41, 64, 65, 70, 71, 75, 77~79, 88, 91, 95, 97, 98, 100, 104~107, 111, 112, 114, 118, 119, 122, 125, 126, 129~132, 139, 141, 142, 148, 153, 166, 169, 178, 180, 198, 207, 209, 216, 224, 226, 269, 271, 279, 317, 318, 336, 346, 349, 385, 388, 402, 406
힐라khil'a • 186, 201, 286, 356, 388, 405

도서

《두 바다의 만남Majmaʿ al-Baḥrayn》 • 322
《라마아나Rāmāyana》 • 241
《라즘나마Razmnāma》 • 241
《마하바라타Mahābhārata》 • 241
《무바이얀Mubayyan》 • 63
《바가바드 기타Bhagavad Gītā》 • 322
《바부르나마Bāburnāma》 • 51, 102, 105
《사히비야Ṣāḥibiyya》 • 321
《아버지를 위한 책Risāla-yi Wālidiyya》 • 103
《악바르 회전Āʾin-i Akbarī · Akbarī 會典》 • 248
《알람기르 교령집Al-Fatāwā al-ʿĀlamgīriyya》 • 336
《알람기르나마ʿĀlamgīrnāma》 • 336
《업무 편람Dastūr al-ʿAmal》 • 182
《영혼들의 친구Muʾnis al-Arwāḥ》 • 321
《왕통기Rājataraṅgiṇī》 • 241, 242
《외국 기행기Shigarfnāma-yi Wilāyat》 • 385
《위대한 비밀Sirr-i Akbar》 • 322
《자항기르 회고록Tūzuk-i Jahāngīrī》 • 269
《천년사Taʾrīkh-i Alfī》 • 246
《코란Koran》 • 84, 96, 226, 227, 311, 312, 330, 341
《파디샤나마Pādshāhnāma》 • 301
《후마윤나마Humāyūnnāma》 • 113
《후마윤 카눈Qānūn-i Humāyūnī》 • 115

무굴 제국의 황제들과 그 가계 : 1526년에서 1857년까지

* 황제와 그 배우자 및 자녀는 이 책에서 언급하는 인물만 정리해 두었다.
* 아프마드 샤 두라니는 침략해 온 아프간 지배자이므로 언급하지 않았다.
* 파란 글씨는 황제가 된 인물 혹은 제위를 요구한 인물이다.

무굴 제국 황제들

바부르	1483~1530년, 재위 1526~1530년
후마윤	1508~1556년, 재위 1530~1540년 / 1555~1556년
악바르 (1세)	1542~1605년, 재위 1556~1605년
자항기르	1569~1627년, 재위 1605~1627년
샤 자한 (1세)	1592~1666년, 재위 1628~1658년
알람기르 (1세)	1618~1707년, 재위 1658~1707년
바하두르 샤 (1세)	1643~1712년, 재위 1707~1712년
자한다르 샤	1661~1713년, 재위 1712~1713년
파루흐시야르	1685~1719년, 재위 1713~1719년
라피 알다라자트	1699~1719년, 재위 1719년
샤 자한 2세	1696~1719년, 재위 1719년
무함마드 샤	1702~1748년, 재위 1719~1748년
아흐마드 샤 두라니	1725~1775년, 재위 1748~1754년
알람기르 2세	1699~1759년, 재위 1754~1759년
샤 알람 2세	1728~1806년, 재위 1759~1806년
악바르 2세	1760~1837년, 재위 1806~1837년
바하두르 샤 2세	1775~1862년, 재위 1837~1857년

무굴 제국 황제들의 가계

♦ **바부르**

무굴 제국의 첫 번째 황제. 1526년 파니파트 전투에서 승리하여 로디 왕조를 무너뜨림

무굴 제국의 황제들과 그 가계 : 1526년에서 1857년까지

으로써 인도 침략에 성공하여 델리와 아그라를 차지한 뒤 인도 북부에 무굴 제국을 창건했다. 죽을 때까지 정복지를 넓혔으며 예술적 소양을 지녀 600편의 페르시아어 시를, 사료로서 가치가 뛰어난 회고록 《바부르나마》를 지었다. 또한 화승총, 화포를 발전시키고 화약 무기 전문가를 고용하는 등 군사 기술을 혁신했다.

부친 우마르 셰이흐 미르자
모친 쿠틀루그 니가르 하늠
배우자 아이샤 술탄 베김 이혼
자이나브 술탄 베김 천연두로 사망
마수마 술탄 베김 이혼한 첫 번째 부인 아이샤의 이복동생
살하 술탄 베김 딸 살리마 술탄 베김의 모친
마함 베김 후마윤 황제의 모친
굴루흐 베김 캄란과 아스카리의 모친
딜다르 베김 힌달과 굴바단 베김의 모친
비비 무바라카
자녀 후마윤 맏아들, 후에 후마윤 황제
캄란 2남. 후마윤을 지지했다가, 후마윤의 아들 악바르를 인질로 삼으며 후마윤에 맞서기를 되풀이했다. 결국 1554년 장님이 되어 추방당했다.
아스카리 3남. 때에 따라 후마윤과 캄란을 섬기다가 때로는 독립을 주장했다. 후마윤이 황제가 된 뒤에도 반항을 되풀이하다 1551년 추방되었다.
힌달 4남. 후마윤 즉위 후 아스카리와 마찬가지로 때로는 후마윤과 캄란을 지지하다 때로는 독립을 주장했다. 1551년 캄란에게 급습당해 죽었다.
굴바단 베김 무굴 왕가 일족 남녀 구성원의 생애를 적은 《후마윤나마》 저술했고 후마윤과 악바르의 궁정에서 중요 인물이 되었다.
마수마 술탄 베김 부인 마수마 술탄 베김이 출산 중 사망하자 바부르는 이 딸에게 모친의 이름을 물려주었다.
살리마 술탄 베김

◆ **후마윤**
황제 즉위 후 10년간 끊임없이 이어지는 여러 세력의 저항과 세 이복동생의 반란, 아편

중독으로 힘을 잃고, 시르 샤 수르에게 패배하여 페르시아 사파비 왕조에 망명했다. 망명한 지 15년 만인 1555년 2월 라호르를 탈환하고, 7월 시르힌드 전투에서 승리하여 델리를 점령하며 인도로 돌아왔다. 그는 결혼을 통해 정치적 동맹을 맺고 페르시아인 조신과 예술가를 고용하는 등 혼란을 가라앉히기 위해 노력했으나 1556년 사고로 세상을 떠났다.

부친   바부르
모친   마함 베김
배우자   하미다 바누 악바르 황제의 모친
　　　　하지 베김
　　　　마흐 추차크 베김 하킴의 모친으로 카불에서 하킴의 섭정을 지냈다.
자녀   악바르 맏아들, 후에 악바르 황제
　　　　하킴 2남. 악바르에 맞서는 세력의 구심점 역할을 했으나 알코올 중독으로 사망했다.
　　　　파흐르 알니사 베김 하킴의 누나. 후마윤의 양자 샤 아부 알마알리와 결혼했다.
　　　　바흐시 바누 베김 티무르 왕조의 친척 미르자 샤라프 알딘 후사인 아흐라리와 결혼했다.

◆ 악바르 (1세)

무굴 제국의 기틀을 쌓은 황제로 인도 역사상 최고의 지배자로 꼽힌다. 악바르 재위기 50년간 무굴 제국은 단단히 자리 잡았다. 악바르는 결혼 동맹, 문화 정책을 통해 인도인을 포용하고 토지세 징수 제도, 만사브 제도, 자기르 제도 등 중앙집권화된 행정 제도를 고안해 내는 혁신을 이루었으며 군대를 재조직하여 무굴 제국을 확장했다. 또한 아그라, 파테푸르시크리, 라호르, 세 도시로 수도를 옮기며 무굴 궁정 문화를 발달시켰다. 황제 숭배를 통해 측근과 고위 만사브다르를 결속시켰다.

부친   후마윤
모친   하미다 바누
배우자   루카이야 술탄 베김 힌달(바부르의 아들 즉 삼촌)의 딸

무굴 제국의 황제들과 그 가계 : 1526년에서 1857년까지

	살리마 술탄 베김 후마윤(살리마에게는 외삼촌)을 섬기고 악바르의 섭정을 지낸 바이람 칸의 미망인이었으나 악바르 황제와 결혼했다.
	하르하 바이 암베르의 라자 비하리 말의 딸. 살림(후에 자항기르 황제)의 모친
자녀	살림 맏아들. 후에 자항기르 황제. 후계자가 될 아들을 기다린 악바르가 성자 셰이흐 살림 치슈티를 찾아 순례에 나섰고 그 후에 태어나 살림이라는 이름을 붙여 주었다. 살림은 악바르가 원정을 나간 사이 반란을 일으켜 스스로 황제임을 선언했다가 악바르가 죽기 전 복종하고 화해했다.
	무라드 악바르의 명령으로 아흐마드나가르 술탄국을 침공하여 성공했으나 베라르에서 알코올 중독으로 사망했다.
	다니얄 알코올 중독으로 죽었는데 무라드와 더불어 살림에게 암살당했다는 이야기도 있다.

♦ 자항기르

왕자 시절 이름은 살림이지만 '세상 정복자'라는 뜻의 자항기르라는 이름을 택했다. 악바르 황제가 쌓은 무굴 제국의 기초 위에 전성기를 펼쳐 영토를 확장했으며, 주화에 별자리를 새기는 등 화려하고 정교하며 세련된 무굴 제국의 예술과 건축을 후원했다. 그러나 자항기르는 거의 평생을 술과 마약을 남용한 탓에 말년에는 그가 가장 헌신하고 아낀 아내 누르 자한과 그 오빠 아사프 칸이 정치를 대신했다.

부친	악바르
모친	마리암우자마니
배우자	**만바와티 바이** 자항기르의 외삼촌 바그완트 다스의 딸. 자신이 낳은 아들 후스라우를 계승자로 지지하다 살림이 황제로 즉위하기 전에 자살했다.
	누르 자한 자항기르가 가장 헌신한 아내로 이름은 미흐르 알니사이다. 자항기르는 '누르 자한', '누르 마할'이라는 칭호를 내리고 그녀의 이름을 새긴 주화를 주조했다. 자항기르 말년에 황제의 권한을 행사하며 샤흐리야르를 계승자로 지지했으나 자항기르가 죽자 축출되었다.
자녀	후스라우 맏아들. 만바와티 바이가 모친. 할아버지 악바르에 의해 계승자로 키워졌으나 아버지 살림이 자항기르 황제가 되자 투옥되었다. 결국 자항기르에 의해 장님이 되어 죽을 때까지 유폐되었다.

다와르 바흐시 후스라우의 맏아들. 자항기르 사망 후 누르 자한의 오빠 아사프 칸에 의해 황제로 옹립되었다가 그에게 죽임을 당했다.

파르비즈 2남. 알코올 중독으로 사망했다.

후람 3남, 후에 샤 자한 황제. 자항기르의 총애를 받고 군사적 업적을 쌓으며 후계자로서 입지를 다졌다.

샤흐리야르 첩실의 아들로 누르 자한의 딸 라들리 베김과 결혼했으며, 후람이 황제가 된 후 처형되었다.

♦ 샤 자한

자항기르 황제에 이어 무굴 제국의 전성기를 이끌고 아흐마드나가르 술탄국과 골콘다 술탄국 · 비자푸르 술탄국을 복속시켰다. 또 수도 샤자하나바드와 붉은 요새, 오늘날에도 경이로운 건축물로 꼽히는 타지마할을 건설했으며 7년에 걸쳐 제작한 공작 옥좌로 대표할 수 있는 무굴 제국의 화려한 미술을 꽃피웠다.

부친   자항기르
모친   빌키스 마카니 베김
배우자 **뭄타즈 마할** 샤 자한이 가장 헌신한 아내로서 원정지에서 출산 중 사망했고 뭄타즈 마할이 묻힌 곳이 타지마할이다.
자녀   **다라 슈코흐** 맏아들. 샤 자한의 총애와 누나 자하나라 베김의 지지를 받았으나 아우랑제브에게 패배하여 사파비 제국에 망명하려다 사로잡혀 1659년 처형당했다.

　　　　술라이만 시코 다라 슈코흐의 맏아들. 1662년 아버지와 마찬가지로 처형당했다.

샤 슈자 2남. 벵골과 오리사에서 권력 기반을 쌓았고 샤 자한이 몸져 누우며 다라 슈코흐에게 통치를 위임하자 황제를 자칭했다. 다라 슈코흐와 아우랑제브에게 패하여 도망다니다 암살당했다.

아우랑제브 3남, 후에 알람기르 (1세) 황제. 군사적으로 강력한 아우랑제브는 다라 슈코흐에 맞서는 동생 무라드 바흐시를 지원하여 승리를 거두었다. 아그라로 진군하여 샤 자한을 투옥한 다음 1658년 황제임을 선언하고 즉위식을 거행했다.

무라드 바흐시 4남. 말와와 구자라트를 기반으로 황제를 선언하고 처음에는 아우랑제브의 지원을 받았으나 아우랑제브가 황제를 선언한 후 처형되었다.

라우샤나라 베김 아우랑제브의 누나로 그를 지지했으나, 아우랑제브가 황제로 즉위한 후 영향력을 미치려 들자 축출되었다.

자하나라 베김 맏딸이자 자식 중 맏이. 모친 뭄타즈 마할이 죽자 평생 독신으로 지내며 샤 자한을 가까이에서 보필했다. 다라 슈코흐를 지지했으나 아우랑제브는 황제가 된 뒤 하렘 수장으로 임명되었다.

◆ **알람기르 (1세)**

앞선 황제가 생존해 있음에도 황제로 즉위한 최초의 황제로, 아버지 샤 자한을 죽을 때까지 감금했다. 악바르에 이어 거의 50년에 이르는 재위 기간 무굴 제국 전성기를 이끌었다. 신실한 무슬림으로서 사치와 화려함을 멀리했다. 알람기르의 이 같은 취향은 궁정 문화뿐 아니라 예술에 영향을 끼쳤고 건축이나 예술을 그다지 후원하지 않았다. 알람기르 사후 무굴 제국은 급격히 쇠퇴하기 시작했다.

부친   샤 자한

모친   뭄타즈 마할

배우자   딜라스 바누 베김 알람기르가 황제가 되기 전에 사망

        우다이푸리 마할 첩실로 캄 바흐시의 모친

자녀   무함마드 술탄 맏아들. 샤 자한의 둘째 아들이자 삼촌인 샤 슈자의 사위로, 계승 전쟁에서 장인 샤 슈자를 지지하여 투옥되어 감옥에서 사망했다.

        무아잠 2남. 후에 바하두르 샤 (1세). 반란 혐의로 7년간 투옥되었다 풀려난 후 계승 전쟁에 대비해 지지자를 포섭했다. 알람기르가 죽자 황제를 선언하고 예순세 살에 즉위했다.

        아잠 3남. 알람기르가 죽자 황제(재위 1709년)를 선언하고 지지자를 규합했으나 무아잠에게 선수를 빼앗겼다. 황제로 즉위한 무아잠의 복종 제안을 거절하고 맞서 싸우다 죽었다.

        악바르 4남. 누나 지브 알니사 베김의 부추김으로 황제(재위 1681~1706년)를 선언했다가 동맹 라토르군이 등지자 항복하기를 거부한 후 사파비 제

국으로 망명하여 그곳에서 죽었다.

　　　니쿠시야르　악바르의 아들(재위 1719년)

캄 바흐시　막내아들. 알람기르가 죽자 다른 아들들과 마찬가지로 황제(재위 1707~1709년)를 선언했으나 황제가 된 무아잠의 공격을 받고 데칸에서 죽었다.

　　　샤 자한 3세　캄 바흐시의 손자(재위 1759~1760년)

지브 알니사 베김　맏딸. 알람기르의 총애를 받았으나 동생 악바르에게 반란을 부추긴 탓에 20년간 유폐되다 사망했다.

지나트 알니사 베김　2녀. 우다이푸리 마할과 함께 말년의 알람기르 곁을 지켰다.

♦ 바하두르 샤 (1세)

이미 예순을 넘긴 나이에 즉위했기에 머지않아 계승 전쟁이 시작될 것은 누구나 예견할 수 있었으므로, 당연히 바하두르 샤의 통치는 그다지 힘이 없었다. 게다가 라자스탄, 펀자브 같은 핵심 지역에서는 계속 반란이 일어났다. 즉위하고 몇 년 안 되어 1712년 바하두르 샤가 세상을 떠난 후 무굴 제국이 영국의 통치를 받게 되는 1857년까지 무굴 제국에는 생명이 짧은 유약한 황제들이 잇달아 즉위했다.

부친　알람기르
모친　나와브 바이
배우자　랄 쿵와르 첩실
자녀　**자한다르 샤**　맏아들, 후에 자한다르 샤 황제(재위 1712~1713년)
　　　라피 알샨 (재위 1712년)
　　　자한 샤
　　　아짐 알샨 (재위 1712년)

♦ 자한다르 샤

바하두르 샤가 죽자 두 동생 라피 알샨, 자한 샤와 강력한 후계 후보인 아짐 알샨을 공격하여 죽인 후 황제가 되었고 즉위 후 나머지 형제와 그 아들들, 장군들을 모두 죽였다. 즉위 후 예인 출신 첩실 랄 쿵와르를 전면에 내세우고 그 일족을 고위직에 앉히는 등 실정을 해 관리와 조신 등의 분노를 샀다.

◆ **파루흐시야르**
바하두르 샤의 막내아들 아짐 알샨의 아들로 자신의 아버지를 죽이고 황제로 즉위한 자한다르 샤에게 불만을 품은 장군들을 규합하여 황제의 군대에게 승리하며 황제가 되었다. 그러나 이미 군사적 정치적 힘을 잃은 황제를 대신하여 권력을 쥔 섭정 사이드 형제에 의해 얼마 못 가 폐위되어 장님이 되고 투옥되었다가 암살당했다.

◆ **샤 자한 2세**
바하두르의 아들 라피 알샨의 아들. 샤 자한 2세는 파루흐시야르를 폐위한 사이드 형제에 의해 라피 알다라자트에 이어 황제가 되었다. 샤 자한 2세는 즉위하고 몇 달 안 되어 죽었다.

◆ **무함마드 샤**
바하두르 샤의 아들 자한 샤의 아들로 섭정들에 의해 즉위했다. 무함마드 샤 재위기에는 섭정들의 횡포가 날로 극심해져 급기야 궁전을 약탈당했다. 페르시아의 황제 나디르 샤가 침입. 샤자하나바드에 감금되었다. 나디르 샤가 군주임을 나타내는 쿠트바와 주화 발행을 진행하고 돌아간 후 복위했으나. 그의 권력은 상당히 약화했다.

◆ **아흐마드 샤**
무함마드 샤의 아들로 자연사한 무함마드 샤의 뒤를 이어 황제가 되었다. 그러나 황제의 권위가 땅에 떨어지자 니잠 알물크, 무르시드 쿨르 칸 등 지역을 다스리는 지배자들이 강력한 입지를 앞세워 권력을 휘둘렸는데 아흐마드 샤는 니잠 알물크에 의해 유폐되어 여생을 감옥에서 보냈다.

◆ **알람기르 2세**
자한다르 샤의 아들로 아흐마드 샤를 폐위한 니잠 알물크에 의해 즉위했으나 암살되었다.

◆ **샤 알람 2세**
알람기르 2세의 아들로 즉위 후 30년간 섭정. 군벌, 지방의 강자 사이에서 황제로서의 지위를 찾으려 고군분투했다. 1788년 섭정에게 폐위되고 장님이 되었다. 그러나 마라타인에 의해 복위되었다가 결국에는 정치에 관여하지 않는 조건으로 영국 동인도 회사로부터 연금을 받는 처지가 되었다.

♦ 악바르 2세

샤 알람 2세의 아들로 샤 알람 2세 사후 제위를 물려받아 무굴 제국 후기의 황제 중 비교적 긴 시간 재위했다. 하지만 이때는 이미 영국 동인도 회사의 정치 고문이 황제의 명령과 무굴 제국의 정책을 검토할 정도였으므로, 황제의 권한은 수도 샤자하나바드와 그 주변에만 미쳤다. 악바르 2세는 영국으로부터 연금을 받고 그 감시를 받았다.

♦ 바하두르 샤 2세

악바르 2세의 맏아들로 악바르 2세 사후 정치에 관여하지 않기로 합의하고 영국에 의해 옹립되었다. 그러나 영국은 이미 바하두르 샤 2세를 무굴 제국의 마지막 황제로 결정한 터였다. 1857년 최초의 인도 독립 운동인 세포이 항쟁이 일어나자 봉기한 사람들은 바하두르 샤 2세를 구심점으로 삼았다. 세포이 항쟁으로 샤자하나바드에서 밀려났다가 돌아온 영국인들은 바하두르 샤 2세를 투옥하고 황제의 아들들을 처형했다. 이후 바하두르 샤 2세는 버마로 추방되어 죽을 때까지 돌아오지 못했다.

무굴 제국을 이해하는 핵심 개념들

- **나드르**nadhr 충성의 표시로 윗사람에게 바치는 선물을 가리키는 말로서, 본디 '서약'·'(신에게 올린 맹세에 따른) 보시'를 의미한다. 무굴 제국에서는 귀족이 황제에게 선물을 바치는 행위가 궁정 예절의 일부였는데, 나드르는 귀족 집안에서 아들이 태어나거나 귀족이 와병 후 회복되는 등 좋은 일이 있을 때 황제에게 선물을 바치는 것을 지칭한다. 또한 귀족이 임지나 자기르(수조권이 부여된 땅)를 떠나 궁전을 방문할 때도 황제에게 나드르를 바쳤다. 주로 복속한 지배자나 고위 관리가 나드르를 황제에게 바쳤으며, 나드르를 받은 황제는 힐라(명예의 의복)를 내리기도 했다. 일반적으로 금화를 나드르로 건넸으나 보석 등 고가의 귀중품을 건네는 경우도 있었다. → 힐라

- **니카흐**nikāḥ 이슬람법에서 결혼 또는 남녀 사이에서 이루어지는 결혼 계약을 이른다.

- **낙슈반드 수피 종단**Naqshbandiyya 부하라 출신의 호자 바하 알딘 무함마드 이븐 무함마드 낙슈반드가 창설한 수피 종단. 서아시아는 물론 중앙아시아와 동남아시아·동유럽 등에 널리 분포되었으며, 유목민에게 이슬람을 전파하는 데 중요한 역할을 했다. 이 종단의 호자 우바이둘라 아흐라르가 티무르 왕조의 술탄 아부 사이드의 참모로 활동하는 등 낙슈반드 수피 종단과 티무르 왕조의 관계는 각별했다. 악바르와 알람기르의 종교관 차이로 구분 짓는 무굴 제국의 이념 변화를 이 종단의 영향력에서 찾아볼 수 있을 정도로 무굴 제국의 황제들은 이 종단과 밀접한 관계를 맺었다. 무굴 제국을 창건한 바부르 황제는 위험에 처했을 때 낙슈반드의 피르(성자)가 나타나 구해 주었다고 하며, 그 때문인지 바부르는 죽을 때까지 이 종단에 경의를 표했다. 샤 자한 황제는 이 종단과 꾸준히 교류했으며, 알람기르 황제는 낙슈반드 수피 종단을 통해 민중의 지지를 모았다. 특히 알람기르는 낙슈반드 수피 종단으로부터 큰 영향을 받았는데, 금욕적이고 영적 실천

과 기도를 중시하는 이 종단의 특징은 한때 종교에 평생을 바치겠다고 결심했던 그의 종교적 신념에도 잘 맞았다. → 치슈트 수피 종단

- **다르마**dharma 힌두교, 자이나교, 불교, 시크교와 같이 인도에서 발상한 종교에서 다양한 의미를 가진 중요한 개념이다. 불교에서는 법法으로, 힌두교에서는 모든 사회적·종교적 현상의 근본이 되는 규범으로 여긴다.

- **다트**dhāt 무굴 제국 정부를 위해 일하는 개인의 만사브(계급)를 보여 주는 두 숫자 가운데 앞의 숫자를 가리킨다. 만사브는 3,000 / 2,500만사브와 같은 식으로 표기했는데, 앞의 3,000이 다트이다. 다트는 지위가 높은 관리나 군사 지도자에게 부여되며 이는 곧 개인적 지위를 나타냈다. 말하자면 다트 수치는 무굴 제국의 행정 체제 내에서 해당 만사브다르(만사브 보유자)의 지위와 그가 받을 급료를 나타냈다. → 만사브, 만사브다르, 사바르, 와탄 자기르, 자기르, 자기르다르

- **라자**rāja '왕'·'지배자'를 뜻하는 힌디어로, 나중에는 고관이나 귀족의 칭호 또는 특출난 무용가·음악가·조각가 등을 위한 존칭으로도 사용되었다. 무굴 제국에서는 지역 지도자나 통치자를 가리키며 중요한 사회적·정치적 의미를 지녔다. 이들은 무굴 제국의 행정과 군사에 참여했으며, 황제들은 정치적 안정을 위해 정략혼으로 이들과 동맹 관계를 맺었으나 종종 반란을 일으켰다.

- **라지푸트**Rājpūt 크샤트리아 신분을 주장한 인도의 주민들. 라지푸트는 산스크리트어 '라자푸트라rājaputra'에서 나온 말로, '왕(라자)의 아들'을 뜻한다. 크샤트리아의 의무에 기초한 엄격한 군인의 영예를 중시했다. 중세 인도 북부에서 데칸 지방에 걸쳐 라지푸트계 소규모 왕조가 여럿 존재했다. 라지푸트들은 서로 경쟁한 것은 물론 무굴 제국을 비롯한 외부에서 침입한 튀르크계 세력에 맞서거나 그들의 회유에 동화되었다. 무굴 제국으로 옮겨 온 많은 이주자는 성공적으로 정착하거나 정복하여 지주 혹은 지배자가 되면 라지푸트 신분을 주장하기도 했다. 이들은 무굴 제국의 정치, 군사, 문화 등 모든 면에서 중요한 구성원이었다. 더욱이 강력한 전사로서의 전통을 지닌 라지푸트는 무굴 제국의 군사 면에서 큰 비중을 차지했기 때문에 악바르 황제는 결혼을 통해 동맹을 맺고 이들의 군사적 능력을 활용했다. 알람기르 황제 시대에는 종교 정책에 반발했지만 여전히 군사적으로 중요한 역할을 했다.

무굴 제국을 이해하는 핵심 개념들

- **만사브**manṣab 무굴 제국의 계급 제도. 아랍어 만시브manṣib의 인도식 페르시아어 표기로 '관직'·'작위'·'직위'를 의미한다. 만사브는 한 개인이 평생 동안 이동할 수 있는 계급을 가시화하고 행정과 군사에서의 의무를 통합한 군사상, 재정상, 행정상 용어이다. 몽골·튀르크식 지배 구조에 따른 이 제도는 악바르 황제 시대에 만들어졌으며 10에서 5천까지의 10진법에 따라 계급을 매겼다. → 다트, 만사브다르, 사바르, 와탄 자기르, 자기르, 자기르다르

- **만사브다르**manṣabdār 만사브 보유자. 500다트 이상의 만사브(17세기 이후는 1천 다트 이상)를 부여받은 만사브다르는 공식적으로 아미르(귀족)로 분류되었다. 대부분의 만사브다르는 다트와 사바르에 따라 자기르를 할당받는 방식으로 급료를 받았다. 만사브의 수여·승진·강등 등은 모두 무굴 황제에 의해 결정되었으므로, 만사브를 받은 다양한 종족 출신의 군인·관리·귀족 만사브다르들이 무굴 제국에 충성하게 만드는 중앙집권화 제도라고 할 수 있다. 악바르 황제는 중앙집권적인 영향력을 강화하기 위해 만사브다르가 사망하면 그 재산을 몰수했다. → 다트, 만사브, 사바르, 와탄 자기르, 자기르, 자기르다르

- **미르자**mīrzā '아미르의 후손'을 뜻하는 페르시아어 칭호로, 귀족 등 명문가의 혈통을 이어받은 사람들에게 붙여졌다. 티무르가 공식적으로 아미르 칭호를 사용했기 때문에 티무르 왕조 구성원들은 미르자라 불렸다. 따라서 무굴 제국에서는 티무르의 후손이라는 사실을 강조한 황제 가문을 포함한 티무르 왕조 구성원들이 주로 미르자 칭호를 사용했다. 다만 자항기르 황제 이후 무굴 제국의 왕자들은 술탄sulṭān 칭호를 더 많이 사용했다. 사파비 왕조 등에서는 지위가 높은 사람에게 수여하는 칭호로 사용했다.

- **바르나**varṇa 힌두 사회에서 직업과 역할에 따라 구성원을 브라만, 크샤트리아, 바이샤, 수드라, 네 계층으로 나눈 계급 제도. 바부르가 무굴 제국을 세우기도 전에 인도 남서부 해안에 들어온 포르투갈인은 네 계층을 이르는 말인 바르나와 자티(바르나 안에서 세분화된 수천 가지 출생 집단)를 자신들의 용어인 '카스타'(종種) 또는 '카스트'(種種)라고 불렀다. 이것이 점차 널리 퍼져 서양에서는 '카스트 제도'라는 이름으로 자리 잡았다. → 자티

- **사바르**sawār 페르시아어 수바르suwār의 인도식 표기로 '기병'을 뜻한다. 무굴 제

국의 만사브(계급) 제도에서 사바르는 다트(개인적 지위)와 별도로 해당 만사브다르가 유지해야 하는 기병의 숫자를 의미했다. 이를테면 만사브는 3,000/2,500만사브와 같이 표기했는데, 뒤의 2,500이 사바르를 나타내는 숫자이며 이는 군사적 지위를 나타낸다. → 다트, 만사브, 만사브다르, 와탄 자기르, 자기르, 자기르다르

- **사이드**sayyid '장로'라는 의미의 아랍어로, 그에 따라 한 집단의 장로 격 인물을 가리키는 말로 사용되었으며 수피 종단의 장로를 지칭한다. 또한 사이드는 예언자 무함마드의 딸 파티마의 후손을 가리키는 칭호로 사용되기도 했다. 무굴 제국에서 사이드는 지위가 높은 종교 지도자로서 존중받았다. → 셰이흐, 수피, 피르, 호자

- **샤**shāh '왕'을 의미하는 페르시아어. 이슬람 세계에서 공식 칭호로 사용된 적은 없지만, 문학이나 일상생활에서 군주를 일컫는 일반명사로 널리 사용되었다. 영어권에서 페르시아 군주들을 샤로 지칭하는 이유는 이 때문이다. → 술탄, 파디샤

- **샤리아**sharī'a 《코란》의 계시와 하디스Hadīth(예언자 무함마드의 고사가 담긴 전승)에 입각한 이슬람 율법이자 규범 체계. 도덕적이고 경건한 개인에 대한 신뢰를 바탕으로 만들어졌으며, 종교적이고 도덕적인 판단 및 행위의 기준이 된다.

- **셰이흐**shaykh '장로', '원로'라는 의미의 아랍어로 마을의 우두머리나 부락의 장을 가리키는 칭호. 정신적 스승이나 지도자, 수피 종단의 종정宗正을 지칭하는 존칭으로 사용되기도 했다. 무굴 제국에서 셰이흐는 종교 지도자로서뿐만 아니라 사회적 지도자로서도 영향력을 지녔다. → 사이드, 수피, 피르, 호자

- **수피**ṣūfī 이슬람 신비주의자. 수피는 '거친 양모로 짠 옷(수프ṣūf)을 걸치고 다니는 사람'이라는 뜻이다. 수피들은 무아지경 상태에서 신과의 영적 합일을 추구했으며, 중앙아시아 유목민들의 이슬람화에 중추적 역할을 수행했다. 수피즘은 본래 개인적 운동으로 시작했지만 후에는 종단으로 발전했다. 수피 종단은 이슬람 세계에서 정치·사회·경제·문화 등 다양한 분야에서 중요한 세력이 되었다. 이슬람 세계에서는 수피들이 여론에 미치는 영향이 컸기 때문에 지배층은 수피

들을 존중할 수밖에 없었다. 무굴 제국에서는 낙슈반드 수피 종단, 치슈트 수피 종단, 카디르 수피 종단 등이 중요한 위치를 차지했다. → 사이드, 셰이흐, 피르, 호자

- **술탄**sulṭān 이슬람 세계에서 사용하는 군주의 칭호 가운데 하나. 본래 '권력'·'권위'를 의미했지만, 10세기부터 '권위를 가진 사람' 즉 군주를 지칭하는 칭호로 사용되었다. 무굴 제국에서는 왕자들의 칭호로 사용되었기 때문에, 황제는 파디샤로 불렸다. → 샤, 파디샤

- **와탄 자기르**waṭan jāgīr 고향 자기르. 원칙적으로 자기르는 수조권을 의미했고 세습이 허용되지 않았다. 또한 행정권과 군사권, 조세 징수권을 구분하여 자기르다르에게는 조세 징수권만을 주었다. 그러나 무굴 제국은 예외적으로 라지푸트 만사브다르들에 대해서는 그들이 본래 보유한 영지를 고향(와탄waṭan)으로 인정하여 행정권과 군사권을 행사할 수 있게 했다. 또한 와탄 자기르 보유자가 사망할 경우 무굴 황제가 후계자를 결정해야 했으나, 실제로는 해당 라지푸트 가문의 자체적인 결정을 추인해 주었다. → 다트, 만사브, 만사브다르, 사바르, 자기르, 자기르다르

- **울라마**ʿulamāʾ 이슬람 학자. 울라마는 알림ʿālim의 복수형으로, 알림은 '일름ʿilm(학문·지식)을 가진 사람'이라는 뜻이다. 이슬람과 관련된 학문을 연구하는 학자를 포괄하는 개념으로 법학을 연구하는 법학자, 종교상의 교리나 율법과 관련된 견해 내지 결정인 파트와를 발표하는 무프티, 이슬람 신학을 연구하는 신학자 등이 모두 울라마에 속한다. 몽골 제국 이후 이슬람 세계 각국에서 울라마를 관료로 발탁했다. 무굴 제국에서 울라마는 엘리트로서 강력한 계층을 형성했으며, 신학적·법적 문제에 관한 울라마들의 결정은 공동체의 관행이 되었다.

- **이맘**imām 이슬람교의 예배 인도자. 모든 무슬림의 지도자인 칼리프를 이맘이라 부르기도 하는데, 예언자 무함마드의 대리인인 칼리프가 모든 무슬림의 기도를 인도하는 이맘이라는 뜻이다. 순니파에서는 이슬람 교단의 우두머리인 칼리프를 가리킨다. 악바르 황제는 군주권과 이맘권을 천명했고, 알람기르 황제는 가까운 사람이나 충성스러운 신하가 죽었을 때 자신이 이맘이 되어 기도를 올렸다.

- **이크타**iqtā' 이슬람 세계에서 군 복무의 대가로 주어진 봉토. 이론적으로는 복무라는 조건하에 부여된 것이어서 세습이 불가능했다. 그러나 행정권까지 부여받은 이크타 보유자들은 중앙 정치가 혼란한 시기에 이크타를 세습하고 사실상 지방 군주가 되기도 했다.

- **자기르**jāgīr 무굴 제국에서 신하들에게 연금 내지 봉직의 대가로 내려 준 수조권이 부여된 토지. 무굴 제국의 영토는 황제 직할지인 할리사와 자기르로 구분되었는데, 자기르는 만사브다르에게만 부여되며 다른 관리들은 현금으로 녹봉을 수령했다. 녹봉으로 자기르를 내려 주는 자기르 제도는 델리 술탄국에 존재하던 이크타 제도를 물려받은 것이지만, 악바르는 이크타와 달리 자기르를 할당할 때는 행정권은 주지 않고 세금을 징수할 권한만 주었다. 자기르에서 발생하는 세금 가운데 일부는 중앙 정부로 보내졌다. 자기르는 자기르다르의 근무지 변경에 따라 바뀌었으며 자기르다르가 죽으면 국가에 반환되었고, 자기르다르의 세력화를 방지하기 위해 주기적으로 교체되었다. → 다트, 만사브, 만사브다르, 사바르, 와탄 자기르, 자기르다르

- **자기르다르**jāgīrdār 자기르 보유자. 자기르다르들은 할당받은 자기르 토지에서 세금을 징수하여 만사브(혹은 다트)에 따라 자신의 몫을 챙기고 나머지는 중앙 정부에 제출했다. 원칙적으로 자기르의 위치는 자기르를 부여받은 자기르다르의 임무와는 관계없었으나, 실제로는 자기르다르의 임지에 따라 조정되었다. 악바르는 자기르다르가 자기르를 수여받은 지방에서 독립적인 세력 기반을 세우지 못하게끔 정기적으로 자기르를 교체하는 원칙을 세웠다. → 다트, 만사브, 만사브다르, 사바르, 와탄 자기르, 자기르

- **자민다르**zamīndār '토지 보유자' 또는 '지주'라는 의미를 가진 페르시아어로, 무굴 제국에서는 토지에 대한 권리를 보유한 사람을 가리킨다. 따라서 조공을 바치는 지방 수령이나 자치권을 가진 라자 또한 자민다르라 불렸다. 이들은 자신의 땅에서는 자치 혹은 반자치를 행한 통치자이기도 했다.

- **자브트**ẓabt 생산량을 현금으로 환산하여 그에 따라 세금을 현금으로 지불하게 하는, 악바르 황제 통치기의 행정 제도. 그 이전에는 지방의 반독립적 수령이나 자민다르가 임의로 공물을 바치던 것과 대조적으로 세금을 매기고 현금으로 납부

하도록 하여 중앙집권적 통제를 꾀했다.

- **자트인**Jāts 인도 북부 펀자브, 신드, 라자스탄, 우타르프라데시 등에 거주하는 종족으로 대체로 농경에 종사했다. 17세기 말에서 18세기 초에는 빈번하게 반란을 일으켜 무굴 제국이 몰락하는 데 한 요인이 되었다. 알람기르 황제 재위기에 자트인 지도자 고쿨라가 일으킨 반란이 대표적이다.

- **자티**jāti 출생 집단. 대체로 특정 지역 사회를 지칭하는 용어이다. 그러나 때로는 직업으로, 때로는 종교로, 때로는 종족으로, 때로는 친족 관계로 구별되는 특정 사회를 정의하는 단어가 되기도 하는 등 한마디로 정의하기에는 적용 범위가 매우 광범위한 개념이다. 현대의 카스트 제도는 바르나와 자티를 합한 개념이다. → 바르나

- **지즈야**jizya 무슬림 국가에 거주하는 비무슬림(딤미)에게 부과되는 세금으로, 일종의 인두세. 무슬림들은 지즈야를 비무슬림들이 이슬람 신앙을 받아들이지 않는 데 대한 처벌이자 다수의 무슬림 인구로부터 보호를 받는 대가로 받아들였다. 원칙적으로 지즈야는 신체 건강한 자유민 성인 남성에게만 징수되었으며, 군역을 지는 경우 비무슬림이라 하여도 지즈야에서 면제되었다. 악바르 황제는 지즈야 징수를 중단했다가 재시행 후 폐지했으며, 알람기르 황제 재위기에 부활되기도 했다.

- **지하드**jihād 영적·종교적 완벽함을 추구하는 노력을 의미하며, 성전聖戰을 가리키는 용도로 사용된다. 중세 이슬람 세계에서는 가주ghazw(혹은 가자ghazā)도 성전을 뜻하는 말로 사용되었으며, 가주 혹은 가자에 나선 이슬람 전사를 가지ghazī라고 불렀다.

- **치슈트 수피 종단**Chishtiyya 인도에서 가장 높은 인기와 영향력을 지닌 이슬람 수피 교단. 930년경 아프가니스탄 헤라트 인근의 작은 도시 치슈트에서 아부 이스하크 알샤미에 의해 만들어졌다. 12세기 무인 알딘 하산 시즈지 치슈티가 인도 아지메르에 정착하면서 인도에 진출했다. 이후 인도아대륙 전역과 인도 전역으로 그 영역을 넓혔으며 무굴 시대를 거쳐 오늘날에도 막대한 영향력을 지닌다. 악바르 황제는 이 종단의 수피를 존경하여 무인 알딘의 성소를 방문했으며, 20대

후반에 후계자가 될 아들이 없자 셰이흐 살림 치슈티를 찾았는데 치슈티는 아들이 태어날 것이라고 예언했고 그 말대로 세 아들(이 아들 중 한 명이 자항기르 황제)이 태어났다. 악바르, 자항기르, 샤 자한 황제는 치슈트 수피 종단을 존중하고 후원했다. → 낙슈반드 수피 종단

- **쿠트바**khuṭba 이슬람교에서 금요 예배 전에 예배를 인도하는 이맘이 하는 설교. 종교적 교훈과 통치자에게 축복을 기원하는 정치적 메시지가 관행적으로 포함된다. 이슬람 세계와 마찬가지로 무굴 제국에서 황제의 이름을 넣은 쿠트바를 낭송하고 주화를 주조하는 것은 군주권의 상징이었다.

- **파디샤**pādishāh '황제', '제왕'을 뜻하는 페르시아어. 무굴 제국, 오스만 제국, 페르시아 사파비 제국 등 이슬람 국가에서 군주의 칭호로 사용했다. → 샤, 술탄

- **파트와**fatwā 이슬람 재판관인 카디나 개인이 제기한 문제에 올라마 가운데에서 자격을 갖춘 이슬람 법학자(무프티)가 내놓는 견해나 결정. 《코란》과 샤리아(이슬람 율법)에 근거하여 내놓기 때문에 때로는 법 이상의 영향력과 권위를 갖는다.

- **피르**pīr 이슬람 수피 성자. 본래 페르시아어에서는 '노인'을 뜻한다. 수피 공동체에서는 셰이흐와 마찬가지로 정신적 스승을 일컫는 데 사용했다. 피르는 수피 공동체에서 중요한 위치를 차지하며 종교적 측면에서뿐 아니라 사회적 측면에서도 지도자 역할을 담당한다. 무굴 제국에서 피르는 통치자에게는 조언가가 되고, 왕자들에게는 스승이 되었다. → 사이드, 셰이흐, 수피, 호자

- **할리사**khāliṣa 아랍어로 '남겨둔 것'이라는 의미로, 무굴 제국의 행정부가 직접 관리하는 황제 직할지이다. 무굴 제국에서 영토는 할리사와 자기르로 나뉘었다. 무굴 제국 재무 관리들이 할리사에서 세금을 징수하고, 이렇게 거둔 세금은 중앙 정부가 사용했다.

- **호자**khwāja 이슬람 교권에서 사용하는 칭호 중 하나. 수피 종단에서는 종단 역사상 특별히 중요하게 여기는 스승들을 위한 존칭으로 사용했다. 무굴 제국에서 호자는 종교적 권위가 있는 인물을 지칭했는데, 그들은 특히 이슬람 법률·문학·철학 등을 가르치는 교육을 담당했다. 또한 종종 궁정에서 중요한 자리를 차지했다. → 사이드, 셰이흐, 수피, 피르

- **힐라**khil'a 이슬람 통치자가 신민에게 영예와 신뢰의 표시로 내려 주는 명예의 예복. 이를테면 악바르 황제는 나드르의 보답으로 자신이 입었던 옷을 입혀 주었는데, 이는 황제의 육체적 본질이 스며든다는 상징적 의미를 띠었다. → 나드르

무굴 제국의 역사

1판 1쇄 인쇄 | 2025년 4월 15일
1판 1쇄 발행 | 2025년 4월 25일

지은이 | 마이클 피셔
옮긴이 | 최하늘
감수자 | 이옥순

발행인 | 김기중
펴낸곳 | 도서출판 더숲
주소 | 서울시 마포구 동교로 43-1 (04018)
전화 | 02-3141-8301
팩스 | 02-3141-8303
이메일 | info@theforestbook.co.kr
페이스북 | @forestbookwithu
인스타그램 | @theforest_book
출판신고 | 2009년 3월 30일 제2009-000062호

ISBN | 979-11-94273-18-9 03910

* 이 책은 도서출판 더숲이 저작권자와의 계약에 따라 발행한 것이므로
  본사의 서면 허락 없이는 어떠한 형태나 수단으로도 이 책의 내용을 이용하지 못합니다.
* 잘못된 책은 구입하신 곳에서 바꾸어 드립니다.
* 책값은 뒤표지에 있습니다.
* 여러분의 원고를 기다리고 있습니다. 출판하고 싶은 원고가 있는 분은
  info@theforestbook.co.kr로 기획 의도와 간단한 개요를 적어 연락처와 함께 보내주시기 바랍니다.